성공공인중개사
필수 중개실무 정복과정

성공공인중개사
필수 중개실무 정복과정

ⓒ 정삼교, 2025

초판 1쇄 발행 2025년 1월 8일

지은이   정삼교
펴낸이   이기봉
편집   좋은땅 편집팀
펴낸곳   도서출판 좋은땅
주소   서울특별시 마포구 양화로12길 26 지월드빌딩 (서교동 395-7)
전화   02)374-8616~7
팩스   02)374-8614
이메일   gworldbook@naver.com
홈페이지   www.g-world.co.kr

ISBN   979-11-388-3890-0 (13320)

성공공인중개사

필수 중개실무 정복과정

정삼교 지음

성공하는 개업/소속공인중개사가 마스터해야 할
필수 중개실무를 총망라해서 정리한 실무 지침서

★★★★★
성공하는
공인중개사를 위한
필수 지침서
★★★★★

★★★★★
중개실무 시
바로 활용 가능한
현장 실무내용
★★★★★

★★★★★
중개실무 23년
저자의 노하우
총망라
★★★★★

좋은땅

《성공공인중개사 필수 중개실무 정복과정》 출간에 즈음하여…

저 자신이 부동산 중개사무소를 창업하여 중개실무를 한 지가 벌써 23년째라는 세월의 흐름 속에 저의 중개사무소에 소속공인중개사 및 중개보조원으로 근무하였던 많은 분들에게 정례적인 직무교육을 통하여 정립한 실무 경험과 저의 부동산 중개사무소를 방문한 수많은 고객과의 상담 및 만남이 《성공공인중개사 필수 중개실무 정복과정》의 강의 개설과 교재 출간에 소중한 자산이 되었음을 먼저 피력해 봅니다.

또한 한국공인중개사협회 울산 북구 지회장을 3년간 수행하면서 지회소속 회원 부동산 중개사무소를 정기적으로 방문, 상담을 하면서 들은 개업공인중개사와 소속공인중개사님들의 현장 중개실무의 아픔들은 저로 하여금 현장 중개실무 시 바로 활용 가능한 현장 실무내용 위주의 강의 개설과 교재 출간이 절실하게 필요하다는 절박함에 《성공공인중개사 필수 중개실무 정복과정》의 강의 개설과 교재를 출간하게 되었습니다.

뒤돌아보면 부동산 중개사무소 신규 개설 및 소속공인중개사로 신규 취업하는 모든 분들에게 "부동산 중개사무소 운영 및 근무 시는 물론이고 현장 중개실무를 할 때 개업/소속공인중개사가 무엇을 해야 하고, 어떤 것을 알아야 하는지?" 그 막막함에 조금이나마 실무 도움을 드리고저 하는 순수한 동기와 약간의 사명감은 충만하였으나 평소 강의와 중개사무소 운영을 병행하는 바쁜 일상 속에서 잠자는 시간을 줄여가면서 교재를 기술하고 판례 등 자료를 찾아 정리하는 과정에 많은 시간이 소요되는 등 본 과정 준비에 오랜 인고의 시간이 필요했던 것 같습니다.

다행스럽게 지금에서라도 《성공공인중개사 필수 중개실무 정복과정》이라는 강의와 교재 출간을 통하여 부동산 중개사무소를 개업하려거나 소속공인중개사로 취업 예정인 모든 분들과 이미 부동산 중개업무 일선 현장에서 열정을 쏟고 있는 개업공인중개사 및 소속공인중개사 분들에게도 약간의 실무적 도움을 드릴 수 있게 되어 그저 감사하고 고마울 따름입니다.

아무쪼록 오늘도 현업에서 열심히 뛰고 있는 개업/소속 공인중개사님들의 행운과 건투를 빌며, 본 강의와 교재가 성공공인중개사로 성공의 정상에서 크게 웃음 지으며 뒤볼아볼 수 있는 그날을 위한 한 줄기 빛이 되기를 간절히 소망합니다.

2024년 12월 31일

-한국공인중개사협회 개설등록 실무교육/연수교육/전문교육 전임교수: 정삼교-

목차

1

부동산 중개사무소 개설

가. 비전

1) 중개업 영역(종목) 설정

   - 나의 경쟁력 or 경력

   - 나의 적성

   - 관심 분야

   - 중개업 종목 설정 환경 여건: 자본금, 지원 인력(동반자, 조력자 등), 점포 보유 여부 등

↓

중개업 종목 설정

*아파트, 상가, 토지, 공장 등

2) 개업공인중개사부터? 아니면 소속공인중개사부터?

구분	긍정 요인	부정 요인	비고
개업공인중개사부터	동기, 열정 부여 실무능력 조기 UP 수익 창출시 안정적 운영	실무경험 부족 수익 창출 압박감 중개사고 발생 우려	
소속공인중개사부터	실무경험 축적 계획적 창업 가능 업무 강도 조절	동기, 열정 부여 부족 개업공인중개사 실무방식 추종 개업 시까지 시간 낭비 우려	

3) 기존 중개사무소 인수? 아니면 신규(용도변경 등) 중개사무소 개업?

구분	긍정 요인	부정 요인	비고
기존 중개사무소 인수	고객, 물건 기확보 조기 수익 창출 가능 실패 확률 적음	기존 부정적 이미지 여파 권리금 회수 여부 우려 有 회원제 답습, 대물림	
신규 중개사무소 개업	자기 비전, 자본 맞춤형 열정, 적극성 동기 부여 권리금 창출 기회 有	고객, 물건 확보에 시간 필요 광고, 홍보 집중 및 지출 과다 입지 선정에 실패 우려 有	

→ 부동산 중개사무소를 개업(근무)하기 전에 한 번쯤 고려해 볼 요소는 현재 부동산 경기가 호경기(好景氣)라 하더라도 신규 개업자(근무자)에겐 실무 감당이 되지 않으므로 호경기, 불경기(不景氣) 여하를 불문하고 미리 개업하거나 근무해서 내일을 준비하는 시간이 필요하다는 사실입니다.

준비한 자(者)만이 호경기를 누릴 수 있습니다! 기존 개업자들도 불경기에 더욱 업무 역량을 강화하는 준비를 해야 함은 마찬가지입니다.

나. 입지

1) 일반적(기초) 분석

    (1) 고객의 접근성

        - 배후지 입주민의 주력 동선   - 출, 퇴근 동선

        - 1층 or 고층   - 대로변 or 단지 내

        - 교통 여건   - 경사로, 골목길 지양

        - 주차 가능 여부 등

    (2) 지역 상권 분석

        - 인구 통계(유입, 유출/평균 연령 등)   - 지역 경제 현황

        - 건축 현황   - 부동산 가격 동향

        - 배후지 상권 세대수 등

    (3) 지역 경쟁업소 분석

        - 지역 내 중개사무소 개수

        - 실거래신고 건수 등

        - 지역 내 경쟁 중개사무소 업력 등

2) 중개업 종목별 중개 장/단점 및 입지 선정 시 유의사항

구분	장점	단점	유의 사항

아파트	- 거래가 많음(기본 종목)
	  → 안정된 수익 보장
	- 중개사무소 밀집도 높음
	  → 고객 집객에 유리
	- 중개가 용이
		- 권리금, 임대료 높음
		- 경쟁 치열
		- 취급 중개상품 한정
		- 규제 시 직격탄
			- 1층 상가 유리
			- 주된 진입로에 입지(입주민, 외부 방문객접근성 용이 여부)
			- 중개사무소 입점(업종)제한 여부 확인

단독, 연립 주택	- 상가, 토지 중개 병행 가능 - 물건 다양	- 중개보수 낮음 - 거래가 적음	- 배후지 세대수 - 주택 재개발 가능성 - 배후지 인구 구조
원룸	- 임대차계약 위주 건수 多 - 회전율이 높아 거래 건수 多 - 결정이 빨라 성사율 高	- 중개보수 낮음 - 보수에 비해 잡무 多 - 매매 건수 적음	- 학교, 오피스 등 배후지 접근성 - 1층, 대로변

분양권	- 아파트 중개와 겸업 가능 - 소액 투자 가능 - 고객 및 물건 발굴 등 부수 효과 창출	- 고객 변덕 심함 - 변칙 거래가 많음 - 사무소 이동이 많음	- 신축 아파트, 오피스 등 배후지 선점 - 단지 내 상가 입점시 경쟁력 확보 가능 여부
상가, 오피스	- 중개보수 높음 - 권리금 작업 병행 - 전문적 중개지식 확보	- 중개사고 우려(인허가, 불법 용도변경 등) - 물건 발굴 등 영업 필요 - 거래 건수 적음	- 1층 이상 고층 가능 - 배후지 업종 구성 및 전망 - 방문고객 접근성(역세권)
토지	- 중개보수 높음 - 인적 네트워킹 구축 - 지역 개발 정보 빠름	- 인적 네트워킹 구축에 시간 소요 - 거래 건수 적음 - 광고비 지출 多	- 주차장 확보 - 개발지, 도로여건 고려 입지 선점
공장 (창고)	- 중개 보수 높음 - 진성고객 위주(성사율 高)	- 거래 빈도 낮음 - 물건 개발, 확보에 시간 필요	- 지명도 높은 건물에 입점 - 인테리어, 공간 확보 등 편의성 고려

다. 개설등록 준비(검토) 요소

- 개업 계획 및 일정 수립
- 중개사무소 권리금계약, 임대차계약
- 개설등록 전·후 이수(필요)교육 : 개설등록 실무교육(의무), 부동산 중개사무소 운영 및 중개실무 전반 관련 교육, 세법, 한방교육 등
- 창업자금 예산 수립(사무소 권리금/보증금, 월세, 집기 비품 구입비, 인테리어 공사비, 광고비, 개업식 비용 등)
- 창업자금 조달계획
- 동반자(소속공인중개사/중개보조원), 조력자(멘토) 확보
- 집기 비품 구입 활동
- 사무소 내부 설계(Lay-out)
- 인장, 개업 기념품, 간판, 명함, 계약서 보관 비닐파일, 봉투, 메모지 인쇄 제작 등
- 현금영수증 가맹점 등록(가입)
- 개업식 또는 이벤트 개최 등

2

부동산 중개사무소
(임대차)권리금계약

가. 추진 절차

1) 부동산 중개사무소 입지가 마음에 들고 용도 등 문제가 없는지 제반사항을 검토후 현 임차인과 먼저 권리금 계약서를 작성함.

→ 권리금에 대한 10% 정도를 계약금으로 지급

2) 건물(소유)주와 임대차계약서를 작성하는 일정을 잡은 후 임대차계약(보증금)에 대한 계약금 지급

3) 건물주와 임대차계약(보증금)에 대한 잔금 지급 및 권리금계약에 대한 잔금을 지급(예: 오전 10시에 건물주와 임대차계약(보증금)에 대한 잔금 지급 후 오전 11시에 권리금계약에 대한 잔금을 지급.)

나. 특약(서) 내용

1) 권리금계약서 특약에 "건물주와의 신규 임대차계약이 체결되지 않으면 권리금계약은 해제하고 받은 권리금계약에 대한 계약금은 양수인에게 즉시 반환한다."라는 특약을 기재.

2) 또는 권리금계약서 특약에 "현 임대차계약(특히 보증금, 월세 등)과 동일한 조건으로 임대차계약이 유지되지 않거나 아니면 월세 등의 대폭 인상(예: 전 월세대비 20% 인상) 등으로 권리금계약 양수인이 계약내용 수용이 곤란한 경우, 권리금 계약은 해제하고 받은 계약금은 즉시 반환하기로 한다."는 특약을 기재.

3) 상법 제41조(경업 금지의무) : 영업양도 시 특별한 약정이 없으면 양도인은 10년간 동일한 특별시, 시/군과 인접 특별시, 광역시, 시, 군에서 동종 영업을 하지 못한다. → 예시: "양도인은 양도 후 5년간 양도업소에서 2Km 이내에서 본인 또는 타인의 명의로 동종(유사)업종을 하지 아니하며, 위반 시 권리금 전액을 위약금으로 지급한다."라는 특약을 기재.

→ 경업금지 배제 또는 경감 특약 가능

4) 상법 제42조(상호를 속용하는 양수인의 책임) : 영업양수인이 양도인의 상호를 계속 사용하는 경우에는 양도인의 영업으로 인한 제3자의 채권에 대하여 양수인도 변제할 책임이 있음을 유의 (상법상의 '상호 속용' 책임규정).

☞ 상가 입점 시 "동종업종 금지" 또는 "중복업종 금지" 규약 존재 여부 확인

　㉮ 상가 분양 계약서상에 지정(추천) 업종으로 정해진 경우

　㉯ 관리단 규약 또는 번영회 규약으로 정해진 경우

다. 권리금의 세무처리

1) 소득세법 21조: 소득세법상 영업권으로 해석하여 "기타소득"으로 봄.

→ 양수인은 권리금의 8.8%를 원천징수(부가가치세를 제외한 금액에 대해 8.8% 원천징수)한 달의 다음 달 10일까지 관할세무서 및 시, 군, 구청에 기타소득세 및 지방소득세로 원천징수 신고, 납부하고 나머지를 양도인에게 지급.

　(기타소득 지급명세서를 다음 년도 2월 말까지 제출)

　* 기타소득의 60%는 필요경비로 의제 처리되고(2019. 1. 1.부터 적용), 40% 금액에 대해 20% 소득세와 2%의 지방세 부과. → 총 8.8% 소득세 원천징수.

2) 부가가치세법 제30조, 제31조: 양도인은 양수인으로부터 권리금의 10%를 징수하고, 세금계산서를 발행한 후 부가가치세를 납부.

☞ 권리금 세무처리 이해도(요약)

"권리금이 1,000만 원인 경우"

　　　　　　　　양도인 ─────────────── 양수인

　　　　　　　　　　← 100만 원 지급(VAT) ←

부가가치세: (일반과세자인 경우) ←←←←← 부가가치세 지급

　처리　　　세금계산서 발행　→→→→→ *매입세액 공제

　　　　　　　　　　← 912만원 지급 ←

기타소득세: 원천징수한 나머지 ←←←←← 원천징수(권리금 × 8.8%

　처리　　금액(912만 원) 수령　　　　　= 88만 원)후 차액 지급

　　　　*종합소득 합산신고　　　　　* 익월 10일 신고, 납부

* 양도인의 총 수령금액 = (권리금 1,000만 원 + 부가가치세 100만 원)

　　　　　　　　　 - 소득세 원천징수 88만 원 = 1,012만 원

{일반과세자: (권리금 × 10%)부가가치세 받음 → 세금계산서 발행

　간이과세자: 부가가치세 받을 수 없음 → 세금계산서 발행불가}

3) 양수인(권리금 지급자)은 영업개시 후 부가가치세 신고 시 양도인에게 지급한 부가가치세는 매입세액으로 공제 가능하고, 권리금에 대해서는 5년간 정액법으로 감가상각하여 매년 비용 처리 가능. (예: 권리금 1억을 지급한 경우 → 매년 2,000만 원씩 비용 처리 가능함)

양도인(권리금 수취자)은 지급받은 권리금은 기타소득에 해당하므로 다음 년도 5월 종합소득세 신고기한에 다른 소득과 합산하여 신고.

☞ 권리금계약을 개업공인중개사가 중개한 경우

㉮ 권리금계약은 중개행위 대상물이 아니어서(* 대법원 2006.9.22. 선고 2005도 6054판결 참조) 법정 중개보수 기준을 적용하지 않고 중개대상물 확인설명서 작성 의무없음.

㉯ 참조 판례: 대법원 2024.4.12. 선고 2024도 1766판결

→ 공인중개사가 권리금 거래계약서를 작성하는 것은 행정사법 위반

　즉, 공인중개사가 권리금계약을 중개하고 권리금 거래계약서를 작성한 것은 '행정사법 제2조 제1항 제②호: 권리. 의무나 사실증명에 관한 서류'를 작성한 것에 해당되어 행정사법 위반이라 보았음.

㉰ 권리금계약에 대한 중개의 전문성 및 효율성을 제고하고자 권리금을 공인중개사의 중개대상물로 추가하여 규정하는 공인중개사법 일부 개정법률안이 제안되어 2024.9.5. 현재 국회 국토교통위원회에 회부 중임.

→ 상가건물 권리금계약의 경우 임대차 계약에 부수하여 체결됨에 따라 임대차계약에 대한 전문성과 이해도를 갖춘 공인중개사가 수행하는 것이 합리적임에도 불구하고 위 대법원 판결(2024도 1766판결)에서 공인중개사가 아닌 행정사가 권리금계약을 중개(작성)하도록 하고 있어 직역(職域) 업무 조정이 필요하다는 지적이 제기되어 권리금을 공인중개사의 중개 대상물로 추가하여 규정함으로써 중개의 전문성 및 효율성을 제고하고자 함. (안 제3조 제3호 참조)

공인중개사법 개정안[제3조 신·구 조문 비교표]

현행	개정안
제3조(중개대상물의 범위) 이 법에 의한 중개대상물은 다음 각 호와 같다. 1. 토지 2. 건축물 그 밖의 토지의 정착물 3. 그 밖에 대통령령으로 정하는 재산권 및 물건	제3조(중개대상물의 범위) 이 법에 의한 중개대상물은 다음 각 호와 같다. 1. 토지 2. 건축물 그 밖의 토지의 정착물 3. **「상가건물 임대차보호법」 제10조의3 제1항에 따른 권리금** 4. 그 밖에 대통령으로 정하는 재산권 및 물건

3

부동산 중개사무소 사업자등록
유형별 중개보수에 대한 부가가치세
처리 및 현금 영수증 의무발급

가. 간이과세자와 일반과세자의 중개보수에 대한 부가가치세 처리

1) 중개보수에 대한 부가가치세 별도 청구 및 징수 가능

  (1) 간이과세자는 법정 중개보수 × 부가가치세 4%(2021.7.1.부터) 청구 및 수령 가능

    ※ 부가가치세법 제31조(거래징수)의 규정은 간이과세자에게 적용되지 아니하나, 간이과세자의 과세표준은 부가가치세법 제61조 제1항 및 같은 법 제63조 제1항에 따라 부가가치세가 포함된 공급대가이므로 간이과세자는 거래상대방으로부터 부가가치세를 수령할 수 있다.(기획재정부 부가가치세과-415 2016.8.30.)

☞ **부가가치세 사업자 구분 기준**

구분	기준금액	세액 계산
일반과세자	1년간의 매출액 10,400만 원 이상	매출세액(매출액의 10%) - 매입세액 = 납부세액
간이과세자	1년간의 매출액 10,400만 원 미만	[매출액(공급대가) × 업종별 부가가치율 × 10%] - 공제세액 = 납부세액 ※ 공제세액 = 매입액(공급대가) × 0.5%

* 부동산 임대업, 부동산 관련 서비스업(중개업) 간이과세자 부가가치율: 30% → 40%(2021.7.1. 공급분부터)

* 2024.7.1.부터 간이과세자 기준 변경: 매출 1억 400만 원 미만[부가가치세법 시행령 제109조(간이과세자의 적용 범위) 제①항 참조]

- 국토교통부 유권해석(2006.10.4 건설교통부 토지관리팀-2515)은 간이과세자인 경우 중개보수와 별도로 부가가치세를 징수할 수 없다고 하였으나(즉, 초과보수에 해당)
- 법제처(2016.1.18 법제처 안건번호 15-0523)는 간이과세자가 중개보수와 별도로 부가가치세를 수령하여 그 둘을 합산한 금액이 법정 중개보수를 초과하더라도, 그 부가가치세를 제외한 금액이 법정 중개보수를 초과하지 않는 경우에는 공인중개사법 제33조 제3호(금지행위)에 해당되지 않는다고 해석하였음.
- 국토교통부 유권해석(국토교통부 부동산산업과 2017.5.25.): 간이과세자인 공인중개사가 소비자로부터 징수하는 총 수취금액이 법정중개보수와 납부부가세를 합한 금액보다 클 경우 공인중개사법 제33조 제3호의 법정중개보수와 실비를 초과하여 금품을 받는 경우에 해당되어 자격정지(제36조), 등록취소(제38조), 1년 이하 징역 또는 1천만 원 이하의 벌금(제49조)에 처해질 수 있음.

  ※ 일반과세자(공급가액) & 간이과세자(공급대가) 구분

    - 일반과세자(공급가액)

○ 재화나 용역을 제공하고 받은 일정한 금액

○ 부가가치세액을 포함하지 않은 순수한 재화 또는 용역의 교환 가치만을 뜻함.

○ 매출액 = 공급가액

- 간이과세자(공급대가)

○ 재화 또는 용역을 제공하고 지급을 받은 대가

○ 재화 또는 용역의 교환 가치와 그에 따른 부가가치세를 포함

○ 매출액 = 공급대가(공급가액+부가가치세)

(2) 일반과세자는 법정 중개보수 × 부가가치세 10% 징수 가능

2) 전년도 매출액 기준으로 과세유형 전환

(1) 기존(계속) 사업자는 전년도 매출액 기준으로 일반과세자 또는 간이과세자로 전환됨.

(2) 단, 신규 사업자는 전년도 매출액이 존재하지 않으므로 사업자등록 시 사업자등록 유형을 선택함.

※ 주의: 과세기간 중 개업한 신규사업자는 간이과세 기준금액(공급대가 합계액 10,400만 원 미만) 적용할 때 환산함. 즉 신규사업자는 사업개시일부터 그 과세기간 종료일까지의 공급대가 합계액을 12개월로 환산하여 적용함. (부가가치세법 제61조 제②항 참조)

예) 2023년 6월에 개업한 간이과세자의 매출액이 6,300만 원 미만인 경우 12개월로 환산한 금액이 10,800만 원(= 6,300만 원/7개월 × 12개월)이므로 2024.7.1. 일반과세자로 전환됨.

나. 현금영수증 의무발급

1) 현금영수증 의무발급 대상 및 사업자 유형별 현금영수증 발급 방법(여부)

(1) 현금영수증 의무발급 대상

- 부동산 중개업은 현금영수증 의무발급 업종으로 건당 거래금액(중개보수)이 10만 원(부가가치세 포함) 이상인 용역을 공급하고 대금을 현금으로 받은 경우 고객의 요청이 없어도 현금영수증을 의무적으로 발급하여야 함. (* 소득세법 제162조의3 제④항, 소득세법 시행령 별표 3의3 참조)

(2) 사업자 유형별 현금영수증 발급 방법(여부)

- 간이과세자(매출액 4,800만 원 미만 또는 신규 개업한 간이과세자): 현금영수증 발급(세

금계산서 발급 못 함.)

- 간이과세자/세금계산서 발급사업자(매출액 4,800만 원 이상~10,400만 원 미만): 고객의 요청에 따른 현금영수증 발급 또는 세금계산서 발급
- 일반과세자(매출액 10,400만 원 이상): 고객의 요청에 따른 현금영수증 발급 또는 세금계산서 발급

※ 간이과세자/세금계산서 발급사업자 및 일반과세자의 경우, 고객의 요청에 따라 현금영수증이나 신용카드 매출전표를 발급하는 경우 세금계산서 발급 의무는 없음. (* 부가가치세법 제33조 제②항 참조)

※ 사업자등록을 한 자에게 재화 또는 용역을 공급하고 계산서 또는 세금계산서를 교부한 경우에는 현금영수증을 발급하지 않을 수 있음. (* 소득세법 제162조의3 제④항, 법인세법 제117조의2 제④항 참조)

2) 현금영수증 가맹점 가입 방법
  (1) 인터넷: 국세청 홈택스/손택스 또는 현금영수증사업자가 운영하는 누리집(사이트) 중 하나를 선택하여 회원가입 후 인터넷 발급
    - 인터넷 사이트: ㈜토스페이먼츠, ㈜링크허브, (사)금융결제원(네이버 검색창에 "금융결제원 현금영수증" 입력) 등
  (2) 신용카드 단말기 설치: 신용카드 가맹점을 가입하면서 동시에 현금영수증 가맹점으로 가입 가능
  (3) 세미래콜센터(국세상담센터) ARS전화 126번을 통해 현금영수증 가맹점 가입 및 가입 즉시 현금영수증 발급 가능
    - Tel 126번(1번 홈택스 상담) → 1번 현금영수증 → 1번 한국어 → 4번 가맹점 현금영수증 발급서비스 → 사업자번호(10자리) → 1번 비밀번호 설정 시 본인인증 → 비밀번호(4자리) → 1번 가맹점 가입

3) 현금영수증 발급의무관련 유의 사항
  (1) 매매계약서, 실거래 신고와 현금영수증의 일치(* 3종 무조건 일치)
    - 전/월세 중개보수(특히 공동중개 시 전/월세 중개보수)의 현금영수증 발급 주의 → 공동

중개 시 발급 일치 要.

(* 2021.6.1.부터 주택 임대차계약 신고 의무화 시행으로 부동산 중개사무소 명의의 전/월세 계약서가 여러 곳에 노출되고 있음)

(2) 요청 안 해도 발급의무 있음. (국세청이 지정한 코드 010-0000-1234로 발급)

　　→ 국세청고시 제2024-13호(2024.5.14.) 제1조 제③항 참조

(3) 미발급금액의 20% 가산세(2019.1.1. 이후 미발급분부터 50% 과태료 → 20% 가산세로 개정됨) + 소득세 및 부가가치세 추징

(4) 발급의무 위반 신고 포상금 지급(일명 "세파라치"주의)

　　→ 미발급금액의 20% 포상금 지급

(5) 현금영수증 발급은 언제?

　- 현금을 지급받은 시점(날) 발급 원칙.

　- 소비자가 발급요청 않거나, 소비자의 인적사항을 모르는 경우에는 5일 이내 발급 가능.

　※ 소득세법 시행령 제 210조의3(현금영수증 가맹점의 가입 등) 제⑫항 참조.

☞ **거래일자와 현금을 받은 날이 다른 경우에 현금영수증 발급시기는 언제인가요?**

- 현금을 받은 날에 발급하는 것이며, 거래대금을 나누어 받는 경우 지급받는 때마다 각각 발급하는 것임. (국세상담센터 '세법상담정보' 중에서~)

(6) 기타

　- 의무발급 대상 10만 원의 기준은 거래대금 기준임.

　(예: 중개보수 50만 원 중 카드결제 45만 원, 현금 5만 원 지급 시 → 거래대금이 50만 원이므로 5만 원에 대해서 현금영수증 발급해야 함.)

　- 계좌로 이체받은 금액에 대해서도 현금영수증 발급.

　- 거래대금 분할 지급 시 한번에 발급하는 게 아니라 건별로 발급.

　(예: 중개보수 20만 원을 7만 원, 7만 원, 6만 원으로 분할 지급 시 거래대금이 20만 원이므로 각각에 대해 건별로 발급.)

　- 거래일로부터 5년 내 현금영수증 미발급 신고 가능.

☞ **현금영수증 가맹점 가입 기한 및 가입의무 불이행 시 제재 내용**

㉮ 현금영수증 가맹점 가입 기한

- 개인사업자: 사업개시일부터 60일 이내 등록 가입(* 소득세법 제162조의3, 소득세법 시행령 제210조의3 제⑩항 참조)

- 법인 사업자[소비자 상대업종(소득세법 시행령 별표3의2)을 영위하는 법인]: 개업일이 속하는 달의 말일부터 3개월 내 가입(* 법인세법 제117조의2, 법인세법 시행령 제159조의2, 법인세법 시행규칙 제79조의2 참조)

㉯ 가입의무 불이행 시 제재 내용

- 가입하지 않은 기간 동안의 수입금액에 대해 1% 가산세(* 소득세법 제81조의9 제②항, 법인세법 제75조의6 제②항 제1호 참조)

- 추계과세 시 단순경비율 적용 배제 등

☞ **현금영수증 의무발급 가맹점 스티커를 중개사무소에 미부착: 과태료 50만 원(* 소득세법 제162조의3 제③항 제⑧항, 제177조 제2호 및 소득세법 시행령 별표5 '과태료 부과 기준' 참조)**

부동산 중개사무소
운영/근무 시 준수 예절

→ "고객에 대한 예절(에티켓) 준수는 공인중개사에 대한 신뢰를 결정한다."

가. 전화 응대 예절

"고객과의 업무 시작점은 전화이다."

- 상대방이 알아들을 수 있도록 천천히 또박또박 말한다.
- 고객의 말에 긍정적으로 응대한다.
- 속어, 낮춤말, 반말 등의 사용을 피하고 경어를 사용하여 정중한 느낌으로 말한다.
- 복잡한 용건, 중요한 용건은 반드시 복창하여 메모하도록 한다.
- 잘 모르는 일은 자기 마음대로 대답하거나 결정짓지 말고 양해를 구한 후 관공서나 아는 사람에게 알아보고 다시 전화하여 대답한다.
- 상대방이 알아듣기 쉬운 용어를 사용한다.
- 혼선 또는 잡음이 심할 때는 상대방에게 아무런 말도 않고 전화를 끊어 버리지 말고 일단 양해를 얻고 나서 다시 걸도록 한다.
- 지양 행위 예시: ① 불필요하게 통화를 오래하는 행위 ② 전화를 바꾸어 줄 때 오래 기다리게 하는 행위 ③ 통화 중 사적인 질문을 하는 행위 ④ 대화 중 상대방의 말을 중단시키는 행위 ⑤ 일방적으로 전화를 끊는 행위 ⑥ 업무 지식이 없어 여러 사람에게 전화를 돌리는 행위 ⑦ 전화 통화 내용이 짜증 난다고 해서 전화기를 신경질적으로 내려놓는 행위(*다른 전화 통화자를 연결하기 위해 대기하라고 전화기를 내려놓는 경우 포함) 등

1) 전화를 받을 때

- 전화벨이 3번 울리기 전에 받는다.
- 밝은 목소리로 반갑게 인사하고, 전화 받은 사람을 밝힌다.
  (반갑습니다! 또는 안녕하세요! ○○공인중개사사무소 ○○○입니다~)
- 전화를 늦게 받을 시 "늦게 받아 죄송합니다."라고 양해를 구한다.
- 통화 중 고객을 기다리게 할 때는 "내용 확인이 필요하니 잠시만 기다려 주십시오."라고 양해를 구하고 정보 확인 후 다시 통화를 시작할 때는 "오래 기다려 주셔서 감사합니다."라고 표현하는 것이 좋다.
- 왼손으로 수화기를 들고 오른손으로 메모 준비를 한다.
- 통화가 종료될 때는 "더 궁금하신 사항이 있으신가요? 감사합니다. 좋은 하루 되십시오." 등 상황에 맞는 끝인사를 한다.
- 입에 음식을 씹으면서(특히 껌~) 전화받지 않는다.

- 고객이 먼저 전화를 끊은 것을 확인 후 전화를 끊는다. → 고객이 하고 싶은 말을 더 하려는 찰나 전화를 끊어 버리면 큰 결례이다.
- 고객과 상담 중 전화가 오면 긴급 용무 외에는 전화한 고객에게 사전 양해를 구하고 상담 종료 후 전화를 걸도록 한다.

2) 전화를 걸 때
- 전화를 걸기 전 바른 자세를 취하고 통화 목적과 내용을 정리한다.
- 먼저 자기를 밝히고 상대방을 확인하는 일이 중요하다.
  ("안녕하세요! ○○공인중개사무소 ○○○입니다. ○○○님 맞으신가요?)
- 전화한 목적을 간단히 말하고 "잠시 통화 괜찮으시겠습니까?"라며 통화 가능 여부를 확인하고 통화를 이어 간다.
- 고객과 전화 통화 중 절대 다른 일을 하지 않으며 통화에 몰입한다.
- 전화 통화할 고객이 부재중이어서 다른 사람이 대신 받았을 때는 정중하게 전화한 용건과 다시 전화할 시간을 밝히고 메모를 요청한다.
- 고객과의 통화가 종료될 때는 "시간 내주셔서 감사합니다."라고 끝인사를 하고 고객이 전화를 끊은 것을 확인 후 전화를 끊는다.
- 가급적 지하철 안 또는 소음이 많이 나는 곳에선 전화를 걸지 않는다.

나. 차 응대 예절

- 차를 준비하는 사람은 다양한 차 종류를 구비하도록 하고, 차를 내기 전에 찻잔과 도구, 손의 청결 상태를 확인하도록 한다.
- 차를 가급적 상담이 시작되기 전에 내도록 하고, 상담 도중에 낼 때는 대화에 방해가 되지 않도록 한다.
- 차는 계절과 날씨, 방문객의 기호에 맞추어 내도록 하고, 중요한 방문객의 경우 미리 기호를 확인하여 구비해 놓도록 한다.
- 차의 온도는 70~80도가 적당하고, 찻잔의 70~80% 정도를 채운다.
- 준비한 차는 쟁반에 올려 가지고 가서 차받침을 잡고 낸다. 이때 가볍게 목례를 하고, 내방객부터 차를 드린다.
- 여러 명의 내방객이 방문했을 때는 내방객의 직급, 연장자, 상석, 오른쪽 방향순으로 차를 낸다.

- 찻잔은 고객의 오른쪽 무릎 앞, 테이블 끝에서 5~10cm 안쪽에 놓고, 찻잔 손잡이는 고객의 오른 손(쪽)에 오도록 한다.
- 차를 던지듯이 덜컥 소리 나게 내고선 홱 돌아서지 않는다.
- 상담이 길어지는 경우 음료를 다시 권해서 내도록 한다.

다. 명함 예절

"명함은 제2의 본인 얼굴이다."
- 명함 교환 순서
  - ○ 아랫사람이 윗사람에게
  - ○ 소개의 대상이 소개를 받을 사람에게
  - ○ 방문자가 상대방에게
- 명함 교환 시 유의 사항
  - ○ 남성은 가슴 포켓 또는 양복 상의 명함 주머니에, 여성은 핸드백에 넣어 둔다.
  - ○ 방문자가 상대방에게 먼저 건네지만 고객이 방문하였을 경우에는 직원이 고객에게 먼저 명함을 건넨다.
  - ○ 명함은 가슴과 허리 사이의 위치에서 주고받는다.
  - ○ 한 손으로 명함을 주면서 다른 손으로 명함을 받는 동시 교환은 부득이한 경우가 아니면 실례이다. 상대방과 동시에 명함을 교환할 경우 오른손으로 건네고 왼손으로 받은 후 나머지 손으로 받쳐 든다.
  - ○ 명함을 교환하고선 상담 테이블 위에 두고 상담이 끝난 후 보관한다.
  - ○ 고객과의 전화 통화 후 명함을 문자 전송하여 소속과 신분을 밝힌다.
- 명함 교환 예절에 어긋나는 행위 예시: ① 명함을 거꾸로 건네는 행위(고객이 받아 보기 쉽게 준다.) ② 바지 뒷주머니 등에서 명함을 내거나, 구겨지고 탈색이 된 보관 상태가 좋지 않은 명함을 건네는 행위 ③ 명함 준 상대방이 보는 앞에서 명함에 낙서를 하거나 훼손하는 행위 ④ 상대방에게 이름을 말하거나 자기소개를 하지 않고 명함만 건네는 행위 ⑤ 명함으로 부채질을 하거나 장난치는 행위 등

라. 자동차 탑승 예절

- 양쪽 문을 모두 열 수 있는 경우, 윗사람과 여성이 먼저 탑승하고 난 후에 아랫사람이 탑승하고,

내릴 때에는 아랫사람이 먼저 내려 윗사람과 여성의 하차를 돕는다.

- 오른쪽(조수석, 뒷좌석)으로 문을 열 수 있는 경우, 아랫사람이 먼저 안쪽으로 탑승하고, 윗사람이 마지막으로 탑승하되 운전하는 사람의 대각선 자리에 탑승한다.

- 운전기사가 운전하는 차량의 최상석은 운전사의 대각선 뒷좌석이 최상석이고, 차주가 운전을 하는 경우 운전석 옆 좌석에 나란히 앉는 것이 매너임. 이 경우 뒷좌석이 말석이다.

- 여성이 스커트를 입고 있을 경우 뒷좌석 가운데 자리는 피하게 한다. (어린이도 마찬가지~)

마. 악수 예절

"비즈니스 관계 형성의 첫 도구이다."

- 악수 (요청) 순서
  ○ 여성이 남성에게
  ○ 윗사람(상급자)이 아랫사람(하급자)에게
  ○ 선배가 후배에게
  ○ 기혼자가 미혼자에게

- 악수 방법
  ○ 원칙적으로 오른손으로 한다.
  ○ 적당한 거리를 유지한다.
  ○ 상대방의 눈을 보며, 가벼운 미소와 함께 손을 잡는다.
  ○ 손은 적당한 힘으로 잡고, 2~3번 가볍게 흔든다.
      → 악수의 5대 원칙: 미소, 눈 맞춤, 적당한 힘, 적당한 거리, 오른손

- 악수 시 유의 사항
  ○ 당당한 자세로 허리를 곧게 펴고 악수한다.
  ○ 상대방이 악수를 청할 때 남성은 반드시 일어나야 하지만, 여성은 앉아서 해도 무방하다.
  ○ 악수를 할 때 장갑은 벗어야 하지만, 여성의 경우 드레스와 함께 연출하는 장갑은 벗지 않아도 된다.
  ○ 손이 더러울 때에는 양해를 구한 후 닦고 하거나 인사로 대신한다.

- 악수 예절에 어긋나는 예시: ① 손을 너무 꽉 쥐거나 반대로 너무 힘없이 쥐는 경우 ② 악수를 하면서 손가락으로 장난을 치는 경우 ③ 양손을 맞잡거나 지나친 스킨십을 하는 경우 ④ 악수를 한 채로 계속 말하는 경우 ⑤ 악수를 하면서 너무 심하게 손을 흔드는 경우 등.

5

부동산 중개사무소
물건 접수/관리

가. 물건 입수 경로

1) 고객(손님, 은행, 감정평가 법인 등)

2) 타 부동산 중개업소

나. 물건 입수 방법

1) 전화

2) 방문

3) 카페

4) 포털 사이트

다. 물건 관리 방법

1) 물건대장 관리(단지별/평형별/매매/임대…)

2) 광고매체별 관리(인터넷 포털사이트/한방/정보지 사이트…)

3) 한방 → 자동 로그인(협회 권장사항)

4) 부동산중개사무소가 통상적으로 사용하고 있는 물건관리 방법은?

라. 물건 보안

1) 전속 중개 계약 물건 위주로 올릴 것(* 양타를 치기 위해서라도 전속중개 계약을 잘 활용하라.)

2) 다른 부동산 중개업소에 물건을 줄 때 어디까지 노출 할 것인가?

　예시) 아파트의 경우 동/호수까지? 토지의 경우 지번까지?

마. 시세 상담 및 제공

1) 은행 등 금융기관 대출관련(은행 대부계 직원)

2) 감정평가 관련(감정평가법인 직원)

3) 민사소송 관련(변호사사무실 직원)

4) 담보제공 관련(채권자 외)

5) 경매(입찰) 관련(경매 입찰예정자)

6) 매도/매수 고객

　(* 특히 다른 부동산 중개업소에서 물건을 보고 결정하기 전 시세를 확인하거나, 매매 후 시세

검증을 위해 매수 손님으로 가장해 부동산 중개사무소에 전화문의 또는 방문 상담받는 밉상 고객이 더러 있다.)

☞ KB국민은행과 부동산 시세조사, 제공 협력 등 업무 협약 체결

→ 2019.12.17. 한국공인중개사협회와 KB국민은행은 '부동산 업무 공동 발전을 위한 업무 협약식'을 체결하여 협회는 KB로부터 받은 시세와 부동산 정보 콘텐츠를 협회 정보망 '한방' 및 앱 사용자에게 제공하고 회원 중개사무소로부터 받은 진성 매물 75만여 건을 'KB부동산 리브온 앱'에 제공하며 지역/단지별 시세조사, 실거래가 정보수집 등에도 협력하기로 합의함.

→ 한방과 KB국민은행 간 매물전송 플랫폼 그랜드 오픈

2021.3.9.(화) 14:00 → 30일 노출, 200건 무료 전송

☞ 부동산 시세확인서 발급 주의

- A씨는 2014년 10월 말 법원에 제출할 용도로 토지 등에 대한 시세확인서 작성을 의뢰받고 감정평가 방식으로 시세확인서를 발급해 주고 5만 원을 받은 혐의로 한국감정평가사협회가 A씨를 고소함.

서울중앙지방법원 형사21단독 윤○○ 판사는 대가를 받고 시세확인서를 작성해 준 혐의(부동산 가격 공시 및 감정 평가에 관한 법률 위반)로 약식 기소된 공인중개사 A씨에 대해 벌금 150만 원을 선고함.

※ 1, 2심 판결에 불복해 상고하였으나 2019.1.31. 대법원에서 기각하여 원심 판결 확정됨.

→ "공인중개사가 토지 등에 대해 경제적 가치판단을 하도록 허용하는 규정은 공인중개사법뿐만 아니라 다른 법령에도 없다."며 부동산에 대한 평가는 감정평가사의 고유의 업무 영역임을 확인한 판결이라고 한국감정평가사협회가 밝힘.

☞ 전속중개계약(* 공인중개사법 제23조 및 시행령 제20조, 시행규칙 제14조 참조)

※ 중개의뢰 물건 접수 시 전속중개계약을 체결함이 여러 가지 측면에서 유리함. → 아래 '㉯ 효과' 교재 내용 & 별첨 양식 1번 '전속중개계약서' 참조

㉮ 전속중개계약의 체결

- 중개의뢰인은 특정한 개업공인중개사를 정하여 그 개업공인중개사에 한하여 당해 중개대상

물을 중개하도록 하는 전속중개계약을 체결.

 * 매도/매수, 임대/임차의 경우 체결

㉞ 유효기간: 3개월(원칙), 단 당사자 간 별도 약정 가능.

㉟ 체결 방법: 전속중개계약서 작성 후 쌍방이 서명 또는 날인.

㊱ 개업공인중개사의 의무

- 국토교통부령으로 정하는 표준서식인 전속중개계약서를 작성, 3년 보존.

  → 사용 않거나 미보관 시 3개월 범위 내 업무정지에 해당(**법정 서식임**).

- 전속중개계약 체결 후 7일 내 부동산 거래정보망 또는 일간신문에 당해 중개대상물에 대한 정보를 공개 → 공개 사실을 지체 없이 의뢰인에게 문서로 통지(중개의뢰인이 비공개 요청 시 비공개 가능)

- 전속중개계약 체결 후 2주일에 1회 이상 중개업무 처리상황을 문서로 통지.

㊲ 공개할 정보의 내용

- 종류, 소재지, 지목 및 면적, 용도, 구조 및 건축년도 등 특정하기 위하여 필요한 사항

- 권리관계(단, 권리자의 주소, 성명 등 인적사항은 공개 X)

- 공법상 이용제한 및 거래규제에 관한 사항

- 수도, 전기, 가스, 소방, 열공급, 승강기, 오수, 폐수, 쓰레기 처리시설 등의 상태

- 벽면 및 도배의 상태

- 일조, 소음, 진동 등 환경조건

- 도로 및 대중 교통수단과의 연계성/시장, 학교 등과의 근접성, 지형 등 입지조건

- 중개대상물의 거래예정금액

- 공시지가(다만, 임대차의 경우에는 공시지가 공개 X)

㊳ 중개의뢰인의 의무

- 전속중개계약의 유효기간 내 다른 개업공인중개사에게 의뢰하여 거래한 경우에는 지불해야 할 중개보수에 해당하는 금액을 개업공인중개사에게 위약금으로 지불.

- 개업공인중개사의 소개에 의하여 알게 된 상대방과 개업공인중개사를 배제하고 거래당사자 간에 직접 거래한 경우에는 개업공인중개사에게 지불해야 할 중개보수에 해당하는 금액을 위약금으로 지불.

- 전속중개계약의 유효기간 내에 의뢰인이 스스로 발견한 상대방과 거래한 경우에는 중개보수의 50%에 해당하는 금액의 범위에서 개업공인중개사가 중개행위를 할 때 소요된 비용을 지불

해야 함.

㉔ 효과

- 개업공인중개사의 적극적인 중개행위 유도 및 보장
- 온라인 광고시의 매물 보안 확보
- 중개 의뢰인이 희망하는 거래가격 보장(* 여러 부동산사무소에 동시에 매물 중개의뢰를 하면 경쟁적으로 가격을 깎아내린다….)
- 중개의뢰인이 심적 부담감을 다소 느낄 우려 있음. → 위 ㉕번 항목의 중개의뢰인의 의무에 대한 부담감 有.

☞ **중개사무소에 중개물건을 직업적으로 소개하는 사람으로부터 물건을 소개받아 중개시 위법여부?**

- 공인중개사법 제33조 제2호의 규정에 따르면 "개설등록을 하지 아니하고 중개업을 영위하는 자인 사실을 알면서 그를 통하여 중개를 의뢰받거나 그에게 자기의 명의를 이용하게 하는 행위"를 금지하고 있으므로 금지행위에 해당(국토교통부 유권해석 수정일자 2017. 3. 31.).
- **→ 마을 이장, 브로커들에 의한 물건 접수 주의.**

부동산 중개사무소
고객 확보 채널 및 방안

가. 고객의 종류(부동산 중개사무소 고객 기본 NETWORK)

대내 고객	대외 고객	비고
소속 공인중개사/중개 보조원	법무사 세무사 건축설계사 은행(대출상담사) 시/구청 공무원 타 부동산 중개사무소 일반 고객	등기 세무 건축 대출 문의/실행 민원 문의 공동 중개 매물 접수/매매

- 소속공인중개사(개념 정의): 개업공인중개사에 소속된 공인중개사로서~
- 중개보조원(개념 정의): 공인중개사가 아닌 자로~ 현장안내 및 일반서무 등~ 중개업무와 관련된 단순한 업무를 보조~

  * 부동산 중개사무소 대표(개업공인중개사)에겐 소속공인중개사 및 중개보조원은 정말 중요한 고객이다.

    당신이 부동산 중개사무소 대표라면 소속공인중개사 및 중개보조원을 어떻게 처우하고 교육시킬 것인가?(소속공인중개사 및 중개보조원의 딜레마)

  * 진짜(성) 고객과 가짜 고객을 구분할 수 있으면 당신은 도사다.

나. 고객 확보 채널

1) 대내 고객 : 추천, 공개모집, 직접 채용
2) 대외 고객 : 필요시 + 평상시

다. (대외)고객 확보 방안

1) 고객 관리방법(특히 일반 고객 관리방법)

  - 상담시 수집된 고객 정보는 데이터-베이스화할 것.(생일, 결혼기념일, 취미, 자녀관계 등)
  - 특히 물건 관리와 연계하여 자기 부동산 중개사무소에서 거래한 고객(매매/임대차 구분)별로 자료해서 일정기간 경과 후 매매(이사) 및 임대 여부를 확인할 것.
  - 고객의 애, 경사엔 반드시 참석해서 친밀감을 높일 것.(진성고객을 확보할 수 있는 중요한 기회이다.)
  - 고객은 나에게 수입을 가져다주기도 하지만 때론 나를 가르쳐 주는 소중한 스승이라는 사실

을 잊지 말 것.

- 대, 내외 고객과 함께 할 수 있는 취미활동이 있다면 무조건 참여할 것.

대외 고객 주요 관련업무

대외 고객	주요 관련 업무	비고
법무사	- 소유권 이전등기 - 전세권(근저당권)설정 등기 - 말소 등기	
세무사(공인회계사)	- 양도소득세 - 취득세 - 상속/증여세	
건축설계사	- 건물 신축설계 - 사업 타당성 분석 - 제 비용 산출	* 토지 구입 시
은행(대출상담사)	- 대출 가능한도 - 상품별 금리(고정/변동) - 중도 상환수수료	* 개인별 신용도에 따라 차등
시, 군, 구청 공무원	- 건축 허가관련 - 부동산 중개사무소 지도/단속 - 상가 임대차/양도 관련 - 도로개설, 보상여부	* 용도/신고 등
타 중개업소	- 정보 공유 - 물건 공유	
일반 고객	- 매매 - 임대차 - 경매, 컨설팅 - 기타 상담	

* 타 부동산 중개사무소는 나에게 고객인가? 적군인가, 아군인가?
→ 부동산 중개사무소에 대한 딜레마(경우에 따라 고객에게 나를 비방하고 내가 계약시킨 물건에 대하여 비판한다.)

2) 고객 확보관련 대외활동

  - 친목 단체 가입 활동: 등산, 골프, 자전거, 볼링 등의 취미 동호회

    (* 골프를 칠까 말까? → 골프의 득(得)과 실(失)

  - 거주 아파트 간부 활동: 동대표, 부녀회, 아파트 자치회

  - 중개사무소 운영관련 활동: 협회 회직자, 구청 등 회의체, 지역별 소모임(○○동 여성 공인중

개사회 등)

- 기타 私的 채널 활동: 동창회, 계중, 공인중개사 동기회, 교육 동기회

(* 부동산 중개사무소 개업/소속공인중개사는 정말 할 일이 많다. → 공부하랴, 영업하랴, 일하랴 때론 몸이 열 개라도 모자란다.)

3) 고객 LIST 작성 및 활용

- 대외 고객 LIST(일반 고객 제외)를 작성해서 개인별 책상 위 비치, 활용

→ 즉, 일반 고객을 제외한 우리 부동산 중개사무소의 주요 협력업체 LIST를 작성해서 소속공인중개사/중개보조원에게 전달 및 공유하여 중개 실무 시 활용하도록 한다.

- 특히 협력업체와 평소 친목도모 및 유대 강화활동을 통하여 언제든지 전화/방문해서 중개 실무에 대한 자문과 도움을 받을 수 있어야 한다.

- 고객 카드의 작성, 활용

- 명절 인사, 생일, 결혼기념일 문자 발송

- 다양한 정보 제공(신규 부동산 정책 및 제도 등)

4) (일반)고객 서비스 차원에서의 검토(고려) 요소

- 등기필증은 중개사무소에서 고객에게 직접 전달(배달).

○ 이사 기념으로 휴지라도 사갈 것.

○ 주택 화재보험 가입증권 전달.

- 주택/상가 임대차 계약 시 확정일자, 전세권등기, 전세(금) 안심(보증)보험 제도에 대해서 꼭 설명할 것. (※임차인들은 자기의 전세보증금 확보에 관심이 아주 많기 때문~)

7

부동산 중개사무소 상담요령
및 현장 임장활동

가. 일반(특히 지양해야 할 내용)

1) 단답, 즉답을 피해라(원칙에 대한 예외 및 특례 규정이 많다.)

예시) 일시적 1세대 2주택자 양도소득세: 기존 주택을 취득하고 1년 경과 후 새로운 주택을 취득
후 3년 내(비규제 지역)에 기존 주택(2년 이상 보유)을 양도 시 양도소득세 비과세
※ 조정대상지역은 취득 후 2년 이내 매도 → 2018. 9. 14 이후 취득분(* 2019. 12. 17. 이후 취득
분: 1년 → 2년으로 개정, 2022. 5. 10. 소득세법 시행령 개정)
→ 2023. 1. 12. 이후 종전주택 양도분부터 규제지역 여부 불문하고 3년 내 매도 : 2023. 2. 28.
소득세법 시행령 개정(시행령 제155조 제①항 참조)

2) 대부분의 일반 고객은 부동산에 대해서 전혀 모르므로 부동산 중개사무소에서 문의/상담받은
내용은 절대적으로 신뢰하는 경향이 많아서 상담에 신중해야 한다.
(고객이 언제 어떤 내용을 문의할 지 우린 알 수가 없다. → 그래서 항상 대답할 수 있도록 평소에
공부하는 습관을 길러야 한다.)

3) 특히 부동산 중개업의 전문 영역이 아닌 분야에 대한 상담은 주의하고, 다른 법에 저촉되는 활
동(業)을 지양한다.
(양도소득세 등 세무상담 및 신고대행, 부동산 등기 대행 등)

4) "부동산 중개사무소에서 책임진다."라는 말을 함부로 사용해선 안 된다.

5) 숨넘어가듯 고객을 다그치지 마라~
(사장님이 지금 안 하면 바로 다른 사람과 바로 계약하겠다. → 우리는 10만 원짜리 전자제품을 다
루는 것이 아니다.)

6) 전화로 얘기할 내용과 만나서 상담해야 할 내용을 잘 구분해서 응대한다.(특히 전화로 시세 상
담 요청하는 고객은 가급적 만나서 상담하는 방향으로 유도~)

7) 고객과 상담/통화 시 고객이 통화 내용을 녹음/녹취할 수 있음을 항상 주의하여야 한다.(특히
상담 시 고객 휴대폰의 위치를 확인~)

8) 휴대폰의 녹취(음) 기능을 이용하여 고객과의 중요한 통화 내용은 저장하여 향후 분쟁 시 활용하도록 한다.

9) 계약 결정 주도권을 누가 보유하고 있는지 잘 파악해서 상담의 주 파트너로 삼아야 한다.

☞ **부동산 부부 공동명의 시 절세효과 → 부부 공동명의로 취득함이 절세 유리**
㉮ 재산세는 절세효과 X
㉯ 임대소득세, 종합부동산세, 양도소득세는 절세효과 O

나. 고객 유형별 상담요령(상담 및 계약유도가 곤란한 3유형 중심)

고객 유형	상담 요령	비고
과거에 부동산 투자로 엄청 손해 본 경험 有	○ 부동산 투자로 성공한 사람의 사례를 적시할 것 ○ 과거 부동산 투자의 오류, 실수 부분에 대해 공감대를 가질 것 ○ 부동산 투자 실패 사례가 더러 있다는 사실을 강조	- 무슨 말을 해도 반신반의 한다. - 시간적 여유를 두고 인간관계 강화에 힘쓸 것.(아님 다음 기회를 보자.)
부동산 지식과 상식이 아주 많음	○ 결정함에 필수적인 중요한 내용만 설명할 것 ○ 경우에 따라 잘못 알고 있는 부분만 조언할 것 ○ 구/시청, 설계사무소 등에 문의, 확인할 내용을 적시할 것	- 이런 유형의 고객과 말씨름하지 마라. - 오히려 대표에게 질문을 던져 테스트하기도 한다.
부동산 지식과 상식이 전혀 없음	○ 결정을 유도하여 줄 것 ○ 너무 많은 전문지식과 전문 용어 구사X → 머리 복잡 ○ 친절 및 기본에 충실한 상담	- 많이 질문하고 고민한다. - 같은 처지에서 설명하라.

다. 진성 고객

1) 부부 방문 고객, 부모+자식 동반고객은 계약성사 확률이 높으므로 더욱 집중한다.

2) 일요일/공휴일 방문 고객 역시 계약성사 확률이 높은 편이다.

3) 나의 부동산 중개사무소에서 권유받은 투자 물건으로 높은 수익을 실현한 고객은 나를 믿고 따르는 진성 고객이 된다.

라. 현장 임장활동(유의 사항)

1) 항상 고객보다 먼저 현장에 도착해서 고객을 맞이하도록 한다.

2) 고객과 현장에서 만나기로 한 날 이전에 먼저 사전 답사하고, 설명할 주요 내용을 먼저 도출하고 검토해야 한다.

예시) 현장 방문 당일 열심히 타인 토지를 설명 → "큰 중개사고에 해당한다."

      → 사전 답사한 물건은 고객에게 설명/상담에 자신감이 생긴다.

3) 갑작스런 현장 임장활동을 위해 자동차에 모자, 운동화, 수건, 양말, 속옷, 랜턴 등을 항상 준비해 둔다.

4) 가급적 낮 시간 등 밝은 시간에 임장활동을 하도록 한다.
- 저녁시간 임장활동 지양(소득이 별로 없다. → 낮에 다시 보게 된다.)
- 낮이라도 임야, 산 등의 임장활동 시 2인 이상 동행(특히 여성 개업/소속공인중개사 등~)
- 긴급 안전 장비(호루라기, 가스총…) 휴대의 필요성 및 소속 공인중개사 및 중개보조원에게 주의
  교육 실시

5) 현장관련 사진을 촬영해서 상담/광고 시 활용한다.
(* 거주자의 사전동의 필수)

6) 임장활동(토지 및 건물 등의 답사 및 안내 등)시 신주소(도로)명을 적극 활용한다.

8

부동산 중개사무소 광고관리
(중개대상물 표시·광고 포함)

가. 부동산 광고의 딜레마

1) 광고는 독인가? 약인가?
   - 남이 하기에 내가 안 하면 손님이 없다. ("나만 손해 본다.")
   - 내가 안 하면 남이 독점하기에 역시 손님이 없다.
2) 중개사무소 매출이 없는데 광고는 무슨?
   - 불황일수록 공격 경영이 원칙이다.
   - 위기는 위험과 기회가 공존한다.
3) 광고는 나의 매물이 노출되어 뺏길 수 있다. (광고 보안의 문제 → 특히 상가의 경우 노출 용이)

나. 부동산 광고공간의 홍수 속에 나의 선택은?

1) 부동산 포털: 부동산114, 부동산 써브, 닥터아파트, 부동산뱅크, 한경닷컴부동산, MK부동산 등
2) 부동산114 전화 안내, 각종 모바일 안내
3) 포털 키워드 안내: 네이버 파워링크(구, 클릭초이스)
4) 정보지: 교차로, 벼룩시장 등
5) 부동산거래 정보망, 일간 신문 등
6) 부동산 카페, 블로그 유료광고 등
7) 아파트 단지 내 엘리베이터 광고
8) 유선/케이블 tv광고
9) 라디오 광고…

다. 부동산 광고의 경쟁 심화 및 지출 과다

1) 부동산 중개사무소의 부동산 광고는 광고업계의 최고 고객.
2) 해당 지역 부동산 중개사무소 간의 물건 광고 매체별 선점 경쟁 등에 따른 광고료 출혈 심화.
3) 특히 부동산 중개사무소의 입장에서 다수의 여러 광고 매체를 동시 이용함에 따른 광고료 지출 과다.
4) 새로운 광고 매체 발굴 투자에 따른 신규 광고료 발생 등.

라. ON-OFF 라인 광고의 조화 추구 및 부동산 상품별/광고 매체별 선택과 집중

1) ON라인 광고가 주종(대세)

2) 상품별/매체별 선택과 집중

예시) 원룸, 오피스텔 밀집지역 - 젊은 싱글 → 블로그 & 파워링크 이용

아파트 밀집지역 - 고객들의 나이 다소 많음 → 네이버/다음 부동산 매물광고

마. 거짓/과장 광고(허위/미끼 매물) 근절

1) "한방"에서 정의하는 허위 매물 기준 참고

- 거짓, 과장된 가격의 매물
- 노출기간 중 거래가 완료되었음에도 부동산 정보 사이트에 게재되어 있는 매물
- 가격이외의 매물정보를 거짓으로 기입한 매물
- 매도자의 매도의사가 확인되지 않은 매물

2) 허위 매물 적발 3건 → "한방" 이용 제한조치

※ 2020. 8. 21. 시행 공인중개사법 일부 개정 내용: 부동산 허위 매물 표시 · 광고 → 500만 원 이하 과태료

바. 특급, 급매 물건은 광고를 내지 않는다는 속설에 대하여…

1) 특급, 급매 물건은 광고를 내지 않고 매수/임차 대기 고객 위주로 중개 활동을 하여 거래시키는 경향이 있음.

2) 특급, 급매 물건에 대한 "직접 거래"에 저촉되지 않도록 주의를 요함.

사. 중개대상물 표시 · 광고 규정(제)(* 공인중개사법 제18조의2 참조)

1) 중개대상물 광고 시 명칭, 소재지, 연락처, (대표)성명 등을 표시해야 함.

- 연락처는 등록관청에 등록된 휴대폰번호, 유선전화 번호만 사용 가능)
- 2020. 8. 21. 부터 "등록번호" 포함 표시

→ 위반 시 과태료 50만 원

2) 중개대상물 광고 행위는 반드시 개업공인중개사가 하여야 함.

- 원칙: 소속공인중개사, 중개보조원의 중개대상물 광고 행위 X

- 예외: 소속공인중개사(성명, 연락처)는 개업공인중개사에 관한 사항 명시 후 병기(倂記) 가능

　(단, 중개보조원은 명시 X)

　→ 위반 시 1년 이하의 징역 또는 1,000만 원 이하의 벌금

3) 적용: 공인중개사법 시행령 및 국토교통부 고시는 2020.8.21.부터 시행하되, 중개대상물의 표시. 광고 명시사항 세부기준 고시와 부당한 중개대상물 표시. 광고행위의 유형 및 기준고시는 한 달간의 계도기간을 두고 시행 예정.

아. 한방(매물관리)

<u>**"우리의 유일한 생존전략" → 우리가 적극 사용해야 한다.**</u>

☞ **2020.8.21 시행 공인중개사법 개정 내용**

㉮ 제18조의2(중개대상물의 표시 · 광고)

　제①항: 중개보조원에 관한 사항 명시 금지(개정)

　제②항: 인터넷 표시. 광고 시 소재지, 면적, 가격 등을 추가로 명시(신설)

　제③항: 개업공인중개사가 아닌 자는 중개대상물에 대한 표시 · 광고 금지

　제④항: 부당한 표시광고 금지(신설)

　1. 중개대상물이 존재하지 않아서 실제로 거래를 할 수 없는 중개대상물에 대한 표시 · 광고

　2. 중개대상물의 가격 등 내용을 사실과 다르게 거짓으로 표시. 광고하거나 사실을 과장되게 하는 표시 · 광고

　3. 그 밖에 표시 · 광고의 내용이 부동산 거래질서를 해치거나 중개의뢰인에게 피해를 줄 우려가 있는 것으로서 대통령령이 정하는 내용의 표시 · 광고

　제⑤항: 부당한 표시광고 세부 유형, 기준 등은 국토교통부장관이 정하여 명시(신설)

㉯ 제18조의3(인터넷 표시 · 광고 모니터링)

자. 부당한 중개대상물 표시 · 광고행위의 유형 및 기준

→ **국토교통부 고시 제2020-596호(2020.8.21. 시행), 제2023-542호(2023.9.21. 개정)**

　※ '한국인터넷광고재단 부동산광고시장감시센터' 누리집을 통해 부당한 표시. 광고 세부기준 등 중개대상물 표시 · 광고 위반 유형을 소개하고 신고 업무도 수행.

- 적용범위(* 제3조 참조):

    1. 이 고시는 개업공인중개사가 의뢰받은 토지, 건축물 및 그 밖에 토지정착물, 입목, 공장 및 광업재단 등 법 제3조 각 호에서 규정한 중개대상물과 관련된 표시. 광고에 적용한다.

    2. 이 고시('부당한 중개대상물 표시. 광고행위의 유형 및 기준')는 신문, 전단지, 잡지, 입간판, 방송, 메일, 인터넷 등 매체 유형과 방식을 불문하고 개업공인중개사의 중개대상물 표시·광고에 적용한다.

- **일반원칙**(* 제4조 참조)

    1. 이 고시에서 규정한 부당한 표시. 광고 유형은 부동산 중개대상물 표시·광고에 있어서 발생하기 쉬운 유형을 예시한 것에 불과하므로 이 고시에서 열거되지 아니한 행위라고 해서 부당한 표시·광고행위에 해당되지 않는 것은 아니다.

    2. 특정행위가 이 고시에서 제시된 법 위반에 해당될 수 있는 행위(예시)에 해당되더라도 소비자를 오인시킬 우려가 없거나 공정한 거래질서를 저해할 우려가 없는 경우에는 부당한 표시·광고행위에 해당되지 않을 수 있다.

조문	내용	비고
제5조 (부존재. 허위의 표시·광고)	① 중개대상물이 존재하지 않아서 실제로 거래를 할 수 없는 중개대상물에 대한 부당한 표시·광고의 유형과 기준 표시·광고한 중개대상물이 표시·광고한 위치에 존재하지 않는 경우. (예시) 중개대상물이 존재하지 않는 위치의 도로명, 지번, 동, 층수를 표시. 2. 표시·광고한 중개대상물이 그 위치에 존재하는 물건과 그 내용, 형태, 거래조건 등에 대해 동일성을 인정하기 어려운 경우.	공인중개사법 제18조의2 제 4항 제1호

	② 중개대상물이 존재하지만 실제로 중개의 대상이 될 수 없는 중개대상물에 대한 부당한 표시·광고의 유형과 기준 매도인, 임대인 등 권리가 있는 자가 중개의뢰하지 않았음에도 개업공인중개사가 임의로 중개대상물로 표시·광고하는 경우. 다만, 매도인, 임대인 등 권리가 있는 자가 공동중개를 통한 중개대상물에 대한 표시·광고를 허용하는 경우에는 그러하지 아니하다.
	  2. 표시·광고 당시 이미 계약이 체결된 중개대상물임을 알고도 표시·광고하는 경우.
	  3. 압류 또는 처분금지가처분 등으로 처분이 제한되거나 관계 법령에 따라 거래할 수 없음이 명백한 중개대상물에 대한 표시·광고를 한 경우
		공인중개사법
		시행령 제17
		조의2 제4항
		제1호

	③ 중개대상물이 존재하지만 실제로 중개할 의사가 없는 중개대상물에 대한 부당한 표시·광고의 유형과 기준 표시·광고한 중개대상물에 대한 중개요청에 응하지 않고 다른 중개대상물을 권유하는 등 실제로 중개 할 의사가 없는 중개대상물에 대한 표시·광고를 한 경우. 2. 개업공인중개사가 중개대상물에 관한 거래계약서를 작성하는 등 계약이 체결된 사실을 알고 있음에도 불구하고 지체 없이 표시·광고를 삭제하지 않는 경우.	공인중개사법 시행령 제17 조의2 제4항 제2호

제6조 (거짓, 과장의 표시·광고)	① 중개대상물의 가격 등 내용을 사실과 다르게 거짓으로 하는 표시·광고의 유형과 기준. 1. 중개대상물의 가격을 중개의뢰인이 의뢰한 가격과 다르게 표시·광고한 경우. 2. 중개대상물의 면적을 공부상 면적과 다르게 표시·광고하는 경우 3. 해당 중개대상물의 평면도나 사진이 아닌 것을 이용하여 표시·광고하는 경우. 4. 토지의 용도를 공부상 지목과 다르게 표시·광고하는 경우. 　(예시) 농지인 토지를 택지로 광고하는 경우. ② 중개대상물의 내용을 현저하게 과장하여 하는 표시·광고의 유형과 기준. 1. 표시·광고 시 제시한 옵션의 성능을 실제와 다르게 표시한 경우. 2. 표시·광고한 관리비 총 금액이 최근 3개월이나 1년 평균금액 또는 표시·광고 시점 직전 월 관리비와 현저하게 차이가 나는 경우. 3. 방향이 표시·광고 시 제시한 방향과 90도 이상 차이가 나는 경우. 4. 주요 교통시설과의 거리를 실제 도보거리나 도보 시간이 아니라 직선거리로 표시·광고하는 경우.	공인중개사법 제18조의2 제4항 제2호
제7조 (기만적인 표시·광고)	중개대상물의 입지조건, 생활여건, 가격 및 거래조건 등 중개대상물 선택에 중요한 영향을 미칠 수 있는 사실을 빠뜨리거나 은폐, 축소하는 등의 방법으로 소비자를 속이는 표시·광고의 유형과 기준 1. 중개대상물의 선택에 중요한 영향을 미칠 수 있는 사실이나 내용의 전부 또는 일부를 지나치게 작은 글씨로 표기하거나 빠뜨리는 등의 방법으로 소비자가 이를 사실대로 인식하기 어렵게 표시·광고하는 경우. (예시) 전원주택 건축이 가능한 토지라고 표시·광고하면서 도로, 상하수도 등 기반시설이 없어서 실제 주택을 건축하기 위해서는 기반시설 설치를 위한 과도한 추가 비용이 발생한다는 점을 아주 작은 글씨로 표기하는 경우. 2. 중개대상물의 선택에 중요한 영향을 미칠 수 있는 사실이나 내용을 표시 또는 설명하였으나, 지나치게 생략된 설명을 제공하는 등의 방법으로 보통의 주의력을 가진 소비자가 이를 사실대로 인식하기 어렵게 표시·광고하는 경우. (예시) 토지에 대한 매매광고를 하면서 용도지역 또는 용도지구에 따른 행위제한이 있음을 사실대로 표기하였으나, 구체적으로 어떤 행위제한인지에 대한 설명 없이 단지 '행위제한 있음'으로만 표시·광고하여 소비자를 오인시키는 경우 등.	공인중개사법 시행령 제17조의2 제4항 제3호

☞ 중개대상물의 표시·광고 명시 사항 세부 기준 일부 개정 고시(제2장 중개사무소 및 개업공인중개사의 표시·광고 명시 사항) → 국토교통부 고시 제2023-541호, 2023.9.21.개정

구분	중개사무소에 관한 표시·광고 명시 사항	개업공인중개사의 표시·광고 명시 사항	비고
명칭(상호)	중개사무소 등록증에 기재된 명칭 표시 - 단, 사무소, 법인사무소 생략 가능 　(예시) 홍길동공인중개사, 한국부동산중개	중개사무소 등록증에 기재된 개업공인중개사의 성명(법인은 대표자 성명, 분사무소는 분사무소 책임자 성명)을 표시	
소재지	중개사무소 등록증에 기재된 소재지 표시 - 지번과 건물번호 생략 가능 - 시, 도, 군, 구를 줄여서 등록관청으로 표시 가능 　(예시) 서울 영등포 의사당대로, 서울 영등포 국회대로 70길, 서울 영등포 여의도동		
연락처	등록관청에 신고된 중개사무소의 전화번호 표시(휴대폰 번호 포함) - 단, 중개보조원 등 공인중개사가 아닌 자의 전화번호 표시 불가		
등록번호	중개사무소 등록증에 기재된 등록번호 표시		

☞ 중개대상물의 표시·광고 명시 사항 세부 기준 일부 개정 고시(제3장 중개대상물의 종류별 인터넷 표시·광고 명시 사항) → 국토교통부 고시 제2023-541호, 2023.9.21.개정

구분	토지	건축물 및 그 밖에 토지의 정착물	비고
1. 소재지	토지대장에 기재된 소재지를 표시 - 읍, 면, 동, 리까지 표시 가능	원칙적으로 건축물대장에 기재된 소재지를 표시. - 단독주택은 해당 건축물 지번 포함. 단, 중개의뢰인이 원치 않을 경우 읍, 면, 동, 리까지 표시 가능.(* 총 층수는 표기 → 총 2층) - 단독주택을 제외한 주택(다가구,다중, 공동주택 등)은 해당 건축물의 지번과 동, 층수를 포함하여야 하나, 중개의뢰인이 원치 않는 경우에는 층수를 '저/중/고'로 대체 가능.(8층/18층 또는 중/18층) - 건축물 중 「건축법 시행령」 별표1의 제1호(단독주택) 및 제2호(공동주택)의 주택을 제외한 건축물은 읍, 면, 동, 리까지 표시 가능.(* 층수는 포함 → 7층/총 9층) - 상가주택의 매매, 임대차의 경우는 지번까지 표시 → 단, 상가만을 임대차계약하는 경우 읍, 면, 동, 리까지만 표시 가능.(* 주택만을 임대차계약하는 경우 지번 까지 표시)	

2. 면적	토지대장에 기재된 면적을 표시(m²로 표시)	- 원칙적으로 전용면적(m²)으로 표시. 아파트의 경우 공급면적, 오피스텔의 경우 계약면적, 단독주택의 경우 대지면적을 함께 표시 가능. - 다가구주택, 기타 일반건축물 등 공부상 세대별(호별) 전용면적 확인이 사실상 어려운 경우, 실측이나 계약서 등에서 확인된 전용면적을 표시.
3. 가격	중개가 완성되기 전 거래예정금액을 단일 가격으로 표시	- 거래 형태에 따라 매매는 매매가격, 임대차는 보증금과 차임으로 구분하여 중개가 완성되기 전 거래예정금액을 단일가격 또는 단일비율로 표시. * 예시: 보증금 500만 원/월차임 40만 원, 보증금 500만 원/총 매출액의 10%
4. 중개대상물 종류	"공간정보의 구축 및 관리 등에 관한 법률" 제67조에 따른 지목의 종류로 구분하여 표시(28개 지목)	- 건축법 제2조 제1항 제2호에 따른 건축물과 그 밖의 토지의 정착물로 구분하여 표시하되, 건축물은 건축물 용도로 구분하여 표시. * 예시: 단독주택, 공동주택, 제1종 근린생활시설, 제2종 근린생활시설, 문화 및 집회시설, 종교시설 등~~
5. 거래 형태	매매, 교환, 임대차, 그 밖에 권리의 득실변경으로 구분하여 표시	- 매매, 교환, 임대차, 그 밖에 권리의 득실변경으로 구분하여 표시. - 임대차는 전세와 월세로 구분하여 표시.
6. 총 층수	-	- 중개대상물이 소재하는 해당 건축물의 건축물대장에 기재된 총 층수를 기재. - 단독주택: 총 층수 외 별도의 층수 표기 X - 단독주택을 제외한 주택: 층수를 표시하여야 하나, 중개의뢰인이 원치 않는 경우에는 '저/중/고'로 대체 가능. - 그 외 건축물(단독주택과 공동주택을 제외한 건축물): 층수 표시하여야 함. * 미등기건물은 실측에 의한 총 층수를 표시 가능.
7. 입주 가능일	-	- 실제 입주가 가능한 세부 날짜를 표시하되, "즉시 입주"로 표시 가능. - 거래당사자 합의로 입주 가능일을 조정할 수 있는 경우에는 입주가능월의 초순, 중순, 하순으로 표시 가능.
8. 방 수 및 욕실 수	-	- 건축물 현황도 등을 통해 확인한 방 수 및 욕실 수를 표시. - 상가 호실 내부에 있는 방, 욕실(화장실 포함)개수를 표시 → 내부에 방 및 욕실(화장실 포함)이 없는 경우 외부에 존재하는 공용화장실 개수 기재. * 상가건물 전체를 매매하는 경우에는 상가건물 전체에 있는 욕실(화장실) 기재 가능.

9. 사용검사일 사용승인일 준공인가일	-	- 해당 건축물 및 그 밖의 토지의 정착물을 규율하는 법률에 따라 행정기관이 승인한 날짜를 정확하게 표시. → 건축물대장 등 공부를 통해 정확한 날짜를 확인하기 어려운 경우 연도 또는 월까지만 표시해도 무방하며, 행정기관의 승인날짜가 기재되어 있지 않은 경우에는 '공부상확인불가'로 표시 가능.	
10. 주차 대수	-	- 총 가능한 주차대수 또는 세대당 가능한 주차 대수를 구분하여 표시.	
11. 관리비	-	- 관리비는 '공동주택관리법' 제23조에 따른 관리비 및 그 외에 포함된 비목을 표시 단, '주택법'에 따른 주택(준주택을 포함) 이외의 건축물은 관리비를 표시하지 않을 수 있음. 가. 관리비가 정액으로 부과되는 경우(정액 부과되는 관리비가 월 10만 원 이상인 경우)에는 비목별 금액을 표시. 다만, 중개의뢰인이 관리비 세부내역을 제시하지 않는 등의 사유로 개업공인중개사가 비목별 금액을 확인할 수 없는 경우에는 비목별 금액을 표시하지 않을 수 있음. 1) 일반(공용) 관리비(청소비, 경비비, 승강기유지비 등) 2) 전기료 3) 수도료 4) 가스사용료 5) 난방비 6) 인터넷 사용료 7) TV 사용료 8) 기타관리비 나. 정액으로 부과되는 관리비가 아닌 경우(실제 사용량에 따라 관리비를 부과) 또는 정액 관리비가 10만 원 미만인 경우에는 '공동주택관리법' 제23조에 따른 관리비의 월 평균액수를 표시하되, 비목이 포함된 경우 그 내용을 표시하여야 함.	
12. 방향	-	- 주거용 건축물의 경우 거실이나 안방 등 주실(主室)의 방향을 기준으로, 그 밖의 건축물은 주된 출입구의 방향을 기준으로 8가지 방향(동향, 서향, 남향, 북향, 북동향, 남동향, 남서향, 북서향)으로 표시하되, 그 기준을 함께 표시 → 원룸의 경우도 반드시 표시하여야 함.	

* 입목, 공장재단, 광업재단에 관한 인터넷 표시·광고 명시 사항은 생략

→ "국토교통부 고시에 대한 안내(수정)" 별도 참조(한국공인중개사협회 홈피 공지사항 참조: 2020.8.21.등록)

☞ **"중개대상물의 표시·광고 명시사항 세부 기준"(국토교통부 고시 제2021-1488호) 일부 개정 → 2022.1.1. 시행**

※ <u>소재지 및 입주가능일</u> 명시 기준 개선

㉮ '중개대상물의 표시·광고 명시사항 세부 기준'에서는 중개대상물 소재지 명시 방법을 ① 단

독주택 ② 공동주택 ③ 근린생활시설 중 상가건물로만 구분하여 규정화 되고 있어, 그 외 건축물에 대해서는 소재지 명시에 대한 규정이 명확하지 않았음.

→ 주택 외 건축물(상가, 오피스텔, 공장, 창고, 숙박시설 등 건축법 시행령 별표1의 제1호 및 제2호의 주택을 제외한 건축물)에 대해 읍, 면, 동, 리 및 층수를 명시하도록 개선.

④ 입주 가능일을 '실제 입주일' 또는 '즉시 입주'로만 표시하게 되어 있는 규정을 거래 당사자 간 합의에 따라 입주 날짜를 조정할 수 있는 경우, 입주가 가능한 월의 '초순, 중순, 하순'으로 입주 가능일을 표시할 수 있도록 함.

☞ 중개대상물 표시·광고 규정 관련 가이드라인

㉮ 거래를 성사시킨 공인중개사가 해당 물건에 대한 부동산 광고를 지체 없이(즉각) 삭제하지 않은 경우에는 500만 원 이하 과태료 부과.

→ 2022. 4. 1. 이후 게재 광고분부터 적용.

※ 거래가 완료된 부동산 광고는 플랫폼 업체가 자진 삭제하되, 광고를 게재했으나 거래를 성사시키지 않은 공인중개사에 대해서는 과태료 미부과 예정. → 반드시 **삭제 또는 비노출**로 변경('거래완료'로 표기하지 말 것.).

→ 표시·광고 플랫폼의 종류, 방식 등을 불문하고 거래가 완료된 중개대상물임을 알고도 표시·광고를 방치하는 경우에는 부당한 표시·광고에 해당하여 과태료 부과 대상임.(* 2020. 8. 21. 시행~)

※ 거래완료 중개대상물 인터넷 표시·광고 모니터링 대상 확대 시행

- 아파트 매물만을 대상으로 거래가 완료된 매물의 표시·광고를 지체 없이 삭제하지 않은 경우 모니터링하고, 위반 시 등록관청에서 과태료 처분을 하였으나,
- 2024. 1. 1.부터 오피스텔 매물까지 확대, 시행됨.

→ 오피스텔 매물도 거래가 완료된 경우 지체 없이 삭제하여야 함.

㉯ 중개보조원에 관한 사항은 명시할 수 없음.

단, 소속공인중개사는 개업공인중개사에 대한 명시사항을 먼저 기재 후 이에 병기하여 가능.

㉰ 원칙적으로 중개대상물을 의뢰받지 않은 개업공인중개사는 다른 개업공인중개사가 표

시·광고한 중개대상물에 대하여 임의로 표시·광고할 수 없음. 즉, 의뢰인이 공동중개를 위한 표시·광고에 대하여 동의 또는 허락을 하고, 그 의뢰인으로부터 의뢰를 받은 개업공인중개사의 동의 또는 허락이 있으면 다른 개업공인중개사가 해당 중개대상물에 대한 표시·광고가 가능함.

㉣ 중개대상물 표시·광고 시 중개사무소의 연락처는 등록관청에 신고된 중개사무소 전화번호 (유선전화, 휴대전화 무관)를 기재하되, 소속공인중개사의 연락처도 등록관청에 신고한 연락처를 사용해야 함.

㉤ 중개대상물을 생활정보지 지면과 생활정보지의 인터넷 홈페이지를 통해 동시에 광고하는 경우에 한하여 생활정보지 지면의 등록번호 표기는 생략할 수 있음. (* 생활정보지업체는 '중개사무소의 등록번호는 당해 업체 인터넷 홈페이지를 통해 확인할 수 있다.'는 사실을 기재하여 소비자에게 알려야 함.)

㉥ 중개사무소 내부(쇼윈도)에 매물광고를 하는 경우에는 거래당사자가 중개사무소를 직접 방문하는 등 소비자 피해가 적어 동 법률 위반 사항 적용 제외

㉦ 건축물의 '중개대상물' 종류는 건축법에 따른 건축물의 용도로 구분하여 표시하되, 미등기건물의 경우 '미등기건물'로 표시하여야 함.

  * 예시: 미등기건물(단독주택)

㉧ 건축물 전체를 거래하는 것이 아닌 특정 층이 매물로 나온 경우 건축물의 '용도'는 매물로 나온 해당 층의 용도를 건축물대장 등을 통해 확인하여 표시해야 함.

  * 예시: 주 용도가 1종 근린생활시설인 건축물의 일부 층을 업무시설로 매물 등록하는 경우 '업무시설'로 표시하여야 함.

㉨ 원룸 등 소형부동산의 경우에도 정확한 정보 제공을 위해 방향을 반드시 표시하여야 함. (주택의 경우에는 거실이나 안방 등 주실(主室)의 방향을 기준으로 방향을 표시.)

㉩ 유튜브, 인스타그램 등 SNS를 통해 중개대상물 표시·광고를 할 경우에도 공인중개사법 적용 대상임.

㉪ 매매가격, 전세 보증금, 월세 등 의뢰조건이 변경된 경우 부당한 허위 매물표시·광고에 해당될 우려, 즉 실제 악의적 신고 및 차후 의뢰 조건 변경에 의한 문제가 발생할 여지가 있으니 의뢰를 받을 경우 의뢰조건에 대한 녹취 또는 의뢰인에게 의뢰조건에 대한 확인 문자 필요함.

㉫ 공인중개사법 관련 규정에 따라 중개대상물 인터넷 표시·광고 모니터링에 관한 업무를 '한

국인터넷광고재단'에 위탁하였음.

모니터링 기관은 인터넷 표시·광고 위반 사항에 대한 신고, 접수와 기획조사도 실시할 예정이며, 인터넷 표시·광고 위반 사항에 대해서는 '한국인터넷광고재단 부동산광고시장감시센터' 홈페이지를 통해 신고할 수 있음.

(* 중개대상물이 표시·광고된 해당 부동산 중개플랫폼 신고 기능을 활용하여 신고 가능.)

☞ "중개대상물의 인터넷 표시·광고에 관한 업무 위탁기관 추가 지정"

(국토교통부 고시 제2021-1489호, 공인중개사법 제18조의3, 공인중개사법 시행령 제17조의3 제②항 참조) **2022. 1. 1. 시행**: 실거래신고 자료를 활용한 온라인 모니터링 도입.

→ 거래완료된 중개대상물의 인터넷 표시·광고의 **삭제 여부**에 대한 모니터링 업무 위탁기관으로 추가 지정: '낚시성 매물' 등 허위 매물에 대한 단속 강화

위탁 업무의 내용 및 위탁 기관

위탁 업무의 내용	관련 법령	위탁 기관
가. 공인중개사법 제18조의3 제4항에 따른 중개대상물의 인터넷 표시·광고 모니터링에 관한 업무	공인중개사법 시행령 제17조의3 제2항	한국인터넷광고재단
나. 위 가목의 업무 중 거래 완료된 중개대상물의 인터넷 표시·광고의 삭제 여부에 대한 모니터링 업무	공인중개사법 시행령 제17조의3 제2항	**한국부동산원**

→ 플랫폼상에 노출된 광고와 실거래 정보를 비교하여 거래완료 여부를 확인하고, 거래가 완료된 부동산 광고는 삭제 유도.

* 2022. 4. 1. 이후 게재 광고분부터 거래를 성사시킨 공인중개사는 부동산 광고를 지체 없이 삭제하지 않을 경우 500만 원 이하 과태료 부과.

☞ (일반/전속)중개계약(의뢰)서(* 별첨 양식 1번, 2번 참조) 및 표시·광고의뢰확인서(* 별첨 양식 3번 참조) 활용이 중요시되므로 사용 권장함. + (중개 실무 시)전화 녹취 기능 적극 활용.

※ 중개대상물의 종류(5가지)별 표시·광고 명시사항 구분 - 요약표

가. 공통 사항

　○ **중개사무소 및 개업공인중개사의 표시·광고 명시사항(5가지)**

　- 상호, 소재지, 전화번호, 등록번호, 개업공인중개사 성명

나. 중개대상물 종류(5가지)별 명시사항 구분

　○ **중개대상물의 표시·광고 명시사항 : 중개대상물 유형별 상이**

　- **(토지, 5가지)** 소재지, 면적, 가격, 중개대상물 종류, 거래형태

　- **(건축물, 12가지)** 소재지, 면적, 가격, 중개대상물 종류, 거래형태, 총 층수, 입주가능일, 방 수 및 욕실 수, 행정기관 승인일자, 주차대수, 관리비, 방향

　- (입목, 5가지) 소재지, 면적, 가격, 수종/수량/수령, 거래형태

　- (공장재단/광업재단, 3가지) 소재지, 가격, 거래형태

구분	위반 내용	중개대상물 종류			
① 중개사무소 및 개업공인중개사	명칭	공통			
	소재지				
	연락처				
	등록번호				
	개업공인중개사 성명				
② 중개대상물	소재지	입목	공장재단/광업재단	토지	건축물
	가격				
	거래형태				
	면적				
	중개대상물 종류				
	총 층수				
	입주가능일				
	방 수 및 욕실 수				
	행정기관 승인일자				
	주차대수				
	관리비				
	방향				
	수종/수량/수령	입목			

☞ 간판에는 대표자의 성명을 표기하였으나, 약 가로 2m × 세로 2.7m의 대형광고판을 설치 시에는 대표자 성명을 표기하지 아니한 경우 표시광고 위반에 해당되는지?

→ 개업공인중개사가 2개 이상의 옥외광고물을 설치하는 옥외광고물 모두에 개업공인중개사의 성명을 표기할 필요는 없고, 이들 중 하나에 공인중개사법 시행규칙 제10조의2와 같이 개업공인중개사의 성명을 인식할 수 있는 정도의 크기로 표기하면 족함. (국토교통부 2008. 12. 26. 수정일자 2016. 12. 16.)

☞ 등록관청은 간판 사무소 명칭에 "공인중개사사무소" 또는 "부동산중개" 라는 문자를 사용하지 않은 경우 및 간판에 개업공인중개사의 성명을 표기하지 않은 경우, 간판의 철거를 명할 수 있으며 그 명령을 받은 자가 이행하지 아니하는 경우에는 '행정대집행법'에 의하여 대집행을 할 수 있다.(공인중개사법 제18조 제⑤항 참조)

※ 간판에 "공인중개사사무소" 또는 "부동산중개"라는 문자를 사용하지 않은 경우 및 개업공인중개사의 성명을 표기하지 않은 경우 → 100만 원 이하 과태료 대상이 될 수 있음. (* 공인중개사법 제51조 제③항 제2호 참조)

※ 사용할 수 없는 간판 예시: 공인중개사○○○ 사무소, ○○공인중개사컨설팅사무소
→ 공인중개사사무소 사이에 다른 글자가 개입할 수 없음.

☞ 사무소 이전, 폐업 시 간판 철거 의무 有 (공인중개사법 제21조의2)

☞ 공인중개사법 시행령 일부 개정(* 2023.10.19. 시행)

중개대상물에 대한 부당한 표시·광고를 한 경우에 일률적으로 500만 원의 과태료를 부과하던 것을 부당한 표시·광고의 유형에 따라 250만 원부터 500만 원까지 부과기준을 세분화 함.

* 공인중개사법 시행령 [별표 2] : 과태료 부과기준(시행령 제38조 제1항 관련)
(1) 일반기준
    가) 부과권자는 다음의 어느 하나에 해당하는 경우에는 제2호의 개별 기준에 따른 과태료 금액의 2분의 1 범위에서 그 금액을 줄일 수 있다. 다만, 과태료를 체납하고 있는 위반행위자의 경우에는 그렇지 않다.
        1. 위반행위가 사소한 부주의나 오류 등 과실로 인한 것으로 인정되는 경우.

2. 위반행위자가 법 위반행위를 시정하거나 해소하기 위하여 노력한 사실이 인정되는 경우.

3. 그 밖에 위반행위의 정도, 동기와 그 결과 등을 고려하여 과태료 금액을 줄일 필요가 있다고 인정되는 경우.

나) 부과권자는 다음의 어느 하나에 해당하는 경우에는 제2호의 개별기준에 따른 과태료의 2분의 1 범위에서 그 금액을 늘릴 수 있다. 다만, 법 제51조 제2항. 제3항 및 법률 7638호 부동산 중개업법 전부개정법률 부칙 제6조 제5항에 따른 과태료 금액의 상한을 넘을 수 없다.

1. 위반행위의 내용·정도가 중대하여 소비자 등에게 미치는 피해가 크다고 인정되는 경우

2. 그 밖에 위반행위의 동기와 결과, 위반정도 등을 고려하여 과태료 금액을 늘릴 필요가 있다고 인정되는 경우

(2) 개별기준

위반 행위	근거 법조문	과태료금액
가) 법 제18조의2 제4항 각 호를 위반하여 부당한 표시·광고를 한 경우.	법 제51조 제2항 제1호	
① 중개대상물이 존재하지 않아서 실제로 거래를 할 수 없는 중개대상물에 대한 표시·광고를 한 경우.		500만 원
② 중개대상물의 가격 등 내용을 사실과 다르게 거짓으로 표시·광고하거나 사실을 과장되게 하는 표시·광고를 한 경우.		300만 원
③ 중개대상물이 존재하지만 실제로 중개의 대상이 될 수 없는 중개대상물에 대한 표시·광고를 한 경우.		400만 원
④ 중개대상물이 존재하지만 실제로 중개할 의사가 없는 중개대상물에 대한 표시·광고를 한 경우.		250만 원
⑤ 중개대상물의 입지조건, 생활여건, 가격 및 거래조건 등 중개대상물 선택에 중요한 영향을 미칠 수 있는 사실을 빠트리거나 은폐, 축소하는 등의 방법으로 소비자를 속이는 표시·광고를 한 경우.		300만 원

※ 공인중개사법 제18조의2 제1항(중개대상물 표시·광고 시 개업공인중개사에 관한 명시사항) 또는 제2항(중개대상물 종류별 표시·광고 시 명시 사항) 위반하여 중개대상물의 중개에 관한 표시·광고를 한 경우(* 근거 법조문: 법 제51조 제3항 제2호의2): 과태료 50만 원(* 과

태료 금액 변동 없음).

  - 제18조의2 제1항: 중개사무소의 명칭, 소재지, 대표자 성명, 연락처, 등록번호 등을 명시하지 아니한 경우 및 중개보조원에 관한 사항을 명시한 경우.
  - 제18조의2 제2항: 중개대상물의 소재지, 면적, 가격 등을 명시하지 아니한 경우.

☞ 중개대상물의 표시·광고 명시사항(관리비) 세부기준 일부 개정 고시

→ 소규모 주택 관리비 개선을 위한 국토교통부 고시 개정(2023.9.21. 시행)

㉮ 추진 경과

  - 관리비 사각지대에 있는 소규모주택(50세대 미만 공동주택, 원룸, 오피스텔 등)에 대한 관리비 투명화 방안 발표(2023.5.22.)

㉯ (관리비) 투명화 방안 주요내용 및 이행상황

ⓐ 중개플랫폼 관리비 입력 세분화 자율적용 : 2023.9.6.부터 적용중~

  - 네이버, 직방, 다방 등 중개플랫폼에 관리비 항목별 금액 입력 기능을 추가하고 표출방식을 표준화하여 일괄 적용

ⓑ 정액관리비 표시내역 세분화를 위한 고시 개정 : 2023.9.21. 시행

  - '중개대상물의 표시·광고 명시사항 세부기준' 개정을 통해 관리비 포함비목 및 구체적인 표시·광고 방법을 규정

    → 표시·광고 시 월 10만 원 이상의 정액관리비가 부과되는 주택의 경우 관리비를 ① 일반관리비(청소비, 경비비, 승강기유지비 등) ② 사용료(전기료, 수도료, 가스사용료, 난방비, 인터넷 사용료, TV 사용료) ③ 기타 관리비 등 세부 비목으로 구분하여 구체적으로 표시·광고

중개대상물(관리비) 표시·광고 방법

부과 방식	표시·광고 방법	비고
관리비정액 10만 원 이상인 경우	관리비 총액과 관리비에 포함된 비목별 세부 금액 예시) 관리비 총 10만 원(일반 관리비 5만 원, 전기료 3만 원, 가스 사용료 2만 원)	
그 외(정액제가 아닌 경우, 정액제 10만 원 미만)	관리비 월 평균 액수와 관리비에 포함된 비목(금액 X) 예시) 관리비 월 평균액수 8만 원(수도료, 인터넷 사용료, TV 사용료 포함)	

과태료 부과 유형

과태료 금액	과태료 부과 유형	비 고
과태료 50만 원 (공인중개사법 제51조 제3항 제2호의2 위반)	중개대상물의 소재지, 면적, 가격 등을 기재하지 않고 표시 · 광고 예시) 관리비 총 금액 또는 세부비목별 내용을 기재하지 않은 경우	
과태료 300만 원 (공인중개사법 제51조 제2항 제1호 위반)	중개대상물의 가격 등 내용을 사실과 다르게 거짓으로 표시 · 광고하거나 사실을 과장되게 하는 표시 · 광고 예시) 관리비 금액을 거짓으로 기재하여 실제 관리비와 현저하게 차이 나는 경우	*시행령 제38조 제①항 참조

※ 과태료 부과 유예기간 운영: 2024. 3. 31. 까지 계도기간 운영

　→ 관리비 세분화에 따른 과태료 부과는 2024. 4. 1. 이후 게재된 광고물부터 적용

ⓒ 중개대상물 확인설명서에 관리비 항목 추가: 2023. 12월 개정 예정

　- 중개대상물 확인설명서에 관리비를 포함하여 계약 전에 임차인에게 관리비를 명확히 안내

ⓓ 표시 · 광고 위반 모니터링 강화: 2023. 9. 26. 시행

　- 관리비 내역 미표기, 실제 관리비와 현저히 차이가 나는 경우 등 위반사항 모니터링 강화

ⓔ 주택임대차 표준계약서 세부 관리비 내역 명시: 법무부와 협의 → 2023. 10. 6. 개정

　- 주택임대차 표준계약서에 정액관리비의 비목별 금액을 명시하고, 중개사가 사용하는 한방 계약서(한국공인중개사협회) 양식도 개선 협의 추진

☞ **관리비 세부내역 표시 · 광고 가이드라인**

㉮ 관리비 표시 · 광고 기준 개선

　(예시) 전/월세 매물 광고 표시 내역 개선

기존	개선	비고
월세: 30만 원 관리비: 15만 원 * 청소비, 인터넷, TV 포함	월세: 30만 원 관리비: 15만 원 ① 일반관리비: 8만 원 ② 사용료: 4만 원 - 수도료: 2만 원 - 인터넷: 1만 원 - TV: 1만 원 ③ 기타 관리비: 3만 원 * 제외: 난방비, 전기료, 가스 사용료	※ 10만 원 미만 정액 관리비가 부과되는 경우에도 중개사, 임대인이 원하는 경우 자율적으로 세부 금액을 입력하도록 함.

㉴ 관리비가 정액으로 월 10만 원 이상 부과되는 경우 표시 방법은?

- 관리비가 정액으로 월 10만 원 이상이 부과되는 경우, 관리비 총액 및 관리비에 포함된 비목별 세부 금액을 표시하도록 함.

예시 1	예시 2
월세: 30만 원 관리비: 10만 원 (일반관리비 5만 원, 전기료 3만 원, 가스료 2만 원, 기타 실비)	월세: 30만 원 관리비: 월 15만 원 ① 일반관리비: 8만 원 ② 사용료: 4만 원(수도료 2만 원, 인터넷 사용료 1만 원, TV 사용료 1만 원) ③ 기타 관리비 : 3만 원 ※ 전기료, 가스사용료 실비(사용량에 따라 부과)

㉵ 관리비가 정액으로 월 10만 원 미만이거나, 관리규약 등에 따라 부과되는 경우 관리비 표시 방법은?

- '공동주택관리법' 제23조에 따른 관리비의 월 평균액수를 표시하되, 고시에 따른 비목이 포함된 경우 그 내용을 표시하여야 함.

* 표시 · 광고 시점 직전 월 관리비, 최근 3개월 또는 1년 관리비 월 평균금액.

예시 1	예시 2
월세: 30만 원 관리비: (평균) 월 8만 원(전기료, 수도료, 인터넷 사용료 포함) * 전체 사용량을 세대수로 나누어 부과	월세: 30만 원 관리비: (평균) 월 11만 원(전기료, 수도료 포함) * 세대별 사용량(별도 계량기)에 따라 부과

- 다만, 실비근거 및 세부비목, 관리비 기준 등을 명시하여 관리비를 투명하게 기재하여야 함.

㉣ 중개의뢰인이 관리비 세부내역을 제시하지 않는 등 공인중개사가 관리비 세부내역을 알 수 없는 경우 표시·광고 방법은?
- 정확한 관리비 표시를 원칙으로 하되, 중개의뢰인이 관리비 세부내역을 제시하지 않는 등의 사유로 개업공인중개사가 세부내역을 확인할 수 없는 경우에는 세부내역을 표시하지 않을 수 있음.
- 다만, 세부내역 등을 확인할 수 없는 사유를 표시하여야 함.
  예시) ⓐ 건축법 시행령 별표1의 제1호 가목의 단독주택
          ⓑ 오피스텔 제외 상가건물에 해당하는 경우
          ⓒ 미등기건물, 신축건물 등 관리비 내역이 확인 불가한 경우
          ⓓ 임대인이 관리비를 미고지한 경우
- 임대인이 관리비를 고지하지 않은 경우는 중개대상물 표시·광고 매물의뢰서 등 관련 증빙자료를 갖추어 안내할 것을 권고.

㉤ 오피스텔 등 준주택의 경우에도 관리비를 표시해야 하는지?
- '주택법'에 따른 주택뿐만 아니라 오피스텔 등 '주택법 시행령' 제4조에 따른 준주택의 경우에도 '공동주택관리법' 제23조에 따른 관리비 및 포함된 비목을 기재하여야 하며, 관리비가 정액으로 월 10만 원 이상 부과되는 경우, 비목별 금액을 표시하여야 함.
- 다만, 주택(준주택을 포함한다.) 이외의 건축물은 관리비를 표시하지 아니할 수 있음.

㉥ 단독주택의 경우 관리비를 표시하지 않을 수 있는지?
- '건축법 시행령' 별표1의 제1호 가목의 단독주택과 같이 전기, 수도 등 사용료 외에 별도의 관리비(일반관리비, 청소비 등)가 없는 경우 관리비를 표시하지 않을 수 있음.

㉦ 부동산중개플랫폼이 기본적으로 제공하는 매물 등록 시스템상 현행 규정에 따른 관리비의 세부내역을 표시하기 곤란한 경우 표시 방법은?
- 플랫폼 내 상세설명이 가능한 기입란 등을 통해 정확한 정보 및 법령에서 정하는 명시사항을 표시하는 것으로 충분하며, 중개플랫폼 시스템 등과 관계없이 개업공인중개사가 소비자에게 표시·광고 규정에 따른 정확한 정보를 제공하면 법령 위반으로 볼 수 없음.

㉧ 유튜브, 블로그, 인스타그램, 틱톡 등 SNS를 통해 중개대상물을 표시·광고하는 경우에도 관리비 세부내역을 표시해야 하는지?

- 유튜브, 블로그, 인스타그램, 틱톡 등 SNS를 통해 중개대상물을 표시·광고하는 경우에도 현행 규정에 따른 관리비 명시사항을 표시해야 하며, 규정의 준수 여부는 해당 표시·광고를 전체적으로 보아 판단함.

㉔ 잘못된 표시·광고는 어디에 신고하는지?

- 인터넷 표시·광고 위반사항에 대해서는 '한국인터넷 광고재단 부동산광고시장감시센터' 홈페이지 또는 '부동산불법행위통합신고센터' 홈페이지와 관할 지자체(등록관청)를 통해 신고할 수 있음.

㉕ 과태료는 국토교통부에서 직접 부과하는지?

- 과태료 부과관청은 등록관청(시, 군, 구)임.

- 규정 위반이 의심되는 광고물에 대해 모니터링 등을 통해 관할 지자체에 통보하고, 지자체의 최종 검증을 거쳐 규정을 위반한 공인중개사에게 과태료 등을 처분하는 기존 방식으로 진행.

㉖ 집주인이 관리비를 잘못 알려 주었을 경우, 중개사의 책임인지?

- 관리비 표시·광고 내용은 계약 체결 과정 또는 실거주 시 달라질 수 있으며, 중개의뢰인이 제시한 관리비 세부내역에 대해 소명이 가능하다면 공인중개사의 책임은 없을 것으로 판단됨.

구분		관리비 표시·광고 시 표출 예시
정액 관리비	10만 원 이상 부과 (* 중개의뢰인이 세부 내역 제시한 경우)	▶ 사례: 중개의뢰인이 직전 월 기준으로 정액관리비 세부 내역 제공. ▶ 표출: 관리비 100,000원(정액관리비, 직전 월 기준) - 일반(공용) 관리비: 50,000원 - 수도료: 20,000원 - 인터넷 사용료: 10,000원 - TV사용료: 10,000원 - 기타 관리비: 10,000원 - 전기료, 가스사용료, 난방비(사용량에 따라 부과)
	10만 원 이상 부과 (*중개의뢰인이 세부 내역 미제시한 경우)	▶ 사례: 중개의뢰인이 관리비 세부 내역 미제시로 비목별 금액 미표시. ▶ 표출: 관리비 150,000원(정액관리비) - 중개의뢰인이 관리비 세부 내역 미제시로 비목별 금액 미표시 - 일반(공용) 관리비, 수도료, 인터넷 사용료, 기타 관리비 포함(전기료, 가스 사용료, 난방비, TV 사용료 미포함)
	10만 원 미만 부과	▶ 사례: 직전 월 관리비 기준 관리비가 10만 원 미만인 경우 ▶ 표출: 관리비 80,000원(정액관리비, 직전 월 기준) - 일반(공용) 관리비, 전기료, 인터넷사용료, TV 사용료, 기타 관리비 포함(수도료, 가스 사용료, 난방비 미포함)

관리규약에 따라 부과	▶ 사례: 아파트, 오피스텔 등 관리규약에 따라 부과되는 최근 3개월 또는 연평균 관리비 ▶ 표출: 관리비 250,000원(관리규약에 따라 부과, 최근 3개월 평균) - 일반(공용) 관리비, 전기료, 수도료, 난방비, TV사용료, 기타 관리비 포함(가스 사용료, 인터넷 사용료 미포함)
사용량 등에 따라 부과	▶ 사례: 소규모 오피스텔 등에서 부과되는 최근 3개월 또는 연평균 관리비 ▶ 표출: 관리비 월평균 200,000원(최근 3개월 평균) - ①~③ 부과 방식을 참고하여 기재 ① 공용관리비는 면적/세대별로 부과하고 사용료는 사용량에 따른 부과 ② 전체 사용량을 세대수로 나누어 부과 ③ 세대별 사용량(별도 계량기)에 따라 부과 - 일반(공용) 관리비, 전기료, 수도료, 난방비, TV 사용료, 기타 관리비 포함(가스 사용료, 인터넷 사용료 미포함)
중개의뢰인이 관리비 미제시	▶ 사례: 중개의뢰인이 관리비 미제시로 전 세입자 확인 내용, 인근 사례 등으로 추정한 관리비 ▶ 표출: 관리비 월평균 80,000원 - 단, 중개의뢰인이 관리비 세부내역 미제시로 전 세입자 등을 통해 확인한 추정 관리비임 안내 - 일반(공용) 관리비, TV 사용료, 기타 관리비 등 포함
관리비를 표시하지 않아도 되는 경우	▶ 사례: 신축 건물 등으로 관리비를 표시하지 않아도 되는 경우 ▶ 표출: 관리비 ①~③ 중 하나에 해당되어 관리비 확인 불가 ① 건축법 시행령 별표1의 제1호 가목의 단독주택 ② 오피스텔 제외 상가건물에 해당하는 경우 ③ 미등기 건물, 신축 건물 등 관리비 내역이 확인 불가한 경우

☞ 관리비 세부내역 표시·광고 표출 예시(* 부동산광고시장 감시센터 자료 인용)

☞ 중개대상물의 표시·광고 명시사항 세부기준 일부 개정 고시안(국토교통부 공고 제2024-1393호: 2024.10.23. 국토교통부장관 고시)

※ 중개대상물의 표시·광고 명시사항 세부기준 일부 개정 고시안(국토교통부 공고 제2024-1393호)은 교재 교정 마무리 시점인 2024.11.25. 현재 기준 확정, 시행 중인 내용이 아니므로 교재 본문에 미리 반영할 수 없었음을 양지하시고 참고 바랍니다!

㉮ 개정 이유
  - 오피스텔 등 「주택법」에 따른 준주택의 중개대상물 표시·광고 시 소재지 명시기준 중 층수

를 중개의뢰인이 원하는 않는 경우에는 저/중/고로 대체할 수 있도록 하고, 연락처, 면적, 주차대수 등의 표시·광고 기준을 명확히 하는 등 현행 제도의 운영상 나타난 일부 미비점을 개선·보완하려는 것임.

㉯ 주요 내용
- 중개의뢰인이 원하지 않는 경우 충수를 저/중/고로 대체하는 건축물의 범위를 주택법에 따른 준주택으로 확대(안 제6조)
- 중개사무소의 연락처에 개업공인중개사의 책임하에 표시·광고 업무를 보조하는 소속공인중개사의 연락처를 필요에 따라 함께 표시할 수 있도록 허용(안 제3조)
- 토지, 건축물 등에 따라 명시해야 하는 사항의 기준 정비(안 제5조 및 제6조)

㉰ 시행일: 2025. 1. 1. 부터 시행

신·구조문 비교표

현행	개정안
제3조(중개사무소에 관한 표시·광고 명시 사항) 법 제18조의2 제1항 및 제2항에 따라 개업공인중개사가 표시·광고에 명시하여야 하는 중개사무소에 관한 사항은 다음 각 호와 같다.	제3조(중개사무소에 관한 표시·광고 명시 사항)
1. ~ 2. (생략)	1. ~ 2. (현행과 같음)
3. 중개사무소의 "연락처"는 '등록관청에 신고된 중개사무소의 전화번호(휴대전화번호를 포함한다.)'를 표시하여야 한다. **다만, 중개보조원 등 공인중개사가 아닌 자의 전화번호(휴대전화번호를 포함한다.)는 표시할 수 없다.**	3. **이 경우, 중개보조원 등 공인중개사가 아닌 자의 전화번호(휴대전화번호를 포함한다)는 표시할 수 없으나, 소속공인중개사가 개업공인중개사의 책임하에 표시·광고 업무를 보조하는 경우에는 소속공인중개사임을 명시하고 연락처를 추가로 표시할 수 있다.**
4. (생략)	4. (현행과 같음)
제5조(토지에 관한 인터넷 표시·광고 명시 사항) 법 제18조의2 제2항에 따라 개업공인중개사가 토지에 관한 인터넷 표시·광고를 할 때에 명시하여야 하는 사항은 다음 각 호와 같다.	제5조(토지에 관한 인터넷 표시·광고 명시 사항)
1. ~ 3. (생략)	1. ~ 3. (현행과 같음)

4. **"중개대상물의 종류"는 「공간정보의 구축 및 관리 등에 관한 법률」 제67조에 따른 지목의 종류로 구분하여 표시하여야 한다.**	4. **"중개대상물의 종류"는 「공간정보의 구축 및 관리 등에 관한 법률」 제71조에 따른 토지대장 등에 표기된 지목의 종류로 구분하여 표시하여야 한다.**
(예시) 전, 답, 과수원, 목장용지, 임야, 광천지, 염전, 대(垈), 공장용지, 학교용지, 주차장, 주유소용지, 창고용지, 도로, 철도용지, 제방(堤防), 하천, 구거(溝渠), 유지(溜池), 양어장, 수도용지, 공원, 체육용지, 유원지, 종교용지, 사적지, 묘지, 잡종지로 구분하여 표시	〈삭제〉
5. (생략)	5. (현행과 같음)
제6조(건축물 및 그 밖에 토지의 정착물에 관한 인터넷 표시·광고 명시사항) 법 제18조의 제2항에 따라 개업공인중개사가 건축물 및 그 밖에 토지의 정착물에 관한 인터넷 표시·광고를 할 때에 명시하여야 하는 사항은 다음 각호와 같다.	제6조(건축물 및 그 밖에 토지의 정착물에 관한 인터넷 표시·광고 명시사항)
1. "소재지"는 건축물대장에 기재된 소재지를 표시한다. 가. (생략)	1. 가. (현행과 같음)
나. 건축물 중 건축법 시행령 별표1의 제1호 가목의 단독주택을 제외한 **주택은** 해당건축물의 지번과 동, 층수를 포함하여야 한다. 다만 중개의뢰인이 원하지 않는 경우에는 층수를 저/중/고로 대체할 수 있다.	나. **주택(「주택법」에 따른 준주택을 포함한다)은**
다. **건축물 중 「건축법 시행령」 별표1의 제1호 및 제2호의 주택을 제외한 건축물은 읍·면·동·리까지 표시할 수 있고,** 이 경우 층수는 포함하여야 한다.	다. **가목과 나목 중 어느 하나에 해당하지 않는 건축물은** 읍·면·동·리까지 표시할 수 있고,
2. "면적"은 전용면적을 표시하되 제곱미터로 표시하여야 한다.	2. **이 경우 전용면적은 집합건축물대장의 전유부분의 면적 또는 일반건축물대장의 건축물 현황 면적을 표시하고, 건축물대장 면적 확인이 어려운 경우에는 실측면적 등을 표시한다.**
3. (생략)	3. (현행과 같음)
4. "중개대상물 종류"는 「건축법」 제2조 제1항 제2호에 따른 건축물과 그 밖의 토지의 정착물로 구분하여 표시하되, 건축물은 「건축법」 제2조 제2항에 따른 건축물의 용도로 구분하여 표시하여야 한다. **다만, 미등기건물의 경우에는 "미등기건물"이라고 표시하여야 한다.**	4. **다만, 미등기건물의 경우에는 "미등기건물", 건축물대장에 위반사항이 기재되어 있는 경우에는 "위반건축물"이라고 표시하여야 한다.**

(예시) 단독주택, 공동주택, 제1종 근린생활시설, 제2종 근린생활시설, 문화 및 집회 시설, 종교시설, 판매시설, 운수시설, 의료시설, 교육연구시설, 노유자(老幼者: 노인 및 어린이)시설, 수련시설, 운동시설, 업무시설, 숙박시설, 위락(慰樂)시설, 공장, 창고시설, 위험물 저장 및 처리시설, 자동차 관련 시설, 동물 및 식물 관련 시설, 자원순환 관련 시설, 교정(矯正) 및 군사시설, 방송통신시설, 발전시설, 묘지 관련 시설, 관광 휴게시설, 장례 시설, 야영장 시설, 미등기건물, 그 밖의 토지의 정착물로 구분하여 표시	〈삭제〉
5. ~ 7. (생략)	5. ~ 7. (현행과 같음)
8. "방 수 **및 욕실 수**"는 건축물현황도 등을 통해 확인한 방 수 **및 욕실 수**를 표시하여야 한다.	8.　　　**및 욕실(또는 화장실) 수** 　　　　**및 욕실(또는 화장실) 수를** **다만, 「주택법」에 따른 주택(준주택을 포함한다)이 아닌 건축물은 '방 수'를 표시하지 않을 수 있다.**
9. (생략)	9. (현행과 같음)
10. "주차대수"는 **총 가능한** 주차대수 또는 세대 당 **가능한 주차대수**를 구분하여 표시하여야 한다.	10.　　　　**건축물대장상** 　　　　**주차대수** **다만, 건축물대장과 실제 사용가능한 주차대수가 다를 경우 이를 함께 표시할 수 있다.**
11. · 12. (생략)	11. · 12. (현행과 같음)

부동산 중개사무소
계약 유도/성사 포인트

→ 부동산 계약에는 1등과 1등 아닌 자만이 있다.

→ 1등만이 부동산 계약서를 작성한다.

→ 부동산 중개사무소의 꽃은 계약서 작성이다.

가. 일반적 유의 사항

1) 가급적 양타를 쳐라(요즘 추세는 단타 즉, 공동중개가 많음.)

   - 쌍방 간 이해/조정 기능 강화.

   - 고객의 심리를 빨리 읽는데 도움.

2) 계약서 특약 기재에 능하라

   - 특약을 잘 기재할 수 있는 건 부동산 중개업 도사가 되었다는 증거임.

3) 중요 상담 및 통화 내용을 녹취(음)하라 또는 문서화 시켜라

   - "대화의 당사자"로 참여시 동의없는 녹취(음)은 불법이 아니다.

   ※ 참조 판례: 대법원 2002. 10. 8. 선고 2002도 123판결

4) 주택/상가 임대차 보호법에 통달하라

   - 부동산 중개업소 방문 상담 고객의 유형 중 매도/매수외 상담 비중이 아주 높다(* 변호사에게 가서 이런 내용에 대해서 상담받을 것인가?)

   → 변호사도 이런 내용은 잘 모른다. → 지역 내 부동산 전문가로 인식되어 소문난다. → 계약과 연결될 확률이 높다.

☞ **중소기업 법인(직원) 주택 임대차 대항력 인정**

   - 법인이 직원사택으로 주택을 임차 시 대항력이 인정 안 되어 대항력 또는 채권 확보를 위해선 필요시 전세권 등기를 하였음.

   → **확정일자 부여가능**: 임대차계약서는 법인명의로 작성하고, 전입신고 및 확정일자는 거주 직원 이름으로 신청, 부여.

   (특약 기재 예시: 임대인은 임차인의 직원 ○○○(주민번호)가 주거용으로 사용하고, 전입신고 함에 동의한다.)

※ **주임법 제3조 제3항(대항력 등)**: 중소기업기본법 제2조에 따른 중소기업에 해당하는 법인이 소속 직원의 주거용으로 주택을 임차한 후 그 법인이 선정한 직원이 해당 주택을 인도받고 주민등록을 마쳤을 경우 대항력 인정.

임대차가 끝나기 전에 그 직원이 변경된 경우에는 그 법인이 선정한 새로운 직원이 주택을 인도받고 주민등록을 마친 다음 날부터 제3자에 대하여 효력이 생긴다. 〈시행일 2014. 1. 1. 부터~〉

- 중소기업이 아닌 것(상시 근로자 수, 자본금 또는 매출액 규모로 판단)
  ○ 상시 근로자 수가 1천 명 이상인 기업
  ○ 자산총액 5천억 이상인 기업
  ○ 자기자본이 1천억 이상인 기업
  ○ 직전 3개 년도의 평균 매출액이 1천 5백억 이상인 기업

※ 중소기업 기본법 제2조 참조: 업종별 매출액 등 기준이 다르므로 중소기업에 해당하는지 여부는 반드시 별도 확인할 것~~

5) 가계약이 되었다면 빨리 계약서를 써라
  - 변심에 의한 계약파기, 법적 분쟁대비 → 중개보수 못 받는 경우가 많다.

6) 중개대상물 확인 설명서를 꼼꼼히 잘 써라
  - Ⅱ. 개업중개사 세부 확인사항 ⑨ 실제 권리관계 또는 공시되지 않은 물건의 권리사항에 들어갈 내용을 잘 판단하여 반드시 기재하라.
  예시) 과수원 토지 매매 시 배나무의 처리.
        농지 매매 시 농작물의 처리.
        다가구주택 매매/임대차계약시 전입세대 및 보증금 현황.

7) 큰 계약을 성공했다고 이웃 부동산 중개사무소와 주변에 알리지 말라
  - 돌아오는 이득이 별로 없다.

8) 항상 원칙에 입각하고 기본에 충실하라
  - 본인 확인: 신분증 + 등기필증(판례)
  * 매수인을 임대인으로 하는 임대차 계약의 법률관계
    → 무조건 매도인(현재 등기부등본상 소유자)과 임대차계약서를 쓰고, 잔금처리(소유권 이전등기)후 임대차계약서를 다시 쓸 것.

☞ **참조 판례: 대법원 2014.2.27. 선고 2012다 93794판결**

- 주택임대차보호법이 적용되는 임대차가 임차인과 주택의 소유자인 임대인 사이에 임대차계약이 체결된 경우로 한정되는 것은 아니나, 적어도 그 주택에 관하여 적법하게 임대차계약을 체결할 수 있는 권한을 가진 임대인이 임대차계약을 체결할 것이 요구된다. (대법원 2008.4. 10. 선고 2007다 38908, 38915 판결 참조)
- 적법한 임대권한이 없는 사람(임의경매 절차에서 최고가매수신고인: 이하 '갑'이라 함)과 임차인 '을'이 임대차계약을 체결하고 주택을 인도받아 전입신고 및 확정일자를 받았는데, 다음날 '갑'이 매각대금을 완납하고 '병' 주식회사에 근저당권설정등기를 마쳐 준 사안에서 임차인 '을'은 아직 매각대금을 납부하지 아니한 최고가매수신고인에 불과한 '갑'으로부터 임대차계약을 하여 주택을 인도받아 전입신고와 확정일자를 갖추었다는 것만으로는 주택임대차보호법 제3조의2 제2항에서 정한 우선변제권을 취득하였다고 볼 수 없다.

9) 부동산 전문가의 이미지(카리스마)를 풍겨라
- 말보다 서류(문서)로 설득하라. (지자체 고시/공고 등 활용)
- 계약 시 필수 설명 외 말수를 줄이고 빠른 진행 검토.
  (필수 설명 사항을 도출하고 미리 준비해서 예행연습을 하라.)
- 항상 연구하고 배우는 자세를 가져라.

☞ **계약 절차(FLOW): 아파트 매매 기준**

물건 접수 → 광고 게재 → 고객 방문(전화 문의) → 임장활동(현장 방문) 가격/조건 조율(이사, 대금 지급조건 등) → 매도인 계좌 확보 → 등기부 등본 확인(* 매도인과 예금주 일치 여부 확인) → (가)계약금 입금(* 입금 전 문자 발송) → 입금 여부 확인, 계약일 협의/지정(계약 시 준비서류 통보) → 계약서 작성(* 등기필증 및 등기부 등본 비교/본인 일치 여부 확인, 잔금 시 준비서류 설명) → (중도금 지급) → 잔금 지불 및 소유권 이전등기(서류)동시 이행
(* 잔금일을 법무사, 대출은행에 통보. 실거래신고필증(잔금 전 신고, 발급), 관리비/관리비선수금 정산, 아파트 열쇠 및 비밀번호 확인)

나. 가계약에 대하여~

구분		본계약	가계약	비고
본/가계약(서) 작성(성립)	계약 성립	O	O	
	법률 효과	약정된 계약금 총액 기준 배액배상/포기	가계약금 명목으로 지급된 금원 기준 배액배상/포기(* 특약 기재)	
영수증만 교부 또는 계약금 명목으로 일부만 송금한 경우	전제 조건	계약의 구체적 조건 합의 + 입증 O	계약의 구체적 조건 합의 + 입증 O	
	법률 효과	계약의 성립	계약의 성립	
	책임 문제	약정된 계약금 총액 기준 배액배상/포기	가계약금 명목으로 지급된 금원기준 배액배상/포기	
중개보수 지급(청구권)		O	X	

※ 현행 공인중개사법에서는 거래 당사자 간에 거래계약서가 작성되지 아니한 채 가계약금(계약금의 일부 금액)을 수수한 것만으로는 중개가 완성된 것으로 볼 수 없으므로 개업공인중개사는 원칙적으로 중개의뢰인으로부터 중개보수를 받을 수 없다. (국토교통부 유권해석 2020. 4. 24.)

☞ **참조 판례: 대법원 2007. 4. 27. 선고 2007다 12432판결**

  - 개업공인중개사가 계약의 성립에 결정적 역할을 하였음에도 개업공인중개사의 중개행위가 개업공인중개사의 책임 없는 사유로 중단되어 개업공인중개사가 최종적인 계약서 작성 등에 관여하지 못하였다는 등의 특별한 사정이 있는 경우에는 신의성실 원칙 등에 기하여 개업공인중개사는 중개의뢰인에 대하여 이미 이루어진 중개행위의 정도에 상응하는 중개보수를 청구할 권리가 있다.

☞ **참조 판례: 대법원 2015. 4. 23. 선고 2014다 231378판결**

  - 계약금의 일부만 지급한 경우, 매매계약의 해약금 기준이 되는 금액은 실제 교부받은 계약금이 아니라 약정 계약금이라고 봄이 타당하다.

☞ **매매(임대차)계약의 구체적 조건**

  총 매매대금의 약정, 계약금/중도금/잔금 등의 지급액 및 지급일에 대한 대금지급 조건의 합의, 인도일, 현 임차인 명도 문제, 등기상 하자의 말소 여부, 소유권 이전 등기의 시기… 등.

☞ **가계약금 입금 관련 문자 발송문(예시)**

- 년 월 일 ○○은행(계좌번호   )로 입금한(된) 금: 일백만원(₩1,000,000원)
  은 ○○광역시 ○구 ○○동 ○○-○번지 ○○아파트 동 호 매매(임대차) 대금 1억 원(또는 보
  증금 5천만 원, 월차임 20만 원)을 본 계약을 체결하기 위한 가계약금으로
- 가계약금 입금 계좌에 입금 시 가계약이 성립하며, 본 계약 불이행시 손해배상하여야 한다.
- 본 계약 불이행시 입금한 가계약금을 기준으로 매수인(임차인)은 위약금으로 포기하며, 매도
  인(임대인)은 배액을 상환하여야 한다.
- 근저당권은 잔금 전 말소하며, 현 임차권은 매수인이 승계하는 조건으로 한다.
- 임대차계약 전 임차인이 임대인의 동의를 받아 국세 및 지방세 미납 사실을 열람한 결과 선순
  위 임차인의 보증금이 과다하거나 미납 사실이 확인되는 경우 임대인은 위약 처리 없이 가계
  약금을 임차인에게 즉시 반환하기로 한다.

* 입금 후 별도 문자 바라며, 본 계약서 작성 시간 등은 추후 별도 협의 후 통보 예정입니다.

년 월 일 ○○공인중개사사무소 ○○○

☞ **계약금의 법률적 성격**

㉮ 해약금: 계약이행의 착수 이전에 해제권을 유보시키는 대가로서의 의미를 가짐. 민법상 계
약금은 원칙적으로 해약금의 성질을 가지는 것으로 봄. (민법 제565조 참조)
  ※ 계약이행의 착수: 중도금 또는 잔금의 지급
* 민법 제565조(해약금)
  - ① 매매의 당사자 일방이 계약 당시에 금전 기타 물건을 계약금, 보증금 등의 명목으로 상대
  방에게 교부한 때에는 당사자 간에 약정이 없는 한 당사자의 일방이 이행에 착수할 때까지
  교부자는 이를 포기하고 수령자는 그 배액을 상환하여 매매계약을 해제할 수 있다.
㉯ 위약금: 계약의 채무를 이행하지 못할 때 채무자가 채권자에게 치러야 할 것으로 미리 약정
한 금액을 말함. 민법은 통상적으로 위약금은 손해배상액의 예정으로서 위약금 이외에는 배
  상금을 받을 수 없다고 추정함. (민법 제398조 제④항 참조)
* 민법 제398조(배상액의 예정)
  - ① 당사자는 채무불이행에 관한 손해배상액을 예정할 수 있다.

- ④ 위약금의 약정은 손해배상액의 예정으로 추정한다.
- ㉰ 중약금: 계약체결의 증거로써의 효력을 가짐.
    - → 위약금 약정이 있는 경우
- 채무불이행에 인한 손해배상액의 예정이 있는 경우 채무불이행의 사실만 증명하면 손해의 발생 및 그 액을 증명하지 아니하고 예정 배상액을 청구할 수 있다.
    (* 참조 판례: 대법원 2000. 12. 8. 선고 2000다 50350판결)
    - → 위약금 약정이 없는 경우
- 유상계약을 체결함에 있어서 계약금이 수수된 경우 계약금은 해약금의 성질을 가지고 있어서 이를 위약금으로 하는 특약이 없는 이상 계약이 당사자 일방의 귀책사유로 인하여 해제되었다 하더라도 상대방은 계약불이행으로 입은 실제 손해만을 배상받을 수 있을 뿐 계약금이 위약금으로 상대방에게 당연히 귀속되는 것은 아니다.
    (* 참조 판례: 대법원 2010. 4. 29. 선고 2007다 24930판결)

☞ 거래계약서를 작성하기 전에 가계약을 체결하는 경우 중개의뢰인에게 성실, 정확하게 설명하고 그 설명의 근거자료를 제시하여야 하는지?
- 중개가 완성되어 거래계약서를 작성하는 시점보다 이른 시점인 가계약 체결 시에 확인·설명하고 그 설명의 근거를 제시하지 아니하였다는 이유만으로 6개월 이내의 업무정지 등의 행정처분을 할 수 없음. (법제처 2010. 3. 4.)

☞ 가계약의 경우에 개업공인중개사에게 거래계약서 작성 등의 의무가 발생하는지 여부?
- 중개가 완성되기 전의 가계약에 대하여는 거래계약서 작성 등의 의무가 없음. (국토교통부 유권해석 2015. 5. 15.)

다. 매매/임대차 계약내용 DATA 관리 및 활용

1) 주소: DM 발송 시 활용

2) 전화번호: 문자 발송 외 활용

3) 매매 계약자 → 향후 다른 물건 매매/전세 가능 여부 확인 시 활용

4) 전/월세 계약자 → 향후 다른 물건 매매/전세/월세 가능 여부 확인 시 활용

5) 부가가치세 신고, 종합소득세 신고 시 매매/임대차계약에 대한 중개보수 수령분 합계금액 산출과 현금영수증 발행 실적(금액) 계산 등 확인 시 활용
  * 계약당사자중 일방이 중개보수를 지급하지 않기로 한 경우, 중개대상물 확인설명서에 그 내용을 기재하고 그 당사자의 서명, 날인을 받을 것. → 계약당사자 중 일방에게는 중개보수 수령에 대한 현금영수증을 발급하였으나 일방에게는 현금영수증을 발급하지 않는 관계로 세금 탈세 등의 오해를 받을 수 있음.

부동산 물건별 매수 결정 요인

아파트	상가	토지
가격(분양가, 매매가) 입지(교통, 학교, 상권) 구조, 방향 등	가격(분양가, 매매가) 투자 수익률 입지	가격(매매가) 개발 가능성 건물신축 용도

☞〈법률 용어 비교〉
  ○ 계약 해제: 일시적 계약(매매), 소급효(처음~무효), 원상복구 의무
    → 채무불이행 등 일정한 사유가 있는 때에 당사자 일방의 의사표시에 의하여 유효하게 성립한 계약의 효력을 소급적으로 소멸시키는 것을 말함.
  ○ 계약 해지 : 계속적 계약(임대차), 장래효(미래~무효), 정산의무
    → 계속적 계약관계에서 당사자의 일방적 의사표시에 의하여 유효하게 성립한 계약의 효력을 장래에 향하여 소멸시키는 것을 말함.

  ○ 손해배상: 위법한 행위, 개인의 손해(개인주의적), 위법성 + 고의, 과실 + 손해배상
  ○ 손실보상 : 적법한 행위, 개인의 희생(단체주의적), 공공필요 + 특별한 희생 + 재산적 손해의 발생

  ○ 인도: 채무자로부터 점유의 이전. (토지는 대부분 인도라 칭함.)
  ○ 명도: 채무자로부터 점유의 이전 + 채무자 소유의 물건도 들고 나가라는 의미. (건물은 대부분 명도라 칭함.)

* 양자는 거의 같은 개념이라 봐도 무방하나, 강제집행 범위의 차이

○ 서명·날인: 본인 자필로 성명 기재 + 날인(* 도장 날인 안 해도 유효.)

○ 기명·날인: 본인을 요하지 않음(즉, 복사기, 프린터, 타자기 등 기계이용 무방, 타인이 대행 해도 됨.) + 날인(* 반드시 날인되어야 유효.)

→ 공인중개사법 제25조(중개대상물의 확인 설명) 및 제26조(거래계약서의 작성 등) → **서명 및 날인**

※ **서명**: 본인 고유의 필체로 자신의 이름을 제3자가 알아볼 수 있도록 씀. 또는 그런 것(표준어국 어대사전, 국립국어원)

10

대출용 계약서 작성 및
계약서 대서(代書)

가. 대출용 계약서 작성 시 문제점

1) 실거래 계약서외 은행 대출을 위한 업(UP)계약서 작성 시 개업공인중개사의 책임이 문제될 수 있음.

2) 실거래 신고금액(은행이 사후 실거래금액 확인 및 신고필증 요구 등)과의 괴리 및 개업공인중개사의 손해배상 책임 발생 소지 다분함.

☞ **참조 판례: 대법원 2019.5.1. 선고 2018도 19772판결**

- 담보로 제공할 목적물 가액을 허위로 부풀려 금융기관에서 대출을 받은 경우 그 대출이 기망행위에 의해 이루어졌다면 사기죄가 성립.

  → 잔금이 부족하다고 매수인이 UP(대출)계약서 요청 시 주의를 요함.

☞ **참조 판례: 부동산 매매 시 업 계약서를 작성한 개업공인중개사의 책임**

(수원지법 2018.2.23. 선고 2016가단 541420판결)

- 부동산 매매 중개 시 매도인이 '업 계약서' 작성으로 과태료를 부과받고 양도소득세 감면이 배제되어 개업공인중개사에게 손해배상(과태료와 양도소득세 전액) 청구한 사안에서 발생된 양도소득세 2,500만 원의 60% 책임만 선고(* 과태료는 각자 부담.)

※ 참조 판례: 대법원 2015.5.28. 선고 2014다 236410판결

〈다운계약서 약정 불이행과 계약해제 가능 여부 → **불가**〉

- 다운계약서를 쓰기로 해 놓고 매수인이 약속을 어기자 이를 이유로 매도인이 계약해제를 주장하며 소유권 이전을 거부한 사안에서 "다운계약서 작성 합의는 매매계약의 부수적인 부분이므로 이를 이행하지 않았다고 하여 전체 매매계약의 해제를 주장할 수 없다."고 매수인의 손을 들어 줌.

※ 참조 판례: 대법원 2007.6.14. 선고 2007다 3285판결

- "다운 매매계약 자체는 사회질서에 반하는 법률행위로서 무효로 된다고 할 수는 없다."

  → 다운계약서 작성에 대한 과태료 등의 행정벌이나 세법상 가산세 등의 추가 불이익과 민사상의 효력은 별도로 보고 있음을 주의.

☞ **부동산매매 업/다운 계약서 작성 시 처벌 및 과태료(가산세)**

* 양도인: 양도인 비과세·감면 규정 배제(1세대1주택, 8년 자경 농지에 대한 감면 요건을 충족하더라도 비과세·감면 규정 배제) 및 양도소득세 추징

* 양수인: 양수한 부동산을 향후 양도 시에도 비과세·감면 규정 적용 배제를 동일하게 적용하여 양도소득세를 추징

※ 소득세법 제91조 및 조세특례제한법 제129조 참조

〈실거래신고 의무자가 거짓신고 했을 경우 과태료 및 가산세〉

㉮ 거래 당사자 쌍방계약으로 거짓신고 한 경우 양도인, 양수인: 취득가액의 100분의 10 이하 과태료 부과.

㉯ 공인중개사: 취득가액의 100분의 10 이하 과태료, 등록취소, 업무정지(소속공인중개사는 자격정지)

※ 부동산 등의 실제 거래 가격을 거짓으로 신고한 경우 → '부동산 거래신고 등에 관한 법률' 제28조 & 시행령 제20조 참조

㉰ 신고 불성실 가산세: 납부세액의 10%~40% 부과

(* 일반과소신고 10%, 단순 무신고 20%, 부당과소신고 40% 부과)

㉱ 납부 지연 가산세: 납부하지 않은 세액 또는 과소납부세액의 무(과소)납부일수당 0.022% 가산

※ 세법 개정 → 2019. 2. 11. 이전: 0.03%(10.95%/년)

　　　　　　　　2019. 2. 12. 이후: 0.025%(9.1%/년)

　　　　　　　　2022. 2. 14. 이후: 0.022%(8%/년) 가산

※ 국세기본법 제47조의2~제47조의4 참조

☞ 부동산 거래신고 등에 관한 법률 시행령 개정

→ 2023. 7. 20.~8. 29. 입법예고: 2023. 10. 19. 시행.

→ 실제 거래 가격과 신고 가격의 차액이 30%를 넘는 거래 가격 거짓신고에 대한 과태료 부과 구간 신설.

구분	현행	개정(2023.10.19. 시행)
실제 거래 가격과 신고 가격의 차액이 10% 미만	취득가액의 2%	취득가액의 2%
10~20% 미만	취득가액의 4%	취득가액의 4%
20~30% 미만	취득가액의 5%	취득가액의 5%
30~40% 미만		**취득가액의 7%**
40~50% 미만		**취득가액의 9%**
50% 이상		**취득가액의 10%**

나. 계약서 대서(代書)의 문제점

- 부동산 중개업법상 중개행위가 있었다고 볼 수 없다. 따라서 중개업자는 중개수수료 지급청
  구권이 없으므로 공인중개법령의 적용이 불가하다
  (국토교통부 주택토지실 토지정책관, 부동산 산업과 2012.7.2. 유권해석)

※ 참조 판례: 대법원 2010.5.13. 선고 2009다 78863,78870판결

- 부동산 중개업자의 중개로 전세계약이 체결되지 않았음에도 전세계약서와 중개대상물 확인
  설명서를 교부하여 이를 사채업자에게 담보로 제공하여 금전을 대여하였으나 대부업자가 금
  전을 회수하지 못해 손해를 입은 사안임.
  → 중개업자의 주의의무 위반에 따른 손해배상 책임 인정.
  → 판결요지: '공인중개사의 업무 및 부동산 거래신고에 관한 법률'이 목적, 중개업자의 자격요
  건, 기본 윤리 등이 엄격하게 규정되어 있는 점, 위 법이 중개업자로 하여금 중개가 완성된
  때에 거래계약서 등을 작성, 교부하도록 정하고 있는 점 등을 고려하면 중개업자는 중개가
  완성된 때에만 거래계약서 등을 작성, 교부하여야 하고 중개를 하지 아니하였음에도 함부
  로 거래계약서 등을 작성, 교부하여서는 아니 된다.

  ※ 주의: 개업공인중개사는 형법 제231조에 의한 '사문서 위조 및 변조 등의 행사죄'의 공범
  으로 처벌 대상이 될 수 있음에 주의 요망!!

☞ 공인중개사법상 중개행위 해당 여부?

- → 개업공인중개사가 거래당사자의 요청에 의하여 거래계약서를 작성하고 서명·날인하였다

면 **보수 징수와 상관없이** 중개행위에 해당된다고 판단됨.

이 경우 등록된 인장 사용, 중개대상물 확인·설명서 작성의무 및 공제증서 사본 교부 의무도 발생하는 것이며, 개업공인중개사가 이를 이행치 않을 경우 행정처분을 받을 수 있음. (국토교통부 유권해석 2019.5.24.)

11

임대차계약
연장(갱신)계약서 작성

* 질의내용: 2008년 4월에 오피스텔(주거 겸용)을 보증금 없이 월 230만 원씩 1년분을 받고 임대를 주는 과정에서 나는 계약기간을 2년을 원했으나 상대방이 1년을 원해 계약을 하고 중개보수를 130만 원을 지불하였습니다. 그리고 2009년 4월에 1년 만기가 도래하여 작년에 계약했던 부동산에서 작년과 똑같은 조건으로 내년까지 계약기간만 바꿔 재계약서를 작성하였습니다.

위와 같은 경우에 중개보수를 얼마나 주어야 하는지요? 참고로 주위 부동산에서는 재계약이므로 무료로 써 주겠다는 부동산도 있습니다.

→ 회신 내용: 중개보수 산정은 중개대상물의 거래예정금액에 중개보수 요율을 곱하여 산정하므로 중개사무소에서 계약을 할 경우 재계약 여부를 불문하고 같은 산식이 적용됩니다. 재계약을 할 경우 반드시 같은 중개사무소를 이용해야만 하는 것은 아니므로 중개의뢰인이 적정하다고 판단하는 중개사무소에 중개의뢰를 하시면 됩니다. (국토교통부 2009.5.8. 수정일 2016.12.16.)

가. 보증금 증액되는 연장(갱신)계약서 작성 관련 유의사항

1) 기존 임대차계약서상의 확정일자를 유효하게 유지해야 함을 주의.

(기존 계약서 폐기 X → 별도 보관할 것)

→ (1) 별도의 임대차계약서["본 재계약서는 년 월 일 작성한 임대차계약서(임차인 누구~)의 보증금 증액 및 계약기간 연장계약서이다."라는 내용을 특약 사항에 기재]를 작성하여 확정일자 받거나

(2) 기존 계약서에 인상금액, 지급일자, 계약기간 등을 기재하여 임대/임차인이 서명 또는 날인한 후 확정일자를 받아도 됨.

(* 주택임대차 계약증서상의 확정일자 부여 및 임대차 정보제공에 관한 규칙 제33조 6호 참조)

2) 연장계약서 작성 시 중개대상물 확인설명서도 반드시 작성하여야 함.

3) 재/연장계약서 작성 요청 시 여러분의 선택은?

(1) 중개보수 안 받고 후일을 위해 무료로 봉사?

(2) 종이값, 수고비의 개념에서 중개보수의 1/2 청구?

(3) 나중에 자신에게 또 임대차계약을 의뢰한다는 보장이 없으므로 법정 중개보수 전액 청구?

※ 재(갱신)계약서 작성 시 임대인/임차인의 의사합치에 의해 중개의뢰 받아서 계약서 작성을 하고, 확인설명서/공제증서 교부 등의 중개 절차를 이행하면 중개행위가 성립함. 실제로 임대인과 임차인의 임대차재(갱신)계약에 대한 중개의뢰 받은 사실이 없는 상태에서 재(갱신)계약서만 작성하면 행정사법 위반에 의한 처벌 소지 있음.

(국토교통부 부동산개발산업과 2024.6.27.)

☞ 참조 판례: 광주지법 2016.8.8. 선고 2016고정 867판결

- 개업공인중개사인 D는 2015.12.10.경 F(임대인), G(임차인)사이의 임대차계약서를 작성해 주고 대가로 F에게서 3만 원, G에게서 4만 원을 수수료로 받은 사안으로 법원은 "피고인 D는 행정사가 아님에도 불구하고 권리의무나 사실증명에 관한 서류를 작성하는 행정사업을 업으로 하였다"고 유죄로 판단하여 벌금 50만 원의 선고유예를 함.

☞ 참조 판례: 인천지법 2024.4.5. 선고 2023고정 1816판결

- 공인중개사가 임대차계약을 중개, 알선한 사실이 없음에도 임대인으로부터 월세계약서를 작성해달라는 요청을 받고 월세계약서를 작성(중개대상물 확인설명서 작성 및 등기부 등본 확인함.)하여 건네주고 임대인에게 그 대가로 30만 원을 교부받은 사안에서 법원은 행정사법 위반으로 판단하여 벌금 300만 원 선고를 함.

☞ 계약증서 확정일자 부여 시 확인사항(주택임대차 계약증서상의 확정일자 부여 및 임대차 정보 제공에 관한 규칙 제3조)

- 확정일자 부여기관은 계약증서에 확정일자를 부여하기 전에 다음 각 호의 사항을 확인하여야 한다.

1. 임대인, 임차인의 인적사항, 임대차 목적물, 임대차 기간, 차임/보증금 등이 적혀 있는 완성된 문서일 것.

2. 계약당사자(대리인에 의하여 계약이 체결된 경우는 그 대리인을 말한다. 이하 같다.)의 서명 또는 기명, 날인이 있을 것.

3. 글자가 연결되어야 할 부분에 빈 공간이 있는 경우에는 계약 당사자가 빈 공간에 직선 또는 사선을 그어 그 부분에 다른 글자가 없음이 표시되어 있을 것.

4. 정정한 부분이 있는 경우에는 그 공간의 밖이나 끝부분 여백에 정정한 글자 수가 기재되어

있고, 그 부분에 계약 당사자의 서명이나 날인이 되어 있을 것.

5. 계약증서가 두 장 이상인 경우에는 간인이 있을 것.

6. 확정일자가 부여되지 아니할 것. 다만 이미 확정일자를 부여받은 계약증서에 새로운 내용을 추가 기재하여 재계약을 한 경우에는 그러하지 아니하다.

> → 임대차계약서 작성 시 위의 내용에 부합하게 작성하여야 확정일자가 부여되므로 작성에 유의할 것.

☞ 재/연장계약서 작성과 묵시적 갱신의 효과(차이) 비교

> → 임차인이 갱신요구권을 행사하지 않고 임대인과 합의 연장계약을 한 경우, 상한금액(5%)에 관계없이 합의계약이 가능하며 해당 계약의 계약기간 만료시점에 계약갱신요구권 1회 행사 가능.

> → 묵시적 갱신은 계약갱신요구권 행사로 보지 않음.

나. 주택임대차보호법(제6조, 제6조의2, 제6조의3) 계약갱신요구권과 관련하여~~

1) 임차인의 계약갱신요구권 행사시기: 임대차 계약기간 종료 6개월~1개월 전까지 행사 (* 2020. 12.10. 이후 계약 체결하거나 갱신된 계약은 임대차기간 종료 6개월~**2개월 전**까지 행사)

 - 예시: 임대차계약기간이 2020.10.30. 종료일 경우 2020.8.30. 0시 전(2020.8.29. 24시)까지는 임대인에게 계약갱신의 의사가 도달되어야 함.

2) 계약갱신요구권 행사방식: 구두, 문자메시지, 이메일 등의 방법이 모두 가능하나, 분쟁 예방을 위해서는 내용증명 우편 등 증거를 남길 수 있는 방법을 활용하는 것이 안전함.

3) 임대인의 계약갱신거절 가능 사유(주택임대차보호법 제6조의3 참조)

1. 임차인이 2기의 차임액에 해당하는 금액에 이르도록 차임을 연체한 사실이 있는 경우.

2. 임차인이 거짓이나 그 밖의 부정한 방법으로 임차한 경우.

 - 예시: 이름이나 주민등록번호 등을 속인 경우, 주택 본래 용도가 아닌 불법 영업장 등의 목적으로 임차한 경우.

3. 서로 합의하여 임대인이 임차인에게 상당한 보상을 제공한 경우.

- 예시: 이사비 등을 제공한 경우.

4. 임차인이 임대인의 동의 없이 목적 주택의 전부 또는 일부를 전대한 경우.

5. 임차인이 임차한 주택의 전부 또는 일부를 고의나 중대한 과실로 파손한 경우.

   - 예시 : 무단 증, 개축 또는 개조하거나 고의로 파손한 경우.

6. 임차한 주택의 전부 또는 일부가 멸실되어 임대차의 목적을 달성하지 못할 경우.

7. 임대차계약당시 철거 또는 재건축 계획을 고지하고 실행하거나, 다른 법령에 따라 철거 또는 재건축되는 경우.

8. 임대인(직계 존속/비속 포함)이 목적 주택에 실거주 하려는 경우.

9. 그 밖에 임차인이 임차인으로서의 의무를 현저히 위반하거나 임대차를 계속하기 어려운 중대한 사유가 있는 경우.

   - 예시: 임대인 동의 없이 인테리어 공사를 하거나 원상회복이 불가능할 정도로 인테리어 공사를 한 경우.

☞ **참조 판례: 대법원 2023.12.7. 선고 2022다 279795판결**

㉠ 판시사항

 - 임차인의 계약갱신 요구와 이를 거절할 수 있는 사유를 정한 주택임대차보호법 제6조의3 제1항의 규정 취지

 - 임대인이 목적 주택에 실제 거주하려는 경우에 해당한다는 점에 대한 증명책임의 소재(= 임대인)/'실제 거주하려는 의사'의 존재를 인정하기 위한 요건 및 판단 기준

㉡ 판결요지

 - 2020.7.31. 법률 제17470호 개정으로 신설된 주택임대차보호법 제6조의3 제1항은 "제6조에도 불구하고 임대인은 임차인이 제6조 제1항 전단의 기간 이내에 계약갱신을 요구할 경우 정당한 사유 없이 거절하지 못한다. 다만 다음 각호의 어느 하나에 해당하는 경우에는 그러하지 아니하다."라고 규정하면서 제8호에서 "임대인(임대인의 직계존속·직계비속을 포함한다.)이 목적 주택에 실제 거주하려는 경우"를 임차인의 계약갱신 요구를 거절할 수 있는 사유 중 하나로 들고 있다.

 이러한 주택임대차보호법 규정의 취지는 임차인의 주거생활 안정을 위하여 임차인에게 계약갱신요구권을 보장하는 동시에 임대인의 재산권을 보호하고 재산권에 대한 과도한 제한을 방지하기 위하여 임대인에게 정당한 사유가 있는 경우 계약갱신을 거절할 수 있도록 함으로써

임차인과 임대인의 이익 사이에 적절한 조화를 도모하고자 함에 있다.

- 임대인(임대인의 직계존속·직계비속을 포함한다. 이하 같다.)이 목적 주택에 실제 거주하려는 경우에 해당한다는 점에 대한 증명책임은 임대인에게 있다. '실제 거주하려는 의사'의 존재는 임대인이 단순히 그러한 의사를 표명하였다는 사정이 있다고 하여 곧바로 인정될 수는 없지만, 임대인의 내심에 있는 장래에 대한 계획이라는 위 거절사유의 특성을 고려할 때 임대인의 의사가 가공된 것이 아니라 진정하다는 것을 통상적으로 수긍할 수 있을 정도의 사정이 인정된다면 그러한 의사의 존재를 추인할 수 있을 것이다.

이는 임대인이나 그의 가족의 직장이나 학교 등 사회적 환경, 임대인이 실제 거주하려는 의사를 가지게 된 경위, 임대차계약 갱신요구 거절 전후 임대인의 사정, 임대인의 실제 거주 의사와 배치·모순되는 언동의 유무, 이러한 언동으로 계약갱신에 대하여 형성된 임차인의 정당한 신뢰가 훼손될 여지가 있는지 여부, 임대인이 기존 주거지에서 목적 주택으로 이사하기 위한 준비의 유무 및 내용 등 여러 사정을 종합하여 판단할 수 있다.

4) 임대료 증액: 보증금 및 월세에 각각 5% 범위 내에서 합의하여 결정.
   → 상한금액 내에서 갱신계약 거부 시 퇴거하여야 함. (국민신문고: 국토교통부 질의,답변서 내용 참조: 2020. 11. 6.)

5) 계약갱신요구권 행사 시 전세 → 월세로 전환 가능 여부
   - 임차인 동의가 있어야 가능.
   - 법정전환율 5.0%(* 주택의 경우) 적용(* 2024. 11. 28. 부터~).

6) 임대인 지위를 승계 시 종전 임대인과 별도로 독자적인 갱신거절권이 있다는 전제하에 임대인 지위 승계 시점이 임차인의 종전 임대인에 대한 갱신요구권 행사 이후라도 갱신거절권을 행사할 수 있는 기간 내에는 갱신거절권을 행사할 수 있음.
즉, 임차인이 계약갱신을 요구할 당시의 임대인만이 임차인의 계약갱신요구를 거절할 수 있는 것은 아님.
(참조 판례: 대법원 2022. 12. 1. 선고 2021다 266631판결)

7) 임차인의 동의하에 매매계약을 체결하고 실거주 목적의 주택매매를 진행(계약 체결 등)하는

과정에서 임차인은 이를 번복하여 갱신요구권을 행사할 수 없음.(국민신문고: 국토교통부 주택토지실 주택정책과 2020.9.29. 질의, 답변서 내용 참조)

☞ 재계약서를 작성하는 경우 "계약갱신요구권 사용에 의한 연장계약임."을 특약에 명시하여 재계약서 작성함이 바람직함.
  → 계약갱신요구권에 의한 계약갱신 시 임대인에게 해지통지 3개월 후 계약 해지됨.
    (* 주택임대차보호법 제6조의2 참조)

☞ 참조 판례: 대법원 2024.1.11. 선고 2023다 258672판결

㉮ 사실개요
  - 임대차기간 : 2019.3.10. ~ 2021.3.9. (보증금 2억 원, 월세1,680,000원)
  - 2021.1.5. 임차인의 계약갱신 요구 통지 임대인에게 도달
  - 2021.1.28. 임차인 임대차계약 해지 통지
  - **2021.1.29.** 임대차계약 해지 통지 임대인에게 도달
  - 2021.4.30. 임대인에게 부동산 인도
  - 임대인은 2021.6.9.에 임대차계약이 해지되었음을 전제로 2021.6.9.까지 발생한 월차임을 공제한 후 임대차 보증금을 반환

㉯ 판시사항
  - 임차인이 주택임대차보호법 제6조의3 제1항에 따라 임대차계약의 갱신을 요구한 경우, 갱신의 효력이 발생하는 시점(= 임대인에게 갱신요구가 도달한 때)/임차인이 위 법 제6조의2 제1항에 따라 한 계약해지의 통지가 갱신된 임대차계약 기간이 개시되기 전에 임대인에게 도달한 경우, 그 효력이 발생하는 시점(= 해지통지 후 3개월이 지난 때)

㉰ 판결요지
  - 주택임대차보호법 제6조의3 제1항은 "임대인은 임차인이 제6조 제1항 전단의 기간 이내에 계약갱신을 요구할 경우 정당한 사유 없이 거절하지 못한다."라고 하여 임차인의 계약갱신요구권을 규정하고, 같은 조 제4항은 "제1항에 따라 갱신되는 임대차의 해지에 관하여는 제6조의2를 준용한다."라고 규정한다. 한편 주택임대차보호법 제6조의2 제1항은 "제6조 제1항에 따라 계약이 갱신된 경우 같은 조 제2항에도 불구하고 임차인은 언제든지 임대인에게 계약해지를 통지할 수 있다."라고 규정하고, 제2항은 "제1항에 따른 해지는 임대인이 그 통지를 받은 날부

터 3개월이 지나면 그 효력이 발생한다."라고 규정한다.

- 이러한 주택임대차보호법 규정을 종합하여 보면, 임차인이 주택임대차보호법 제6조의3 제1항에 따라 임대차계약의 갱신을 요구하면 임대인에게 갱신거절 사유가 존재하지 않는 한 임대인에게 갱신요구가 도달한 때 갱신의 효력이 발생한다. <u>갱신요구에 따라 임대차계약에 갱신의 효력이 발생한 경우 임차인은 제6조의2 제1항에 따라 언제든지 계약의 해지통지를 할 수 있고, 해지통지 후 3개월이 지나면 그 효력이 발생하며, 이는 계약해지의 통지가 갱신된 임대차계약 기간이 개시되기 전에 임대인에게 도달하였더라도 마찬가지이다.</u>

☞ **참조 판례: 서울고등법원 2024.1.19. 선고 2023나 2016548판결**

(* 서울북부지방법원 2022가합 21044판결에 대한 고등법원 판결이며, 주택 임대차계약이 '묵시적으로 갱신된 상태에서 당사자 간에 계약의 갱신 내지 기간연장에 관하여 새로운 임대차계약서를 작성한 경우'에도 임차인의 임의해지권이 인정된다는 판결임.)

㉮ 사실관계(개요)
- 임대차계약서 작성: 2017. 2. 2. ~2019. 2. 1.
- 묵시적 갱신: 2019. 2. 2. ~2021. 2. 1.
- 신규 임대차계약서 작성: 2021. 4. 6. ~2023. 4. 5.
  ※ "본 계약은 계약갱신요(청)구권에 의한 재계약으로 보증금은 이전 계약과 동일한 조건이다" 이라는 사실을 특약 란에 명시
- 2021. 10. 25. 에 임대인에게 임대차계약 해지통보
- 2022. 2. 14. 에 임차인 퇴거
- 2022. 1. 26. 에 임대인이 보증금을 반환하지 않자 소송 진행

㉯ 판결요지
- 임차인을 두텁게 보호하는 주택임대차보호법(제6조, 제6조의2, 제6조의3, 제10조 등)의 취지에 비추어, 당사자 간에 표시된 의사와 그 해석이 명백하지 않은 한 임차인의 임의해지권의 포기·상실 여부는 신중하게 판단해야 하고, 임대차계약이 묵시적으로 갱신된 상태에서 '갱신계약, 재계약' 등 형식으로 임대차를 연장하는 취지의 계약(서)을 체결(작성)한 경우에도 위 입법 취지에 부합하는 방향으로 해석하는 것이 합리적임.
- 신규 임대차계약은 임차인인 원고가 묵시적으로 갱신된 기존 임대차에 관한 임의해지권을 가진 상태에서 체결된 것으로, 임대차기간의 날짜 외에는 계약내용에 특별한 변동(원고의 임의

해지권 제한 등)을 추단할 만한 내용이 없고, 특약사항란에도 '계약갱신청구에 의한 재계약임' 이 명시되어 있음.

신규 임대차계약을 새로운 계약으로 보아 원고의 임의해지권을 부정하는 것은 법정갱신의 경우보다 2개월여 더 길게 임차할 수 있게 되는 대신, 같은 기간동안 임대차보증금을 돌려받지 못하게 되고 중도의 임의해지권까지 잃게 되는 것임.

- 이러한 신규 임대차계약서의 작성 경위와 내용, 당사자 간 형평 및 추정적 의사, 임차인을 두텁게 보호하는 주택임대차보호법의 취지 등을 종합하면, 원고와 피고는 기존 임대차가 (묵시적으로) 갱신됨에 따라 임대차기간이 연장되었음을 확인하고 이를 서면으로 명확히 하기 위하여 신규 계약서를 작성한 것으로 보일 뿐, 기존의 임의해지권을 포기 · 상실시키려는 의사로 이를 약정하였다고 보기 어려움. (원고일부승)

☞ **참조 판례: 서울북부지방법원 2023.4.13. 선고 2022가합 21044판결**

→ 임대차계약기간 만기 6개월~2개월 전 임차인의 계약갱신요구권 행사에 의하지 않고 갱신된 임대차계약은 임차인이 임대인에게 해지통지 3개월 후에 계약해지 되지 않고 갱신된 계약기간을 준수하여야 한다는 판결임.

☞ **2021.2.13. 시행 공인중개사법 시행규칙 개정 내용**

㉮ 계약갱신요구권 행사 여부를 중개대상물 확인 · 설명서에 명시

※ 2020.7.31. 시행 주택임대차보호법에 계약갱신요구권 제도화 후속 조치)

- 매도인(임대인)이 확인서류를 작성하여 공인중개사에게 제출하고, 공인중개사는 이를 근거로 계약갱신요구권 행사 여부를 매수인에게 설명하도록 함.

- 매도인(임대인)이 제출한 확인서는 중개대상물 확인 · 설명서에 첨부

→ '계약갱신요구권 행사 여부 확인서' 사용 권장(기행사/행사/불행사/미결정/해당사항 없음)

㉯ 민간임대 등록사항 개정

- 민간임대등록사업자의 임대차계약 중개 시 중개대상물 확인 · 설명서에 임대 의무기간과 임대개시일을 추가하여 민간임대주택에 대한 보다 상세한 정보를 임차인에게 설명하도록 함.

→ 임대개시일부터 임대의무기간이 시작되므로, 현 시점 기준 '잔여 임대의무기간'(임차인의 법적 거주가능 기간) 파악 가능.

- 민간임대주택법 개정(2020.8.18. 시행)에 따라 '단기 민간임대' 폐지.

다. 계약기간 중 보증금을 월차임으로 전환 시 산정률의 제한

※ 전환 산정률은 한국은행 금융통화위원회의 기준금리 결정에 연동하며, 기준금리는 연 8회(1월, 2월, 4월, 5월, 7월, 8월, 10월, 11월) 금융통화위원회의 '통화 정책방향 결정회의'를 통해 결정함. → 년 8회 기준금리 변동 여부에 따라 전환 산정률을 즉시 변경하여 적용함에 유의!

1) 주택임대차보호법 제7조의2, 시행령 제9조 참조

   - 2024. 11. 28. 부터 **전환 산정률 5.0%** 적용.

   ※ 주택임대차보호법 시행령 개정(2020. 9. 29.): 대통령령으로 정하는 이율 3.5% → 2.0%로 개정

   - 산정률 결정/적용: 기준금리 3.0%(*2024. 11. 28. 0.25% 인하) + 대통령령으로 정하는 이율 2.0% = 5.0% ※ 2024. 12. 15. 현재 기준 전환 산정률임.

   - 등록임대주택의 경우, 차임을 보증금으로 전환 시에도 동일 적용.

   (미등록 임대주택엔 적용 X) → 민간임대주택에 관한 특별법 제44조 제④항, 시행규칙 제18조 참조

2) 상가임대차보호법 제12조, 시행령 제5조 참조

   - 2022. 11. 24. 부터 **전환 산정률 12.0%** 적용 → 12%와 13.5% 중 **낮은 12.0% 적용**

   - 산정률 결정/적용: 기준금리 3.0%(* 2024. 11. 28. 0.25% 인하) × 대통령령으로 정하는 배수 4.5 = 13.5% ※ 2024. 12. 15. 현재 기준 전환 산정률임.

3) 계산 방식

   - {월세로 전환하고 싶은 보증금 × 전환율(5.0% 또는 12.0%)} ÷ 12개월 = 월세

☞ (부동산 중개사고)공인중개사에 대한 손해배상 청구권 소멸시효 기산점?

   [사실관계]

   - 임차인 X는 중개업자 A의 소개로 임대인 Y와 임대차 계약을 체결(임대차계약 과정에서 중개업자 A는 주택의 등기부등본을 열람하지 않고, 선순위 근저당권 설정사실 설명 않음.)

   주택은 원래 Y의 단독 소유였으나 지분의 일부를 Z에게 넘겨주어 Y와 Z가 공동 소유하던 중 Z의 지분에 대한 근저당권이 실행되어 이를 B가 매수한 후 B는 X를 상대로 명도소송을 제기하였고, 임차인 X는 대항력을 주장하였지만 인정되지 않아 패소함.

이에 임차인 X는 중개업자 A를 상대로 손해배상 청구 소송을 제기하였음.

- [판결]

법원은 가해 행위와 이로 인한 현실적인 손해의 발생 사이에 시간적 간격이 있는 불법행위에 기한 손해배상채권의 경우, 소멸시효의 기산점이 되는 '불법행위를 한 날의 의미'는 단지 관념적이고 부동적인 상태에서 잠재적으로 존재하고 있는 손해가 그 후 현실화되었다고 볼 수 있는 때로 보아야 할 것인 바, 이 사건에서 주택의 소유자들이 임차인 X를 상대로 건물 명도소송을 제기하여 그 판결이 확정된 때에야 비로소 손해 결과발생이 현실화되었다고 판시함.

→ 중개업자 A는 임대차계약을 체결한 날로부터 3년이 경과하였기 때문에 손해배상 청구권의 소멸시효가 완성되었다고 항변하였으나, 법원은 손해 결과발생이 현실화된(즉, 명도소송이 확정된) 날을 소멸시효의 기산점으로 보아 위 항변을 기각하고 중개업자의 손해배상 책임을 인정함.

※ 민법 제766조 참조: ~ 손해 및 가해자를 안 날로부터 3년간, 불법행위를 한 날로부터 10년 ~

라. 전(월)세 보증금이 증액되는 경우 전(월)세 보증금 보호대책

1) 현재 등기부등본상 전세권 설정등기 되어 있는 경우에 보증금이 증액된 경우 → 반드시 전세보증금 증액(변경)등기 할 것.

2) 현재 등기부등본상 전세권 설정등기가 되어 있지 않은 경우에 보증금 증액된 경우.

→ (1) 전체 보증금에 대해 전세권 설정등기를 새로 하는 방법.

(2) 전세보증금 반환보증(주택도시보증공사 등)에 가입하는 방법.

(3) 보증금 증액된 계약서에 확정일자를 추가로 받는 방법(기존 확정일자를 받은 계약서는 별도 보관).

☞ **감액등기와 증액등기 용어 비교**

→ ※ 특약 기재 : "임대인(임차인)의 비용부담으로 감액(증액)등기를 하기로 한다."

- 감액 등기: 예) 근저당권 설정금액의 감액 등기
- 증액 등기: 예) 전(월)세 보증금액의 증액 등기

→ 개업공인중개사는 사후(최종) 등기 이행 여부를 확인함이 요구됨.

☞ **질의내용: 임대차계약기간 만료 전에 해당 계약의 임차인이 중개수수료를 부담하는 중개의뢰인의 범위에 포함되는지 여부?** 〈회신내용(법제처 09-0384, 2009.12.24.〉

* 임대차계약기간이 만료되기 전의 임차인(이하 '전 임차인'이라 칭함.)이 임대차계약기간이 만료되기 전에 위 계약을 해지하고자 중개업자에게 종전의 임대차계약과 동일한 중개대상물에 대하여 새로운 임대차계약에 대한 중개를 의뢰하는 경우에도, 전 임차인은 위 중개대상물을 계속 임대할 것인지. 임대보증금과 차임은 얼마로 할 것인지, 임대기간은 얼마로 할 것인지 등에 대한 임대조건을 제시할 수 있는 권한이 없다 할 것이고, 새로운 임대차계약에 대한 중개의뢰는 새로운 임대차계약에 대한 임대조건을 결정할 수 있는 임대인에 의하여 확정적으로 이루어진다 할 것이며, 설사 전 임차인이 중개업자에게 종전의 임대차계약과 동일한 중개대상물에 대하여 새로운 임대차 계약에 대한 중개를 의뢰하였다고 하더라도 이는 새로운 임대차계약의 중개의뢰에 관한 정보를 중개업자에게 알리는 행위라고 할 것입니다.

* 또한, 같은 법 제32조의 위임에 따라 규정한 같은 법 시행규칙 제20조 제1항 및 제4항에서 주택과 주택외의 중개대상물에 대한 중개수수료는 중개의뢰인 쌍방으로부터 받도록 하고 있고, 같은 조 제2항에서 중개업자가 실비를 청구할 수 있는 대상을 매도, 임대 그 밖의 권리를 이전하고자 하는 중개의뢰인과 매수, 임차 그 밖의 권리를 취득하고자 하는 중개의뢰인으로 규정하고 있는 점 등에 비추어 보면, 여기에서의 중개의뢰인은 매도의 경우에는 매도인과 매수인이, 임대차의 경우는 임대인과 임차인이 중개의뢰 쌍방이 되고, 전 임차인은 중개의뢰인 범위에 포함되지 않는다고 보아야 할 것입니다. 따라서 임차인이 임대차계약 기간이 만료되기 전에 중개업자에게 새로운 임대차계약에 대한 중개의뢰를 하는 경우, 위 임차인은 공인중개사법 제32조 제1항에 따른 중개수수료를 부담하는 중개의뢰인에 해당하지 않는다고 할 것입니다.

☞ **참조 판례: 서울지방법원 1998.7.1. 선고 97나 55316판결**

→ 임차인이 임대차기간을 채우지 못하고 나간다 하더라도 판례는 임대인과 임차인의 내부관계를 인정하지 않고 임대인으로 하여금 중개보수를 지급하여야 한다고 한다. 즉 기한을 임차인이 채우고 나간 경우에도 어차피 수수료는 임대인이 부담하여야 하므로 기한 전에 나갔다 하여 달리 볼 것은 아니라고 판단하고 있다. 《한국공인중개사협회 2017 실무교육》 교재

p66 참조)

※ 중개실무 현장에선 계약기간 만료 전 임대차계약 해지 시 무조건 임차인에게 중개보수를 부담시키고 있으나, 최초 임대차계약서 작성 시 "만기 전 퇴실 시 새로운 세입자가 입주 시까지 월차임과 중개보수는 임차인이 부담하기로 하고, 현금영수증도 임대인에게 발행하기로 한다."는 특약이 기재되어 있는 경우에만 임차인이 부담함이 타당.
→ 세입자가 임대차물건 중개의뢰 시 중개보수 부담 주체 누구인지 사전에 확인 要(* 기존 임대차계약서에 특약 존재 유, 무도 확인)

※ 현금영수증 발급대상: 국세청 예규에 의하면 재화와 용역을 제공받은 자와 현금을 지급하는 자가 다른 경우, 재화와 용역을 제공받은 자에게 현금영수증을 발행하여야 함. (국세청 2017.7.17.)
→ 국세청 상담센터 Tel 126번: 2019.6.3.

※ 현금영수증을 제3자에게 발급 시 → '제3자의 부당이득 수취' 세법 위반 소지 있음.
→ 소득세법 제162조의3, 조세특례제한법 제126조의3, 소득, 서면-2021-전자세원-1737, 2021.4.1. 참조

※ 문서번호 : 소득, 서면-2021-전자세원-1737, 2021.4.1.
(요지) 고객이 현금으로 계산한 후 현금영수증 발급하지 않은 건에 대해 직원이 자신 명의로 현금영수증을 발급하는 등 현금영수증을 허위 발급하여 연말정산 시 신용카드 등 사용금액 소득공제를 증가시켜 과세표준을 과소신고한 경우는 '국세기본법 시행령 제12조의2'에서 규정한 부정행위로서 부당과소신고가산세 및 납부지연가산세 적용 대상임.

마. '부동산 거래신고 등에 관한 법률' 시행령 개정 주요 내용(요약) → 주택 임대차계약 신고제(2021.6.1. 시행)

1) 신고대상
- 시행(적용) 지역: 수도권 전역, 지방 광역시, 세종시, 도의 시 지역[군(郡)지역 제외, 단, 경기도는 군(郡)지역 포함]

- 임대차 보증금이 6천만 원을 초과하거나 또는 월세 30만 원을 초과하는 임대차계약

- 주택임대차보호법 적용을 받는 모든 주택

　　※ 신고대상 사례(예시): 건축물대장상 용도가 근린생활시설, 공장, 숙박시설이나, 실제 주거를 목적으로 한 임대차계약, 무허가 건물의 주거용 임대차계약, 주택의 일부만을 사용하는 임대차계약(방 1칸, 옥탑방 등), 사용승인이전 체결한 아파트 분양권 임대차계약, 주거용 오피스텔 임대차계약

　　※ 주택 임대차계약의 임차인과 체결한 전대차 계약은 신고 대상이 아님.

　　※ 공공주택 특별법 또는 민간임대주택 특별법에 따른 임대사업자가 각 법에 따른 **임대차계약 신고** 등을 이행한 경우 별도 주택 임대차계약 신고는 하지 않아도 됨.(부동산 거래신고 등에 관한 법률 제6조의5 제2항 참조) → 단, 필요 시 임차인은 별도로 확정일자 부여 신청을 하여야 함.

- 2021.6.1. 이후에 최초로 계약 체결되거나 갱신(변경)된 계약

　* 보증금 또는 차임 증감 없이 갱신된 계약은 신고 대상에서 제외.

2) 신고 내용: 계약 당사자 인적사항, 주택 유형, 주소 등 임대목적물 정보, 임대료, 계약기간 등 임대차계약 내용.

　　※ 신규: 보증금, 차임, 계약기간, 체결일

　　　갱신: 종전 임대료, 갱신요구권 사용 여부 포함

3) 신고기한: 임대차계약 체결일로부터 또는 가계약금 입금일로부터 30일 이내.

　　※ 주택임대차계약의 변경이 확정된 날로부터 30일 이내 및 주택임대차계약의 해제가 확정된 날로부터 30일 이내에 신고하지 않거나 거짓으로 신고하는 경우 100만 원 이하 과태료.

4) 신고의무자: 임대인과 임차인 공동신고 원칙이나 일방이 신고 가능, 공인중개사에게 신고 위임 가능.(위임장 + 신분증 사본 첨부)

　　※ 계약서 원본 제출 시 신고인 일방의 전자서명만으로 가능.(온라인 신고 시)

　　　계약서 원본 미제출 시 신고서상 당사자 모두 전자서명 필요.(온라인 신고시)

5) 신고 방법: 주택 소재지 관할 읍, 면, 동 주민센터에 신고 또는 온라인(부동산거래관리시스템: 공동인증서 필요)으로 신고 가능. (* 별첨 양식 5번 '주택임대차계약 신고서' 참조)

○ 공동 신고(시행규칙 제6조의2 제2항)

① 계약 당사자 일방이 임대차계약서를 제출하는 방법(* 공동 신고 완료된 것으로 신고서 제출은 생략.)

② 임대인/임차인이 공동으로 임대차신고서에 서명 또는 날인하여 신고하는 방법(* 계약 당사자 중 1인이 제출.)

③ 계약 입증 서류로 일방이 신고(계약 당사자 쌍방이 신고서에 서명 또는 날인하기 어려운 경우 계약 당사자 일방이 단독으로 서명 또는 날인한 신고서와 계약 입증서류(임대차계약과 관련된 금전 거래 내역이 적힌 통장사본 등)를 함께 제출.

→ ①②③의 경우 신분증도 함께 제시.

※ 일방의 임대차계약서 제출로 공동 신고를 하고자 할 경우 신고자를 확정해야 하며, 신고하기로 한 당사자가 신고기한을 초과할 경우 임대차계약 당사자 모두가 지연 신고에 따른 과태료 부과 대상이 되므로 신고기한 내 당사자 간 신고 여부를 확인하도록 안내/설명함이 바람직함.

○ 단독 신고(시행규칙 제6조의2 제5항): 임대차계약 당사자 일방이 신고를 거부하는 경우 단독으로 신고서를 제출 가능.

① 임대차계약서 제출이 가능한 경우: 단독 신고자 일방이 임대차계약서 + 단독신고 사유서 + 신분증 제출

② 임대차계약서 제출이 불가능한 경우: 계약 입증자료(통장 사본 등) + 단독 신고서 + 단독 신고 사유서 + 신분증 제출

※ 임대차계약 체결이 완료되었음에도 불구하고 신고를 거부한 당사자 일방은 신고 거부에 따른 과태료 부과 대상에 해당됨을 주의.

○ 주택임대차계약 신고 관련 유의 사항

① 주택임대차계약 신고 시 계약서 제출하면 확정일자 부여.

② 주택임대차계약 신고 전 확정일자 신청을 먼저 한 경우는 별도로 주택임대차계약 신고를 하여야 함.

③ 전입신고 시 계약서 제출하면 주택임대차계약 신고도 한 것으로 보아 별도 주택임대차계약 신고를 하지 않아도 되나, 전입신고를 하지 않는 경우에는 주택임대차계약 신고를 하여야 함. 단, 계약 후 30일이 지나 전입신고하게 될 경우 계약 후 30일 이내 주택임대차계약 신고를 먼저하고 실제 입주 후 전입신고하여야 함.

6) 벌칙: 허위신고 시 100만 원 과태료, 미신고 시 4만 원~100만 원 과태료

※ 과태료 부과 유예기간 **~2025.5.31.까지** 추가 연장. (2024.4.18. 국토교통부 발표)

※ **주의**: 주택임대차계약서 작성 후 계약 당사자(임대인, 임차인)가 반드시 계약 내용을 신고하여야 함을 개업공인중개사가 안내/설명하였다는 내용과 신고 의무자 지정 특약을 임대차계약서에 반드시 기재 요망.

→ **제도기간 중이라 하더라도 주택임대차계약 신고를 하지 않으면 제도기간 종료 후 과태료 대상이 될 수 있으므로 주택임대차계약 신고기한 내 신고는 반드시 하여야 함.**

바. "상생 임대인 양도소득세 비과세 특례"(2021.12.20. 2022년 경제 정책 방향 발표) 주요 내용(요약)

1) 적용 대상

- ① 공시가격 9억 원 이하 1가구 1주택자인 임대인이 ② 임대료를 직전 임대차계약의 5% 이내로 올려(* 유지, 인하도 포함) 전월세 계약을 체결하면 나중에 주택 매도 시 1년만 거주(* 조정대상지역)해도 양도소득세 비과세 특례 적용.

※ 직전 임대차계약은 1년 6개월 이상 유지된 경우에 한함.

※ 상생 임대인 개념: 임대료를 직전 계약 대비 5% 이내로 올려 상생임대차계약(2년 이상 임대 조건의 신규 계약 또는 갱신 계약)한 임대인.

→ but, 주택 매수 후 신규로 체결한 임대차계약 및 주택 매수 시 승계한 임대차계약은 제외.

※ 신규 계약 해당 유형

 - 기존 임차인 임대차계약 만료 후 다른 임차인과 체결한 신규 임대차계약.

 - 임대차계약 만료 이전 임차인 귀책사유로 계약 취소 후 다른 임차인과 체결한 임대차계약.

 (* 이전 임대차계약 1년 6개월 이상 유지 필요.)

※ 갱신계약 해당 유형

 - 갱신요구권 미사용: 갱신요구권 사용 전 임대인/임차인 간 합의에 의해 자율 갱신된 임대차계약.

 - 갱신요구권 사용: 갱신요구권을 사용해서 갱신된 임대차계약.

 - 갱신요구권 기사용: 갱신요구권은 기사용하였으나 묵시적 갱신 등으로 재갱신된 임대차계약.

2) 상생임대차계약 체결 적용 기간

 - 2021. 12. 20.~2022. 12. 31. 계약분만 적용 → 2024. 12. 31. (2년 연장)

2022.6.21. "상생 임대인 지원제도 개선 방안" 발표(* 기획재정부)

구분		현행	개선	비고
상생 임대인 개념		직전계약 대비 임대료를 5% 이내 인상한 신규(갱신) 계약 체결 임대인	좌동	
상생 임대주택 인정 요건		임대개시 시점 1세대 1주택자 * 9억 원(기준시가) 이하 주택	폐지 * 임대개시 시점에 다주택자이나 1주택자 전환 계획이 있는 임대인에게도 혜택 적용	
혜택	비과세	조정대상지역 1세대 1주택 양도세 비과세 2년 거주요건 중 1년 인정	**조정대상지역 1세대 1주택 양도세 비과세 2년 거주요건 면제**	
	장기특별 공제	없음	1세대 1주택 장기보유특별 공제 적용 위한 **2년 거주요건 면제**	
적용 기한		2022. 12. 31.	**2024. 12. 31. (2년 연장)**	

* 2022. 8. 2. 부터 시행~ (2021. 12. 20. 계약분부터 소급 적용)

* 상생임대차계약이 2021. 12. 31. 까지 체결되면 양도소득세 비과세가 가능하던 소득세법 시행령 제155조의3(상생 임대주택에 대한 1세대1주택의 특례) 제①항 제1호의 규정이 2023. 2. 28. 개정되어 [2024. 12. 31. 까지 계약 체결(계약금을 지급받은 사실이 증빙서류에 의해 확인되는 경우로 한정) + 임대 개시 요건(임대 개시 요건 추가)]이 충족되어야 상생 임대인 양도소득세 비과세 혜택을 볼 수 있음.

12

역전세 특례 반환보증
(2023. 7. 27. 시행)

가. 역전세 특례 반환보증이란?

→ 역전세 반환대출을 받은 임대인의 후속 임차인을 보호하기 위한 전세보증금 반환보증 특례상품

1) 상품 개요

구분	HUG	HF	SGI
상품 유형	① 임차인 가입 특례 보증(2023.7.27. 출시) ② 임대인 가입 특례 보증(2023.8월 말 출시) * 임대인이 역전세 반환대출로 규제 완화 적용 시, 특례 전세금 반환보증만 이용 가능		
주택 유형	아파트, 단독, 다가구, 연립, 다세대, 주거용 오피스텔 등		
임차보증금 상한	제한 없음	10억	제한 없음
보증 한도	임차보증금 + 선순위채권(선순위 근저당 및 선순위 임차보증금) ≤ 주택가격의 90%		
보증료율	아파트 연 0.13% 아파트 외 연 0.15%		아파트 연 0.183% 기타 주택 연 0.208% * LTV비율에 따라 최대 30% 할인/할증
보증료 납부	임대인 납부 원칙		
대출 시 의무사항	전입으로부터 3개월 내 ① 반환보증 가입 완료 ② 임대인 보증료 지급 * 의무사항 위반 시 대출회수 등 대출 관련 제재 부과		

2) 가입 절차 및 유의 사항

- 임대인은 후속 세입자와 ① 전세 계약 시 특약 사항을 전세계약서(한방계약서)에 반영하여야 하고 ② 공인중개업소를 통해 계약하여야 함.
  ※ 전세계약 특약으로 ① 반환보증 가입 ② 임대인 보증료 부담의무(최초계약만 해당) 명시. → 특약 위반 시 세입자는 ⓐ 분쟁조정위 ⓑ 전세금반환요구 ⓒ 은행 통보(대출회수) 등 가능.
- 임대인 또는 임차인은 임차인이 주택에 입주, 전입신고 등을 통해 대항요건을 갖춘 이후 특례 보증 가입 신청 가능.
- 보증료는 임대인이 직접 보증기관 등에 납부 가능하며, 임차인이 대납한 경우 임대인이 임차인에게 1개월 내 보증료 전액 지급 필요.

나. 역전세 반환대출이란?

→ 역전세로 인해 전세금 반환이 어려운 집주인을 대상으로 2023.7.27.부터 대출규제를 완화.

1) 지원 대상

- 2023.7.3. 이전 임대차계약이 체결된 경우 중 2024.7.31.까지 임대차계약만료 등 반환수요가 발생하는 경우로써, 역전세로 인해 전세금 반환이 어려운 집주인.

2) 대출 한도

- (개인)DSR 40% → DTI 60%
- (개인 임대사업자)RTI 1. 25(비규제)~1.5(규제) → 1.0배

3) 대출 금액

- 전세금 차액지원(기존 전세금 - 신규 전세금 차액에 대해 대출 지원) 원칙, 필요시 전세금 전액 대출 후 차액 상환.
- ※ ① 1년 내 후속 세입자 계약 시 전세보증금으로 대출금 우선 상환 또는 ② 해당 주택으로 집주인 입주 시 집주인 본인의 퇴거자금(전세보증금) 확인 등.

4) 보호 조치

- 임대인의 전세보증금 반환보증보험 가입(8월~) 또는 임대인의 반환보증보험 보증료 부담 의무화(7월 27일~)
- ※ 집주인 ↔ 후속 세입자 임대차 계약 시(한방계약서) 특약에 임대인의 세입자 보호조치 기재 필요
- ※ 한방 프로그램 > 계약 관리 > 계약서 작성 > 역전세대출 특약 기능 활용(공인중개사)
  - → 대출을 받아 전세보증금을 반환하고자 하는 임대인의 계약을 중개하는 경우 '한방'에 접속하여 계약서에 아래의 특약을 적용하여 작성해 주면 됨.(* '표준임대차계약서'에도 동일한 특약 추가)

(특약 예시) "임대인은 임차인이 대항요건을 갖춘 이후 3개월 이내 본 주택에 대한 전세보증보험에 가입하고, 임차인이 가입한 경우 임대인이 보증료를 납부하고, 임차인이 대신 납부한 경우 임대인이 1개월 이내에 해당 보증료를 임차인에게 지급한다. 보증보험 가입을 위해 임차인이 취해야할 조치가 있는 경우 임차인은 성실히 협력한다."

5) 대출 약정

- 다음과 같은 주요 약정하여 대출 실행 + 필요한 모니터링 실시

대출 약정	후속 세입자 있는 경우	당장 후속 세입자 없는 경우	자가 거주하는 경우
공통 약정	○ 전세금 반환 목적 외 타 용도 유용 금지 ○ 자력으로 전세금 반환 불가 확약 ○ 반환대출 기간 동안 신규 주택 구입 금지		
개별 약정	▶ 세입자 보호조치 의무	▶ 세입자 보호조치 의무 ▶ 대출 실행 후 1년 내 임대차계약(특약) 체결 및 체결 시 1개월 내 제출 ▶ 후속 세입자의 전세금으로 대출 상환 및 근저당권 감액 등기	▶ 1개월 내 해당 주택 전입신고서 제출 ▶ 최소 2년간 실거주 여부 확인

6) 시행 시기: 2023.7.27.~2024.7.31.까지[*은행권 시행(인터넷 은행 제외)]

   ※ 2024.12.31.까지 5개월 연장

다. 역전세 반환대출 절차

1) 후속 세입자와 전세계약을 체결한 경우

   (1) (대출상담, 신청) 집주인 → 은행(DTI 60%, RTI 1.0배)

      - 은행은 대출 가능 한도 및 집주인이 지켜야 할 의무(세입자 보호조치 등) 안내

   (2) (전세 계약) 집주인 ↔ 후속 세입자

      - 임대차계약에 '세입자 보호조치 특약' 명시(한방계약서)

   (3) (대출심사, 실행) 은행 → 집주인(* 금액은 기존 세입자 직접 지급)

      - 은행은 집주인 ↔ 후속 세입자 전세계약서(세입자 보호조치 특약) 확인 후 대출 실행

      - 일정기간 내 반환보증 가입 및 가입하지 않을 경우 대출회수 등 대출 약정 체결

   (4) (반환보증 가입) 집주인(또는 세입자) → 보증기관

      - 후속 세입자 전입 후 3개월 내 가입[세입자 가입 + 집주인 대납(7월 27일), 집주인 가입(8월~) 모두 가능]

2) 당장 후속 세입자가 없는 경우

   (1) (대출상담, 신청) 집주인 → 은행(DTI 60%, RTI 1.0배)

   (2) (대출심사, 실행) 은행 → 집주인

- 완화된 대출규제 범위 내에서 전세보증금 한도까지 우선 대출지원(약정 有)

  (3) (전세 계약) 집주인 ↔ 후속 세입자

- 대출 실행 후 1년 내 세입자 보호조치 특약이 있는 임대차계약서 체결, 제출

- 후속 세입자의 보증금으로 대출상환(중도상환수수료 無) + 근저당권 감액등기

  (4) (반환보증 가입) 집주인(또는 세입자) → 보증기관

- 후속 세입자 전입 후 3개월 내 가입[세입자 가입 + 집주인 대납(7월 27일), 집주인 가입(8월~) 모두 가능]

3) 집주인 본인이 입주하는 경우(* 등록임대사업자 본인은 거주할 수 없음.)

  (1) (대출상담, 신청) 집주인 → 은행(DTI 60%, RTI 1.0배)

  (2) (대출심사, 실행) 은행 → 집주인

- 완화된 대출규제 범위 내에서 전세보증금 한도까지 우선 대출지원(약정 有)

  (3) (자가 거주) 집주인 → 은행

- 대출 실행 후 1개월 내 전입신고서 제출.

  (4) (모니터링) 집주인 ↔ 은행

- 최소 2년간 실거주 의무 모니터링 실시.

※ 자가 거주로 신청하여 거주하다가 사정 변경으로 인해 후속 세입자와 계약하는 경우에도 지원 가능 → 단, 후속 세입자와 계약한다는 사실을 후속 세입자 전입 이전(집주인 퇴거 이전)에 은행에 즉시 명확히 밝혀야 하며, 실거주 대출 약정 위반에 따른 일정 수준의 수수료를 지불해야 함.

  * 대출 실행 후 집주인 퇴거 사실 적발 시 대출 전액 회수 약정.

13

기명, 날인과 서명, 날인의 차이 및
문제점/유의 사항

2018. 4. 27. (금) ○○ 남구의 모 부동산 중개업소 대표님으로부터 상담 전화가 왔는데 상담 후 곰곰이 생각해 보니 안타까운 마음이 앞서면서 널리 대표님(개업공인중개사)들의 지식 공유와 향후 대비 차원에서 용기 내어 몇 자 올립니다. 금번(2018. 4. 23.~4. 24.) 시, 군, 구 합동 점검 시 "공무원이 부동산 계약서에 개업공인중개사의 성명을 기명(記名)만 하고 날인한 계약서를 보고 공인중개사법 위반으로 3개월 업무정지 처분을 하였다."고 하시면서 이러한 조치가 타당한지? 기명과 서명(署名)의 차이는 무엇인지? 구제 방법은 없는지? 등등 답답한 마음에 여러 가지를 문의하시길래 상담 후 관련 주요 내용을 전달합니다. 또한 제가 평소 협회 실무교육 강의 시 기명, 날인과 서명, 날인에 대하여 차이점 설명과 주의를 당부드렸고, 외부 특강교육 시에도 본 관련 내용을 교육받는 분들께 강조드린 바도 있습니다만 본 사례자의 대표님(개업공인중개사)은 이런 내용을 전혀 몰랐고, 들은 바도 없다고 강변(2017년에 개업했다고 함.)하시니 이 불경기에 3개월의 업무정지는 위반 내용(서명 안 한 부분~)에 비해 벌칙(3개월 업무정지)이 가혹하다는 동정심이 생기기도 합니다. 하여튼 관련 내용 올리니 업무에 많은 참고되었으면 하는 바람입니다.

가. 기명, 날인과 서명, 날인의 차이

1) 일반적인 법적 효과 차이

   - 기명, 날인: 기명[본인을 요하지 않음, (복사기, 타자기, 프린터 이용 및 제3자가 대행해도 무방)] + 날인(* 반드시 날인되어야 유효)
   - 서명, 날인: 반드시 본인 자필로 성명 기재 + 날인(* 도장 날인 안 해도 유효)

2) 일반적인 법적 효과상의 차이이니 개업공인중개사가 계약서나 중개대상물 확인설명서에 구, 군청에 등록된 인장을 날인 안 해도 처벌받지 않는다는 내용으로 절대 혼동하지 말 것!!

나. 공인중개사법 규정

1) 공인중개사법 제25조(중개대상물 확인설명) 제4항: 제3항의 규정에 의한 중개대상물 확인설명서에는 개업공인중개사가 서명, 날인하되, 당해 중개행위를 한 소속공인중개사가 있는 경우에는 소속공인중개사도 서명, 날인하여야 한다.

2) 공인중개사법 제26조(거래계약서의 작성 등) 제2항: 제25조 제4항의 규정은 제1항의 규정에 의

한 거래계약서의 작성에 관하여 이를 준용한다.

※ 개업공인중개사는 거래계약서 및 중개대상물 확인설명서에 서명 및 날인하여야 함.(반드시 본인 자필로 성명을 기재하고, 구, 군청에 등록된 인장으로 날인을 요함.)

※ **서명 또는 날인 아님. 기명 또는(및) 날인 아님.**(글자 한 자 의미에 따라서 법적 효과가 엄청나게 차이 남.)

※ 참조 판례: 대법원 2009. 2. 12. 선고 2008두 16698판결
　　- 서명 및 날인은 서명과 날인을 모두 하여야 한다는 의미이고, 이 서명 및 날인 위반에 대해 업무정지 처분을 한 등록관청의 행정처분은 정당했다는 판결임.

3) 공인중개사법 제39조(업무의 정지) 제1항: 등록관청은 개업공인중개사가 다음 각 호의 어느 하나에 해당하는 경우에 6월의 범위 안에서 기간을 정하여 업무의 정지를 명할 수 있다.
　- 제7호: 중개대상물 확인설명서에 서명 및 날인을 하지 아니한 경우.
　- 제9호: 거래계약서에 서명 및 날인을 하지 아니한 경우.

다. 계약 당사자(매도, 매수인/임대, 임차인)도 서명 및 날인하여야 하는가?

1) 법적 명시적 규정은 없음.

2) 계약 당사자는 계약 자유의 원칙에 의거 서명 또는 날인을 당사자 간 협의에 의하여 결정할 수 있음.(국토교통부 민원마당, 번호13267075, 부동산산업과 답변 참조) → 서명 또는 날인임.

3) 그러나 개업공인중개사가 서명, 날인하는 실무 형평상, 그리고 법적 명확한 효과 확보를 위하여 거래계약서 및 중개대상물 확인 설명서 모두에 계약 당사자의 서명 및 날인을 받는 것이 무난하다고 사료됨.

라. 실무상 현황 및 문제점(유의 사항)

1) 한방을 제외한 방법에 의한 계약서 작성 시 계약서 및 중개대상물 확인설명서에 개업공인중개사, 계약 당사자의 성명이 출력되어 나오므로 인장만 날인하게 되는 실수를 범하게 됨.(반드시 출력된 성명 여백에 본인 자필로 서명하고 날인할 것, 계약당사자 는 서명 또는 날인만 해도 됨.→ 그러나 둘 다 하는 것이 바람직: 날인만 할 경우 계약의 진정성 문제 발생 소지 있음.)

2) 중개사무소에서 계약서 작성 후 계약 당사자들이 있는 자리에서 개업공인중개사가 누락한 부분(작성내용 포함)이 없는지 다시 한번 꼼꼼히 확인하고 계약당사자들에게 작성된 서류 1부씩 교부할 것.

3) 협회의 지도, 단속 연락(문자) 등이 있을 경우 사전에 계약서 및 중개대상물 확인설명서를 점검하여 누락이 있거나 보완해야 할 부분은 빨리 조치하여 대비할 것.(태만히 있다가 적발 시에야 엄청난 후회를 하는 경우 많음. → 지회장 활동 시 경험한 내용~)

14

주택 임대차/상가 임대차 보호법 (주요 내용 요약)비교

구분	주택임대차보호법	상가건물 임대차보호법
적용 범위	- 주거용 건물 * 자연인과 일정한 범위의 법인	- 사업자등록의 대상이 되는 상가건물의 임대차 중 보증금이 일정액 **이하**인 경우 * 보증금이 일정액을 초과하는 경우에도 대항력과 계약갱신요구제도, 차임연체와 해지(3기 연체 시 임대인은 계약해지 가능), 권리금 회수 기회 보호에 관한 규정은 적용됨. **(단, 차임과 보증금은 청구당시의 차임 또는 보증금의 100분의 5의 범위 안에서 증, 감할 수 있다는 규정은 적용되지 않음.)**
대항력	- 주택의 인도와 주민등록(전입신고)을 마친 익일부터 발생	- 건물의 인도와 사업자등록을 신청한 익일부터 발생
우선 변제권	- 대항요건과 임대차계약서상 확정일자를 갖춘 경우에 인정	- 대항요건과 관할 세무서장으로부터 임대차계약서상의 확정일자를 갖춘 경우에 인정
최우선 변제권	- 주택인도와 주민등록(전입신고) * 보증금이 소액	- 건물인도와 사업자등록 * 보증금이 소액
경매 시 배당	- 경매 시 배당의 우선순위 보호 (채권보다, 후순위물권보다 우선) - 확정일자로부터 순위보전	좌동
집행개시 요건의 특례	- 경매를 신청하는 경우에 반대 의무의 이행 또는 이행의 제공을 집행개시의 요건으로 하지 아니함(배당 시는 물건 인도)	좌동
임차권 등기 명령	- 임대차가 종료된 후 보증금을 반환받지 못한 임차인은 임차 건물 소재지를 관할하는 법원에 신청	좌동
환산 보증금 적용 범위	**규정 없음**	- 서울: 9억 원 - 과밀억제권역(부산): 6억9,000만 원 - 광역시: 5억 4,000만 원 - 기타(그 밖의 지역): 3억 7,000만 원
소액 보증금의 최우선 변제	- 서울: 1억 6,500만 원/5,500만 원 - 과밀억제권역: 1억 4,500만 원/4,800만 원 - 광역시: 8,500만 원/2,800만 원 - 기타: 7,500만 원/2,500만 원	- 서울: 6,500만 원/2,200만 원 - 과밀억제권역: 5,500만 원/1,900만 원 - 광역시: 3,800만 원/1,300만 원 - 기타: 3,000만 원/1,000만 원

구분	주택임대차보호법	상가건물 임대차보호법
임대차 기간	- 최소기간 2년	- 최소기간 1년
묵시적 갱신	- 임대인: 만료 전 6개월부터 2개월까지	좌동
	- 임차인: 만료 전 2개월까지 → 위 기간 내에 계약갱신 거절, 조건변경 통지가 없으면 묵시적 갱신됨.(* 2020.12.10. 시행)	* 임차인: 기간의 정함이 없음. (임차인은 계약갱신 여부 통지의무 X)
	- 기간: 2년	- 기간: 1년
	- 임차인은 언제든지 해지통지 가능(임대인은 해 지통지 X) → 3개월 경과 후 해지효력 발생	좌동
계약 갱신의 요구	**1회 부여, 2년 (추가)보장** **- 2020.7.31. 시행**	- 최초 임대차기간을 포함한 전체 임대차기간이 10년을 초과하지 않는 범위 내에서만 행사
차임 증, 감 청구권	- 증액은 5% 이내(* 임대차계약이 종료된 후 재계 약 시는 적용 X: 대법원93다 30532판결)	좌동 (* 임대차계약이 종료된 후 재계약시는 적용 X: 대 법원 2014.2.13. 선고 2013다 80481판결 → 임 대차계약 존속 중이거나 계약갱신의 경우 적용)
임차권의 승계	- 사실혼 관계에 있는 배우자에게 일정한 범위 내 에서 임차권의 승계를 인정	**규정 없음**

☞ 〈계약갱신 요구권〉 * 상가건물 임대차보호법 제10조(계약갱신 요구 등)

㉮ 대통령령이 정하는 보증금액을 초과하는 임대차계약이라 하더라도 10년을 넘지 않는 범위 내에서 계약갱신 요구권이 인정된다. → 임차인이 계약갱신요구권을 행사하지 않더라도 당연 10년 영업기간이 보장되지 않음.

㉯ **계약갱신 요구 거절 가능 사유(상가건물임대차보호법 제10조 제①항 참조)**

1. 임차인이 3기의 차임액에 해당하는 금액에 이르도록 차임을 연체한 사실이 있는 경우

2. 임차인이 거짓이나 부정한 방법으로 임차한 경우

3. 서로 합의하여 임대인이 임차인에게 상당한 보상을 제공한 경우

4. 임차인이 임대인의 동의 없이 목적 건물의 전부 또는 일부를 전대한 경우

5. 임차인이 임대인의 동의 없이 목적 건물의 전부 또는 일부를 고의나 중대한 과실로 파손한 경우

6. 임차한 건물의 전부 또는 일부가 멸실되어 임대차의 목적을 달성하지 못할 경우

7. 임대인이 다음 각 목의 어느 하나에 해당하는 사유로 목적 건물의 전부 또는 대부분을 철

거하거나 재건축하기 위하여 목적 건물의 점유를 회복할 필요가 있는 경우

    ⓐ **임대차계약 체결 당시** 공사시기 및 소요기간 등을 포함한 철거 또는 재건축 계획을 임차인에게 구체적으로 고지하고 그 계획에 따르는 경우

    ⓑ 건물이 노후, 훼손 또는 일부 멸실되는 등 안전사고의 우려가 있는 경우

    ⓒ 다른 법령에 따라 철거 또는 재건축이 이루어지는 경우

8. 그 밖에 임차인이 임차인으로서의 의무를 현저히 위반하거나, 임대차를 계속하기 어려운 중대한 사유가 있는 경우

※ 임차인의 계약갱신요구권에 관하여 전체 임대차기간을 10년으로 제한하는 규정은 묵시적 갱신(법정갱신)에 대하여는 적용되지 않음 → 묵시적 갱신이 되면 임대차기간 10년을 초과할 수도 있음.

☞ 〈권리금의 회수기회 보호〉* 상가건물 임대차보호법 제10조의4(권리금의 회수기회 보호 등)

㉮ **원칙**

* 임대인은 <u>임대차기간이 끝나기 6개월 전부터 임대차 종료 시까지</u> 다음에 해당하는 행위를 함으로써 임차인이 권리금을 지급받는 것을 방해하여서는 아니 된다. 그러나 계약갱신요구의 거절 사유가 있는 경우에는 임대인은 이러한 의무를 부담하지 않는다.

1. 임차인이 주선한 신규 임차인이 되려는 자에게 권리금을 요구하거나, 임차인이 주선한 신규 임차인이 되려는 자로부터 권리금을 수수하는 행위

2. 임차인이 주선한 신규 임차인이 되려는 자로 하여금 임차인에게 권리금을 지급하지 못하게 하는 행위

3. 임차인이 주선한 신규 임차인이 되려는 자에게 상가건물에 관한 조세, 공과금, 주변 상가건물의 차임 및 보증금, 그 밖의 부담에 따른 금액에 비추어 현저히 고액의 차임과 보증금을 요구하는 행위

4. 그 밖에 정당한 사유 없이 임대인이 임차인이 주선한 신규 임차인이 되려는 자와 임대차계약의 체결을 거절하는 행위

    ※ 전대인과 전차인 사이에는 권리금의 회수 기회보호에 관한 규정이 적용되지 않는다.

㉯ **위반 시의 효과** * 상가건물 임대차보호법 제10조의4 제④항

1. 임대인이 위의 상황을 위반하여 임차인에게 손해를 발생하게 한 때에는 그 손해를 배상

할 책임이 있다. 이 경우 그 손해배상액은 신규 임차인이 임차인에게 지급하기로 한 권리금과 임대차 종료 당시의 권리금 중 낮은 금액을 넘지 못한다.

2. 임차인의 손해배상 청구권은 임대차가 종료한 날부터 3년 이내에 행사하지 아니하면 시효의 완성으로 소멸한다.

㉫ 예외 * 상가건물 임대차보호법 제10조의4 제②항

* 다음의 어느 하나에 해당하는 경우에는 신규 임차인과의 임대차계약을 거절할 수 있다.

1. 임차인이 주선한 신규 임차인이 되려는 자가 보증금 또는 차임을 지급할 여력이 없는 경우

2. 임차인이 주선한 신규 임차인이 되려는 자가 임차인으로서의 의무를 위반할 우려가 있거나, 그 밖에 임대차를 유지하기 어려운 상당한 사유가 있는 경우

3. 임대차 목적물인 상가건물을 1년 6개월 이상 영리 목적으로 사용하지 아니한 경우

4. 임대인이 선택한 신규 임차인이 임차인과 권리금 계약을 체결하고 그 권리금을 지급한 경우

㉬ 권리금 회수 기회보호 적용 제외 * 상가건물 임대차보호법 제10조의5

* 다음 어느 하나에 해당하는 상가건물 임대차의 경우에는 권리금 보호에 관한 규정을 적용하지 아니한다.

1. 임대차 목적물인 상가건물이 유통산업발전법 제2조에 따른 대규모 점포 또는 준대규모 점포의 일부인 경우

2. 임대차 목적물인 상가건물이 국유재산법에 따른 국유재산 또는 공유재산 및 물품관리법에 따른 공유재산인 경우

※ 유통산업발전법상 대규모 점포: 대형마트, 백화점, 쇼핑센터, 복합 쇼핑몰 등 대부분 매장면적의 합계가 3천m² 이상인 점포(* 유통산업발전법 제2조 제3호 참조)

☞ 상가 권리금 포기 약정의 효력(법무부 법무심의관실 2018.4.30.)

- 상가건물 임대차 보호법 제15조: 이 법의 규정에 위반된 약정으로서 임차인에게 불리한 것은 효력이 없다. → 강행규정

단, 임대인이 직접 장사하던 가게를 권리금을 받지 않고 임차인에게 물려주면서 향후 권리금을 주고받지 않기로 약정하는 등 특별한 사정이 있다면 그 약정은 임차인에게 불리하지 않으므로 유효함.

☞ 상가 관리단과 상가 번영회의 구분

구분	상가관리단	상가번영회	비고
주체	구분 소유자	임차인	
가입	의무(당연)가입	임의 가입	
효력	소유자 전원~	가입자에게만~	

* 집합 건물의 소유 및 관리에 관한 법률(약칭: 집합건물법) 제23조(관리단의 당연 설립 등), 제28조(규약), 제29조(규약의 설정, 변경, 폐지 등)

☞ 참조 판례: 대법원 2019.7.11. 선고 2018다 284226판결

- 상가건물주가 임차인이 주선한 새 임차인과 계약을 체결하지 않겠다는 의사를 미리 밝혔다면 임차인이 새 임차인을 주선하지 않더라도 권리금 회수 기회를 보호해야 한다는 판결.

☞ 참조 판례: 대법원 2019.5.16. 선고 2017다 225312판결

- 임차인 계약갱신요구권 행사기간이 지나도 권리금 회수기회 보호 인정

☞ "임차인이 3기의 차임액에 이르도록 연체한 사실이 있는 경우"의 의미

→ 월 차임이 100만 원인 경우, 월세의 일부만 지급하는 형태로 미납됨.(법무부 법무심의관실 유권해석 2007.7.30.)

→ 월세 3회 연체의 의미가 아님.(연속을 요하는 것도 아님) 상가 차임액의 합계액이 300만 원에 달한다면 해당됨.

☞ 건물 임대차보호법 2018.10.16. 시행(개정) 주요 내용

- 계약갱신요구권 행사기간: 5년 → 10년
- 권리금 보호대상에 전통시장 신설(추가)
- 권리금 회수 보호기간: 임대차계약 종료 3개월 전부터 → 종료 6개월 전부터
- 대한법률구조공단 (지역별)산하에 상가임대차분쟁 조정위원회 설치(신설)

15

전세 보증금 보호 제도
(확정일자, 전세권등기, 보장보험) 비교

가. 확정일자, 전세권등기, 전세보증보험 비교

구분	확정일자	전세권등기	전세보증보험
대상	- 일반적인 임대차계약	- 전전세 - 선순위 근저당이 있는 부동산 - 확정일자 및 전입신고를 할 수 없는 경우 - 법인명의 임대차계약(* 중소기업, LH, 지방공사 등은 확정일자 가능)	전세계약 해지 또는 종료 시 임대인의 보증금 미반환 및 경매, 공매 시 배당을 못 받은 경우
임대인 동의	임대인 동의 X	임대인 동의 O	임대인 동의 X
요건	- 주택: 대항력(점유 + 전입신고) + 확정일자 - 상가: 대항력(점유 + 사업자등록증) + 확정일자 * 확정일자만으로는 특별한 효력 발생 X	이사(점유)나 전입신고 없이도 가능	보증금 규모 제한 보증 한도 有: 주택가격-선순위 (담보)채권
신청/접수	주택: 주민센터, 법원, 등기소, 공증인사무소, 대법원 인터넷 등기소 상가: 관할 세무서	관할 등기소 접수	주택도시보증공사 한국주택금융공사 서울보증보험 → 은행 등 위탁 금융기관 통해 가입 가능
필요서류	- 주택: 임대차계약서 원본, 신분증 - 상가: 임대차계약서 원본, 신분증, 사업자등록증, 도면	- 임대인: 등기필증, 인감증명서, 주민등록초본, 신분증, 인감도장 - 임차인: 신청서, 계약서, 주민등록 등(초)본, 인감도장	계약서, 보증금지급 확인서류, 전입세대확인서, 등기부 등본, 주민등록등본, 신분증 등
비용	600원	등록면허세: 보증금의 2% 지방교육세: 등록면허세의 20% 등기신청 수수료 및 법무사 비용 별도	보증금의 0.04%~0.208% * 개인/기타주택(단독, 다중, 다가구주택 등)의 경우
효력	- 전입신고 완료 익일 0시부터 효력 발생 - 건물과 토지 가격을 합한 금액에서 보증금 보호 - 묵시적 갱신 시 2년 연장 - 보증금 반환소송 후 강제 집행 가능	- 신청일 당일부터 효력 발생 - 건물 가격 범위 내에서 보증금 보호 - 묵시적 갱신 후 임대인 요구 시 6개월 이내 퇴거(* 민법 제312조, 제313조 참조)	- 가입 즉시 효력 발생 - 임대인이 전세금 미반환시 임차권 등기명령 이행 후 청구 가능

* 주택도시보증공사 전세보증금 반환보증 위탁 금융기관

→ 신한, 국민, 우리, 광주, KEB하나, IBK기업, NH농협, 경남, 수협, iM뱅크(대구은행)

단, 우리은행, 국민은행은 해당 은행 모바일 앱을 통해 보증 가입 가능.

네이버부동산, 카카오페이 및 KB국민카드에서 비대면으로 가입 가능.

☞ **임차권과 전세권의 묵시적 갱신 비교(차이점)**

구분	임차권	전세권
묵시적 갱신 요건	임대인이 임대차기간 종료 6개월~2개월 (* 2020.12.10. 이후~)사이 갱신 거절 통지 X, 계약조건을 변경하지 않으면 갱신하지 않는다는 통지 X.	전세권 설정자가 전세권 존속기간 만기 6개월 **~1개월** 사이에 갱신 거절 통지 X, 계약조건을 변경하지 않으면 갱신하지 않는다는 통지 X.
묵시적 갱신 효과	전 임대차와 동일한 조건으로 2년 연장된 것으로 봄.	전 전세권과 동일한 조건으로 다시 전세권을 설정한 것으로 봄. 단, 존속기간은 정함이 없는 것으로 봄. (* 민법 제312조 제4항 참조)
묵시적 갱신 후 계약해지 통보	임차인만 해지 통보 가능	임대인, 임차인 모두 전세권 소멸 통고 가능 (* 민법 제313조 참조)
계약해지 소멸 효력 발생	임대인이 통지를 받은 날로부터 3개월 경과 시부터~	상대방이 통고를 받은 날로부터 6개월 경과 시부터~

나. 전세보증보험(전세보증금 반환보증) 상품 비교

구분	주택도시보증공사(HUG) **'전세금보장신용보험'**	한국주택금융공사(HF) **'전세지킴보증'**	서울보증보험(SGI) **'전세금반환보증보험'**
가입 대상	- 단독, 다가구, 연립, 다세대, 주거용 오피스텔, 아파트, 도시형생활주택(* HUG 가입 불가) 공인중개사가 중개, 작성한 계약서 + 전입신고 + 확정일자		
	- 보증금: 수도권 7억 원 이하, 지방 5억 원 이하	- 주택 가격 12억 원 이하 - 보증금: 수도권 7억 원 이하, 지방 5억 원 이하	- 아파트보증금 제한 없음. - 아파트 외 보증금 10억 원 이하 * 보증금 일부보증 불가
	※ 질권 설정, 채권 양도 전세대출 가입 불가	※ 주택금융공사 보증 전세 대출 이용자만 가입 가능	-
보증 한도	- (주택가격×담보인정비율 90%) - 선순위(담보)채권(채권+근저당 합계) * 단독, 다가구 등일 경우 선순위 채권은 주택가액의 80% 이내 + 근저당이 주택가액의 60% 이내	- 주택가격의 90% - 선순위(담보) 채권(채권 + 근저당 합계) * 단독, 다가구주택은 선순위채권총액은 주택 가액의 80% 이내 + 근저당이 주택 가액의 60% 이내	〈가입 조건〉 - 임차보증금 ≤ 추정시가 90% - 선순위설정총액 ≤ 추정시가 60% - 임차보증금 + 선순위설정총액 ≤ 추정시가 90%

가입(신청) 가능 기한	- (신규)전세계약서상의 잔금지급일과 전입신고일 중 늦은 날로부터 전세계약기간 1/2 경과 전	- 전세계약기간 1/2 경과 전	- 전세계약기간 1/2 경과 전
보증료	- 년 0.122~0.128%(보증금 2억 원 초과 아파트) - 단독, 다중, 다가구: 년 0.139 ~ 0.154%	- 우대가구 여부에 따라 년 0.02 ~0.04%	- 년 0.183%(아파트/개인) - 기타 주택: 년 0.208%(개인)

※ 참고용이므로 임차인의 전세보증보험 가입 시 해당 기관으로 문의 바람.

〈전세금반환보증보험 보증료 비교(* 아파트)〉

　　○ 주택도시보증공사(HUG): 2억 × 0.128%/년 × 2년 = 512,000원

　　○ 한국주택금융공사(HF): 2억 × 0.04%/년 × 2년 = 160,000원

　　○ 서울보증보험(SGI): 2억 × 0.183%/년 × 2년 = 732,000원

※ 주택도시보증공사(HUG) **"전세금안심대출보증"** 상품은 임차인에게 전세보증금반환(전세보증금반환보증)과 금융기관에 전세자금대출의 원리금 상환(전세자금대출특약보증)을 함께 책임지는 별개의 보증상품임.

　　→ 보증료 = 전세금반환보증금액 × 보증료율(년 0.139~0.154%) × 전세계약기간 / 365 + 전세자금대출특약보증금액 × 보증료율(년 0.031%) × 보증기간의 총일수 / 365

　　→ 가입(신청)가능 기간: (신규)전세계약서상의 잔금지급일과 전입신고일 중 빠른 날로부터 3개월 이내(단, 입주 후 보증신청하는 경우에는 전세목적물 주소지에 전입신고 후 보증신청하여야 함)

☞ 주택도시보증공사(HUG) "주택가격 산정기준"

※ 주택가격은 보증승인일 현재의 가격정보 순서 적용

〈아파트/오피스텔인 경우〉

　　㉮ KB시세, 한국부동산원 부동산테크시세 중 선택 적용

　　　(* 상한가, 하한가의 산술평균 적용, 아파트 최저층/주거용 오피스텔은 하한가 적용)

　　㉯ 아파트 공시 가격: 부동산공시가격 알리미의 "공동주택공시가격"의 140%

　　　오피스텔 공시 가격: 국세청 홈택스에서 상업용 건물, 오피스텔 기준 시가(조회)의 140%

ⓓ 안심전세 앱 시세의 하한가

ⓡ 해당 세대의 등기부등본상 1년 이내의 최근 매매 거래가액

ⓜ 분양 가격의 90%(단, 준공 후 1년이 지나지 않은 주택에 한함.)

〈단독, 다중, 다가구주택인 경우〉

㉮ 국토교통부 장관이 공시하는 개별단독주택가격의 140%

　　* 개별단독주택가격 : 부동산공시가격 알리미 → 개별단독주택 공시가격

㉯ 해당 주택의 등기부등본상 1년 이내의 최근 매매 거래가액

㉰ 토지 공시지가와 건물 시가표준액을 합산하여 산출한 금액의 140%에 해당하는 금액 또는 감정평가금액의 100%에 해당하는 금액

　　* 공시가격 확인: 부동산공시가격알리미 → 개별공시지가 → 개별공시지가 × 등기부등본상 토지면적

　　* 건물시가표준액 확인: 유선으로 관할지자체(구청) 세무과에 확인 또는 임대인으로부터 취득세 납부확인서 징구, 확인

☞ 주택도시보증공사(HUG) "보증(가입) 조건"

- 신청하려는 주택에 거주하면서 전입신고와 확정일자를 받았을 것

- 전세보증금과 선순위채권을 더한 금액이 '주택가격 × 담보인정비율(90%)' 이내일 것

　　→ 보증한도: 주택가격 × 담보인정비율(90%) - 선순위채권

※ 주택가격 × 담보인정비율 = 주택가액

※ 갱신보증의 경우 2023. 12. 31. 까지 담보인정비율 100% 적용

　(* 2024. 1. 1. 부터 갱신보증 신청건도 담보인정비율 90% 적용)

※ 선순위채권 = 보증신청인의 전세보증금보다 우선변제권이 인정되는 담보채권(근저당금액)

　+ 보증신청인보다 우선하는 선순위 전세보증금(단독, 다중, 다가구주택)의 합계금액

　　→ 단독, 다중, 다가구주택의 경우 선순위채권 금액이 주택가액의 80% 이내일 것

- 선순위채권이 주택가액의 60% 이내일 것.

- 보증발급일 기준 주택 소유권에 대한 권리침해사항(경매신청, 압류, 가압류, 가처분, 가등기

등)이 없을 것.

- 주택의 건물과 토지(대지권)가 모두 임대인의 소유일 것.

- 보증신청일 현재 타 세대 전입내역이 없을 것.(* 단독, 다중, 다가구주택 제외)

- 전세계약기간이 1년 이상일 것.

- 공인중개사를 통해 체결(날인)된 전세계약서일 것.

  ※ 기존 계약 시 공인중개사를 통해 전세 계약을 체결했다면 갱신 전세계약은 공인중개사를
     통해 체결한 전세계약서가 아니어도 가입 가능함.

- 전세보증금액이 수도권 7억 원 이하, 그 외 지역 5억 원 이하일 것.

- 질권 설정 또는 채권양도 통지된 전세대출을 받지 않았을 것.

   (* 신용대출은 보증 가입 가능)

- 임대인이 주택도시보증공사의 보증금지대상자가 아닐 것.

☞ **전세보증금 반환보증 보증료 지원 사업 안내(국토교통부 자료 기준)**

㉮ 시행일: 2023. 7. 26. 부터 전국 동시 시행

㉯ 지원 대상

  - 전세보증금 3억 원 이하

  - 청년: 연소득 5천만 원 이하

    ※ 청년: 시, 도 지자체 조례로 정함, 강원도, 전남: 만 45세 이하, 그 외 만 39세 이하

  - 청년 외: 연소득 6천만 원 이하

  - 신혼부부: 부부 합산 7,500만 원 이하(혼인관계증명서 신고일 기준 7년 이내)

  - 무주택 임차인

  ※ 지원 제외 대상

        ○ 외국인, 재외국민

        ○ 주택 소유자(분양권, 입주권 포함)

        ○ 등록임대사업자의 임대주택에 거주하는 임차인

        ○ 임차인이 법인인 경우(회사 지원 숙소 등 사용 등)

        ○ 기 수혜자

㉰ 지원 금액: 신청인이 기 납부한 보증료의 전부 또는 일부(최대 30만 원, 신청인 계좌 환급방식)

㉱ 신청 기간: 연중, 관할지자체 예산 소진 시까지

ⓐ 신청 방법: 주소지 관할 시, 군, 구청 또는 주민센터

  ※ 온라인 접수

      ○ 서울, 인천, 대전, 세종, 충남, 광주: 정부24

      ○ 경기: 경기민원 24

      ○ 부산: 부산광역시

      ○ 대구: 대구 安방

      ○ 경북: 경북 청년e끌림

      ○ 경남: 경남바로서비스

☞ 임차권등기명령

㉮ 임차권등기명령의 득(得)과 실(失)

- 임차인의 임차권등기명령의 신청, 집행에 따른 임차권등기가 경료된 주택을 그 이후에 임차한 (신규)임차인은 최우선변제권이 인정되지 않음. (주택임대차보호법 제3조의3 제⑥항 참조)

- 결국 임대인은 신규 임대차계약을 유치하여 전 임차인에게 보증금 반환이 어렵게 되자 전 임차인이 보증금 반환청구 소송을 제기하여 판결문에 기한 경매 신청을 하게 되어 임대인의 입장에선 임차권등기가 경료된 주택을 경매로 잃을 수 있는 가능성이 존재하고, 전 임차인의 입장에서는 임차권등기 명령 신청 → 보증금 반환 청구 소송 제기 → 경매 신청 등 시간적ㆍ경제적 피로감이 동반됨.

  ※ 주의 : 임차권등기가 등기부등본에 기재될 때까지 대항력 유지

㉯ 임차권등기 말소의무가 임차보증금 반환의무와 동시이행관계에 있는지 여부?

  → 임대인의 임차보증금 반환 의무가 임차인의 임차권등기 말소의무보다 먼저 이행되어야 할 의무임. (대법원 2005. 6. 9. 선고 2005다 4529판결)

☞ 온라인 확정일자 신청 및 부여 서비스 안내

㉮ 온라인 확정일자 서비스의 특징

- 공휴일 포함 24시간 신청가능(단, 18:00 이후나 공휴일 접수 건은 다음 근무일 부여)

- 주택임대차계약만 해당(상가 임대차계약 적용 X)

㉯ 기존 확정일자 제도와 비교

방문(기존)	온라인 확정일자(2015.9.14. 이후)
- 가까운 등기소, 동 주민센터 방문 - 주택 임대차 계약서 지참 - 업무 시간 중에만(평일 9시~18시) - 수수료 600원	- 인터넷 등기소 접속 - 주택 임대차 계약서 스캔 후 온라인 제출 - 24시간/365일 언제나 신청 가능 - 수수료 500원 - 인터넷 등기소 회원가입 + 공인 인증서 필요

㉻ 주택 임대차 계약한 개인과 법인 모두 신청 가능

　→ 주택 임대차 계약 중개한 공인중개사 대행 가능

16

대항력, 우선변제권, 최우선변제권의
개념 및 요건, 효과

구분	개념	모두 충족해야 할 요건	효과
대항력	임대인이 바뀌어도 보증금을 반환받을 때까지 계속 살 수 있는 권리	① 주택의 점유 ② 주민등록 전입신고	보증금 전액에 대하여 소유자, 양수인, 경락인에게 대항
우선변제권	후순위 권리자보다 우선해서 보증금을 변제받을 수 있는 권리	① 주택의 점유 ② 주민등록 전입신고 ③ 계약서상 확정일자	보증금 전액을 순위에 의해 우선 변제받을 수 있음
최우선변제권	선순위 권리자보다 보증금 중 전부(일부)를 우선해서 변제받을 수 있는 권리	경매개시 기입등기 전에 ① 주택의 점유 ② 주민등록 전입신고 (소액의 보증금 기준 있음)	보증금 중 일정액을 최우선변제받을 수 있음

* 상가는 ① 상가건물 인도 ② 사업자 등록신청 ③ 계약서상의 확정일자 기준.
- 상가 소액보증금   만 원/최우선변제금   만 원
- 주택 소액보증금   만 원/최우선변제금   만 원
※ 지역별 주택/상가 소액보증금 규모 및 최우선변제금 별도 확인.(교재 14.주택/상가 임대차보호법 주요내용 요약 비교 참조)

☞ **경매 등으로 인한 배당순위(*조세채권 법정기일 전 담보채권이 있는 경우)**

권리 순위	배당 순위	비고
1순위	경매 집행비용	
2순위	필요비, 유익비(부동산 보존, 개량을 위해 지출한 비용)	
3순위	주택/상가의 소액 보증금, 근로자 최종 3개월분 임금과 최종 3년분 퇴직금, 재해보상금	* 공장 등 회사 물건 경매 시
4순위	경매 목적물에 부과된 국세, 지방세 및 가산세	* 당해세
5순위	국세 및 지방세의 법정기일 전 설정등기된 저당권, 전세권, 확정일자를 갖춘 주택/상가의 임차보증금반환 채권	* 법정기일: 국세기본법 제35조 제2항
6순위	3순위 임금채권을 제외한 임금 기타 근로관계로 인한 채권 → 3개월분의 임금을 제외한 임금채권, 퇴직금	
7순위	(저당권, 전세권 설정등기일보다 법정기일이 늦은)국세, 지방세 및 이에 관한 체납처분비, 가산금 등의 징수금	
8순위	산업재해보상보험료, 고용보험료, 건강보험료, 국민연금 보험료	
9순위	일반 채권(물품대금, 외상매출금, 용역비, 지급명령, 가압류, 판결문 등으로 배당 신청한 민사 채권 등)	* 채권액 비례 안분 배당

17

공시지가, 기준시가,
시가표준액 개념 및 활용 비교

구분		표준지 공시지가	개별 공시지가	기준 시가	시가표준액
고시 기관		- 국토부장관이 매년 전국의 표준지 토 지가격 고시	- 시장, 군수, 구청장이 표준 지 공시지가를 기준으로 세 분하여 토지가격 고시	- 국토부장관이 토지, (공동) 주택 등 가격 고시	- 시장, 군수, 구청장이 토지, 건물에 대해 가격 고시
활용		- 개별 공시지가의 산정지표로 활용	- 토지에 대한 국세, 지방세의 부과기준 - 개발부담금 산정기준, 토지 관련 벌금 부과 기준(토지 거래허가구역 내 무허가 거 래 시, 농업진흥지역 내 농 지 불법 전용 등)	- 상속, 증여세, 양도소득세, 종합부동산세 등의 부과 기준 - 주택임대사업자의 보증보 험 가입 시	- 취득세, 재산세 등의 부과 기준 - 국민주택채권 부과 기준
비고		- 전국 56만 필지 - 매년 1월 1일 기준 현재가격을 조사 하여 통상 2월 말 에 공시 [표준지의 단위 면적 (m²)당 토지 가격]	- 전국 3,500만여 필지 - 매년 1월 1일을 기준일로 하여 5월말에 결정, 공시 * 분할, 합병, 형질변경, 용 도변경 등 사유가 발생한 토지는 7월 1일을 기준일 로 하여 10월 말에 결정, 공시	* 국세 부과 시 활용 - 토지 기준시가 = 개별 공시 지가 × 면적(m²) - 건물 기준시가 = m²당 금액 × 면적 - (개별)단독주택(전국 414만 가구)가격은 시장, 군수, 구 청장이 고시(4월 말 고시) - 표준주택(24만 가구)가격 → 국토부 장관 고시(1월 말)	* 지방세 부과 시 활용 - 토지 시가표준액 = 토지 기 준시가 - 주택 시가표준액 = 주택 기 준시가 - 건물 시가표준액은 구청에 별도 문의(또는 위택스 조 회, 서울은 이택스 조회)
				- 공동 주택 가격은 국토부장 관이 고시(4월 말 고시) - 오피스텔, 상업용 건물(연면 적 3천m² 이상, 100호 이상) 은 국세청장이 고시(9월 1일 기준: 12월 말 고시) - 건물 기준시가는 산정이 어 려움(국세청 홈택스 조회) * 건물 기준시가 = 매년 고시 하는 m²당 건물신축 가격 × 위치지수 × 용도지수 × 잔가율 × **개별특성 조정율** (양도세 계산시 적용 X, 상 속, 증여세 계산 시만 적용)	

※ 근거 법률
- 소득세법 제99조(기준시가의 산정)
- 부동산 가격 공시에 관한 법률
ㅇ 제3조(표준지 공시지가의 조사, 평가 및 공시 등)
ㅇ 제10조(개별 공시지가의 결정, 공시 등)
ㅇ 제16조(표준주택 가격의 조사, 산정 및 공시 등)
ㅇ 제17조(개별주택가격의 결정, 공시 등)

18

주택임대사업자 등록 절차
세제 혜택 및 의무

가. 주택임대사업자 등록 절차

내용	등록절차	비고
주택임대사업자 등록	- 본인이 거주지 시, 군, 구청 주택과 방문/신청 - 등록 자격자(주택임대사업자 등록신청서 등) ㅇ 소유자: 등기부등본 제출 ㅇ 소유예정자: 사업계획승인서(6년), 건축허가서(4년), 매매계약서(3개월), 분양계약서(1년) 제출 * ( )은 소유권 확보 기한임. - 임대 의무기간 10년 선택(* 2020.8.18. 이후 신규등록 시) - 등록기간은 취득일로부터 60일 이내 등록 - 등록 대상: 다세대주택, 다가구주택, 주거용 오피스텔, 도시형 생활주택만 가능(* 아파트는 등록 불가)	* 임대주택 소재지 지자체에 신청 가능. * 렌트홈에서 등록 가능. * 신규등록 시 장기 10년만 가능.
임대사업자 등록	- 본인 거주지(원칙: 임대주택 소재지) 세무서에 신고 등록 (* 주택임대사업자 등록증, 신분증, 주민등록초본, 사업자 등록 신청서 제출) ※ 지자체에 주택임대사업자 등록 신청과 임대사업자 등록 신청을 동시에 할 수 있음.(2019.2.12.부터 시행)	* 홈택스에서 등록 가능.
취득세 감면 및 혜택 신청	- 임대주택 소재지 시, 군, 구청 세무과 방문/신청 - 취득일로부터 60일 이내 신청 가능	
임대조건 신고	- 임대주택 소재지 시, 군, 구청 주택과 방문/신청 (* 표준임대차계약서, 임대조건 신고서 제출) - 임대차계약 체결일로부터 3개월 내 신고 - 신고 위반 시 1,000만 원 이하 과태료	

* 렌트 홈(rent home): 2018.4.2.부터 운영
* 주택임대사업자란?
- 공공주택사업자가 아닌 자로서 1호 이상의 민간임대주택을 취득하여 임대하는 사업을 할 목적(민간임대주택에 관한 특별법 제5조)으로 등록을 하고 주택임대를 목적으로 사업을 하는 자.

나. 주택 임대사업자 세제 혜택(요약)

구분	전용 면적			세제 지원요건
	40m² 이하	40~60m² 이하	60~85m² 이하	
취득세 감면 (지방세)	면제 * 세액 200만 원 초과 시 85% 감면		50% 경감 * 임대주택 20호 이상등록 시	- 공동주택을 신축, 공동주택, 오피스텔을 최초 분양한 경우 - 분양의 경우 취득 당시 가액 수도권 6억 원(비수도권 3억 원) 이하 - 취득일로부터 60일 이내 임대사업자 등록 필요 - 2024.12.31.까지 취득세 감면 신청 시까지 혜택 제공
재산세 감면 (지방세)	면제 * 세액 50만 원 초과 시 85% 경감	75% 경감	50% 경감	매입 / 건설 열: - 공동주택 2세대 이상: 수도권 6억(비수도권 3억) 이하 [매입] / - 공동주택 2세대 이상: 수도권 9억(비수도권 3억) 이하 [건설] - 오피스텔 2세대 이상: 수도권 4억 원(비수도권 2억 원) 이하 - 다가구주택: 모든 호실 면적 40m² 이하 - 2024년 재산세 부과분까지 감면

종부세 합산 배제(국세)	매입	- 공시가격 수도권 6억 원(비수도권 3억 원) 이하 * 2018.9.14. 이후 조정대상지역 내 신규 취득한 주택은 합산과세
	건설 (2호 이상)	- 공시가격 9억 원 이하, 전용면적 149m² 이하
임대 소득세 (국세)	감면	* (1호 임대 시) 75%, (2호 이상 임대 시) 50% - 기준시가 6억 원 이하, 국민주택규모 이하 - 2022.12.31. 이전에 끝나는 과세연도까지 발생한 임대소득에 대해 경감
	분리 과세	* 2천만 원 이하 임대소득 분리과세 시 필요경비율, 기본공제 차등 혜택적용 - 필요경비율: 등록(60%), 비등록(50%) - 기본공제: 등록 400만 원, 비등록 200만 원
양도소득세 (국세)	양도 세율 중과 배제 — 매입	- 기준시가 수도권 6억 원(비수도권 3억 원) 이하 * 2018.9.14.이후 조정대상지역내 신규 취득한 주택은 양도소득세 중과
	양도 세율 중과 배제 — 건설 (2호 이상)	- 기준시가 6억 이하, 전용면적 149m²이하 + 대지면적298m²
	장기보유 특 별공제 특례 70% 공제 — 건설	- 기준시가 수도권 6억 원(비수도권 3억 원) 이하, 국민주택규모 이하 - 2022.12.31.까지 민간임대주택 등록
	거주주택 비과세 (1회 적용)	- (거주주택) 주택 보유 기간 중 거주기간이 2년 이상 - (임대주택) 거주주택 외 모든 주택을 임대, 기준시가 수도권 6억 원(비수도권 3억 원) 이하

※ 렌트홈 2023.1. 기준 자료 인용

☞ 주택 임대소득세 과세 방법

주택 보유수	임대주택 내역		월 세	간주 임대료	비고
1주택	고가 주택이 아님		비과세	비과세	
	고가 주택에 해당(기준시가 9억 초과)		과세	비과세	
2주택	월세 + 3억 초과 전세보증금		과세	비과세	
3주택	월세 + 3억 이하 전세보증금		과세	비과세	
	월세 + 3억 초과 보증금	전용면적 40m² + 기준시가 2억 이하	과세	제외	
		전용면적 40m² 초과 또는 기준시가 2억 초과	과세	과세	

* 본인과 배우자의 주택 포함.
* 보증금 기준과 소득금액 기준은 개인별로 판단.
* 임대소득 2,000만 원 이하는 분리과세, 2,000만 원 초과는 종합과세.
* 주택 간주 임대료 계산식
- (전세보증금 합계액 - 3억 원) × 60% × 정기예금이자율(2024년: 3.5%)
- 정기예금이자율은 매년 고시(* 부가가치세법 시행규칙 제47조 참조)
※ 2022.12.31. 이전에는 기준시가 9억 원 기준 → 12억 원으로 상향(2023년 귀속분부터~)

다. 주택임대사업자 의무

단계별	주요 의무사항	과태료	비고
임대차 개시 전 또는 임대차 계약 시	1) 소유권등기상 부기등기 의무 - 임대사업자는 등록 후 지체 없이 등록한 임대주택이 임대 의무기간과 임대료 증액기준을 준수해야 하는 재산임을 소유권등기에 부기 등기하여야 함.	과태료 500 만 원 이하	
	2) 임대주택 공급신고 - 30호 이상 임대주택을 최초 공급하는 경우, 임차인 모집 10일 전까지 민간임대주택 공급신고서를 제출해야 함.	과태료 1,000 만 원 이하	
	3) 임대사업자의 계약 내용 설명 의무 - 임대사업자는 임차인에게 임대 의무기간, 임대료 증액 제한, 임대주택 권리관계(선순위 담보권, 세금 체납 사실) 등에 대해 설명하여야 함. - 또한 둘 이상 임대차계약이 존재하는 다가구주택 등은 선순위 임대보증금에 대해서도 설명하여야 함.(2020.12.10. 이후)	과태료 500 만 원 이하	
	4) 임대차계약 신고의무 - 임대사업자가 임대료, 임대기간 등 임대차계약사항(재계약, 묵시적 갱신 포함)을 관할 지자체에 신고하여야 함. - 신고 기한: 임대차계약을 체결한 날 또는 계약을 변경한 날부터 3개월 이내. - 신고 방법: 지자체 방문 또는 렌트홈 신고. - 제출 서류: 임대차계약 신고서 및 표준임대차계약서. - 임대차계약 신고 이력이 없을 경우 세제 감면이 제한될 수 있음.	과태료 1,000 만 원 이하	
	5) 표준임대차계약서 양식 사용 의무 - 임대사업자가 임대차계약을 체결하는 경우에는 표준임대차계약서 양식 사용하여야 함, - 양식 미사용 시 임대차계약 신고가 수리되지 않을 수 있음.	과태료 1,000 만 원 이하	
임대차계약 후	6) 임대료 증액 제한 의무 - 임대료(임대보증금 및 월 임대료)를 증액하려는 경우 임대료의 5% 범위를 초과하여 임대료를 증액할 수 없음. - 또한, 임대차계약 또는 약정한 임대료 증액이 있은 후 1년 이내에는 임대료를 증액할 수 없음. - 임차인은 증액비율을 초과하여 증액된 임대료를 지급한 경우 임대료의 반환을 청구할 수 있음.	과태료 3,000 만 원 이하	
	7) 임대 의무기간 준수 의무 - 임대 의무기간(10년) 중에 등록 임대주택을 임대하지 않거나(본인 거주 포함), 예외적인 사유를 제외하고 무단으로 양도할 수 없음.	임대주택당 3,000만 원 이하	
	8) 임대차계약 유지 의무 - 임대사업자는 임차인에게 귀책사유가 없는 한 임대 의무기간 중에 임대차계약을 해제, 해지 및 재계약 거절을 할 수 없음. - 거절 사유: 월 임대료 3개월 연속 연체, 부대시설 고의 파손, 멸실 등	과태료 1,000 만 원 이하	

	9) 임대사업 목적 유지 의무 - 민간임대주택으로 오피스텔을 등록한 경우 주거 용도로만 사용하여야 함.	과태료 1,000 만 원 이하	
	10) 임대보증금 보증 의무 - 임대사업자는 등록이 말소되는 날(임대사업자 등록이 말소되는 날에 임대 중인 경우에는 임대차계약이 종료되는 날)까지 임대보증금에 대한 보증에 가입하여야 함.	과태료 보증금 10% 이하 에 상당하는 금액 (상한 3,000만 원)	
	11) 민간임대주택 관리 - 300세대 이상 공동주택 등의 경우 주택관리업자에게 관리를 위탁하거나 자체관리 하여야 함. (자체관리 시 시장, 군수, 구청장의 인가 필요) * 300세대 이상 공동주택, 150세대 이상의 공동주택으로서 승강기가 설치된 공동주택, 150세대 이상의 공동주택으로 중앙집중식 난방방식 또는 지역난방 방식인 공동주택.	1년 이하 징역 또는 1,000만 원 이하 벌금	
	12) 보고, 검사 요청 시 협조 의무 - 관리관청이 임대사업자에 필요한 자료 제출을 요청하거나 관련 검사를 실시할 경우 적극 협조하여야 함.	과태료 500 만 원 이하	
기타	13) 민간임대주택 양도신고 - 임대의무기간 동안 또는 임대의무기간이 지난 후에 시장, 군수, 구청장에게 신고한 후 민간임대주택을 다른 임대사업자에게 양도할 수 있음.	임대주택당 과태료 100 만 원 이하	
	※ 임대의무기간 중 임대사업자가 아닌 자에게 양도 시 시장, 군수, 구청장 **허가**를 요함.	임대주택당 과태료 3,000 만 원 이하	

라. 주택임대사업자 임대보증금 보증보험 가입 의무(2021.8.18. 시행)

1) 가입 대상(*민간임대주택법 제49조 참조)

- '민간임대주택에 관한 특별법'(민간임대주택법)에 따른 등록 주택임대사업자(지자체 + 세무서 등록 주택임대사업자)

- 2021.8.18. 이후 신규 임대차계약 및 재(갱신)계약

2) 가입 기관

- 주택도시보증공사(HUG) 및 서울보증보험(SGI)

3) 의무가입 대상요건

- 주택 압류, 가압류, 가처분이 없을 것

- 선순위 담보권(대출금) 비율이 주택 가격의 60% 이하

- (주택대출금 + 보증금) 합계액이 주택 가격의 100% 이하(→ 90% 이하로 변경: 주택도시보증
공사 2025. 1. 1. 시행)

4) 주택가격 산정: (1), (2), (3) 중 선택(* 민간임대주택법 시행령 제39조 참조)

  (1) 감정평가액

  (2) 공시가격(기준시가)

  (3) 보증회사가 전세금반환 보장 보증 가입 시 적용하는 주택 가격

보증보험 가입 시 공시가격 적용비율

구분	9억 원 미만	9~15억 원 미만	15억 원 이상
공동주택	150%	140%	130%
단독주택	190%	180%	160%

* 오피스텔 기준시가 적용비율: 120%

  ※ 주택도시보증공사 주택가격 산정기준 변경(2025. 1월 중 시행 예정)

    → (기존) 공시가격 × 적용비율(주택유형별, 가격별 차등)

      (변경) 공시가격 × 140% 단일 적용(주택유형별, 가격별 차등 폐지, 오피스텔은 120% 유
지. 다만, 시행일 전 등록된 주택의 경우 2026. 7. 1. 이후 임대차계약 체결 건부터 적용)

5) 보증료율(* HUG 기준)

  - 공동주택(개인사업자 기준): 보증금 × 0.099%~0.438%

  - 단독/다중/다가구주택은 공동주택 요율의 30% 할증

  * 부채비율, 임대사업자 신용도 등에 따라 요율 차등

  ※ 일부 보증 가능(* 민간임대주택법 제49조 제3항 참조)

    1. 근저당권이 세대별로 분리된 경우(공동담보 근저당권은 가입 안 됨 →채권최고액 감액
에 의한 근저당권 변경등기 방법은 가능)

    2. 임대사업자가 임대보증금보다 선순위 제한물권(근저당권이 세대별로 분리된 경우 제

외), 압류, 가압류, 가처분 등을 해소한 경우

3. 임차인이 전세권 설정을 요구하고 임대사업자가 이에 동의하여 전세권이 설정된 경우

→ (주택대출금 + 보증금) - 주택 가격 60%의 금액만 가입 가능

※ 보증보험 가입 시 보증금액에 대한 임대인과 임차인 간 협의 중요

6) 보증료 부담률(* 민간임대주택법 시행령 제40조 참조)

- 임대인 75%, 임차인 25%

- 임대인이 전액 납부 후 임대료에 포함하여 임차인에게 징수 가능

(보증보험 가입 후 임차인에게 25% 비용 청구 가능)

7) 필요 서류

- 주민등록초본, 신분증, 임대사업자등록증 사본, 사업자등록증 사본, 임대차계약서 사본, 부동산등기부등본, 공시가격 출력물, 인감증명서

* 공사 양식: 보증신청서, 보증채무약정서, 양도각서(확정일자 得), 기금융자내역 확인원

8) 벌칙

- 2년 이하 징역 또는 2천만 원 이하 벌금

9) 주의 사항

- 표준임대차계약서 작성 시 임대보증금 보증 가입여부 체크(기재)

예시) 가입 [   ] 일부 가입 [   ] 미가입 [   ]

※ "(선순위 담보권 설정금액 + 임대보증금) - 주택가격의 60%" 금액이 "0 이하"인 경우 미가입 가능(* 지자체에 해당 사실 증명)

- 임대보증금 증액 시 추가 보증서 발급(가능) 여부 확인

☞ **민간임대주택에 관한 특별법(민간임대주택법) 개정 → 2021.9.14. 공포**

㉮ 주택임대사업자의 보증보험 가입의무 면제

- 최우선변제금 이하의 보증금 + 임차인 동의(* 별첨 양식 6번 '임대보증금 보증 미가입에 대한 임차인 동의서' 참조)

※ 2023. 2. 21. 시행 '주택임대차보호법 시행령' 개정 내용

지역 구분	최우선변제 대상 임차인의 보증금		최우선 변제금액	
	현행	개정	현행	개정
서울특별시	1억 5,000만 원 이하	1억 6,500만 원 이하	5,000만 원 이하	5,500만 원 이하
과밀억제권역 용인·화성·세종·김포	1억 3,000만 원 이하	1억 4,500만 원 이하	4,300만 원 이하	4,800만 원 이하
광역시 안산·광주·파주·이천·평택	7,000만 원 이하	8,500만 원 이하	2,300만 원 이하	2,800만 원 이하
그 밖의 지역	6,000만 원 이하	7,500만 원 이하	2,000만 원 이하	2,500만 원 이하

- 근저당권이 설정된 경우에는 근저당권 설정 시를 기준으로 최우선변제금 적용.

   예시) 2020. 9. 1 근저당권 1억 원이 설정된 서울 지역의 주택에 2021. 10. 1.에 임대차계약을 체결할 경우, 최우선변제금액은 현 시점 기준 5,000만 원이 아니라 2020년 9월 기준인 3,700만 원을 적용하여 3,700만 원을 넘으면 보증금 보험에 가입하여야 함.
- 주택임대사업자가 LH나 SH에게 임차하고 이들 기관이 보증금 보험에 가입한 경우.
- 임차인이 전세금 반환보증에 가입하고 임대사업자가 보증수수료를 모두 지급한 경우.

㉯ 일부 보증의 요건 완화(*각 요건 모두 충족 시 일부 보증 가입 가능)
- {(담보권 설정 금액 + 임대보증금)} - 주택 가격의 60%}의 금액만 가입 가능. 이 때 대상금액이 "0 이하"인 경우 보증 미가입 가능.
- 임차인이 전세권 설정을 요구하고 임대사업자가 이에 동의하여 전세권이 설정된 경우 또는 주택임대차보호법상 대항력과 확정일자를 갖춘 경우.
- 임차인이 일부 보증 가입에 동의한 경우. (* 별첨 양식 7번 '임대보증금 일부 보증에 대한 임차인 동의서' 참조)

㉰ 가입 의무기간(* 변경)
- 임대 의무기간에서 임대사업자 등록이 말소된 날까지로 연장.

㉱ 보증회사에서 보증 가입, 해지 자료를 지자체로 제출(* 2022. 1. 15. 시행)

㉲ 부채과다로 보증가입이 거부되는 경우 시장, 군수, 구청장 직권으로 임대사업자 등록 말소 가능(* 2022. 1. 15. 시행)

㉳ 설명의무 위반 등으로 등록말소 후 2년 미경과시 등록제한

🔾 벌칙(* 변경: 2022. 1. 15. 시행)

- 2년 이하 징역 또는 2천만 원 이하 벌금 → 임대보증금의 10% 이하 과태료, 최대(상한선) 3,000 만 원 이하

☞ **민간임대주택에 관한 특별법(민간임대주택법) 일부 개정(2023.6.20. 시행)**

- 임대사업자의 보증보험 미가입 시 임차인에게 계약 해제, 해지권 부여(시행령 제35조 제2항 제5호 신설)

  → 임대보증금에 대한 보증 미가입에 따른 피해로부터 임차인 보호 강화.

- 임대사업자의 보증보험 가입 의무 위반에 따라 임대차계약을 해지하는 경우, 임대인은 임차인에게 손해배상 해야 함.

  → 시행규칙 개정: 2023. 8. 3. 공포, 시행

※ 표준임대차계약서 제10조(임대차계약의 해제, 해지 및 손해배상) 조문 제목 변경, 제②항 제5호 신설, 제③항 신설

☞ **등록임대사업자의 임대보증금반환보증 미가입으로 인한 임차인 피해 방지를 위해 임차인에게 안내 강화 방안 발표(2023.7.4. 국토교통부)**

- 지방자치단체에서는 등록임대사업자가 해당 시, 군, 구에 임대차계약 신고할 때 임대보증에 가입하지 않은 경우, 그 사실 및 사유를 국토교통부 임대등록시스템(렌트홈)을 통해 임차인에게 휴대전화 알림 문자로 통보.

  → 표준임대차계약서에 따라 임차인이 개인정보제공에 동의하고, 연락처를 기재한 경우.

    - 주택도시보증공사는 등록임대사업자가 임대보증 가입신청을 철회하거나 가입 요건 미비로 승인을 거절하는 경우, 그 사실을 임차인에게 휴대전화 알림메시지(카카오톡)으로 발송. → 2023. 10. 18. 부터 시행.

19

부동산 계약서 작성법

가. 일반(개요)

1) 계약의 성립 요건

* 계약이 유효하게 성립하려면 다음 3가지의 요건에 하자가 없어야 함.

(1) 계약의 당사자

(2) 계약의 내용

(3) 계약 당사자의 합의

* 위의 3가지 중 어느 하나라도 하자가 있을 경우 불안정한 계약이 되며, 취소권자(계약 당사자, 임의/법정 대리인, 상속인 등)에 의하여 계약을 취소 가능함.

※ 불안정한 계약: 행위 무능력자의 계약, 사기에 의한 계약, 강박에 의한 계약, 착오에 의한 계약 등.

2) 계약서의 효력

(1) 계약 당사자의 의사 해실의 기준

(2) 계약 당사자 사이에 분쟁이 있을 때 재판의 증거자료

(3) 채무명의가 될 수 있음. (예시: 계약서에 매매잔금을 언제까지 지급하는 것으로 되어 있을 때 이를 기한 내에 이행하지 않으면 강제집행을 당해도 좋다는 내용이 기재된 공증을 받으면 이 계약서 한 장이 채무명의가 되어 강제집행을 할 수 있음.)

3) 계약서 작성기법

(1) 명확하게 작성: 계약서의 내용은 명확하게 작성

(2) 간결하게 작성: 계약서의 문장은 간결하게 작성

(3) 평이하게 작성: 고사성어, 은유법 등 이해하기 어려운 문구 사용 X

(4) 투명하게 작성: 계약서 내용에 숨겨진 사항이 없도록 투명하게 작성되어야 후일 분쟁의 여지가 없음.

※ 중도금 지불 후의 계약해제

○ 합의 해제: 양 계약 당사자가 서로 합의하여 계약을 해제, 언제든지 자유롭게 계약을 해제 가능.

○ 약정 해제: 약정된 계약 내용에 의한 해제. 즉 일정한 조건을 약정하여 일정 조건이 성립되었

을 때 계약을 해제한다는 내용을 미리 계약서에 기재해 놓고 그러한 사실이 발생한 경우에 하게 되는 해제를 말함.

○ 법정 해제: 법률의 규정에 의하여 발생하는 해제권. 즉 계약 상대방이 채무를 이행하지 않았을 때 발생. 채무자의 채무불이행 예를 들면 이행지체, 이행불능, 불완전이행, 채권자의 목적물 수령지체 등이 발생할 경우 법정해제권이 발생하고, 이때 계약당사자는 상당한 기간을 정하여 최고(독촉)를 한 후 계약을 해제할 수 있음.

※ **최고(催告):** 민법 제544조(이행지체와 최고)
→ 매매계약 시 잔금 지급 최고와 관련하여~~

- 계약상의 의무를 이행하지 않는 상대방에게 의무를 이행하도록 독촉하는 것을 최고라 하는데, 최고는 분쟁이 발생하였을 때 그 증거로 이용하기 위하여 내용증명 우편을 많이 사용함.
- 계약해제를 완성시키기 위해서는 내용증명 우편을 보내어 상대방에게 최고 및 계약해제 예정 사실을 통지하는 것이 바람직함.
→ 최고를 할 때에는 통상 7일~10일간의 유예기간을 주고 그 기간까지 매매잔금을 지불하지 않으면 별도의 통지 없이 자동적으로 계약은 해제된다고 기재함.
- "부동산 매매계약 시 매수인이 잔금 지급기일까지 잔금을 지급하지 못하면 계약이 자동적으로 해제된다."는 특약이 있는 경우, 이러한 최고 없이 계약을 해제할 수 있음. (단, 최고 없이 계약이 자동적으로 해제된다는 특약이 있더라도 잔금 지급기일의 경과로 바로 계약이 해제되는 것은 아니고 매도인은 잔금기일에 소유권이전등기에 필요한 서류를 준비하여 매수인에게 알리는 등 이행제공을 하여 매수인으로 하여금 이행지체에 빠지게 하였을 때에 자동적으로 해제됨.: 대법원 1993.12.28. 선고 93다777판결)

☞ **내용 증명 작성 관련**
㉮ 반드시 들어가야 할 사항: 주소, 수신인/발신인, 내용증명을 보내는 이유, 날짜, 날인
㉯ 발송 방법: 우체국 방문 또는 "인터넷 우체국" 이용
→ 인터넷 우체국에서 양식 다운해서 사용 가능 또는 인터넷으로 작성해서 발송 가능.
㉰ 법적 효력은 없고 증거 자료로 활용(3부 작성)
㉱ 인터넷 우체국 또는 우체국에 3년 보관

㉮ 주의: 봉투/내용증명 본문상의 수신인 주소와 성명 일치

※ 내용 증명 작성(예) → 규정된 형식 없음

내용증명

수신인(임차인) 성명:

            주소:

발신인(임대인) 성명:

            주소:

제목:

~~ 이하 내용 기재 ~~

2024년   월   일

발신인(임대인): ○ ○ ○ (인)

※ 내용증명이 도달하지 못한 6가지 사유

- 수취인 부재: 그 주소에 수취인이 등록되어 있으나, 장기여행, 군 입대 등의 사유로 부재할 경우.
- 주소 불명: 수취인의 주소가 존재하지 않거나, 발송인이 표기를 잘못했거나 누락한 경우.
- 수취인 불명: 수취인이 그 주소에 등록되어 있지 않은 경우.
- 이사 불명: 수취인이 그 주소에 등록은 되어 있지 않으나, 이사한 사실은 알 수 있었고 이사 간 주소는 알지 못할 경우.
- 수취 거절: 집배원이 수취인을 만났음에도 수령을 거부하는 경우.
- 폐문 부재: 수취인이 분명 그 주소에 거주하고 있으나 집배원이 방문할 때마다 집에 사람이 없는 경우.

나. 계약서 작성 시 주의 사항

1) 매도자의 매도 권리를 확인하라

- 등기필증, 신분증(반드시 본인 확인: 주민등록번호, 성명 주의해서 확인.)
- 공부(등기부등본, 토지대장, 건축물대장)상 소유자 일치여부 확인 및 공부들 상호간 면적, 소유자 등 일치여부 확인.

  * 간혹 본인이 주고 간 등기부등본 신뢰 X → 무조건 본인이 직접 발급해서확인 할 것.

  * 계약당사자(물건 의뢰인)의 말을 믿지 말고 공부를 확인하고 믿어라!!
- 대리인의 경우 진정한 대리권이 있는지 확인하라.

2) 대상 부동산을 확인, 분석하라

- 현장 확인 및 공부 확인을 철저히 하라.

  특히 경계, 입지 상태(방향, 위치, 교통환경, 접근 도로, 전기, 배수, 도시가스 등) 등에 대하여 현장 답사 필수.
- 공법상 이용 제한이 있는지 확인하라.

  토지이용계획확인서, 건축물대장(무허가 등), 행정처분 조회, 정화구역(교육 환경보호구역) 조회 및 허가관청에 용도 변경, 허가에 대한 문의(확인) 등.

  * 예시: 용도지역별 행위제한, 정화구역 내 업종 제한
- 사법상 이용 제한이 있는지 확인하라.

  등기부등본 (갑구)가등기, 가압류, 압류 (을구)저당권, 전세권, 지상권 등기 등 여부 확인.

  임차권, 지상권 존재 여부 확인. (토지 위 농작물, 수목 등~)

  상가 관리 규약, 자치회 규정 여부 등 확인 등.

3) 계약 내용은 정확하게 작성하라 → **특약을 명확하게 기재하라**

- 매매대금에 무엇이 포함되어 있는지? 지정할 것. (예시: 과수원 매매 시 배나무의 포함 여부, 권리금계약 시 포함 물품 list 확인 등~)
- 상가건물 매매에 대한 부가가치세 별도, 포함 여부.
- 매매에 따른 제세공과(특히 6월 1일 기준 재산세 처리~)
- 하수도 원인자 부담금의 처리, 감액등기, 영업신고(허가)증의 처리 등

4) 소유권 이전등기는 가능하면 빨리하라

- 이중매매의 위험 등.
- 계약 시, 중도금 시, 잔금 시마다 반드시 등기부등본 별도 확인.

다. 계약서 작성법

1) 작성 일반

- 공간이 협소하여 다 적을 수 없을 경우 '별지 참조' 등으로 적은 후 별지 작성.
- 일시불로 하거나 중도금이 없는 경우 '사선', '직선' 또는 '해당사항 없음'의 표시.
- 거래금액은 위조나 착오 방지를 위해 한문 또는 한글을 아라비아 숫자와 나란히 적되, 여백을 두지 말고 '금(金)' 옆에 붙여서 적는 것이 원칙.

☞ **계약서의 구성 형태(공인중개사법 시행령 제22조 참조)**

① 거래당사자 인적사항 ② 물건의 표시 ③ 계약일 ④ 거래금액, 계약금액 및 그 지급일자 등 지급에 관한 사항 ⑤ 물건의 인도일시 ⑥ 권리이전의 내용 ⑦ 계약의 조건이나 기한 ⑧ 중개대상물 확인설명서 교부일자 ⑨ 그 밖의 약정 내용

2) 부동산의 표시

- 부동산 소재지: 구주소(번지) 사용 → 도로명 주소 기재 X
- 지목, 면적: 토지대장 기준 기재
- 구조, 용도: 건축물대장 기준 기재(전용, 공용 명시 또는 전용, 공용 구분 없는 경우 전체 면적 기재)

3) 매매대금

- 계약금: 통상 10%, 법적 명시적 규정 없음.
  계약한 날이 아닌 계약금이 특정한 날 입금되더라도 계약 유효.
  일부만 입금되더라도 계약서상 기재된 계약금 기준 위약금 계산.
- 중도금: 유, 무에 따라서~
- 잔금: 잔금일의 약정은 통상 계약일로부터 1~2개월 내, 그러나 법상 규정 없음.

☞ **계약서에 매매대금(금액) 기재 시 주의 사항**

㉮ 대출금: 대출 잔액확인서(은행 발급) 참조. (※ 실질적으로는 대출 잔액확인서를 징구하지 않고 매매계약서에 특약 기재 및 중개대상물 확인설명서에 근저당권(채권최고액)내용을 기재한 후 잔금일 전에 매도인이 직접 은행에 확인한 대출 원금과 이자를 잔금일에 매수인이 직접 대출 상환계좌로 이체하는 방식으로 처리하고 있음.)

> → 매매계약서 특약에 "매도인은 잔금 시 근저당권을 말소하기로 한다."는 내용을 기재하고 매매대금은 근저당권 금액(채권최고액)과 상관없이 전체 금액 그대로 매매계약서에 기재

㉯ 임대보증금: 전/월세 끼고 매매 시 임대차계약서(원본) 참조해서 확인.

> → 임대차계약서 확인과 더불어 임차인에게 직접 전화 확인하거나 매매계약 시 임차인도 참석하는 방법을 통하여 매매대금에서 임대차 보증금 차감 처리

㉰ 부가가치세 별도 또는 포함여부: 상가 매매계약서 작성 시 건물가액에 부가가치세 별도/포함여부를 명시.

> → 통상 언급이 없으면 포함으로 보나, 다툼의 소지가 많으므로 별도인지 포함인지 구분해서 설명하고 계약서에 명시할 것.

☞ **계약금, 중도금, 잔금 시마다 등기부 등본 확인 후 업무 진행할 것.**

- 특히 중도금은 매수인이 매도인 계좌로 직접 입금하는 경우가 대부분이므로 개업공인중개사가 사전에 등기부등본을 발급, 확인 후 이상이 없음을 매수인에게 통보 시 입금토록 사전에 주의 조치를 요함.
- 잔금도 미리 입금하는 행위 지양할 것.(특히 매수인이 잔금일에 잔금을 미리 입금하고 부동산 사무실 오는 경우 없도록 주의~) → 계약 시에 사전 주의 조치 및 계좌(통장) 이체 한도액 확대 조치 설명(* 이체 한도액 설정: 잔금 금액 이상~)

☞ **계약서 간인/계인**

계약서 + 별지(작성) → 간인

계약서 3부 (작성) → 계인

※ 공인중개사법상 거래계약서 및 중개대상물 확인·설명서에 간인 또는 계인해야 한다는 명시적인 규정 없음.

☞ **계약서 3자 정정 시**

두 줄 긋고 + 여백에 '3자 정정' 기재 + 정정 부분에 계약 당사자 서명 또는 날인(* 서명 및 날인함이 효과 확실.)

☞ 대리인이 제시한 위임장(* 별첨 양식 8번 참조) 및 인감증명서(원본)를 누가 보관하여야 하는가?

㉮ **주장의 대립**

ⓐ 대리인을 믿고 계약한 매수인(임차인)이 부동산 거래사고 발생을 대비하여 매수인(임차인)이 보관해야 한다는 주장.

ⓑ 대리권을 부여한 위임인이 대리인에게 위임했다는 사실 증빙용으로 대리인이 원본 보관해야 한다는 주장.

ⓒ 계약을 중개한 장본인이고 향후 업무 편의를 위해 개업공인중개사가 보관해야 한다는 주장.

㉯ **공인중개사법 및 민법 등에 법적 명시적 규정 없음**

※ **"공인중개사법 등 해석사례" (한국공인중개사협회 2018.6월 발간 참조)**

→ 매매계약 시 상대방(매수인)에게 교부함이 원칙. (법무부 2017.5.31.)

→ 개업공인중개사는 '원본대조필' 한 사본 보관.

㉰ **실무상 처리**

- 매수인에게 원본을 교부하되, 개업공인중개사만이 '원본대조필' 한 사본을 보관할 것이 아니라 대리인에게도 '원본대조필' 한 사본 1부를 교부함이 타당할 것으로 사료됨.

[※ 주의: 매수인에게 인감증명서 원본 교부 시 인감증명서상 위임인의 주민등록번호(뒷자리)를 마스킹 처리 및 용도(예: 대리계약에 의한 매수인 원본 교부용)를 기재한 후 각 2부씩 복사하여 대리인이 '원본대조필' 및 서명, 날인한 사본 1부를 개업공인중개사가 보관하고, 사본 1부를 대리인에게 교부함이 무난함. 가장 중요한 것은 위임인의 대리인에 대한 진정한 대리권 부여 행위의 유, 무를 확인하는 것임.]

- 계약서 특약 내용에 "본 계약은 매도인(임대인) ○○○의 대리인 ○○○와의 계약이며, 위임 관련 서류(위임장, 인감증명서, 신분증)를 매수인이 확인 후 매수인에게 원본을 교부하고, 개업공인중개사는 대리인이 '원본대조필' 및 서명, 날인한 사본 1부를 보관하기로 함과 동시에 '원본대조필' 한 사본 1부를 대리인에게도 교부하고 계약함을 확인한다.

또한, 본인이 대리권 수여에 대한 의사표시의 진정성 여부를 확인하기 위하여 계약시(또는 2024. ○. ○. 오전 10시)에 개업공인중개사(010-○○○○-○○○○)가 본인(010-○○○○-○

○○○)에게 통화 후 계약 체결함을 매수인과 대리인이 상호 인정한다.

단, 계약금 등 일체의 거래대금은 매도인(임대인)의 예금계좌로 입금하기로 한다."라는 특약을 기재 후 그 부분에 대리인, 매수인(임차인)의 서명(또는 날인)을 받도록 함.

☞ 계약 시 본인 확인 철저 → 개업공인중개사의 주의 의무 강화되는 경향 있음

- 본인이라 하더라도 권리능력이 의심스러울 때 "후견 등기사항 부존재증명서"를 징구(* 2019.1.1 부로 "대한민국법원 전자 후견등기시스템"에서 인터넷/무료 발급 가능)

※ "후견 등기사항 부존재증명"이란?

○ 현재 효력이 있는 성년후견, 한정후견, 특정후견, 임의후견, 사전처분에 관한 후견등기사항
   이 부존재함을 나타내는 증명서

○ 후견등기사항 부존재증명서에 기재된 후견 등기사항이 없다면 본인과 계약해도 무방함.

- 주민등록증 확인, 등기권리증 확인, 주민등록증 진위 서비스 확인 및 소유자의 주거지나 근무지 등에 연락하거나 그곳에 가서 확인 등을 요구.

이러한 주의 의무를 다하지 않은 불법행위로 손해를 입힌 경우 손해를 배상할 책임이 있음. (서울중앙지법 2009.10.28. 선고 2007가합 92822판결, 서울중앙지법 2008.11.20. 선고 2008가합 50528판결)

☞ 후견인 제도

※ 2013.7.1.부터 성년 후견제도 시행 → 금치산, 한정치산제도 폐지

㉮ 미성년 후견제도 & 성년 후견제도 비교

내용		미성년 후견제도	성년 후견제도
피후견인	선임 사유	친권자가 없거나 친권자가 법률행위의 대리권과 재산관리권을 행사할 수 없는 경우	질병, 장애, 노령, 그 밖의 사유로 인한 정신적 제약
	자격	친족 또는 제3자(법인 제외)	친족 또는 제3자(법인 포함)
	수	1명	여러 명도 가능
	선임	유언에 의한 지정 또는 법원의 선임	법원의 선임
	감독 기관	법원, 후견감독인	법원, 후견감독인
후견감독인	선임	유언에 의한 지정 또는 법원의 선임	법원의 선임
공시	방법	가족관계등록부	후견등기부 (가정법원에서 후견등기사항증명서 발급)

* 통상적으로 미성년자(만 19세 미만)는 법정대리인 친권자가 법률행위를 함.
 ⓐ 법정대리인(친권자)인 부모가 [기본증명서(상세) + 가족관계증명서(상세) + 주민등록등본 + 부모의 신분증 및 (인감)도장] 준비해서 법정대리인(친권자)과 부동산 매매·임대차계약을 체결하는 방법
 ⓑ [법정대리인(친권자)의 위임장 또는 동의서 + 인감증명서 + 가족관계증명서] 준비해서 미성년자와 부동산 매매·임대차계약을 체결하는 방법 이 있을 수 있음.
* 미성년자의 친권자가 없을 경우 법정대리인(미성년후견인)과 계약 및 후견감독인(존재 시) 동의서 필요.
* 성년후견인과 계약 시에는 후견등기사항증명서, 본인(피후견인)의 인감증명서(후견인의 인적사항과 사용 용도 기재), 법원의 허가 등이 필요함.
* 민법 조문 참조
 - 제5조(미성년자의 능력)
  ① 미성년자가 법률행위를 함에는 법정대리인의 동의를 얻어야 한다. 그러나 권리만을 얻거나 의무만을 면하는 행위는 그리하지 아니하다.
  ② 전항의 규정에 위반한 행위는 취소할 수 있다.
 - 제911조(미성년자인 자의 법정대리인): 친권을 행사하는 부 또는 모는 미성년자의 법정대리인이 된다.
 - 제920조(자의 재산에 관한 친권자의 대리권): 법정대리인인 친권자는 자의 재산에 관한 법률행위에 대하여 그 자를 대리한다. 그러나 그 자의 행위를 목적으로 하는 채무를 부담할 경우에는 본인의 동의를 얻어야 한다.
 - 제950조(후견감독인의 동의를 필요로 하는 행위)
  ① 후견인이 피후견인을 대리하여 다음 각 호의 어느 하나에 해당하는 행위를 하거나 미성년자의 다음 각 호의 어느 하나에 해당하는 행위에 동의를 할 때는 후견감독인이 있으면 그의 동의를 받아야 한다.
   1. 영업에 관한 행위 2. 금전을 빌리는 행위 3. 의무만을 부담하는 행위 4. 부동산 또는 중요한 재산에 관한 권리의 득실변경을 목적으로 하는 행위 5. 소송행위 6. 상속의 승인, 한정승인 또는 포기 및 상속재산의 분할에 관한 협의
  ② 후견감독인의 동의가 필요한 행위에 대하여 후견감독인이 피후견인의 이익이 침해될 우려가 있음에도 동의를 하지 아니한 경우에는 가정법원은 후견인의 청구에 의하여 후견감독인의

동의를 갈음하는 허가를 할 수 있다.

③ 후견감독인의 동의가 필요한 법률행위를 후견인이 후견감독인의 동의 없이 하였을 때에는 피후견인 또는 후견감독인이 그 행위를 취소할 수 있다.

ⓗ 성년 후견제도의 종류

※ 성년 후견제도는 법정후견과 임의후견으로 나뉘고, 법정후견에는 성년후견, 한정후견, 특정후견이 있음.

내용	성년후견	한정후견	특정후견	임의후견
개시 사유	정신적 제약으로 사무처리능력의 지속적 결여	정신적 제약으로 사무처리능력의 부족	정신적 제약으로 일시적 후원 또는 후원의 필요	정신적 제약으로 사무처리능력의 부족
후견개시 청구권자	본인, 배우자, 4촌 이내의 친족, 미성년후견인, 미성년후견감독인, 한정후견인, 한정후견감독인, 특정후견인, 특정후견감독인, 검사 또는 지방자치단체의 장	본인, 배우자, 4촌 이내의 친족, 미성년후견인, 미성년후견감독인, 성년후견인, 성년후견감독인, 특정후견인, 특정후견감독인, 검사 또는 지방자치단체의 장	본인, 배우자, 4촌 이내의 친족, 미성년후견인, 미성년후견감독인, 검사 또는 지방자치단체의 장	본인, 배우자, 4촌 이내의 친족, 임의후견인, 검사 또는 지방자치단체의 장
본인의 행위능력	원칙적 행위능력자	원칙적 행위능력자	행위능력자	행위능력자
후견인의 권한	원칙적으로 포괄적인 대리권, 취소권	법원이 정한 범위 내에서 대리권, 동의권, 취소권	법원이 정한 범위 내에서 대리권	각 계약에서 정한 바에 따름

☞ **법인과 매매/임대차계약 시 준비서류**

㉮ 법인 대표이사와 계약 시: 등기필증, 법인 등기부등본(등기사항전부증명서), 법인 사업자등록증(사본), 법인 인감증명서, 법인 인감도장, 법인 대표이사 신분증, 법인통장(사본)

㉯ 법인의 (직원)대리인과 계약 시: 등기필증, 법인 등기부등본, 법인 사업자등록증(사본), 법인 통장(사본), 대리인 신분증, 대리인 (인감)도장, 재직증명서

  - 위임장(법인 인감 날인 시) + 법인 인감증명서 + 법인 인감도장

  - 위임장(사용 인감 날인 시) + 법인 사용인감계 + 법인 사용인감

계약서 작성 시 부가가치세 발생 여부 요약표

구분	매매	임대	비고
아파트	X (분양 시: 국민주택규모 초과 시 건물분은 과세)	X	* 토지/건물 비과세 * 법인이 국민주택규모(전용 85m²) 초과 매도 시 부가세 有.
토지	X	O (단, 전, 답, 과수원, 목장용지, 임야, 염전 등은 비과세)	* 상시 주거용으로 사용하는 주택 의 부수토지 → 비과세
상가(겸용) 주택	상가 : O 주택 : X 토지 : X	임차인별로 주택과 상가 면적 계산하여 주택 ≤ 상가 : O 주택 > 상가 : X	※ 매매 시 부가가치세는 기준시 가에 비례하여 상가, 주택 부분 안분 계산(* 감정가액이 없는 경우)
상가	O (상가건물분)	O	
오피스텔	① 임차인이 사업자등록한 상태 또는 업무용 → 건물분 과세 ② 임차인이 전입신고한 상태 또는 주거용 → 비과세(전용 85m² 미만)	① 사업용(업무용) : O ② 비사업용(주거용) : X	* 사실상 주거용 오피스텔의 여부 는 공부상 용도 또는 사업자등록 여부와 관계없이 주민등록 전입 여부, 오피스텔의 거주시설 구비 여부 및 사실상 사용용도를 종합 해 판단 要.

* 부가가치세 징수는 매도인 및 임대인이 일반과세자인 경우 가능.

☞ 표준임대차계약서 양식 단일화(통합): 민간임대주택특별법 시행규칙 2019.2.27. 공포, 시행

※ 주택임대사업자의 임대차계약 시 표준임대차계약서 의무 사용

- 미사용 시 과태료(1차: 500만 원, 2차: 700만 원, 3차: 1,000만 원) 부과.

- 상가건물 임대차표준계약서는 사용 권장 사항임(상임법 제19조 참조).

※ 공인중개사법상 개업공인중개사가 사용하여야 할 계약서식을 따로 규정하고 있지 않으나,
임의 계약서식 제출로 인하여 해당 임대사업자의 관련법 위반 사항이 확정되는 경우 계약을
중개하고 계약서를 작성한 개업공인중개사의 손해배상 책임 발생 우려 있음.

→ 국토교통부 협조 요청(건축과-15578(2018. 3. 19.)호: '개업공인중개사 및 관련 협회 임대
사업자 관련법령 준수 협조 요청'과 관련)

- 개업공인중개사가 임대차계약 중개 시 임대의뢰인의 언급이 없더라도 먼저 임대사업자인지를
파악하는 등 보다 적극적으로 대응하여 불이익을 당하는 일이 없도록 사전 안내 협조 요청함.

→ 주택임대사업자 표준임대차계약서(* 별첨 양식 9번 참조) 미사용에 따른 손해배상 (즉, 과태료 발생에 따른~) 청구 주의.

- 표준임대차계약서는 중개사무소 지도, 점검용, 확정일자용, 전세대출용 등의 용도로 사용 가능.

☞ **민간임대주택특별법 시행규칙 개정(2019.1.29.)으로 표준임대차계약서 양식 변경**

㉮ 총 5쪽(페이지) → 6쪽(페이지)로 변경

- 임차인의 개인정보 제3자 정보제공 동의서 추가

→ 동의서 받는 주체: 국토교통부 장관, 시장, 군수, 구청장

※ 주의: 개업공인중개사는 계약체결 시 임대인, 임차인에게 별도의 개인정보 이용, 활용동의서를 징구하여야 함. (* 한방계약서 작성 시~)

㉯ 기존 표준임대차계약서 양식에 개업공인중개사의 "서명 또는 날인"

→ "서명 및 날인"으로 변경됨.

☞ **중개가 완성되어 거래계약서 작성 후 계약이 해지되었을 경우 또는 폐업한 경우에도 거래계약서를 보관하여야 하는지?**

- 거래계약서 5년 보존의무는 유지. (* 중개대상물 확인설명서도 3년 보존.)

(국토교통부 유권해석 2015.11.20.)

20

부동산 계약서
특약 사례 모음

가. 계약서 특약의 중요성

1) 계약 당사자의 분쟁의 방지

2) 계약 내용의 원활한 이행

3) 중개사고 방지

4) 개업공인중개사 집단의 이미지 제고

5) 고객 중심의 중개 서비스 제공

→ 부동산의 개별성, 부동산 중개환경의 전문성, 복잡성 등의 특성으로 말미암아 부동산 계약서 특약서 작성이 중요함.

☞ **계약서의 내용이 부동문자로 인쇄되어 있다면~~**

- 처분 문서라 하여 곧바로 당사자 합의의 내용이라 단정할 수 없고, 구체적 사안에 따라 당사자의 의사를 고려하여 계약의 의미를 파악하고 그것이 예문인지 여부를 판단하여야 한다. (대법원 1997. 11. 28. 선고 97다 36231판결)

→ "본 계약은 위 부동문자로 인쇄된 계약 내용에 합의하고 체결한다." 등의 특약 기재. (* 부동문자란?: 보통 계약서상의 인쇄되어 있는 문구를 의미)

※ **교재의 특약 내용(사례)은 예시/참고용이므로 계약 상황에 따라 수정/보완하여 적용함이 필요합니다!**

나. 특약 사례 모음 및 해설

1) 매매계약 시 (일반)특약

○ 위 부동산 갑구에 설정된 가압류 권리자 ○○○는 본 매매계약에 동의하며, 계약 시 가압류 말소 서류 일체를 수임중개사에게 위임하며, 수임중개사는 위임서류의 보관증을 작성해 주기로 한다.

이에 따른 제반 비용은 매도인이 부담하기로 한다.

(※ 계약 시 주의: 가압류, 가처분, 압류, 가등기, 경매등기, 신탁등기 등)

○ 매도인은 잔금 시까지 근저당권을 말소한다. (※ **공동담보 근저당권은 매매되어 소유권 이전하는 물건에 대하여 일부 말소 가능함. → 은행과 사전 협의 요망.**)

○ 매도인은 계약 당시의 등기부등본상 권리 관계 상태를 잔금일까지 유지하며 양도한다.

(매도인은 계약 이후 어떠한 설정등기도 할 수 없고, 제한물권 발생 시 책임지고 말소하고, 말소 상태 확인 후 매수인은 잔금 지급한다.)

○ 매매대금 중 현 전세보증금(보증금 ○○○, 월차임 ○○○, 만기 년 월 일, 임차인 ○○○)은 잔금에서 공제하며, 현 임대차계약은 매수인이 승계하기로 한다.(* 매도인은 잔금일까지 현 임차인의 임대차계약 유지 동의서를 징구하여 매수인에게 제출한다. 만약 미징구 시 계약 해제한다.

→ 매매계약 체결 전 임차인과 전화 통화 先녹취후 계약 진행 요망.)

※ 교재 33. 중개사고 예방. 아. 임대차계약으로 인한 사고 "전/월세 끼고 매매"하는 경우 주의 참조

○ 매매대금에는 다른 특약이 없는 한, 본건 부동산 위에 존재하는 수목 등 일체의 시설물을 포함한다.(조경수, 조각품 포함 여부 등)

○ 매도인은 잔금 시 제세공과금 완납증명서를 매수인에게 제출키로 한다.

○ 계약 이후 잔금 시까지 매매 가격이 상승, 하락하더라도 매도인, 매수인은 일체의 이의를 제기하지 않기로 한다.(* 잔금기간이 긴 경우 주의.)
또한 개업공인중개사에게 재계약서 작성을 요구하지 않기로 한다.

○ 매도인이 신청한 옵션 품목은 매수자가 일괄 인수하고 매매대금과는 별개로 매도인이 납부한 금액을 지급하기로 한다.

○ 매수인이 잔금지급일 전까지 농지취득증명을 발급받지 못할 경우 본 계약은 무효로 하며, 매도인은 수령한 계약금을 매수인에게 즉시 반환하기로 한다.(또는 위 토지 소재지역은 토지 거래허가구역인 바, 허가가 날 때까지 계약금은 수임 부동산에 보관하고 매도인에게 보관증을 발행하기로 한다.)

○ 본 토지매매의 사용, 수익을 위한 모든 인허가 사항과 계약에 있어 법률의 규정 사항 및 토지 상의 지상물은 매수인 책임이다.

○ 중도금을 지급하고 매도인은 매수인의 집수리에 협조하기로 하며, 관리비는 매수인이 부담하기로 한다.

2) 임대차계약 시 (일반)특약

○ 주택(상가)을 인도받은 임차인은 년 월 일까지 전입신고(또는 사업자등록)와 임대차계약서상 확정일자를 받기로 하고, 임대인은 위 약정일자의 다음 날까지 임차 주택을 매매(명의

변경 포함)하거나 저당권 등 담보권을 설정할 수 없다.

임대인이 위 약정을 위반 시 임대차계약을 해제하며, 위약벌로 계약금에 상응하는 금액을 지급함과 별도로 임차인에게 손해를 배상하여야 한다.

○ 중도금대출 전액 상환 조건으로 임대차계약함을 임대인, 임차인 상호 간 확인하며, 추후 근저당 설정 시에는 임차인의 동의를 요한다.

임대차계약 기간 중에 근저당권이나 가압류, 가등기 등이 발생하면 임차인에게 통보하기로 하며, 만약 불이행시에는 임차인이 계약해지를 요구할 수 있다.

○ 관리비는 사용자인 임차인이 부담하나, 장기수선충당금은 임대인이 부담하기로 한다. (임대인이 부담 시에는 임차인이 먼저 지급하고 임대차계약이 해지된 경우 보증금과 한께 반환하기로 한다.)

→ 임차인 있는 공동주택 매매 시('전세 끼고 매매') 장기수선충당금 정산(승계) 주의

→ 임차인이 부담한다는 특약 가능(* 임의 규정으로 해석)

○ 월세에 대한 부가가치세는 별도 또는 포함이다.

○ 주거용으로 사용하지 못한다. 인차인이 필요 시 전세권 설정등기를 하여 주기로 한다.

※ 업무용 오피스텔을 임차인이 주거용으로 임대차계약하면서 전입신고를 하면 임대인은 환급받은 부가가치세의 추징 또는 다주택자 등의 양도소득세 중과(조정대상지역 2025.5.9까지 유예 중) 등의 문제가 발생될 수 있으므로 임대인이 임대차계약 시 임차인에게 전입신고를 못하게 함과 동시에 이로 인해 문제가 발생 시 임차인이 손해배상을 하기로 하는 특약을 개업공인중개사에게 요청하는 바, 이를 임대차계약서에 기재하면 임차인에게 불리한 특약이 되어 무효의 소지가 높으므로 기재 금지함.

특히 전입신고 금지 특약이 무효임을 알고도 임대차계약서에 기재하는 개업공인중개사의 행위는 공인중개사법상 금지행위에 해당되어 벌칙 적용 대상이 될 수 있음을 주의하시기 바람. (* 한국공인중개사협회 공지사항 2024.1.26.등록: '행정안전부 협조요청' 참조)

※ 임차인이 오피스텔을 주거용으로 임대차계약하는 경우, 이전에는 비주거용 건축물 중개대상물 확인설명서를 작성하였으나, 2024.7.10.부터 주거용 건축물 중개대상물 확인설명서를 작성하여야 함을 주의.

○ 만기 전 퇴실 시 새로운 세입자가 입주 시까지 월차임과 중개보수는 임차인이 부담한다. * 현금영수증은 임대인 명의로 발행하기로 한다.

○ 임대인은 보일러나 전기, 수도시설 등의 수리에 발생하는 비용은 부담하나, 전구 교체, 수도 꼭지 등의 간단한 수리비용은 임차인이 부담하도록 한다. (5만 원 이하의 수리비용은 임차인이 부담하기로 한다.)

○ 임차인은 임차 상가건물을 업종을 위한 용도로 사용하여야 하며, 임대인 승낙 없이 업종 변경을 할 수 없으며 임차인 이외의 자를 사업자로 등록하거나 변경할 수 없다.

○ 신축 당시의 상태로, 이전 임차인이 시설한 부분도 포함하여 현 임차인이 원상회복하기로 한다.

○ 임차인은 상가관리규정을 준수하여야 하며, 관리비(장기수선충당금 포함)는 임차인이 부담하기로 한다.

○ 상가 영업에 필요한 허가/등록/신고 등에 대한 책임은 임차인이 진다.

○ 임대인은 본 계약체결 후 신규 임차인이 잔금을 지급할 때까지 임차목적물상 권리관계 제한등기(경매개시결정, 근저당권, 압류, 가압류, 가처분 등)가 등기되거나, 영업 정지 및 임차 목적물에 대한 철거 명령 등 계약을 유지할 수 없는 사유가 발생한 경우 이를 즉시 신규 임차인에게 고지하여야 한다. 이 경우 임대인이 잔금일까지 위 사유 등을 말소, 해소하지 않을 시에는 계약해제로 간주하고, 임대인은 임대차 계약금의 배액을 손해배상으로 임차인에게 지급하기로 한다. (* 권리금 계약서 작성 시에도 위 내용 준용할 것.)

○ 제 간판(돌출, 정면, 입간판)은 현 상태로 유지 인수인계한다.

○ 하수도 원인자 부담금은 임대인이 부담한다. (또는 임대인과 임차인 각각 1/2씩 분담하기로 한다.)

○ 임대차계약 전 임차인이 임대인의 동의를 받아 확정일자 부여현황과 국세 및 지방세 정보를 확인한 결과 선순위 임차인의 보증금이 과다하거나 국세. 지방세 미납 사실이 존재하는 경우 임대인은 위약 처리 없이 가계약금을 임차인에게 즉시 반환하기로 한다. (* 가계약금 입금 문자 발송 시 사용.)

○ 본 임대차계약 체결 시 또는 임대차계약 체결 이후 임대인이 사전에 고지하지 않은 선순위 임대차 정보나 미납한 국세 및 지방세가 있다는 사실이 확인되는 경우 임차인은 위약금 없이 임대차계약을 해제할 수 있다.

○ 임차인은 임대차계약 체결 이후부터는 임대인의 동의 없이 확정일자 부여현황과 전입세대 확인서 등의 정보를 확인할 권리가 있음을 임대차계약 시 개업공인중개사로부터 설명. 고지

받았음을 확인한다.

(* 특히 임대차계약 시 임대인이 자료 미제출한 경우 반드시 기재.)

○ 임차인은 임대차계약 체결 이후~잔금 시까지 임대인의 동의 없이(* 보증금이 1천만 원 초과하는 경우) 또는 임대인의 동의를 받아(* 보증금이 1천만 원 이하인 경우) 국세, 지방세 미납 사실을 확인할 수 있음을 임대차계약 시 개업공인중개사로부터 설명, 고지받았음을 확인한다.

○ 임차인의 금융기관 전세자금 대출이 계약서상의 잔금일(또는 계약일로부터 10일 이내 등 계약 환경에 맞게 탄력적으로 기재 要)까지 실행되지 않아 임대인에게 잔금 지급이 어려운 경우 별도의 손해배상 없이 본 계약을 해제하기로 한다.

3) 양도, 양수 계약(주로 권리금계약 시 특약 관련~)

○ 양도인은 향후 2년간 동일 상권(반경 1km 이내)에서 본인 또는 타인의 명의로 동종 또는 유사 업종의 영업을 하지 않으며, 이를 위반 시 권리금의 배액을 배상한다.

○ 고객에게 판매를 위한 상품, 재료, 부속 자재는 권리금과는 별도로 하며, 잔금일에 원가로 정산 후 양도한다.

(잔금일에 수량 부족 시 양도인이 원상복구하거나 변상한다.)

○ 가맹점 승계계약일 경우 양도인은 잔금일 전까지 본사와의 승계계약을 책임진다.

○ 양도인이 양수인에게 양도하여야 할 권리와 시설의 목록은 별첨과 같다. (현 시설 상태에서 양도인이 보유한 모든 시설물을 양수인에게 잔금일에 이전한다.)

○ 양도인의 행정처분은 양도인이 책임진다.

○ 행정처분이 없음을 전제로 권리(금)양수도계약이 유효하고, 잔금 지급 전까지 확인 후 행정처분 내용이 있으면 본 계약을 해제한다.

○ 양수인의 영업에 따른 모든 인허가 사항은 양수인의 책임으로 한다.

(* 상가 임대차계약 시에도 명시 및 사용 가능)

○ 건물주와 임대차계약이 원활히 진행되지 않을 경우 본 권리금계약은 무효로 하고 계약금은 즉시 반환한다. (본 임대차계약 시 임차보증금과 차임 변동 시 이 계약은 무효로 한다.)

4) 대리인 계약 시 특약

○ 본 계약은 매도인(임대인) ○○○의 대리인 ○○○와의 계약이며, 위임 관련 서류(위임장, 인감증명서, 신분증)를 **매수인이 확인 후** 매수인에게 원본을 교부하고, 개업공인중개사는

대리인이 '원본대조필' 및 서명, 날인한 사본 1부를 보관하기로 함과 동시에 '원본대조필'한 사본 1부를 대리인에게도 교부하고 계약함을 확인한다. 또한 본인이 대리권 수여에 의사표시의 진정성 여부를 확인하기 위하여 계약 시(또는 2021. ○. ○ 오전 10시)에 개업공인중개사(010-○○○○-○○○○)가 본인(010-○○○○-○○○○)에게 통화 후 계약 체결함을 매수인과 대리인이 상호 인정한다.

단, 계약금 등 일체의 거래 대금은 매도인(임대인)의 예금계좌로 입금하기로 한다.(※ 위임용 인감증명서는 본인 발급용이어야 하며, 위임장도 본인이 직접 작성한 것이어야 함.)

5) 대출 관련 특약

○ 임대인은 임차인의 전세금 대출에 동의, 협조한다.

   단, 임대인은 임차인 퇴거 시 은행 대출금은 ○○은행에 직접 상환하여야 한다.(* 질권 설정 방법에 의한 전세 대출 시~)

○ 매수인이 은행 대출을 받을 경우 매도인은 세입자의 전출신고 등에 협조한다. (또는 매수인이 은행 대출을 받을 경우 매도인은 잔금일 ○○일 전에 세입자의 주민등록을 이전함에 동의, 협조한다.)

○ 매도인은 매수인의 대출에 관련된 행위에 협력하나, 대출금은 매도인 통장으로 직접 수령하기로 하고, 대출관련 비용은 매수인 부담으로 한다.

☞ 임차인이 전세자금 대출받는 경우의 임대인/개업공인중개사의 법률적 책임 문제 검토~~

㉮ 현황: 계약서 특약에 "임대인은 임차인이 전세자금을 대출받음에 협조(동의)하기로 한다."라고 기재.

  * 전세 자금 대출의 방법: ① 임차인의 임대인에 대한 전세보증금(**대출금**)반환채권에 질권 설정하는 방법 ② 임차인의 임대인에 대한 전세보증금(대출금 포함)반환채권에 대한 채권 양도 방법 ③ 임대차 목적물에 전세권을 설정하고 그 전세권을 담보로 받는 방법 ④ 공신력 있는 신용기관에서 발행하는 보증서를 제출하는 방법

  → 전세금을 대출해 주는 금융기관에서 질권 설정 및 채권 양도 통지를 내용증명 등의 방법으로 임대인에게 발송하고 있음.

㉯ 문제점: 임대인이 임차인 퇴거 시 전세대출금(질권 설정 방법) 및 전세보증금(채권 양도 방법)은 반드시 질권자 또는 채권양수인인 해당 금융기관에 직접 상환/반환하여야 함에도 불구하고 개

업공인중개사는 임대차계약 시 임대인에게 구체적으로 설명 및 고지하지 않고 있음.

> → **미고지 시** 개업공인중개사의 법률적 책임 및 임대인이 전세대출금 또는 전세보증금을 **해당 금융기관에 미상환/미반환 시** 임대인의 법률적 책임 발생 가능성 있음.

㉺ 대책: 임대차계약 시 반드시 고지하고 특약에 별도 기재 요망.

> → 질권 설정 방법: "임대인은 임차인 퇴거 시 **전세대출금**은 ○○은행에 직접 상환하여야 한다."
>
> (* 대출 금융기관명 또는 은행명을 기재할 것~~)

※ 보증금 전체에 대해 질권 설정되는 경우도 있을 수 있음을 유의.

> → 채권 양도 방법 : "임대인은 임차인 퇴거 시 **전세보증금을** ○○은행에 직접 반환하여야 한다."
>
> (* 대출 금융기관명 또는 은행명을 기재할 것~~)

6) 비용관련 특약(매매)

○ 각종 조세공과금은 잔금일 기준으로 정산하기로 한다.

  (특히 6/1 기준 잔금 처리 및 소유권 이전등기에 주의)

○ 잔금 시 관리비 예치(선수)금은 매수인이 매노인에게 별노 지불(승계)하기로 한다.

○ 전기료 등 각 종 공과금 및 제세금은 잔금일을 기준으로 그 이전에 부과된 것은 매도인의 부담으로 하되, 매수인이 우선 공사를 시작하게 되면 그 공사시작일을 기준으로 삼기로 한다.

○ 매매계약에 부수되는 일체의 비용을 매수인(또는 매도인)이 부담하기로 한다. (매매계약 부수비용: 인지대, 공정증서 작성 시 수수료, 감정/평가 비용, 측량 비용 등)

☞ **인지세 납부 실무 처리 시 주의 사항**

인지세 납부세액

기재 금액	납부 세액
1천만 원 초과~3천만 원 이하	2만 원
3천만 원 초과~5천만 원 이하	4만 원
5천만 원 초과~1억 원 이하	7만 원
1억 원 초과~10억 원 이하	15만 원
10억 원 초과	35만 원

* 주택 매매인 경우 1억 원 이하는 비과세.

※ 인지세를 계약 당사자 간 현금으로 주고받는 것은 납부 효력이 없으므로 매(전)매계약서 작성 시(계약서 작성 당일) 반드시 전자 수입인지를 첨부하여야 함.(등기 시 별도 인지세 납부 필요 X) → 2022.12.31. 이전 계약서 작성 시 적용 원칙.

→ but, 2023.1.1.부터 인지세법 개정으로 '부동산 소유권 이전증서'는 납부지연 가산세 적용 제외 대상이 되었으므로 계약서 작성 시 인지세를 납부(* 계약서 작성 시 인지 첨부)하지 않아도 무방한 것으로 판단되나, 분양권 전매의 경우 매도인의 양도소득세 필요경비 영수증 처리를 위해서는 계약서 작성 시 인지세를 납부함이 실무상 무난할 것으로 사료됨.

→ 인지세 납부기한은 문서 작성일이 속하는 달의 다음 달 10일임.

☞ **국세기본법 제47조의4(납부지연 가산세) 제⑨항 → 2021.1.1 시행**

- 인지세법에 따른 법정 납부기한 3개월 이내 초과: 미납세액 또는 과소납부세액의 100/100
- 인지세법에 따른 법정 납부기한 3개월~6개월 이내 초과: 미납세액 또는 과소납부세액의 200/100
- 인지세법에 따른 법정 납부기한 6개월 초과: 미납세액 또는 과소납부세액의 300/100

부동산 소유권 이전 증서 인지세 납부기한 완화 및 납부지연 가산세 적용 제외

구분	현행	개정	비고
인지세 납부기한	문서 작성일	문서 작성일이 속하는 달의 다음 달 10일 (* 인지세법 제8조 제③항 참조)	
인지세 납부 지연 가산세 적용 제외	-	부동산 소유권 이전 증서 (* 신설, 국세기본법 제47조의4 제⑨항 참조)	

* 2023.1.1. 이후 작성하는 문서분부터 적용.
* 인지세법 & 국세기본법 개정 → 2023.1.1. 시행

7) 비용 관련 특약(임대차)

○ 관리비 월 ~만 원, 공과금(전기, 수도, 가스) 별도임.

○ 만기가 되면 임차인의 비용으로 임대차 목적물을 원상회복하여 임대인에게 반환한다.

○ 이사 전 발생한 공과금을 전 임차인이 해결하지 않으면 임대인이 이를 해결한다.

○ 잔금지급일 전 인테리어 공사 등을 진행한 후 잔금지급일 이전 계약불이행이 발생 시 그 계약불이행의 책임이 있는 당사자가 위 공사비용 및 원상복구 비용을 부담하기로 한다.

8) 위약금관련 특약

○ 계약 해제 시 계약 해제의 주체가 매도인일 경우 위약금으로 받은 계약금의 배액을 상환하고, 매수인이 계약 해제의 주체인 경우 위약금으로 계약금을 포기한다.
(계약의 잔금이 입금되기 전에 해제 또는 위약 시에는 ~만 원을 해약금 또는 위약금으로 부담하기로 한다.)

○ 매수인은 계약체결일 현재 계약금 ~만 원을 우선 매도인에게 지급하되, 나머지 계약금 ~만 원은 내일(월 일)까지 매도인의 계좌로 입금하기로 한다. 단 나머지 계약금이 위 기일까지 입금되지 않더라도 계약은 유효하며, 해약금 또는 손해배상의 기준이 되는 금액은 실제 입금된 금액이 아닌 이 건 계약서상의 계약금을 기준으로 하며, 다만 미입금된 계약금에 대해서는 입금될 때까지 연 10%의 지연손해금을 추가 지급하기로 한다.

→ 〈임대차의 경우〉

계약금 300만 원 중 100만 원은 계약일에 입금하고 나머지 200만 원은 계약일 익일 임대인의 세좌로 송금하기로 함. 단, 익일 오후 5시까지 송금이 이행되지 않을 경우에는 본 계약은 임차인의 의사표시에 의한 계약 해제로 간주하고 기지급된 100만 원은 위약금으로 임대인에게 귀속시키기로 상호 인정하고 본 계약을 체결한다.

→ 〈매매의 경우〉

본 계약의 계약금 5,000만 원 중 500만 원은 계약일에 입금하고 나머지 4,500만 원은 계약일 익일 매도인의 계좌로 송금하기로 한다. 단, 익일 오후 5시까지 송금이 이행되지 않을 경우 본 계약은 매수인의 의사표시에 의한 계약의 해제로 간주하고 기지급된 계약금중 500만 원과 추가로 2,500만 원 합계 3,000만 원을 위약금으로 매도인에게 지급하기로 상호 인정하고 본 계약을 체결한다.

○ 소유권 이전등기가 완료되기 전에 등기부등본상 권리제한 사유가 발생하는 경우 매수인은 계약을 해제할 수 있으며, 매도인은 매수인에게 지불된 금액(계약금, 중도금 포함)을 반환해 주어야 하며, 그와 별도로 매매대금 금액의 20%를 손해배상해 주기로 한다.

9) 일정관련 특약

○ 잔금일 또는 인도일은 임대인과 임차인이 합의에 따라 조정할 수 있다.

(잔금일은 매도인, 매수인 상호 협의하여 조정할 수 있다.)

○ 월세는 매월 ~일 후불(또는 선불)로 임대인 ○○○의 계좌, ○○은행으로 송금한다.

10) 현황(상태)관련 특약(매매/임대차)

○ 현 시설 상태에서의 매매계약이며 다른 특약이 없는 한 현 시설물 일체를 명도하기로 한다.

→ 분쟁의 개연성

현재?: 대상물 확인한 날? 계약일?

시설 상태?: 시설 상태가 특정되지 않음.

→ 매도인의 하자담보 책임을 배제하는 특약이라 볼 수 없음. (판례)

즉, 목적물 외관상 사소한 하자는 매도인이 책임지지 않는다는 특약을 정한 것임.

(* 매매 목적물에 하자가 있는 경우 그 하자로 인하여 상대방에게 계약 해제, 손해배상 등을 부담하는 책임(담보책임)의 규정을 대법원은 임의규정으로 해석하고 있음.)

→ 본 계약의 매수인(임차인)은 개업공인중개사와 동행하여 현장 방문 확인일인 2024. ○. ○. 현재의 시설 상태를 확인 후 본 계약을 체결한다.

단, 현재의 시설 상태는 별첨 '현재의 시설상태 목록 확인서'의 내용을 임대인, 임차인 상호 간 인정하고 계약을 체결한다.

☞ **현재의 시설 상태 목록 확인표(예시)**

중개대상물

부동산의 표시(소재지)	
거래 형태	매매 [ ] 임대차 [ ] 권리금[ ]

현재의 시설상태 목록

순위	품목	제조사	작동 여부	개수	비고
1	인덕션	동양	정상	1	철거 후 가스렌지 설치.
2	에어컨	삼성	양호	2(안방 1, 거실 1)	임차인이 인수함.
3	정수기	청호	정상	1	렌탈 정수기로 인수인계함.
4	비데	대림	정상	2	안방은 임대인이 철거(예정).

위 목록표의 내용은 현장을 직접 확인하고 상호 인정한 것임을 확인합니다.

2024. .

확인자 임대인 : (인) 임차인 : (인)

○ 본 계약은 계약 당시의 현황과 위치 및 지적 경계 상태에서의 매매계약으로 공부상의 면적을 기준으로 소유권 이전등기를 하며, 추후 실측 면적의 증·감 또는 경계의 변경이 있거나 건물이 이웃 토지를 침범하거나 침범을 당한 경우라도 상호간에 이의를 제기하지 않기로 한다.

※ **"현장 확인 및 서류 검토 후 계약한다."** → 개업공인중개사의 면책 조항으로서의 의미가 약하므로 재판 시 인용 가능성 희박함.

○ 건축물대장상의 불법 건축물은 매도인이 처리해 주기로 한다.
(이행강제금 발생, 납부 여부 확인.)

○ 매도인은 상기 부동산에 대하여 불법 사항 및 하자가 없는 상태로 매도하고, 만약 불법 사항, 하자 발생 시 매도인이 해결한 후 매수인에게 인도하기로 한다.

○ 실측 면적에 차이가 있을 경우 1평당 얼마~로 하여 추후 정산한다.

○ 본 물건에 대하여 누수, 균열, 결로, 파손, 고장이 확인될 경우 인도일(이사일)까지는 매도인이 책임지고, 그 이후에는 매수인의 책임으로 한다.
단, 매수인의 고의, 과실 없는 누수, 보일러 고장에 대하여는 인도일 이후 ~개월(또는 2개월)까지는 매도인의 책임으로 한다.

☞ **참조 판례: 서울중앙지법 2021.3.9. 선고 2020가단 5093655판결**

- 해당 사건 아파트는 14년 된 건물로, 단지 다른 아파트에서도 누수가 발생한 점.
- 누수라는 현상은 즉각 나타난다는 점.
- 계약 당시에는 이상이 없었다는 점(* 매도인의 하자 담보책임에서의 하자 존부는 매매 계약 성립 시를 기준으로 판단하는 것이 원칙이나, 매매 계약과 이행완료 시점이 상당 기간 떨어져 있는 경우에는 이행 완료 시를 기준으로 판단하여야 함: 대법원 2000.1.18. 선고 98다 18506판결) 등을 사유로

→ 매매 계약된 지 약 4개월, 소유권 이전된 지 약 2개월이 지난 시점에서 발생한 누수에 대한 매도인의 하자담보책임을 불인정한 판례임. 즉 매매계약 성립 시 또는 소유권 변동 당시를 기준으로 하자가 존재하지 않았고 이후 이 아파트의 누수는 노후화에 따라 발생한 (자연) 현상으로 보아 매도인의 하자담보책임을 불인정함.

○ 임차인은 본 건물에 이미 설정된 근저당권, 선순위 임차권 등에 의하여 경매가 실행될 경우 임차 보증금의 전부 또는 일부를 반환받지 못할 수도 있음을 확인한다.

(근저당권으로 인하여 보증금의 전부 또는 일부를 회수하지 못할 위험이 충분히 있음을 알리고, 원고로 하여금 이 사건 임대차계약의 체결 여부와 보증금 지급 등을 신중히 결정토록 조언하며, 위와 같은 위험을 최소화할 조치를 권고할 의무가 있음.

→ 참조 판례: 부산지법 2013.1.25. 선고 2011가단 79391판결)

○ 반려견, 반려묘를 키워도 된다. **또는** 반려견, 반려묘를 키우면 안 된다.

반려견, 반려묘를 키울 시 무조건 임대차계약은 해지하며, 퇴거 시 파손된 물품에 대한 변상 및 냄새 제거 등 일체의 비용을 임차인이 부담하기로 한다.

→ '반려견, 반려묘'로 국한할 것이 아니라 '애완동물' 또는 '반려동물'로 변경하여도 무방함.
[주택에서 상상을 초월하는 애완(반려)동물을 키우는 임차인들도 있기 때문에~]

11) 기타

○ 이 계약은 환지예정지로 지정된 상태에서 거래되는 것으로, 목적 부동산란에 표기된 소재지 등은 환지를 받을 토지를 기준으로 하되, 매도인은 매수인에게 환지예정지 지정 이전의 부동산을 양도하기로 한다.

○ 매도인은 위 부동산 소유권의 행사를 제한하는 사유나 공과금 기타 부담금의 미납이 있을 때에는 잔금수수일 이전까지 그 권리의 하자 및 부담 등을 제거하여 완전한 소유권을 이전하여야 한다.

☞ **"하자의 부담 및 손해배상" 관련 특약(토지의 경우)**

- 매도인은 권리상의 모든 하자(등기부상 목록과 물건 현상의 상위 또는 부족, 편입, 수용, 환지, 개발제한 기타 법률상 또는 행정상 규제로 인한 권리의 제한, 권리의 일부가 타인에게 속함으로써 받는 권리의 제한, 기타 목적물 자체의 하자 또는 권리상의 모든 하자)에 대하여 일체 책

임을 지지 않는다.

- 매수인은 표시 부동산의 권리와 현 상태 사용에 관한 제반 사항에 대해 상세히 조사, 검토 후 본 계약을 체결하는 것이므로 표시 부동산과 관련된 행정적인 위법/불법 부분은 일괄승계 인수하고, 본 계약체결일 이후 도시계획의 변경, 건축제한, 도로편입 등 일체의 공법상 행정처분 등으로 인한 모든 책임은 매수인의 부담으로 하며, 대금 감액, 대금 납부의 지연 또는 계약 해제를 요구하거나 기타 책임을 매도인에게 묻지 않기로 한다.

○ 본 물건에 대하여 하자가 발생한 경우 잔금일(인도일)까지는 매도인이, 그 이후에는 매수인의 책임으로 한다.

단, 인도일 전에 매수인이 인테리어 및 바닥 배관 공사 등을 한 후에 누수가 발생될 경우에는 매수인의 책임으로 한다.

○ 본 거래계약의 매매대금은 건물 노후화 등 물건 상태를 감안하여 쌍방 합의로 감액된 금액이므로 물건 인도일 이후 건물의 하자에 대하여는 매도인에게 일체의 책임을 묻지 않기로 한다.

※ 민법 제575조[제한물권 있는 경우와 매도인의 하자담보 책임]

~ 매수인이 그 사실을 안 날로부터 1년 내에 행사 ~

※ 민법 제580조[매도인의 하자담보 책임] & 제582조[전2조의 권리 행사기간]

- 매매 목적물에 하자가 있는 때에는 ~ 매수인이 그 사실을 안 날로부터 6개월 내에 행사 ~

21

부동산 중개사무소
개인정보 처리

* 개인정보 수집 및 이용 동의서(제3자 제공) 작성 관련~

가. 개인정보 수집·이용(* 개인정보보호법 제15조 참조)

1) 정보 주체의 동의를 받은 경우

- 개인정보 수집이란 정보 주체로부터 직접 이름, 주소, 전화번호 등의 정보를 제공받는 것뿐만 아니라 정보 주체에 관한 모든 형태의 개인정보를 취득하는 것을 말함.

개인정보 수집, 이용 예시
- 명함을 받음으로써 부수적으로 개인정보를 취득하는 행위.
- 본인이외 제3자로부터 정보주체의 개인정보를 취득하는 행위.
- 인터넷 검색이나 인명부, 전화번호부, 잡지, 신문기사 등 공개된 정보에서 개인정보를 취득하는 행위.
- 정보 주체 본인이나 제3자 또는 그 밖의 출처로부터 취득한 개인정보 이외에 개인정보 처리자가 직접 정보를 생성하는 경우.

2) 법률에 특별한 규정이 있거나 법령상 의무준수를 위해 불가피한 경우

- 공인중개사의 업무 및 부동산거래 신고에 관한 법률에 의해 거래계약 체결, 부동산거래 신고서 등은 별도 동의 없이 수집 가능함.(안전행정부, 부동산중개업 개인정보보호 사례 2011. 12.)

3) 계약체결, 이행을 위해 불가피하게 필요한 경우

- 정보 주체와 계약체결 및 이행을 위하여 개인정보의 수집이 불가피하게 수반되는 경우까지 정보 주체의 동의를 받도록 하면 경제활동에 막대한 지장을 초래하고 동의획득에 소요되는 비용만 증가시키게 되므로, 정보 주체에 대한 고지/동의 없이도 개인정보를 수집할 수 있음.

→ '계약체결'에는 계약체결을 위한 준비단계도 포함됨. 즉 부동산거래 에 있어서 계약체결 전에 해당 부동산의 소유자, 권리관계 등을 미리 조사, 확인하는 경우가 이에 해당됨.(단, 계약 미체결 시에는 수집된 개인정보는 즉시 파기하여야 함)

4) 위반에 따른 벌칙(* 개인정보보호법 제75조 참조)

위반 행위	벌칙
수집, 이용기준을 위반하여 개인정보 수집	5천만 원 이하 과태료
정보 주체에 대한 고지의무 위반	3천만 원 이하 과태료

나. 개인정보 (제3자)제공(* 개인정보보호법 제17조 참조)

1) 의미

개인정보의 제3자 제공이란 개인정보 처리자와 정보주체가 아닌 제3자에게 개인정보가 이전되는 것을 의미함. 즉 개인정보 수기 문서를 전달하는 경우뿐만 아니라, 데이터베이스 시스템에 대한 접속권한을 허용하여 열람, 복사가 가능하게 하는 경우 등도 '제3자 제공'에 모두 포함됨.

2) 제3자 제공이 가능한 경우

- 정보 주체의 동의를 받은 경우.
- 법률에 특별한 규정이 있거나 법령상 의무준수를 위해 수집한 목적 범위에서 개인정보를 제공하는 경우.

* 공인중개사는 법률(부동산 거래신고 등에 관한 법률 제3조…)에 의해 부동산 거래신고를 관할 지방자치단체에 하여야 함.

부동산거래 신고서에는 계약자의 성명, 주소, 주민등록번호 등이 포함되며, 이는 법률에 의한 의무사항이므로 제3자 제공에 대한 별도의 동의를 받지 않아도 됨.

다만 부동산 거래신고외의 목적으로 제3자에게 제공하려면 별도 동의가 필요하며 거래요청자의 연락처 등 개인정보도 보호대상이므로 제3자에게 제공을 금지하여야 함.

3) 벌칙 규정(* 개인정보보호법 제71조 참조)

위반 행위	벌칙
정보 주체의 동의를 받지 않고 개인정보를 제3자에게 제공한 자 및 그 사정을 알고 제공받은 자	5년 이하의 징역 및 5천만 원 이하 벌금

다. 계약서 작성 시 개인 정보수집 및 이용동의서 징구(제3자 제공동의)

1) 수기(手記)로 계약서 작성 시 동의서 징구 X.

2) 한방 프로그램 이용해서 계약서 작성 시 동의서 징구 O.

3) 계약서의 특약사항란에 개인정보 수집 및 이용 동의 내용 기재는 적절치 않음.

4) 개인정보의 수집 및 이용에 따른 동의서(* 별첨 양식 10번 참조)의 보관 유무는 등록관청의 지도, 점검 사항이 아님. (행정안전부 개인정보보호과 소관, 5년 보관)

☞ 개인정보보호법에 따른 신분증서 사본 보관, 교부 방법

- 중개업무 수행을 위하여 주민등록증 등의 신분확인증표를 확인 후 그 근거로서 주민등록증 등의 사본을 보관하는 경우에는 주민등록번호 체계 중 생년월일과 성별을 제외한 주민등록번호 뒷자리를 정보 주체로 하여금 식별 불가능한 상태(매직으로 지우는 등)로 마스킹 처리하여 제출토록 하여 주민등록번호가 아닌 상태로 보관하여야 하며, 중개의뢰인의 동의를 얻어 제3자(거래 상대방)에게 제공하는 경우 주민등록번호를 식별할 수 없는 상태(생년월일, 성별만 표기)로 제공하여야 함.

  (주민등록증: 발급일자, 운전면허증: 암호 일련번호도 가리고 교부)

22

부동산 공부(등기부 등본, 토지이용
계획확인서, 건축물대장, 토지대장)
이해, 활용법

가. 등기부 등본(등기사항전부증명서)

1) 열람 방법: 대법원 인터넷등기소

2) 등기부 등본의 종류(3종): 토지, 건물, 집합건물

3) 구성
  - 표제부: 1동 건물의 표시, 대지권의 목적인 토지의 표시, 전유 부분의 건물의 표시, 대지권의 표시
  - 갑구, 을구

등기부 등본 보는 법, 요것만은 꼭~	
표제부	- 건물의 주소, 면적 등의 표시사항을 나타냄. → 물건지 주소 정확히 확인
갑구	- 소유자가 누구인지를 나타내는 소유권에 대한 표시. → 현재 진짜 소유자의 등기필증, 신분증 대조하여 일치 여부 확인.
을구	- 권리 제한 내용 확인(근저당권, 진세권 등)
기타	- 등기부 등본 발급일 확인(계약금, 중도금, 잔금 시마다~) → 예금계좌가 소유자의 것인지 비교, 확인.

4) 등기부 등본 해석

구분	항목(내용)	비고
표제부	부동산 소재 및 표시	
갑구(소유권에 관한 사항)	소유권 이전, 공유자 지분, 가압류, 압류, 가등기, 가처분, 경매개시결정, 명의인 표시 변경	
을구(소유권 외의 권리 사항)	근저당권, 전세권, 지상권, 지역권	

5) 이해, 활용
  - 열람과 발급의 효과 차이는? → 발급에만 법적 효력부여
  - 등기 신청사건 처리 현황 조회: 대법원 인터넷 등기소 → 등기열람/발급 → 등기 신청사건 처리 현황(접수번호, 소재지번 등으로 조회) → 등기 신청 사건 처리 중!
  * 인터넷등기소 → 등기열람/발급 → '발급확인하기': 발급일로부터 3개월 이내에 5회 무료 확인 가능(발급번호 16자리 입력)

6) 양식 변경: 가로 → 세로 (2018.7.6. 시행)

나. 토지이용계획확인서

1) 열람 방법

- 토지이용규제 정보서비스 → '토지이음'

- 부동산 주소 입력해서 조회, 열람

2) 구성

- 소재지

- 지목(28개), 면적, 개별 공시지가

- 지역, 지구 등 지정 여부 → "행위 제한 내용"

  ① 국토의 계획 및 이용에 관한 법률에 따른 지역, 지구 등

  ② 다른 법령에 따른 지역, 지구 등

- 토지이용규제 기본법 시행령 제9조 제4항 각 호에 해당되는 사항

- 확인 도면

- 유의 사항

- 지역, 지구 등 안에서의 행위제한 내용

3) 이해, 활용

- 토지중개 시 가장 기본 활용자료

- 토지의 행위제한 내용 확인

  * 축적을 직접 입력해서 주변 현황도면(상황)까지 확인 가능

- 용적율, 건폐율(시, 도 조례까지~)

- 행위제한 → 하고자 하는 토지이용행위(예: 단독주택, 일반음식점 등) 입력 시 가능 여부 알려 줌

☞ **도로의 종류(광, 대, 중, 소로/1, 2, 3류)**

  → **교재 202페이지 참조[중개대상물 확인설명서(주거용) "③ 토지이용계획, 공법상 이용제한 및 거래규제에 관한 사항(토지)" 중 "도시·군계획시설" 내용 참조]**

☞ 도로 접함과 도로 저촉의 차이

*도로 접함: 도로에 토지가 접한다는 뜻(기존 도로와 붙어 있는 경우).

*도로 저촉: 토지의 일부가 도로에 편입된다는 뜻(토지의 일부가 계획도로에 저촉되어 언젠가는 도로에 편입되어 도로의 보상이 예정되거나 건축행위 시 도로를 개설할 의무를 가지는 경우).

다. 건축물대장

1) 열람 방법 : 정부 24

2) 구성

- 갑구(1면): 부동산 고유번호, 주소, 지번, 면적, 지역, 지구, 구역, 건축면적, 주구조, 주용도, 층수, 건폐율, 용적률

  건축물 현황(구분/층별/구조/면적)

  소유지 현황(성명, 주민번호, 주소, 소유권지분, 변동일지, 변동 원인)

- 갑구(2면): 건축주, 설계자, 공사감리자, 주차장(대수), 승강기, 오수정화시설, 허가일, 착공일, 사용승인일, 관련 주소(지번…)

  건축물 에너지 효율 등급 인증, 에너지 성능지표 점수, 녹색건축인증, 지능형 건축물 인증, 내진설계 적용 여부, 내진 능력 외~

  변동사항(변동일, 변동 내용 및 원인)

3) 이해, 활용

- 중개대상물 확인설명서 작성과 연계된 가장 중요한 공부.

- 등기부 등본과 소유자, 용도, 면적 등 일치 여부 확인.

  (*다를 경우 → 소유자는 등기부 등본, 용도, 면적은 건축물대장 기준 작성)

- 중개 시 불법 건축물 여부, 용도 파악 활용.

☞ **건축물현황도(면) 열람, 발급**

- 인터넷 열람 및 발급 가능(단, 소유주, 개업공인중개사, 임차인 등 가능 → 건축행정시스템 "세움터")

- 건축물대장 현황도면 발급동의(위임)서 제출 → 소유자의 서명 필요
- 임차인(임대차계약서 준비), 배우자/직계존비속(증빙서류 지참) 신청 가능
- 주요 활용: 영업허가와 관련한 (전용)면적 계산 및 인테리어 공사 시, 동일한 사업장내 동일인 명의로 다른 상호로 사업자등록 시 등

※ 불법 건축물을 확인하기 위한 건축물현황도 중 평면도 및 단위 세대별 평면도 발급 및 열람을 위해서는 중개 등을 의뢰한 증빙서류(중개의뢰서)가 있는 경우 신청할 수 있다. → 개업공인중개사는 전속/일반중개의뢰서를 활용하여 시, 군, 구청 직접 방문 발급 또는 "세움터"에서 인터넷 발급 가능(* 전속/일반중개의뢰서 스캔 파일 첨부)
(건축물대장의 기재 및 관리 등에 관한 규칙 제11조 제4항 제4호, 행정자치부 2017.2.21. 서울중앙지법 2016.8.11. 선고 2015가단 5003368판결)

☞ 건축물대장의 범위

- 건축물대장의 기재 및 관리 등에 관한 규칙 제5조에 의하면 건축물대장에는 건축물현황도가 포함되고 중개업자도 중개의뢰 사실을 증빙하여 건축물현황도의 열람신청을 할 수 있으므로 등기부뿐 아니라 건축물현황도 등 건축물대장 자료를 확인할 필요성을 소홀히 여겨서는 안 된다. (서울중앙지법 2016.8.11. 선고 2015가단 5003368판결)

☞ 공용면적이 포함된 상가주택 건축물대장의 면적에 대한 분쟁

- 현황: 집합건축물 대장은 전유 부분과 공유 부분의 면적이 구분되어 있으나, 일반 건축물 관리대장은 면적 구분이 없고 전체 면적이 층별, 구획별로 기재되어 있음.
  이런 차이를 잘 모르는 임차인은 임대차 계약서 및 중개대상물 확인설명서에 기재된 면적을 전용면적으로 오인하는 경우가 많음.
- 예방: 중개 계약 시 중개대상물 확인설명서상의 건축물 전용면적 기재란에 일반 건축물인 경우 해당 층의 전체 면적을 기재하되, 공용면적 포함이라는 단서를 기재토록 함.
  특히 계약 전 개업공인중개사는 임대인에게 전용과 공용면적의 계산 및 확인을 요청 및 건축물현황도(면) 발급 요청을 해서 이를 임차인에게 전달하여 정확한 측량, 계산을 하도록 조치함이 필요시됨. (* 경우에 따라서 특약 내용에 "전용면적이 부족하여 영업허가나 등록이 안 될 시 계약은 해제하고, 계약금은 즉시 반환한다."는 내용을 기재토록 함.)

☞ **전용면적, 공용면적, 기타 공용면적 비교**

㉮ 용어의 정의

- 주거 전용면적: 주거의 용도로만 쓰이는 면적 = 지상층 바닥면적 - (주거 공용면적 + 기타 공용면적)

- 주거 공용면적: 복도, 계단, 현관 등 공동주택의 지상층에 있는 공용면적

- 기타 공용면적: 지하층(지하 주차장 등), 관리사무소, 노인정 등 공용면적

㉯ 주택(아파트)의 분양면적과 계약면적

- 분양면적 = 주거 전용면적 + 주거 공용면적

- 계약면적 = 주거 전용면적 + 주거 공용면적 + 기타 공용면적

- 전용률 = 주거 전용면적/분양면적

  ※ 발코니는 서비스 면적으로 분양면적 및 계약면적 어디에도 표시되지 않음.

  ※ 실제 분양 계약 시에는 관리사무소, 주차장을 포함한 모든 연면적에 대해 시행사와 분양계약을 체결함.

㉰ 오피스텔 및 상가의 분양면적과 계약면적

- 분양면적 = 계약면적 = 전용면적 + 공용면적(주거 공용면적 + 기타 공용면적)

- 전용률 = 전용면적 / 분양면적

- 다만, 일반적으론 분양면적에는 지하 주차장을 포함하여 분양 면적을 계산하고 있음. → 때문에 아파트에 비해 전용률이 낮게 산출됨.

구분	아파트	주상복합	다세대, 빌라	오피스텔	상 가
전용률(%)	70~75	65~70	55~60	50~55	45~50

☞ 중심선 치수와 안목 치수의 비교

- 상가는 대부분 중심선 치수 적용하나, 프랜차이즈 업소나 학원의 경우 안목치수를 필요로 하는 경우 有 → "공부상 전용면적과 차이가 남"

☞ **아파트 단지별, 상가별 평당가 비교, 분석 시 주의!**

- 아파트의 경우, 분양면적/계약면적 기준인지?

- 상가의 경우, 분양면적/전용면적 기준인지? & 부가가치세 포함 여부?

  → 정확하게 같은 기준 적용해서 비교할 것~~

라. 토지대장

* 지적공부란?
  - 지적 측량 등을 통하여 조사된 토지의 소재, 지번, 지목, 경계 또는 좌표와 면적 등 토지의 표시와 해당 토지의 소유자 등을 기록하여 공적으로 증명하는 장부

* 지적공부의 종류
  - 대장: 토지대장, 임야대장, 공유지연명부, 대지권등록부
  - 도면: 지적도, 임야도
  - 대장 형식의 도면: 경계점좌표등록부

1) 열람: 정부 24

2) 구성
  - 토지의 소재, 지번, 지목, 면적, 소유자의 성명 또는 명칭, 주소 및 주민등록번호, 토지의 고유번호, 지적도/임야도 번호, 필지별 대장의 장번호, 축척, 토지등급, 개별공시지가와 그 기준일, 토지의 이동사유, 토지 소유자가 변경된 날과 원인

3) 이해, 활용
  - 토지등기부의 소유자, 지목, 면적과 일치 여부 확인
  - 개별 공시지가 확인 → 토지 관련 국세/지방세의 부과기준, 개발부담금/농지전용부담금 등의 부담금 산정기준, 국/공유 재산의 대부료, 사용료 산정기준으로 활용
  - 공시지가는 실거래가에 비해 보통 대지는 2~3배 정도, 전, 답은 4~5배 정도, 임야는 8~10배 이상으로 차이가 남.

☞ **"등록사항정정대상 토지"(= 지적불부합지) 확인, 주의**
  → 토지대장 "사유"란에 기재
    ※ "등록사항정정대상 토지"는 지적 공부에 등록된 토지의 경계, 면적, 위치가 실제 현황과 서로 일치하지 않는 토지를 말함.

☞ **토지등급**

- 공시지가제도(1990년) 시행 이전 지방세법에 의하여 재산을 취득, 양도할 경우와 보유하는 경우에 과세를 위하여 토지의 등급을 정함. (1등급~365등급까지 m²당 금액을 정함.)

☞ **참조 판례: 개업공인중개사의 측량의무 불인정(울산지법 2018가단 65837판결)**

- 개업공인중개사가 지적도, 토지대장 등을 통해 토지의 위치, 면적 등을 확인하는 것을 넘어 지적 측량을 하여 실제 경계 및 면적을 확인할 의무까지는 없다고 할 것임.

☞ **토지사용 승낙서(* 형식 제한 없음.): 사용승낙 당사자 간만 유효(원칙)**

→ 약정으로 사용자의 범위, 사용의 목적(건축 인/허가용, 공사 착공용, 사도 개설용 부지 등), 기한 등을 명확하게 하여 향후 법적 분쟁 예방 要.

23

중개대상물
확인설명서 작성법

가. 중개대상물 조사, 확인

1) 의의

- 중개대상물에 대한 조사, 확인은 중개실무상 가장 중요한 개업공인중개사의 업무로서 '중개대상물의 확인설명서'의 작성은 개업공인중개사의 손해배상 책임의 중요한 근거가 됨.

2) 조사, 확인의 방법

(1) 중개의뢰인을 통한 조사, 확인

- 특히 '실제 권리관계 또는 공시되지 않은 물건의 권리사항'은 거래계약이 체결되면 의뢰인의 고지사항을 기준으로 꼼꼼하게 확인하여 기록하여야 함.

(2) 공부를 통한 조사, 확인

- 토지의 면적, 지목은 토지대장 기준, 건축물에 대한 사항은 건축물대장 기준, 권리/권원 관계는 등기부 등본 기준으로 확인.

공부명	조사, 확인 내용	공부 발급관서
토지, 건물 등기부 등본	- 토지, 건물의 등기명의인 및 권리관계 * 권리의 우선순위 파악, 대장과 일치 여부	등기소
토지대장, 임야대장	- 토지, 임야 공시지가, 소재지, 지목, 면적, 토지등급 * 등기부 등본과 일치 여부	시, 군, 구청
건축물대장	- 건물이 현황(대지면적, 건축면적, 건폐율, 용적률, 연면적, 층수, 높이, 부속건축물의 동수 및 면적), 도시, 군계획 사항(지역, 지구, 구역), 설비(주차장, 승강기, 정화오수시설, 전기용량 등), 건축주체(건축주, 설계자, 공사감리자, 공사시공자), 건축 허가(허가일자, 착공일자, 사용승인일자) 등을 확인함.	시, 군, 구청
지적도, 임야도	토지의 지번, 지목, 지형, 인접 토지와의 경계, 좌표, 접변도로의 폭, 위치, 이용현황, 도로나 하천 등 주요 지형지물과의 거리, 방향 등을 확인함. * 다만, 임야는 면적이 넓고, 임야도 경계는 주로 산의 능선이나 계곡을 따라 자연적 지형에 의해 필지별로 분할해 놓고 있으므로 실제로 임야도를 가지고 현장을 답사해도 표시가 없어서 경계를 찾기 힘드므로 주의 깊게 확인 요함.	시, 군, 구청
토지이용 계획확인서	토지 구입 시 공법상의 이용제한과 거래규제를 확인하기 위한 것으로서, 소재지에 따라 도시, 군 관리계획에 따른 용도 지역, 용도 구역, 도시·군계획시설, 개발사업, 토지거래계약 허가구역 등 기본사항을 확인할 수 있음. 개업공인중개사는 관계법령 등을 통하여 구체적인 행위제한 사항도 확인하여야 함.	시, 군, 구청

공시지가 확인원	토지대장 발급 시 신청하면 토지대장상에 현재의 개별공시지가를 m² 당 가격으로 표시해서 발급해 줌.(토지의 공시지가 확인)	동사무소 (주민센터)
환지예정지지정 증명원	당해 토지가 토지구획 정리지구내에 속한 경우에 환지예정지지정 증명원을 통하여 환지예정지의 면적, 지목 등을 확인하여야 함.	사업 시행청 (조합 등)
무허가건물 증명원	무허가건물에 대한 소유자 및 면적 등을 확인.	읍, 면, 동사무소
전입세대확인서 (주민등록 전입세대 열람)	임차인의 대항력, 우선변제권 여부를 확인하기 위해서는 선순위 주택 임차인의 전입신고일자 등을 확인하여야 함.	읍, 면, 동사무소
상가건물 임대차현황서 (등록사항 등의 현황서)	상가임차인의 대항력, 우선변제권 여부 등을 확인하기 위해서는 선순위 임차인의 사업자등록 신청일, 확정일자일, 보증금 및 차임, 임대차 기간 등을 확인하여야 함.	세무서
가족관계증명서, 기본증명서	의뢰인의 친권자, 법정대리권자 등을 확인.	동사무소

(3) 현장답사에 의한 조사, 확인

- 공부와 현황과의 일치 여부.

※ 공부상 확인되지 않는 주요 사항

- 토지에 관한 주요 사항: 경계, 지형, 지세, 지반, 토질 등 공부상 공시되지 않은 주요한 사항을 조사, 확인.
- 건물에 관한 주요 사항: 건물의 부대시설과 방향, 건물의 외관상 구조와 특징 및 시설물의 기능상의 문제점 등 확인.
- 내, 외부 시설 상태의 확인: 건물의 방향, 부대시설, 벽면 상태, 편익시설 상태 등 매도(임대)의뢰인의 고지사항 기준 확인.
- 입지여건, 환경조건의 확인: 도로의 인접 여부, 전철역 유무, 상권형성의 정도, 장래의 발전 가능성 등의 현황을 확인하여 지역여건을 분석하여야 함.
- 실제 권리관계와 미공시 중요시설, 물건의 확인: 등기부등본상 확인되지 않는 실제 권리관계(주택 및 상가의 임차권, 법정지상권, 유치권, 점유권, 채석권, 분묘기지권 등) 및 공부상 공시되지 아니한 중요 부속물, 종물 등도 매도(임대)의뢰인의 고지사항을 기준으로 현장을 확인하여야 함.

☞ 실제 권리관계 또는 공시되지 않은 물건의 권리사항

㉮ 기재 원칙: 매도(임대)의뢰인이 고지한 사항 기준

특히 중개대상물 상태에 관한 자료요구(서) 기준

ⓝ조사, 확인/설명, 기재

- 등기부등본에 나타나지 않는 각종 물권, 채권 또는 현실적으로 권리를 이전받는 데 불이익 또는 손해가 발생할 우려가 있는 현존하는 각 종 권리관계를

ⓐ 매도(임대)의뢰인 또는 개업공인중개사가 현장 확인을 통하여 조사하고 확인한 사항을~

ⓑ 권리취득 의뢰인에게 설명하고~

ⓒ 그 사실을 중개대상물 확인·설명서에 기재하여야 함.

※ **국토교통부 유권해석(2016.10.28.):** 매도의뢰인이 고지 않은 사항이라면 행정처분 X, 단 손해 배상 책임의 소지는 있음. (한국공인중개사협회, 공인중개사법 해석사례 2018)

※ 공인중개사법 제25조 제2항: 개업공인중개사는 제1항에 의한 확인·설명을 위하여 필요한 경우에는 중개대상물의 매도 의뢰인, 임대 의뢰인 등에게 당해 중개대상물의 상태에 관한 자료 요구를 할 수 있다.

(※ 자료요구서 양식은 3종임: 주거용, 비주거용, 토지)

☞ **참조 판례: 중개대상물의 상태에 관한 자료요구에 관한 사항(대법원 2012.1.26. 선고 2011다 63857판결)**

→ 매도인/임대인이 중개대상물의 상태에 관한 자료 요구에 불응한 경우, 그 사실을 매수인/임 차인에게 설명하고 중개대상물 확인설명서에 기재하여 교부해야 함. 이를 위반하여 재산상의 손해를 발생하게 한 경우 개업공인중개사의 손해배싱책임 인정.

→ 즉, 임대의뢰인에게 다가구주택 내에 이미 거주중인 임차인의 임대차계약 내역 중 개인정보에 관한 부분을 제외하고 임대차 보증금, 임대차의 시기와 종기 등에 관한 부분을 확인한 다음 임차의뢰인에게 설명하고 자료를 제시하여야 하며, 중개대상물 확인·설명서 '실제 권리관계 또는 공시되지 않은 물건의 권리사항'란에 그 내용을 기재하여 교부하여야 할 의무가 있음.

☞ **2020.2.21. 시행 공인중개사법 시행령 중**

→ **개업공인중개사가 중개대상물에 대한 확인·설명의무를 위반할 경우 부과하는 과태료 금액을 조정.(제51조)**

- 확인·설명 O, 근거자료 제시 X : 400만 원 → 250만 원
- 확인·설명 X, 근거자료 제시 O : 400만 원 → 250만 원
- 확인·설명 X, 근거자료 제시 X : 500만 원(그대로~)

(4) 관계 법령의 조사

- 개업공인중개사는 공법상 이용 제한을 확인한 다음에 관계법령을 통하여 중개대상물에 부여된 구체적인 행위제한 내용을 확인하여야 함.

(5) 제증명 발급문서 확인

- 주민등록 등·초본, 인감증명 발급 진위 확인 및 인터넷 발급문서 진위 확인

  * 정부24 "민원서비스" → 사실/진위 확인

- 등기부 등본 발급 확인

  * 대법원 인터넷 등기소 → 등기열람/발급 → 발급 확인하기

- 납세증명서(국세완납증명) 등 국세청 발급 원본 확인

  * 국세청 홈택스 → 국세증명·사업자등록 세금관련 신청/신고 → 민원증명 조회/관리 → 민원증명 원본확인

나. 중개대상물 확인설명서 작성, 교부

1) 작성 일반

- [ ]안에 "√"로 표시함.

- 세부 항목 작성 시 해당 내용을 작성 란에 모두 작성할 수 없는 경우에는 별지로 작성, 간인하여 첨부하고, 해당 란에는 "별지 참조"라고 적음.

- Ⅱ. 개업공인중개사 세부 확인사항은 매도(임대)의뢰인에게 '대상 물건의 상태에 관한 자료 요구서'를 요구하여 확인한 사항을 기재.

  * ⑭ 현장 안내 사항은 자료요구 사항에서 제외.

- ① 대상 물건의 표시~⑨ 취득 시 부담할 조세의 종류 및 세율까지는 개업공인중개사가 확인한 내용을 기재.

- 해당 사항이 없으면 "해당 사항 없음" 또는 기호 "X, -" 등으로 표시.

- 물건 소재지 주소는 지번 주소를 적고, 개업공인중개사, 거래당사자 주소는 도로명 주소를 적음.

- 거래 당사자 신분증 교부 지양(위조 사용 우려~)

  → 주민등록증 또는 운전면허증 진위확인 결과(인터넷 화면 출력)를 보관 要.

  → 진위 확인 결과를 계약자에게 제시 또는 교부함이 바람직함.

  → **부득이하게 교부(요청) 시** 주민등록증의 경우는 발급 일자를, 운전면허증의 경우 면허번호와 직인 위에 표시된 암호 일련번호(또는 식별번호: 영문 또는 영문, 숫자 조합 6자리~)

를 가리고 + 생년월일과 성별만 표기(주민등록번호 뒷자리는 마스킹)해서 교부 + 중개의
뢰인 본인 동의 得.

※ 공인중개사법 시행규칙에 의한 중개대상물 확인설명서 서식은 기록 내용 및 쪽수는 물론 규
격까지 정하여진 법정서식이므로 임의적으로 변경하여 사용할 수 없음. → 위반 시 1개월 업
무정지 처분을 받을 수 있음.

☞ **참조 판례: 서울고등법원 2015.12.10. 선고 2015누 40158판결**
- 중개업자가 중개대상물의 확인 · 설명 의무를 이행하지 않으면 족하고, 이로 말미암아 확
인 · 설명 의무의 상대방이 된 임차인의 손해가 실제로 발생된 것을 요하지 않는다.

☞ **참조 판례: 대법원 1999.5.14. 선고 98다 30667판결, 대법원 2008.9.25. 선고 2008다
42836판결**
- 부동산 중개업자는 중개대상물에 근저당이 설정된 경우에는 그 채권최고액을 조사, 확인하
여 의뢰인에게 설명하면 족하고, 실제 피담보 채무액까지 조사, 확인하여 설명할 의무까지 있
다고 할 수 없으나, 공인중개사가 이에 그치지 않고 실제의 피담보 채무액에 관한 그릇된 정보
를 제대로 확인하지 않은 채 마치 그것이 진실인 것처럼 의뢰인에게 그대로 전달하여 의뢰인
이 그 정보를 믿고 상대방과 계약에 이르게 되었다면, 부동산 중개업자의 그러한 행위는 선량
한 관리자의 주의로 신의를 지켜 성실하게 중개행위를 하여야 할 공인중개사의 의무에 위반
된다.

2) 작성/교부(시기)
- 중개대상물 확인설명서는 개업공인중개사가 중개대상물의 거래계약이 체결되기 전(중개가
완성되기 전)에 권리 취득자에게 성실, 정확하게 설명하고 근거 자료를 제시하여야 하며, 당해
거래계약서를 작성하는 때에 서면으로 작성하여 거래당사자 쌍방에게 교부하고 그 사본을 3
년간 보존하여야 함.
- 복합건축물의 경우 주거용 또는 비주거용 면적을 기준으로 결정하고, 면적이 동일한 경우와
그 판단이 불분명한 경우에는 주거용 건축물로 작성하며, 신축중인 건물도 건물에 포함되므
로 건축허가 등의 목적에 따른 건축물의 용도에 맞는 서식을 선택하여 작성하여야 하며, 건축
물 불법 용도 변경된 건축물이나 오피스텔 등의 경우에는 건축물 대장 등 공부를 기준으로 주

거/비주거를 선택 및 작성하여야 함.
- 공동중개의 경우에는 개업공인중개사 자신에게 중개를 의뢰한 자와 공동으로 중개를 한 다른 개업인중개사에 중개를 의뢰한 자 모두에게 교부하여야 하며, 공동 명의자일 경우에도 공동 명의자 모두에게 교부하여야 함. (* 공동 명의자일 경우: 공동명의자 모두를 확인, 기재해야 하고, 인원이 많을 경우 별지 작성으로 첨부하여 작성, 교부)
   → 질의자: 정삼교(2018.8.13.) 1AA-1808-159939, 국토교통부 회신(2018.8.24.) 2AA-1808-222962

3) 작성 미교부, 부실, 잘못 기재 등에 따른 행정처분 등
- 등록관청은 6월 이내의 업무정지 또는 등록취소 할 수 있음.
- 1년 이하의 징역 또는 1천만 원 이하의 벌금형에 처해 질 수 있음.
- 중개행위에 대한 손해배상 책임의 근거가 됨.

☞ 관련 공인중개사법 규정
1. 해당 중개대상물의 거래상의 중요 사항에 관하여 거짓된 언행 그 밖의 방법으로 중개의뢰인의 판단을 그르치게 하는 행위. (제33조 제①항 제4호)
   → 임의 등록취소(제38조 제②항 제9호), 1년 이하의 징역 또는 1천만 원 이하의 벌금. (제49조 제①항 제10호)

2. 중개대상물 확인설명서를 교부, 보존, 서명 및 날인을 하지 아니한 경우
   → 6월의 범위 안에서 업무의 정지를 명할 수 있다. (제39조 제①항 제6호, 제7호)

3. 중개대상물 확인설명서를 성실, 정확하게 확인 설명을 아니하거나 설명의 근거자료를 제시하지 아니한 경우 500만 원 이하의 과태료를 부과한다. (제51조 제②항 제1의6호)

☞ 각종 공부 등의 발급·열람·조회 홈페이지 안내

홈페이지	공부 종류	소관 기관	유형	본인 인증
대법원인터넷 등기소	토지·건물등기부 등본	대법원	발급·열람	불필요
정부 24	토지대장·임야대장	국토교통부	발급·열람	불필요
	건축물대장	국토교통부	발급·열람	불필요
	지적도·임야도	국토교통부	발급	불필요
	토지이용계획확인서	국토교통부	발급	불필요
	개별공시지가확인원	국토교통부	발급·열람	불필요
	주민등록 등·초본	행정자치부	발급	**필요**
	지방세 납세증명	행정자치부	발급	**필요**
	납세증명서(국세완납증명)	국세청	열람	**필요**
	농지대장(농지원부)	농림축산식품부	발급·열람	**필요**
온나라 부동산 정보 (SEE:REAL) *부동산중개업조회 → 국가공간정보포털 → 브이월드(2024.1.1. 이관) *소, 공/중개보조원 고용신고 → 정부24	토지이용계획확인서	국토교통부	열람	불필요
	개별공시지가	국토교통부	열람	불필요
	개별주택 공시가격	국토교통부	조회	불필요
	공동주택 공시가격	국토교통부	조회	불필요
	- 개발업정보 - 토지거래허가신청	국토교통부	조회	불필요
일사 편리	- 부동산종합증명서 - 토지대장·건축물대장 - 토지이용계획 - (개별)공시지가, 주택가격	국토교통부	발급·열람	**필요**
국세청 홈택스	- 상업용건물·오피스텔 기준시가	국세청	조회	불필요
	- 납세증명서(국세완납증명)	국세청	발급	**필요**

* 발급용 외에는 문서의 효력이 없으므로 유의를 요함.
* 국세청 홈택스 고시대상: 수도권·광역시 중 오피스텔은 전체, 상업용 건물은 건물 연면적 합계가 3,000m² 이상이거나 100개호 이상 대상.

다. 주거용 건축물/비주거용 건축물/토지 중개대상물 확인설명서 작성법

1) 주거용 건축물 중개대상물 확인설명서 작성법

☞ 공인중개사법 시행령 및 시행규칙 개정에 따른 주거용 건축물 중개대상물 확인설명서
(* 별첨 양식 15번 참조)서식 개정(시행 2024.7.10.)
- 공인중개사법 시행령 제21조(중개대상물의 확인설명) 제①항 참조.
- 공인중개사법 시행규칙 [별지 제20호 서식] 참조.
  → **주택임대차계약 체결 시 공인중개사의 확인·설명 근거 자료 제시 의무 및 확인·설명 의무**
  강화: "전세사기 방지" 차원에서 임차인에게 확인. 설명 의무 강화.

(1) 주거용 건축물 중개대상물 확인·설명서 서식 개정 주요 내용
- 확인·설명 근거자료 등: 확정일자 부여현황, 전입세대확인서, 국세납세증명서, 지방세납세증
  명서 추가.
- 확정일자 부여현황 및 전입세대 확인서 등 임대차관련 정보를 공인중개사가 제시 및 설명하
  였다는 임대인, 임차인 서명란 신설.
- 최우선변제금을 받을 수 있는 소액 임차인 기준과 최우선변제금이 얼마인지 설명·기재.
- 임차주택 현장을 안내한 사람이 개업공인중개사인지, 소속공인중개사인지, 중개보조원인지
  확인하는 항목 신설.
- 주택 관리비 설명의무 신설.

(2) 주거용 건축물 중개대상물 확인설명서 서식 개정과 관련한 유의 사항
- 오피스텔의 확인설명서 양식 선택 기준 변경

구분	현행	변경(2024.7.10. 시행)	비고
확인설명서 양식 선택 기준	건축물대장상 용도 기준	건축물대장상 용도 기준 + 실제 용도 기준 (*주거용 오피스텔)	
양식 적용	업무용, 주거용 오피스텔 여부 불문하고 비주거용 확인설명서 작성	업무용 오피스텔: 비주거용 확인설명서 작성 주거용 오피스텔: 주거용 확인설명서 작성	

* 중개대상물 확인설명서 양식 선택 기준: 건축물대장상 용도 기준
* 오피스텔이 주택임대사업용으로 등록되어 있거나, 임차인이 주거용(주택)으로 임대차계약하고 전입신고를 하는 경우
  등의 경우 주거용 확인설명서 양식 선택.
  → 개업공인중개사가 중개 과정에서 임대차 목적을 파악하여 결정.
  → 주거용으로 임대계약 시 중개보수는 상한요율 0.4%[전용면적 85㎡ 이하, 상·하수도 시설이 갖추어진 전용입식
  부엌, 전용수세식 화장실 및 목욕시설(전용수세식 화장실에 목욕시설을 갖춘 경우를 포함한다)을 갖춘 경위 적용(*
  공인중개사법 시행규칙 제20조 제④항 별표2 참조)

※ 중개대상물 표시광고 시 방향 기재

- 주거용 오피스텔: 거실이나 안방 등 주실(主室) 기준

- 업무용 오피스텔: 주 출입구 기준

- 금번 개정 항목은 단독주택, 공동주택, 주거용 오피스텔 임대차계약의 경우 적용되는 항목임.

  → 매매계약의 경우 금번 개정(시행) 항목들은 '해당사항 없음'으로 기재. 단, 주거용 중개대상물 확인설명서 ④ 임대차 확인사항 란 항목중 매매계약일 경우 '계약갱신요구권 행사 여부' 항목은 기재하여야 함. (*'민간임대등록여부' 란은 임대차계약의 경우에만 작성 → 국토교통부 유권해석 & 한국공인중개사협회 공지사항(2024.9.6.등록) "중개대상물 확인설명서 작성방법 수정 안내" 참조)

- 2024.7.10. 시행되는 주거용 중개대상물 확인설명서의 서식 개정은 개업공인중개사의 서류나 공부를 통한 확인·설명 의무 등이 강화되므로 확인·설명 근거자료의 열람.발급 방법 또는 절차에 대해서도 정확한 이해가 요구됨.

(3) 중개대상물 확인설명서 서식 항목별 작성법

■ 공인중개사법 시행규칙 (별지 제20호 서식)

중개대상물 확인·설명서[I] (주거용 건축물)

(주택의 유형 : [　] 단독주택 [　] 공동주택 **[　] 주거용 오피스텔**)
(거래 형태 : [　] 매매·교환 [　] 임대　　　　　　　　　)

확인·설명 자료	확인·설명 근거자료 등	[　]등기권리증 [　]등기사항증명서 [　]토지대장 [　]건축물대장 [　]지적도 [　]임야도 [　]토지이용계획확인서 [　]**확정일자 부여현황** [　]**전입세대확인서** [　]**국세납세증명서** [　]**지방세납세증명서** [　]그 밖의 자료 (　　　　　　)
	대상 물건의 상태에 관한 자료요구 사항	

※ 궁서체로 표시, 기재된 내용이 개정 사항임.

◆ **확인설명 자료**

◈ 확인설명 근거 자료 등

- 개업공인중개사가 확인설명 과정에서 매수(임차)인에게 제시한 자료를 √ 표시로 체크 또는

기재.

- 개업공인중개사 필수 확인설명 근거 자료 5종(* 중개대상물 서식 종류 불문하고 확인설명서 작성 시 개업공인중개사가 열람·발급하여야 할 자료.)

 → 등기사항증명서, 건축물대장, 토지대장, 지적도 또는 임야도, 토지이용계획확인서

- 임대인의 정보제시 의무에 따른 확인설명 근거 자료

 → 확정일자 부여현황서, 국세납세증명서, 지방세납세증명서

※ 전입세대확인서는 임대인의 정보제시(자료제출) 의무는 없으나 임대인에게 징구 요청함이 타당함.

※ 확정일자 부여현황서, 전입세대확인서, 국세납세증명서, 지방세납세증명서는 임대차계약의 경우에만 반드시 체크.

☞ **임대인의 정보제시 의무에 따른 자료 열람·발급 방법 → 발급처**

 * 확정일자 부여현황서{= (주택)임대차현황서}: 대법원인터넷등기소, 주민센터 등

 * 국세납세증명서: 국세청 홈택스, 세무서, 정부24 등

 * 지방세납세증명서: 정부24, 지자체, 주민센터 등

 * 전입세대확인서: 인터넷 발급 X, 지자체, 주민센터 등

 (외국인체류확인서: 인터넷 발급 X, 출·입국관리사무소, 주민센터 등)

 - 그 밖의 자료 예시

  → 신분증(주민등록증, 운전면허증, 여권, 외국인등록증 등), 위임장 + (법인)인감증명서, 대리인 신분증, 환지예정지지정증명원, 체비지증명원, 신탁원부, 분양계약서, 임대차계약서, 건축물현황도, 상가건물 임대차현황서, 후견인부존재증명서 등

※ 신분증 진위 여부 확인 후 매수인(임차인)에게 진위여부 확인서류 제시 및 교부 要.

 * 주민등록증, 여권정보 진위 여부 확인: 정부24

 (*주민등록증 진위 확인: ARS 1382 이용 가능)

 * 운전면허증 진위 여부 확인: 경찰청교통민원24(이파인)

 * 외국인 등록증, 국내거소신고증 진위 여부 확인: 하이코리아

◆ 대상 물건의 상태에 관한 자료요구 사항

- 매도(임대)인에게 요구한 사항 및 그 관련 자료의 제출여부와 Ⅱ.개업공인중개사 세부 확인 사항 ⑩ 실제 권리관계 또는 공시되지 않은 물건의 권리 사항~⑬ 환경조건 까지의 항목을 확인하기 위한 자료의 요구 및 그 불응 여부를 기재.

  예) 개업공인중개사가 '등기권리증' 및 '중개대상물 상태에 관한 자료'를 매도(임대)인에게 요구하였으나 불응함.

Ⅰ. 개업공인중개사 기본 확인사항

① 대상물건의 표시	토지	소재지			
		면적(m²)		지목	공부상 지목
					실제 이용 상태
	건축물	전용면적(m²)			대지지분(m²)
		준공년도 (증개축년도)		용도	건축물대장상 용도
					실제 용도
		구조		방향	(기준:)
		내진설계 적용 여부		내진능력	
		건축물대장상 위반건축물 여부	[ ]위반 [ ]적법	위반 내용	

◆ ① 대상물건의 표시

◆ 토지

○ 소재지

- 토지(임야)대장 기준 소재지와 지번 기재.

- 여러 필지의 경우 필지별 지번 기재, 필지가 많을 경우 별지로 작성.

  * 공동주택 등 집합건물인 경우, 동/호수 까지 기재.

  * 환지예정지: '환지예정지지정 증명원'의 지번 기재.

○ 면적

- 토지(임야)대장에 기재된 면적 기재.

- 여러 필지의 경우 필지별 면적 모두 기재.

- 환지예정지: 환지면적 기재.

- 토지대장 등의 면적과 등기사항증명서 면적이 상이한 경우 토지대장 등의 면적이 우선하며 실측 또는 상이한 사실을 기재.

  * 집합건물 중 아파트는 단지 전체면적, 다세대 등은 세대 전체면적, 단독주택은 대지의 전체 면적 기재.

○ 지목

- 토지(임야)대장에 표시된 지목 기재.

- 지적(임야)도에는 지목부호로 표시되어 있음. 예) 과수원: 과

- 환지예정지의 지목은 종전의 지목이 아닌 환지예정지의 지목을 기준으로 기재.

- 공부(토지/임야대장)상 지목과 실제 이용 상태 기재.

  예) 공부상 지목 : 전, 실제 이용 상태: 약 ○○m²를 주차장으로 사용 또는 약 1/3을 주차장으로 사용

◆ 건축물

○ 전용면적과 대지지분

- 집합건물(공동주택 등): 전용면적과 대지지분 기재.

- 단독주택: 전용면적 기재, 대지지분은 '미기재' 또는 '해당사항 없음'으로 기재.

  → 단독주택 매매계약 시: 전체면적 기재.

  → 단독주택 임대차계약 시: 해당 층 면적. (* 공용면적 포함이라는 단서 기재.)

  → 단독주택 임대차계약이 해당 층의 일부인 경우 실측이나 계약서 등에서 확인하거나 임대 인에게 확인한 면적을 기재. (* 중개대상물 표시 · 광고 기준 참조)

- 지적정리가 완료되지 않아 건축물대장 등에 대지지분이 기재되지 않은 경우에는 '지적정리 가 완료되지 않아 건축물대장 등에 대지지분이 미기재' 등으로 기재. (국토교통부 부동산산 업과-3524, 2009. 11. 18.)

○ 준공년도(증개축년도)

- 건축물대장의 사용승인일 기재, 증 · 개축된 건물은 증 · 개축년도를 함께 기재.

- 건축물대장의 사용승인일이 증축일로 기재된 경우도 있으므로 '변동 내용 및 원인' 항목을 면 밀히 분석하여 폐쇄건축물대장을 확인하여 기재하여야 함.

- 실제 준공년도와 차이가 명백한 경우에는 실제 준공년도를 기재.

◆ 용도
- 단독주택(다중·다가구주택), 공동주택(아파트·연립·다세대) 등 건축법상 건축물의 용도를 말함.
- 건축물대장 주용도·용도 란의 내용을 기재하고 건축물의 일부분이 대상물건인 경우에는 해당 부분의 용도를 기재.
- 건축물대장상 용도와 실제 용도가 다른 경우 이를 함께 기재.

◆ 구조
- 건축물대장에 의한 구조부분을 기재.
  예) 연와조 슬라브위 기와즙
- 구조는 벽체구조와 지붕구조로 표시됨.

◆ 방향
- 건축물대장에 방향 기재 X. → 현상소사를 동해 기재.
- 주택의 경우 거실이나 안방 등 주실(主室)의 방향을, 그 밖의 건축물은 주된 출입구의 방향을 기준으로 남향, 북향 등 방향을 표시하고 방향의 기준이 불분명한 경우 기준을 표시하여 적음.
  예) 남동향 - 거실 기준
      남향 - 주출입문 기준
    * 보통 단독주택은 대문, 공동주택은 거실 기준으로 많이 표시함.

◆ 내진설계 적용여부 및 내진능력
- 2017. 1. 20. 이후 건축허가·신고 분은 의무 기재 대상.
- 일반건축물대장(갑), 집합건축물대장(표제부, 갑) 각 2쪽을 확인하여 기재하고 건축물대장상 내진설계 적용여부가 '공란'일 경우에는 '해당사항없음'으로 표시.
- '건축물의 구조기준 등에 관한 규칙' [별표 13]에 따라 12등급(Ⅰ~Ⅻ)으로 나누어지며 높은 숫자일수록 내진능력이 높음.

◆ 건축물대장상 위반건축물 여부 및 위반 내용
- 건축물대장에서 위반건축물 여부를 확인하여 기재함.

- 위반건축물 여부 → "일반건축물대장(갑)" 확인 및 "변동사항"(2쪽)의 '변동 내용 및 원인' 란의 기재 내용 별도 확인.
- 건축물의 중·개축 여부 → "변동사항"(건축물대장 2쪽)의 '변동 내용 및 원인' 란의 내용 별도 확인
- 건축물대장상의 주용도와 현재 용도의 일치 여부, 건축물대장 기재 내용과 현 상태의 일치 여부 등을 확인하여 체크.
- 매도인/임대인이 작성한 "대상물건의 상태에 관한 자료요구서"(* 별첨 양식 11번~13번 '중개대상물건 자료요구사항' 참조)와 현황·공부상 일치 여부 등
* 건축물현황도 중 평면도 및 단위세대별 평면도를 발급받아 위반 건축물의 존재 여부를 현황과 비교·확인.

② 권리관계	등기부 기재사항	소유권에 관한 사항		소유권 외의 권리사항	
		토지		토지	
		건축물		건축물	

◆ **② 권리관계**

◆ 등기부 기재사항

　○ 소유권에 관한 사항

　- 등기사항증명서(토지·건물) 갑구에 표시된 등기소유자를 확인하여 소유자의 성명, 생년월일, 주소를 기재함.

　- 소유권 제한사항(가압류, 압류, 가처분, 가등기, 경매개시결정등기 등)도 기재. (* 갑구에 표시)

　- 주민등록번호는 같고 성명이 주민등록증과 다른 경우 개명원인을 증명하는 서면을 징구하여 기재함. (예: 가족관계등록부 열람·발급 신청 → 기본증명서, 개명허가결정등본 등)

　- 주소가 다른 경우 주민등록초본(주소 변경된 내역 포함)에 의한 확인.

　- 등기사항증명서는 공신력이 없으므로 현장 확인 등이 필요함.

　- 등기사항증명서의 권리순위는 같은 구의 경우 순위번호에 의하고, 별구에서는 접수번호에 의함. (등기의 순위 추정적 효력)

※ 대상물건에 신탁등기가 되어 있는 경우에는 수탁자 및 신탁물건(신탁원부 번호)임을 적고, 신탁원부 약정사항에 명시된 대상물건에 대한 임대차계약의 요건(수탁자 및 수익자의 동의 또는 승낙, 임대차계약 체결의 당사자, 그 밖의 요건 등)을 확인하여 그 요건에 따라 유효한 임대차계약을 체결할 수 있음을 설명(* 신탁원부 교부 및 ⑩ 실제권리관계 또는 공시되지 않은 물건의 권리사항에 주요 내용을 작성)해야 함. → '신탁등기된 부동산 임대차계약 시 확인설명서' 서식 사용 권장['⑩ 실제권리관계 또는 공시되지 않은 물건의 권리사항' 별지 서식임.(* 별첨 양식 27번 참조)]

○ 소유권 외의 권리사항
 - 등기사항증명서(토지·건물)에 표시된 소유권이외의 모든 권리를 기재.
 - 계약일 현재 등기사항증명서상 공시된 각종 제한물권이 있으면 그 기간, 채권최고액, 채권자·채무자 등을 기재하고 전세권, 지역권, 지상권 등이 있으면 그 내용도 함께 기재하고, 근저당권 등이 많을 경우 별지에 작성.
 ※ 대상물건에 공동담보가 설정되어 있는 경우에는 공동담보 목록 등을 확인하여 공동담보의 채권최고액 등 해당 중개물건의 권리관계를 명확히 적고 설명해야 함.

③ 토지이용계획, 공법상 이용제한 및 거래규제에 관한 사항(토지)	지역지구	용도지역		건폐율 상한	용적률 상한
		용도지구		%	%
		용도구역			
	도시·군계획 시설		허가·신고 구역 여부	[ ]토지거래허가구역	
			투기지역 여부	[ ]토지투기지역 [ ]주택투기지역 [ ]투기과열지구	
	지구단위계획구역, 그 밖의 도시·군 관리계획			그 밖의 이용제한 및 거래규제사항	

◆ ③ 토지이용계획, 공법상 이용제한 및 거래규제에 관한 사항(토지)
 - 임대차의 경우에는 기재 생략 가능 → 재개발, 재건축, 공동주택 리모델링 사업 추진지역 등의

주택임대차계약의 경우 그 밖의 이용제한 및 거래규제 사항은 반드시 기재.

예) '정비사업구역 안 설명·고지 확인서'(* 별첨 양식 26번 참조) 등 작성.

- 토지이용계획확인서(토지이음)를 발급받아 기재. (* 지자체 조례도 확인)

◆ 지역·지구

○ 용도지역·용도지구·용도구역

- 토지이용계획확인서상 확인할 기본적 내용.

- 지역·지구 등 지정 여부는 '국토의 계획 및 이용에 관한 법률'에 따른 지역·지구와 다른 법령에 따른 지역·지구 등에 기재되어 있는 내용을 기재.

- 용도구역에는 시가화조정구역/입지규제최소구역(국토의 계획 및 이용에 관한 법률), 개발제한구역(개발제한구역의 지정 및 관리에 관한 특별조치법), 도시자연공원구역(도시공원 및 녹지 등에 관한 법률), 수산자원보호구역(수산자원관리법) 등이 있음.

○ 건폐율 상한

- 대지면적에 대한 건축면적의 비율을 의미함.

- 도시·군계획조례에서 정하고 있는 건폐율 상한을 기재.

○ 용적률 상한

- 대지면적에 대한 건축연면적의 비율을 의미함.

- 도시·군계획조례에서 정하고 있는 용적률 상한을 기재.

◆ 도시·군계획시설

- 토지이용계획확인서 '국토의 계획 및 이용에 관한 법률'에 따른 지역·지구 등'란 중 도시·군계획시설에 해당하는 사항을 기재.

예) 대로1류(저촉), 중로1류(접함) 등

도시·군계획시설: 기반시설 중 도시·군관리계획으로 결정된 시설 (국토의 계획 및 이용에 관한 법률 제2조6·7호, 시행령 제2조 제1·2항 참조)
1. 교통시설: 도로(일반, 자동차전용, 보행자전용, 자전거용, 고가, 지하), 철도·항만, 공항, 주차장, 자동차정류장(여객자동차터미널, 화물터미널, 공영차고지·협회 또는 연합회 설치 공동차고지), 궤도·운하, 자동차 및 건설기계검사시설·자동차 및 건설기계운전학원
2. 공간시설: 광장(교통, 일반, 경관, 지하, 건축물부설), 공원, 녹지, 유원지·공공공지

3. 유통·공급시설: 유통업무설비, 수도·전기·가스·열공급설비, 방송·통신시설, 공동구, 시장, 유류저장 및 송유설비

4. 공공·문화체육시설: 학교, 운동장, 공공청사, 문화시설, 체육시설, 도서관, 연구시설, 사회복지시설, 공공직업훈련
시설, 청소년수련시설

5. 방재시설: 하천, 유수지, 저수지, 방화설비, 방풍설비, 방수설비, 사방설비, 방조설비

6. 보건위생시설: 화장시설, 공동묘지, 봉안시설, 자연장지, 장례식장, 도축장, 종합의료시설

7. 환경기초시설: 하수도, 폐기물처리시설, 수질오염방지시설, 폐차장

☞ **도시·군계획시설의 결정·구조 및 설치기준에 관한 규칙(약칭: 도시계획시설규칙) 제9조(도로의 구분) 도로는 다음 각호와 같이 구분한다. 〈개정 2021. 2. 24.〉**

㉮ 사용 및 형태별 구분

① 일반도로: 폭 4미터 이상의 도로로써 통상의 교통 소통을 위하여 설치되는 도로.

② 자동차전용도로 : 특별시·광역시·특별자치시·시 또는 군(이하 "시·군"이라 한다.)내 주요지역 간이나 시·군 상호간에 발생하는 대량교통량을 처리하기 위한 도로로써 자동차만 통행할 수 있도록 하기 위하여 설치하는 도로.

③ 보행자전용도로: 폭 1.5미터 이상의 도로로써 보행자의 안전하고 편리한 통행을 위하여 설치하는 도로.

④ 보행자우선도로: 폭 20미터 미만의 도로로써 보행자와 차량이 혼합하여 이용하되 보행자의 안전과 편의를 우선적으로 고려하여 설치하는 도로

⑤ 자전거전용도로: 하나의 차로를 기준으로 폭 1.5미터(지역 상황 등에 따라 부득이하다고 인정되는 경우에는 1.2미터) 이상의 도로로써 자전거의 통행을 위하여 설치하는 도로.

⑥ 고가도로: 시·군내 주요지역을 연결하거나 시·군 상호간을 연결하는 도로로써 지상교통의 원활한 소통을 위하여 공중에 설치하는 도로.

⑦ 지하도로: 시·군내 주요지역을 연결하거나 시·군 상호간을 연결하는 도로로써 지상교통의 원활한 소통을 위하여 지하에 설치하는 도로(도로·광장 등의 지하에 설치된 지하공공보도시설을 포함한다). 다만, 입체교차를 목적으로 지하에 도로를 설치하는 경우를 제외한다.

㉯ 규모별 구분

① 광로

ⓐ 1류: 폭 70미터 이상인 도로.

ⓑ 2류 : 폭 50미터 이상 70미터 미만인 도로.

ⓒ 3류 : 폭 40미터 이상 50미터 미만인 도로.

② 대로

ⓐ 1류: 폭 35미터 이상 40미터 미만인 도로.

ⓑ 2류: 폭 30미터 이상 35미터 미만인 도로.

ⓒ 3류 : 폭 25미터 이상 30미터 미만인 도로.

③ 중로

ⓐ 1류: 폭 20미터 이상 25미터 미만인 도로.

ⓑ 2류: 폭 15미터 이상 20미터 미만인 도로.

ⓒ 3류: 폭 12미터 이상 15미터 미만인 도로.

④ 소로

ⓐ 1류: 폭 10미터 이상 12미터 미만인 도로.

ⓑ 2류: 폭 8미터 이상 10미터 미만인 도로.

ⓒ 3류: 폭 8미터 미만인 도로.

㉺ 기능별 구분

① 주간선도로: 시·군 내 주요 지역을 연결하거나 시·군 상호간을 연결하여 대량통과교통을 처리하는 도로로써 시·군의 골격을 형성하는 도로.

② 보조간선도로: 주간선도로를 집산도로 또는 주요 교통발생원과 연결하여 시·군 교통이 모였다 흩어지도록 하는 도로로써 근린주거구역의 외곽을 형성하는 도로.

③ 집산도로(集散道路): 근린주거구역의 교통을 보조간선도로에 연결하여 근린주거구역 내 교통이 모였다 흩어지도록 하는 도로로써 근린주거구역의 내부를 구획하는 도로.

④ 국지도로: 가구(街區: 도로로 둘러싸인 일단의 지역을 말한다. 이하 같다.)를 구획하는 도로.

⑤ 특수도로: 보행자전용도로·자전거전용도로 등 자동차 외의 교통에 전용되는 도로.

◆ 허가·신고구역 여부

- 토지거래허가구역: 국토교통부 부동산정보통합포털사이트(SEE:REAL) 또는 토지이음(토지이용계획확인서)에서 확인.

☞ 개업공인중개사가 확인설명서상에 토지거래허가를 득하여야 한다는 설명만 하고 계약 체결 시 책임 여부?

- 중개의뢰인에게 "토지거래허가지역"이라는 설명만으로 부족하고 개업공인중개사가 당해 토지의 용도 등을 파악하여 허가 가능 여부까지 설명하여야 할 것임. (국토교통부 2014. 12. 30.)

※ '부동산 법률상담 사례 및 판례': 한국공인중개사협회 발간(2021. 5. 11. 개정판 참조)

◆ 투기지역 여부

- 토지투기지역, 주택투기지역, 투기과열지구 해당 여부 확인·기재

◆ 지구단위계획구역, 그 밖의 도시·군관리계획

* 지구단위계획구역: 도시·군계획 수립 대상지역의 일부에 대하여 토지이용을 합리화하고 그 기능을 증진시키며 미관을 개선하고 양호한 환경을 확보하며, 그 지역을 체계적·계획적으로 관리하기 위하여 '국토의 계획 및 이용에 관한 법률'에 따라 도시·군관리계획으로 결정·고시된 지역을 말함.

- 지구단위계획구역 및 도시·군관리계획은 매매 물건에 대한 도시·군관리계획의 수립 및 지형도면 고시를 시·군·구 홈페이지 고시·공고에서 확인하거나 시·군·구 도시계획과에 문의·열람하여 확인.

→ 토지이용계획확인서에 "건축행위 등 지구단위계획싱 추가 제한사항 도시계획과 확인 요함" 등으로 표시됨.

* 도시·군관리계획이란?(국토의 계획 및 이용에 관한 법률 제2조 4호)

가. 용도지역·용도지구의 지정 또는 변경에 관한 계획.

나. 개발제한구역, 도시자연공원구역, 시가화조정구역, 수산자원보호구역의 지정 또는 변경에 관한 계획.

다. 기반시설의 설치·정비 또는 개량에 관한 계획.

라. 도시개발사업이나 정비사업에 관한 계획.

마. 지구단위계획구역의 지정 또는 변경에 관한 계획과 지구단위계획.

바. 입지규제최소구역의 지정 또는 변경에 관한 계획과 입지규제최소구역 계획.

◆ 그 밖의 이용제한 및 거래규제 사항

- 그 밖의 이용제한 사항이 있으면 기재.

  예) 건축법에 의한 건축선, 일조권, 가로구역의 높이 제한 등, 개별 개발계획에 따른 용적률,
      건폐율, 용도, 층수 높이, 공동 건축, 방실 제한 등.

- 아래 각 호의 사항은 '공인중개사법' 제25조 제1항 제2호의 "법령의 규정에 의한 거래 또는 이
  용제한 사항"으로 본다. (* 도시계획정비법 제122조 제2항 참조)

  1. 해당 정비사업의 추진 단계.

  2. 퇴거예정시기. (건축물의 경우 철거예정시기 포함)

  3. 정비예정구역에서 건축물의 건축·토지의 분할 제한여부, 조합원의 자격, 관리처분인가
     후 민법·주임법·상임법의 존속기간 배제, 분양권 권리산정 기준일.

     → 매매·전세, 임대차 또는 지상권 설정 시 등 토지 소유자 등의 설명의무와 개업공인중
        개사의 확인설명 의무 있음.

* 한방 - 커뮤니티 - 자료실 - '정비사업구역 안 설명·고지확인서' 양식 사용 또는

* 계약서에 특약 기재

  예) ○ 추진단계는 조합설립 후 시공사 선정단계임.

      ○ 퇴거예정시기는 20XX년 하반기 예상됨.

      ○ 도정법 제19조(행위제한 등), 제39조(조합원의 자격), 제70조(계약기간)에 대하여 설명함.

      ○ 건축물을 분양받을 권리의 산정기준일은 20XX년 XX월 XX일임.

- 주택법 제76조(공동주택 리모델링에 따른 특례): ④ 임대차계약 당시다음 각 호의 어느 하나
  에 해당하여 그 사실을 임차인에게 고지한 경우로서 제66조 제1항 및 제2항에 따라 리모델링
  허가를 받은 경우에는 해당 리모델링 건축에 관한 임대차계약에 대하여 '주택임대차보호법'
  제4조 제1항(임대차기간 등) 및 '상가건물 임대차보호법' 제9조 제1항(임대차기간 등)을 적용
  하지 아니한다.

  1. 임대차계약 당시 해당 건축물의 소유자들(입주자대표회의를 포함한다.)이 제11조제1항에
     따른 리모델링주택조합 설립인가를 받은 경우.

  2. 임대차계약 당시 해당 건축물의 입주자대표회의가 직접 리모델링을 실시하기 위하여 제68
     조 제1항에 따라 관할 시장·군수·구청장에게 안전진단을 요청한 경우.

※ 그 밖의 거래규제 사항

○ 소유권의 처분권능을 규제하는 사항을 기재

○ 거래규제 중요 사항

- 농지취득자격증명제: 시·구·읍·면장

- 전통사찰의 부동산: 문화체육부장관 허가

- 향교재단의 부동산: 시·도지사 허가

- 사립학교(유·초·중등·대학교)의 기본재산: 시·도교육감 및 교육부장관 허가

- 자유무역지역의 토지 또는 공장: 산업통상자원부장관 및 관리기관의 허가

- 산업단지(국가·일반·도시첨단·농공단지) 내 산업시설구역의 산업용지 및 공장: 관리기관과 입주계약

- 사회복지법인·의료법인의 기본재산: 시·도지사의 허가

- 국가유공자 등에 대한 대부재산

- 외국인의 토지취득 등

  ▷ 계약(증여 포함)을 원인으로 토지취득: 계약체결일로부터 60일 이내에 시·군·구청장에게 신고.

  ▷ 계약이외(상속, 경매, 환매, 법원의 확정판결 등) 원인으로 취득: 취득일로부터 6월 이내에 시·군·구청장에게 신고.

  ▷ 허가대상 토지는 거래계약을 체결하기 전에 시·군·구청장의 허가를 받아야 함. → 군사기지 및 군사시설보호구역, 문화재보호구역, 도서(섬)지역, 생태·경관보전지역, 야생동물 특별보호구역 등 대통령령으로 지정.

◆ ④ 임대차 확인사항

④ 임대차 확인사항	확정일자 부여현황 정보		[ ] 임대인 자료 제출 [ ] 열람 동의		[ ] 임차인 권리 설명
	국세 및 지방세 체납정보		[ ] 임대인 자료 제출 [ ] 열람 동의		[ ] 임차인 권리 설명
	전입세대 확인서		[ ] 확인(확인서류 첨부) [ ] 미확인(열람 · 교부 신청방법 설명) [ ] 해당 없음		
	최우선변제금	소액임차인범위: 만원 이하		최우선변제금액: 만원 이하	
	민간임대등록여부	등록	[ ] 장기일반민간임대주택 [ ] 공공지원민간임대주택 [ ]그밖의유형( )		[ ] 임대보증금 보증 설명
			임대의무기간	임대개시일	
		미등록 [ ]			
	계약갱신 요구권 행사 여부		[ ] 확인(확인서류 첨부) [ ] 미확인 [ ] 해당 없음		

개업공인중개사가 "④ 임대차 확인사항"을 임대인 및 임차인에게 설명하였음을 확인함	임대인	(서명 또는 날인)
	임차인	(서명 또는 날인)
	개업공인중개사	(서명 또는 날인)
	개업공인중개사	(서명 또는 날인)

※ 민간임대주택의 임대사업자는 「민간임대주택에 관한 특별법」 제49조에 따라 임대보증금에 대한 보증에 가입해야 합니다.

※ 임차인은 주택도시보증공사(HUG) 등이 운영하는 전세보증금반환보증에 가입할 것을 권고합니다.

※ 임대차 계약 후 「부동산 거래신고 등에 관한 법률」 제6조의2에 따라 30일 이내 신고해야 합니다(신고 시 확정일자 자동부여).

※ 최우선변제금은 근저당권 등 선순위 담보물권 설정 당시의 소액임차인범위 및 최우선변제금액을 기준으로 합니다.

※ 임대인의 정보제시 의무에 따른 임대인의 정보(자료) 제출 방법(3가지)

▷ 임대차계약 시 임대인이 직접 발급받은 정보(자료) 제시.

▷ 임대차계약 시 임대인이 임차인에게 정보(자료) 열람 동의: 임대차계약서 작성 전 사전 열람 동의.

▷ 임대차계약 시 임대인의 동의(위임)를 받아 개업공인중개사가 정보(자료) 준비.

◈ 확정일자 부여현황 정보 & 국세 및 지방세 체납정보

- 「주택임대차보호법」 제3조의7에 따라 임대인이 확정일자 부여일, 차임 및 보증금 등 정보(확정일자 부여현황 정보: 별첨 양식 14번 '임대차 정보제공 요청서' 사용하여 신청) 및 국세 및 지방세 납세증명서(국세 및 지방세 체납 정보)의 **제출(임대차계약 시 제출)** 또는 **열람 동의(임대차계약 전 사전 열람 동의)**로 갈음했는지 구분하여 표시하고, 「공인중개사법」 제25조의3에 따른 임차인의 권리에 관한 설명 여부를 표시함.

○ 임대인이 자료 제출 시: 자료 제출에 체크하고 제출된 자료를 근거로 임차인에게 설명.

○ 임대인이 자료 미제출하고 열람 동의 시: 열람 동의에 체크하고 임차인에게 자료를 열람할 수 있음을 설명.

→ 임대인의 동의를 받아 임차인이 (사전)열람한 자료를 근거로 임차인의 보증금 회수의 확보 여부(보증금 권리분석)를 임대차계약 시 임차인에게 확인·설명하였음을 계약서의 특약 기재 또는 중개대상물 확인설명서 "⑩ 실제 권리관계 또는 공시되지 않은 물건의 권리사항" 란에 기재함이 요구됨.

○ **임대인이 자료 미제출 및 열람 동의를 거부 시:** 중개대상물 확인설명서 '⑩ 실제 권리관계 또는는 공시되지 않은 물건의 권리 사항'에 자료 미제출 및 열람 미동의 사실을 기재하고 임차인에게 설명.

→ 임대인이 자료 미제출 및 열람 동의 거부로 인하여 보증금의 일부 또는 전부를 회수하지 못할 수 있는 위험성을 설명하였음을 중개대상물 확인설명서에 반드시 기재하여야 하고, 임차인에게 임대차계약 체결 후 단독으로 자료를 열람 및 발급할 수 있는 권리가 있음을 설명하였다는 사실만으로는 개업공인중개사의 확인·설명 의무가 면책되지 않을 수 있음.

[* '임대인이 자료 미제출 및 열람 동의를 거부 시'의 경우에는 보증금 회수의 확보 여부(보증금 권리분석)를 임대차계약 시 임차인에게 확인·설명할 수 없으므로 향후 개업공인중개사의 손해배상 책임이 발생될 수 있는 개연성이 크므로 임대차계약을 기피함이 타당함.

☞ **참조 판례: 대전지방법원 2023.9.21. 선고 2023가단 220803판결**

※ 아래 중개대상물 확인설명서 Ⅱ.개업공인중개사 세부 확인사항 '⑨ 실제 권리관계 또는 공시되지 않은 물건의 권리사항' 란에 기재된 내용을 반드시 참조 바람. **이 정도 내용을 설명하고 중개대상물 확인설명서에 구체적으로 기재하여야 차후 분쟁(경매 등)이 생겼을 경우 개업공인중개사의 책임이 발생되지 않을 것으로 판단됨.**

→ (다가구주택) 중개대상물 확인설명과 관련하여 개업공인중개사가 승소한 판례로 시사점이 있어 판결 전체 내용을 그대로 게재함. 또한 본 판례는 2023.10.19. 시행된 공인중개사법 일부(제25조의3: 임대차 중개시의 설명의무) 개정 전의 판례임을 참고 바람.

대전지방법원 판결

사건	2023가단220803 손해배상(기)
원고	A
피고	1. B
	2. C
변론 종결	2023.9.14.
판결 선고	2023.9.21.

가. 주문

1. 원고의 피고들에 대한 청구를 모두 기각한다.
2. 소송비용은 원고가 부담한다.

나. 청구 취지

피고들은 공동하여 원고에게 160,000,000원 및 이에 대하여 소장 부본 송달 다음 날부터 다 갚는 날까지 연 12%의 비율에 의한 돈을 지급하라.

다. 이유

1. 청구원인

원고의 청구원인은 별지 기재와 같다.

2. 판단

피고 측의 과실에 따른 손해배상책임이 성립한다는 것을 뒷받침할 만한 원고의 증명이 없다. 판단의 여러 근거들을 아래에 설명한다.

가. 공인중개사의 주의 의무 - 임대인의 말을 믿은 데에 과실이 있는지 여부

피고 B의 직원(중개보조원)인 D가 이 사건 임대차계약을 중개하면서 임대인으로부터, 이 사건 건물에 거주하던 다른 임차인 가구 수와 임대차보증금 총액(미등기 총 2.9억 원 + 등기된 전세권 1.5억 원으로 합계 4.4억 원)을 구두로 고지받아 이를 그대로 원고에게 전달한 사실, 위 2.9억 원에 관하여 임대인이 계약 당일 '선순위 임차보증금 확인서'(갑3-1)를 작성하여 원고에게 교부한 사실, D가 선순위 근저당에 대하여 건물등기부를 기초로 원고에게 설명한 사실은 당사자 사이에 다툼이 없다.

그러니 원고는 건물등기부상 근저당권이 2건으로 채권최고액 합계 7.9억 원, 기존(선 순위일 가능성이 높은) 임대차보증금 총액이 4.4억 원, 즉 합계액이 무려 12.3억 원인 줄 알면서도 임대차계약을 맺은 것이다.

피고 측이 임대인으로부터 듣고 전달한 위 설명이 (거짓으로 밝혀졌는지 여부를 떠나서) 그 자체로 터무니없거나 또는 석연치 아니하여 이를 그대로 전달한 것 자체가 피고 측의 과실이라고 할 만한 경우인지를 보면, 이에 대하여 원고의 증명이 없다.

계약서 작성 당시에 임대인이 동석하고 있었으므로 임차인인 원고는 임대인에게 직접 따져 묻고 확인하였거나 또는 확인할 수 있었을 것으로 보인다.

임대인 E이 위 등기된 전세권을 말소등기해 주겠다고 약속하고 이를 임대차계약서 특약 제10항으로 명시적 기재를 하였는데 그러고도 그 후 이를 불이행하였다.

그런데 이러한 임대인의 행위에 관하여 피고 B이 유책사유가 있다고 볼 만한 사정에 대하여는 원고의 별다른 증명이 없다.

나. 공인중개사의 성실 의무 - 직접 조사의 범위와 한계

원고의 주장 중에는, 공인중개사가 임대인의 말만 믿고 이를 임차의뢰인인 원고에게 그냥 그대로 전달할 것이 아니라 임대인에게 다른 세입자의 임대차계약서나 이 사건 건물의 주민등록등본을 제시할 것을 요구하거나 인근 중개업자들에게 이 사건 건물의 임대차조건 등을 문의해 보는 조치를 취했어야 한다는 취지도 있어 보인다. 호실의 수량, 주변 건물의 시세 등으로써 추정되는 임대차보증금 총액을 스스로 분석하여 임차의뢰인의 보증금 회수 가능성을 가늠하고 이를 임차의뢰인에게 설명해 주어야 하는 의무가 있다는 취지의 주장으로 선해하여 볼 수 있다.

그러나 공인중개사가 다가구주택 건물의 호실 총수, 공실의 개수, 임대 중인 호실의 개수, 각 임대차보증금의 액수, 확정일자 부여 현황을 정확히 수시로 파악할 공권적 조사권한을 갖고 있지 않은 것이 현행 제도이다. 그 정확한 파악을 위해서는 그 건물 소유자 내지 임대인 및 임차인들의 구두 정보 제공에 의존하는 면이 크다. 그리고 인근 중개업자들과 정보 교환, 중개매물 현황에 대한 인터넷 검색(다방, 직방, 등의 부동산 중개 플랫폼, 네이버 부동산 등) 등을 최대한 활용하여 정확한 예측을 도모할 것이 상당한 정도로 권고된다.

위와 같은 현행 제도에서는 공인중개사가 임차보증금 회수 가능성에 대한 전문적 예상 정보를 제공치 않거나 분석적 예측을 정확히 하지 못했다고 하여 그로 인해 공인중개사의 과실로 인한 불법행위가 성립하고 임차보증금 회수불능 상당의 손해배상책임이 발생한다고 보는 것은, 과실이 없는데도 손해라는 결과에 대한 책임을 져야 한다고 법원이 명하는 불의(不義)한 결과에 이르게 될 수 있다. 오늘날 전국의 수많은 임차인들이 보증금 상실의 피해를 당한 안타깝고 엄중한 상황이다. 하지만, 그처럼 무과실책임을 법령상 근거 없이 함부로 창설하는 일은 마땅히 경계하여야 옳다.

임차인으로부터 임대차계약의 중개의뢰를 받은 중개업자는, 물론 감정평가인이 시가 나 차임을 감정하듯이 시세 조사를 하여 이를 설명할 의무까지 있다고 할 수는 없으나, 의뢰인이 요구하는 경우 중개업자가 업무를 통하여 이미 인지하고 있거나 통상 조사할 수 있는 방법을 통하여 확인할 수 있는 범위 내에서는 신의성실로써 목적물의 시세를 설명하여 줄 의무가 있고, 중개업자가 이에 그치지 않고 시세에 관한 그릇된 정보를 제대로 확인하지도 않은 채 마치 그것이 진실인 것처럼 의뢰인에게 그대로 전달하여 의뢰인이 그 정보를 믿고 상대방과 계약에 이르게 되었다면, 부동산중개업자의 그러한 행위는 선량한 관리자의 주의로 신의를 지켜 성실하게 중개행위를 하여야 할 중개업자의 의무에 위반된다 할 것이다. 하지만 이 사건은 다가구주택 건물의 '시세'뿐만 아니라 호실 총수, 공실의 개수, 임대 중인 호실의 개수, 각 임대차보증금의 액수, 확정일자 부여 현황 등을 종합적으로 모두 파악하여야 비로소 보증금 회수 가능성을 가늠할 수 있다는 데에 차이가 있다.

다. 자료제공 거부 시 공인중개사 역할의 규범적 범위

피고 B 내지 그 중개보조원 D는 임대인으로부터 임차인의 수, 임대차보증금 액수, 임대차계약의 시기와 종기 등에 관하여 서면 자료를 받아 확인하려고 시도하였고, 임대인으로부터 '선순위 임차보증금 확인서'(갑3-1)를 받았을 뿐 다른 더 구체적인 근거자료는 받지 못하였던 것으로 보인다. 이 부분 임대인의 거부 내지 비협조 사실을 원고에게 명시하여 설명하였고 이를 중개대상물 확인·설명서의 해당란에 기재하였다. 여기에 원고도 확인의 의미로 서명하였다.

⑨ 실제권리관계 또는 공시되지 않은 물건의 권리사항

임대인에게 자료 제출이나 상세내역을 요청하였으나, 선순위 임차보증금내역서 외 다른 자료는 임대인의 거부로 제공받지 못함. 임대인 ○○○과 임차인 ○○○가 계약당시 상호대면하여 실제 권리관계 또는 공시되지 않은 물건의 권리사항에 대해 질의응답하였고, 임차인은 충분히 이해한 상황에서 작성함. 계약일 현재 임차보증금 440,000,000원임을 임대인이 임차인에게 설명하고 주인이 자필로 작성한 선순위 임차 내역서를 첨부하여 본계약서와 확인설명서를 작성함.

계약 당시 중개사가 우선변제권 대상이 아니고 해당 호실은 근린생활시설을 주거용으로 개조하여 임대 사용하는 것을 설명하였고 선순위권리와 부채비율로 인한 위험성을 충분히 고지하였고 선순위 권리(근저당권, 임차권 등)로 인하여 경매 등이 실행될 경우 임차보증금의 전부 또는 일부를 반환받지 못할 수도 있음을 확인하며, 임차인은 제공된 모든 자료를 토대로 충분히 인지하고 임차인 본인의 의사 결정에 따라 본계약을 체결하고 계약서와 확인설명서를 작성함.

임대인 : 서명 또는 날인   임차인 : 서명 또는 날인

[을가1 중개대상물 확인·설명서의 해당 부분]

이처럼 피고 측은 임대인이 위 '선순위 임차보증금 확인서'(갑3-1)를 뒷받침할 만한 다른 '자료'는 제공하지 않았다는 등의 여러 사정을 구두 설명하고 위 확인서에도 명시해서 알려 줌으로써 원고 스스로 정확한 판단을 할 수 있도록 정보 제공을 해 주었다. 이는 공인중개사법 시행령 제21조 제2항을 준수하고 그 정해진 바대로 이행한 것에 해당한다. 비교적 그 기재가 자세한 편이니 충실한 이행이라고 볼 수 있다. 그렇다면, 원고는 임대인의 근거자료 제공 거부 사실을 알고 있었다고 볼 수 있다. 원고가 이를 알고도 이 사건 임대차계약을 체결한 것이니, 피고 측이 원고를 기망하거나 적극 유도했다는 등의 특별한 사정에 대하여 원고가 증명한 바 없는 한, 원고는 자신의 위험 부담, 즉 자기 책임으로 임대차계약을 체결했다고 보아야 한다.

라. 확정일자 부여현황을 발급받도록 조언하거나 발급 방법을 설명해 주지 않으면 손해배상 책임이 발생하는지 여부

원고의 주장을 선해하여 본다면, 피고 측이 '확정일자 부여현황'을 발급받도록 조언하거나 발급 방법을 설명했어야 함에도 피고 측이 그렇게 하지 않았다는 취지도 있다.

그러나 다음과 같은 이유로 원고의 주장을 받아들이지 아니한다. 주택임대차보호법 제3조의6 제4항, 제6항, 주택임대차보호법 시행령 제6조 제2항 및 해당 대법원규칙과 예규의 각 규정을 살펴보면, 임대차계약을 체결하려는 사람은 일정한 서류(임대인의 동의서)를 구비하여야 해당 주택

에 관한 임대차 정보제공 요청을 할 수 있는 것이다. 임대인의 협조가 없는 경우에는, 임대차계약을 체결하려는 사람은 위와 같은 방법으로 선순위 임대차계약에 관한 현황을 뜻대로 확인할 수 없다. 임대차계약의 체결(그 계약서의 작성) 전에는, 임대인이 협조를 거부할 경우, 임차의뢰인은 그러한 정보를 파악하기 위해 필수적인 '확정일자 부여현황'을 발급받을 방법이 제도상 없는 것이다. 임대차계약의 체결(그 계약서의 작성) 이후라야 임차인으로서, 즉 이해관계인으로서 발급받을 수 있다. 한편, 공인중개사는 자신이 신청하여 발급받을 방법이 아예 없다.

몇 해 전에 생긴 이러한 현행 제도에서, 임차인은 계약서를 작성한 직후에라도 스스로 위 현황을 확인하는 조치를 취할 것이 권고된다. 그리하여 임차보증금 반환이 곤란할 것으로 예상됨을 알아차리게 됐다거나 임대인의 설명에 거짓이 있음을 발견했다는 등의 사정이 있다면 적시에(중도금·잔금의 지급 전에) 임대차계약을 해제하거나 취소함으로써 손해의 발생이나 확대를 예방할 기회를 모색할 수 있을 것이다.

공인중개사는 임대인이 자료 제공이나 협조를 거부할 경우 임차의뢰인의 보증금의 회수가 어려워질 수 있음을 예상하여 이를 위해 적절한 조치를 할 의무, 즉 주택임대차보호법상의 정보제공 요청, 주민등록법령상의 전입세대열람신청과 같은 방법을 강구하도록 그 방법을 알려 주려고 설명하거나 그 방법을 취하라고 조언할 의무가 더 커지고, 공인중개사가 이러한 작위 의무를 위반하면 업무상 과실이 있다는 의견에도 일리 있는 면이 있기는 하다. 확정일자 부여현황이라는 서류의 존재, 그 중요성이나 의미에 대하여 무지하고 이를 발급받는 방법조차 모르는 국민이 다수인 마당에, 임차인이 임대차계약을 체결한 날부터는 그 중도금·잔금 납부 전이라도 확정일자 부여현황을 스스로 발급받아 보는 것이 가능해진다는 것을 공인중개사는 임차인에게 알려 줄 의무가 있다는 고려, 임대인이 거부하는 경우라면 더욱 그러하다는 고려이다.

하지만 확정일자 부여현황 발급에 관하여 공인중개사가 설명·조언을 하지 않았다는 것만으로는 임차인의 임대차보증금 상실의 손해에 대한 배상책임이 발생한다고 보아서는 아니 된다. 이를 위반할 시 그 자체로 손해배상책임이 발생하는 법적 의무라고까지 보는 것은 타당하지 아니하다. 권고되는 차원의 것이라고 보아야 옳다고 본다. 이 사건 임대차계약 중개 시점인 2022.8. 당시에 그러하였다는 판단으로서, 다음과 같은 점들을 고려한 판단이다.

확정일자 부여현황 발급에 관하여 공인중개사가 설명·조언하는 것이 '의무'라는 취지가 담긴 지침, 교육자료, 설명자료, 안내문, 의견서, 논문, 판결 등이 있는지를 이 사건 임대차계약 중개 시점과 그에 앞선 기간에 대하여 살펴보니 아무 것도 발견되지 아니한다. C가 운영하는 교육의 내용 중에도 공인중개사가 임차인에게 확정일자 부여현황 발급 방법을 설명하고 이를 발급받아 보도록 조언을 반드시 하여야 한다고 명시되어 있지 아니하다.

공인중개사가 임차인더러 확정일자 부여현황을 발급받아서 직접 확인해 보라고 성심껏 설명·조언하는 것은 바람직하다. 상당수의 공인중개사가 이러한 할 일을 지금도 저버리고 있으니 안타까운 현실이다. 임대인이 자료 제공을 거부하는 상황인데도 공인중개사가 임차인에게 확정일자 부여현황 발급을 해 보도록 설명·조언하지 않았다면 이는 도덕적으로 비난받을 만한 부적절한 행동이라고 해도 과언이 아니다. 그러나 그로 인해 공인중개사의 과실로 인한 불법행위가 성립하고 보증금 회수불능 상당의 손해배상책임이 발생한다고 보는 것은 부당하다.

마. 적극적 권유·유도 여부

원고의 주장 중에는, 공인중개사인 피고 B 또는 그 중개보조원 D가 원고에게 만연히 이 사건 임차목적물이 매우 안전한 매물인 것처럼 설명하여 적극적으로 임대차계약을 권유하고 유도했고 이로 인하여 임대차계약을 하게 되어 손해를 보았다는 취지도 있다 하겠다. 그러나 이를 인정할 만한 원고의 아무런 증명이 없다. 원고가 주장하려는 구체적인 경위 사실을 자세하게 적시하여 주장했다고 보기에 부족하고, 해당 증거를 제출한 바도 없다.

3. 결론

원고의 주장은 타당하지 아니하므로 이 사건 청구를 기각하기로 한다.

[법령 조문 참조]

1) 공인중개사법 시행령 제21조(중개대상물의 확인·설명) ② 개업공인중개사는 매도의뢰인·임대의뢰인 등이 법 제25조 제2항의 규정에 따른 중개대상물의 상태에 관한 자료요구에 불응한 경우에는 그 사실을 매수의뢰인·임차의뢰인 등에게 설명하고, 제3항의 규정에 따른 중개대상물확인·설명서에 기재하여야 한다.

2) 주택임대차보호법 제3조의6 ④ 임대차계약을 체결하려는 자는 임대인의 동의를 받아 확정일자부여기관에 제3항에 따른 정보제공을 요청할 수 있다. ⑥ 확정일자부에 기재하여야 할 사항, 주택의 임대차에 이해관계가 있는 자의 범위, 확정일자부여기관에 요청할 수 있는 정보의 범위 및 수수료, 그 밖에 확정일자부여사무와 정보제공 등에 필요한 사항은 대통령령 또는 대법원규칙으로 정한다.

3) 주택임대차보호법 시행령 제6조 ② 제5조 제2호부터 제4호까지 또는 제6호의 어느 하나에 해당하는 자이거나 임대차계약을 체결하려는 자는 법 제3조의6 제3항 또는 제4항에 따라 확정일자부여기관에 다음 각호의 사항의 열람 또는 그 내용을 기록한 서면의 교부를 요청할 수 있다.

4) 주택임대차계약증서의 확정일자 부여 및 정보제공에 관한 규칙 제11조(확정일자 정보제공의 요청방법) ① 임대차계약을 체결하려는 자로서 임대인의 동의를 받은 자 또는 이해관계인이 확정일자부여기관에 확정일자정보의 제공을 요청하는 때에는 대법원예규로 정하는 소명자료를 제출하여야 한다. ② 이해관계인 중 대법원예규로 정하는 자는 인터넷등기소를 이용하여 확정일자정보의 제공을 요청할 수 있다.

5) 주택임대차계약증서의 확정일자 부여 및 정보제공에 관한 업무처리지침 제13조(확정일자 정보제공의 요청방법 등) ① 임대차계약을 체결하려는 자로서 임대인의 동의를 받은 자 또는 이해관계인이 확정일자정보의 제공을 요청하는 때에는, 확정일자부여기관에 출석하여 신분증명서를 제시하고 별지 제2호 양식의 확정일자정보 제공요청서에 아래 각호의 소명자료를 첨부하여 제출하여야 한다. 1. 규칙 제10조 제4호의 이해관계인의 경우 채권양도증서 2. 「주택임대차보호법」 제6조의3 제1항 제8호 의 사유로 계약의 갱신이 거절된 임대차계약의 임차인이었던 자의 경우 임대차계약증서 등 임차인이었던 자임을 소명할 수 있는 서면(다만 전자확정일자부 또는 등기기록에 갱신 거절된 임대차계약에 관한 정보가 기록되어 있는 경우에는 소명자료를 첨부할 필요 없음.) 3. 임대차계약을 체결하려는 자로서 임대인의 동의를 받은 자의 경우 임대인의 동의서 및 인감증명서(또는 본인서명사실확인서)나 신분증명서 사본 4. 이해관계인으로부터 위임받은 대리인의 경우 위임장 및 인감증명서(또는 본인서명사실확인서)나 신분증명서 사본

청구 원인

1. 기초사실

가. 원고는 2022.8.26. 피고 B의 공인중개사무소인 'T'에서 실장이라는 직함을 가진 중개보조원 D의 중개로 임대인 E 사이에 대전 서구 U 지상 다가구 건물(이하 '이 사건 건물'이라 한다.)

중 501호를 임대차보증금 160,000,000원에 임차하는 계약(이하 '이 사건 임대차계약'이라 한다.)을 체결하고, 2022. 9. 30. 위 보증금을 모두 지급한 뒤 확정일자를 받았습니다.

나. 피고 B은 중개업자의 손해배상책임을 보장하기 위하여 설립된 공제사업인 피고 C (이하 '피고 협회'라 한다.)와 공제금 1억 원, 공제기간 2022. 1. 29.부터 2023. 1. 28.까지로 정하여 공제계약을 체결하였습니다.

다. 이 사건 임대차 계약 당시 이 사건 건물에는 2건의 선순위 근저당권(각 채권최고액 합계 7억 9,000만 원)과 1건의 선순위 전세권 설정 임대차 보증금 합계(금 150,000,000원)가 존재하였고, 11개의 다가구주택으로 이용되고 있어 다수의 임차인이 존재하였으며 2023. 1. 25. 자 임의경매개시가 되었습니다(대전지방법원 2023타경651).

라. 피고 B은 이 사건 임대차 계약서에 기재된 선순위 임차보증금 확인서를 교부하였으나 원고에게 "해당 건물은 선세 물건 3개, 월세 8개로 거래되어 있다."라는 거짓 정보를 전달하였습니다. 경매 개시된 것을 안 후 건물 전체 세입자분들에게 방문하여 조사해보니 건물 전체에 전 세대가 전세로 있었으며 확인된 세입자의 전세금만 해도 총 10억이 넘어서 깡통 건물이었습니다. 이 사건 건물에 대하여 권리관계에 관한 사항을 임대인에게 들은 바대로만 확인, 설명하는 데에만 그쳤습니다. 성실, 정확하게 실명해야 힐 의무가 있음에도 실제 확인된 서류를 첨부하지 않고 중개보조원이 기망하여 원고를 판단 착오에 빠트리게 한 것입니다.

마. 경매가 개시된 후에 피고 B의 T에 도움을 요청하였으나 기다리라는 말과 함께 경매가 넘어가도 12억 정도는 나오며 주인은 안전한 믿을 만한 사람이라는 말만 반복할 뿐이었습니다. 원고는 공인중개사들로서 부동산중개에 관한 상당한 법률지식과 경험을 갖춘 피고들을 믿고, 이 사건 임대차계약을 체결하게 되었으나, 중대한 권리상의 문제인 임대보증금보증현황 내역을 명확히 제공하지 않음으로 인하여 본인은 임차보증금을 회수하지 못하는 손해를 입게 되었습니다. 임대차계약 당시 원고가 위와 같은 사실을 알았다면 당연히 계약을 취소하였을 것입니다. 본인은 위와 같은 사실을 공인중개사에게 알렸으나 부동산은 현재까지 아무런 조치를 하지 않고 그저 책임을 회피하고 있습니다.

바. 원고는 2023. 2. 1. 대전지방법원에 위 경매 사건에 대한 권리신고 및 배당요구 신청서를 제출하였습니다.

2. 손해배상책임의 발생

이 사건 임대차계약 체결 당시 피고 B은 이 사건 건물에 대한 "해당 건물은 전세 3개, 월세 8개로 거래되어 있다."라는 거짓 정보를 주어 원고로 하여금 전세금 반환에 무리가 없을 것으로 추정하게끔 하였고 그래서 원고는 임대인과 임대차계약을 체결하였습니다.

대법원 2012. 1. 26. 선고 2011다63857 판례에 따르면 중개업자는 중개대상물의 권리 관계 등을 확인, 설명하는 데 그쳐서는 아니 되고, 임대의뢰인에게 다가구주택 내에 이미 거주해서 살고 있는 다른 임차인의 임대차계약내역 중 개인정보에 관한 부분을 제외하고 임대차보증금, 임대차의 시기와 종기 등에 관한 부분의 자료를 요구하여 확인한 다음 임차의뢰인에게 설명하고 자료를 제시해야 하는 의무가 있다고 나와 있습니다.

피고 B은 다가구 주택에 거주하던 다른 임차인의 임대차보증금 액수, 임대차 계약의 시기와 종기 등에 관한 사항을 확인하여 설명하지 않았고 근거자료를 제시하지도 않았습니다.

2023년 5월 10일 현재 임대인 E의 남편 명의 집도 경매가 개시된 상황이고(2022타경114164) 임대인 E은 변제할 능력이 없습니다. 원고는 부동산중개에 관한 상당한 법률지식과 경험을 갖춘 공인중개사인 피고를 믿고 이 사건 임대차계약을 체결하게 되었으나, 중대한 권리상의 문제인 임대보증금보증현황 내역을 명확히 제공하지 않음으로 인하여 본인은 임차보증금을 회수하지 못하는 손해를 입게 되었으므로 해당 금액의 손해배상을 청구합니다. 공인중개사들의 행위는 중개업자가 중개행위를 함에 있어서 '고의 또는 과실로 인하여 거래당사자에게 재산상의 손해를 발행하게 한 때'에 해당합니다.

피고 C와 피고 B은 100,000,000원을 한도로 한 공제 계약을 체결하였는바, 피고 B의 과실로 원고에게 손해를 발생시킨 경우 이에 대한 손해배상을 부담합니다. 끝.

※ 보증금이 1천만 원을 초과하는 경우,「국세징수법」제109조 제1항, 제2항 및 동법 시행령 제97조.「지방세징수법」제6조 제1항 제3항 및 동법 시행령 제8조에 따라 임대차계약을 체결하고 임대차 기간이 시작하는 날까지 임대인의 동의 없이 열람이 가능함을 임차인에게 설명. (* 보증금 1천만 원 이하의 경우 임대인 동의 받아 열람 가능함을 설명)

※ '[ ] 임차인 권리설명'에 반드시 체크를 하고, 위와 같이 임차인의 권리로서 확정일자 부여기관에 정보제공을 요청할 수 있다는 사항, 임대인이 납부하지 아니한 국세 및 지방세의 열람을 신청할 수 있다는 사항에 관하여 반드시 설명하여야 함. (* 공인중개사법 제25조의3 참조)

※ 주택임대차보호법 제3조의7(**임대인의 정보제시의무**: 2023. 4. 18. 시행) 임대차계약을 체결할 때 임대인은 다음 각 호의 사항을 임차인에게 제시하여야 한다.
  1. 제3조의6 제3항에 따른 해당 주택의 확정일자 부여일, 차임 및 보증금 등 정보. 다만, 임대인이 임대차계약을 체결하기 전에 제3조의6 제4항에 따라 동의함으로써 이를 갈음할 수 있다.
  2. 「국세징수법」제108조에 따른 납세증명서 및「지방세징수법」제5조 제2항에 따른 납세증명서. 다만, 임대인이 임대차계약을 체결하기 전에「국세징수법」제109조 제1항에 따른 미납국세와 체납액의 열람 및「지방세징수법」제6조 제1항에 따른 미납지방세의 열람에 각각 동의함으로써 이를 갈음할 수 있다.

※ 공인중개사법 제25조의3(**임대차 중개 시의 설명의무**: 2023. 10. 19. 시행) 개업공인중개사는 주택의 임대차계약을 체결하려는 중개의뢰인에게 다음 각 호의 사항을 설명하여야 한다.
  1. 「주택임대차보호법」제3조의6 제4항(④임대차계약을 체결하려는 자는 임대인의 동의를 받아 확정일자 부여기관에 제3항에 따른 정보제공을 요청할 수 있다)에 따라 확정일자 부여기관에 정보제공을 요청할 수 있다는 사항.
  2. 「국세징수법」제109조 제1항, 제2항 및「지방세징수법」제6조 제1항. 제3항에 따라 임대인이 납부하지 아니한 국세 및 지방세의 열람을 신청할 수 있다는 사항.
    → 별첨 양식 24번 '미납 국세 등 열람신청서'. 별첨 양식 25번 '미납 지방세 등 열람신청서' 참조

☞ 2023.4.1. 시행 임대인의 미납 국세 열람(신청) 개선 내용

→ 2023. 4. 3. 열람신청분부터 적용.

구분	현행	개선
신청 시기	임대차계약 전	- 임대차계약 전 또는 - 임대차계약일부터 임대차기간 시작일까지
신청 장소	건물소재지 관할 세무서	- 전국 모든 세무서
임대인의 동의	반드시 필요	- 임대차계약 전: 동의 필요 - 임대차계약 후: 동의 불필요 * 보증금 1천만 원 이하 계약은 동의 필요
임대인에게 통보	-	- 임대인 동의 없이 열람한 경우 세무서에서 임차인의 열람사실을 통보

* 국세징수법 제109조 참조

미납 국세 열람 신청 준비서류

구분	신청 준비 서류	비고
임대인 동의받아 신청	- 미납 국세 등 열람신청서 - 임대인 신분증 사본 및 신청인 신분증	* 신청서에 임대인의 서명(날인)란은 임대인 동의서로 대체 가능
임대인 동의 없이 신청	- 미납 국세 등 열람신청서 - 임대차계약서 및 신청인 신분증	* 신청서에 임대인의 서명(날인)란은 공란으로 작성

→ 미납국세 정보는 개인식별 정보, 신고미납부 국세, 체납 국세 등 임대인의 민감한 개인정보로서, 목적 외로 오남용되거나 유포되는 일 등을 방지하기 위해 신청인 본인의 현장 열람만 가능하며 교부, 복사, 촬영 등을 할 수 없음.

☞ 2023.4.1. 시행 임대인의 미납 지방세 열람(신청) 개선 내용

구분	현행	개선
열람 기간	임대차계약일 이전	- 임대차계약일 이전 또는 - 임대차계약일부터 임대차기간 개시일까지
신청 장소	주택·상가 소재 지자체	- 전국 지자체(시청 민원실 및 각 동 행정복지센터)
임대인의 동의	반드시 필요	- 임대차계약 전: 동의 필요 - 임대차계약 후: 동의 불필요 * 보증금 1천만 원 이하 계약은 동의 필요
임대인에게 통보	-	임대인 동의 없이 열람한 경우 지자체에서 임차인의 열람 사실을 통보

* 지방세징수법 제6조 참조

◆ 전입세대확인서 → 소재지에 전입되어 있는 세대주와 세대원(동거인)의 성명과 전입일자 등을 확인할 수 있음.

- 임대인이 제출한 전입세대 확인서류가 있는 경우에는 확인에 √로 표시를 한 후 설명하고, 없는 경우에는 미확인에 √로 표시한 후 「주민등록법」 제29조의2에 따른 전입세대확인서의 열람·교부 방법에 대해 설명하여야 함.(* 임대인이 거주하는 경우이거나 확정일자 부여현황을 통해 선순위의 모든 세대가 확인되는 경우에는 '해당없음'에 √로 표시)

※ 공실인 경우에도 임대인에게 전입세대확인서를 징구 또는 임차인에게 열람·발급 권장

※ 전입세대확인서 자료제출은 「주택임대차보호법」상 임대인 의무사항이 아니며, 임대인이 해당 서류를 제출하지 않은 경우 미확인에 체크하고 임차인에게 열람·교부 신청방법을 설명.
   → 전입세대확인서 열람 · 교부 신청은 임대차계약 체결한 후에만 가능.
      →「주민등록법」 제29조의2 제2항(전입세대확인서 열람·교부 신청권자)에 따라 임차인 본인은 시·군·구 및 읍·면·동 출장소에 방문하여 열람·교부받을 수 있음을 설명.

* 전입세대확인서(* 외국인체류확인서: 출입국관리법 제88조의3 참조) 열람 및 교부신청시 제출 서류 : 신분증명시, 임대차계약서 등 임차인임을 확인할 수 있는 자료.
   → 별첨 양식 28번 '전입세대확인서 열람 또는 교부신청서', 별첨 양식 29번 '외국인 체류확인서 열람 또는 교부 신청서' 참조

☞ 임대차계약과 관련한 근거 자료(정보제공) 제출(요청) 및 설명 의무(요약)

구분	확정일자 부여현황서	전입세대 확인서	국세·지방세 납세증명서	비고
임대차계약 시 임대인 제출 의무	O	X But, 반드시 임대인에게 제출 요청 要	O	
임대차계약 임차인에게 (정보제공 요청 권리보유) 설명할 의무	O	X But, 반드시 임차인에게 열람 권유 要 ※ 미확인 시: 열람·교부 신청방법 설명	O 미납 사실 열람 신청 (체납+미납)	

임대차계약서 작성 前	임대인 동의 X	X	X	X	
	임대인 동의 O	O (동의서要)	O	O 미납 사실 열람 신청 (체납+미납)	
임대차계약서 작성 後	임대인 동의 X	O	O	X 미납 사실 열람 신청 O (체납 + 미납) *보증금 1천만 원 이하 동의 필요	
인터넷 발급 (임대인·임차인)		O	x	O *단, 미납 사실 열람은 세무서 방문만 가능	
비고		* 지번 주소, 도로명 주소 각각 별도 발급 및 확인. * 전입세대확인서 및 외국인 체류확인서 발급 요청 要.		* 임대차계약 후 임차인이 미납사실 열람 시 임대인에게 통보	

* 임대인 동의 방법: 각 신청서에 임대인 서명 또는 날인 + 신분증 사본 첨부

【임대차계약 시 특약(추가) 예시문】

O 임대차계약 전 임차인이 임대인의 동의를 받아 확정일자 부여현황과 국세·지방세 정보를 확인한 결과 선순위 임차인의 보증금이 과다하거나 국세·지방세 미납 사실이 존재하는 경우 임대인은 위약 처리 없이 가계약금을 임차인에게 즉시 반환하기로 한다.(* 가계약금 입금 문자 발송 시 사용.)

O 본 임대차계약 체결 시 또는 임대차계약 체결 이후 임대인이 사전에 고지하지 않은 선순위 임대차 정보나 미납한 국세 및 지방세가 있다는 사실이 확인되는 경우 임차인은 위약금 없이 임대차계약을 해제할 수 있다.

O 임차인은 임대차계약 체결이후부터는 임대인의 동의 없이 확정일자 부여현황과 국세·지방세 등의 정보(미납 사실 등)를 확인할 권리가 있음을 임대차계약 시 개업공인중개사로부터 설명·고지 받았음을 확인한다. (* 특히 임대차계약 시 임대인이 자료 미제출한 경우 반드시 기재.)

〈보증금이 1천만 원 초과하는 경우〉

O 임차인은 임대차계약 체결 이후~잔금 시까지 임대인의 동의 없이 국세·지방세 미납 사실을 확인할 수 있음을 임대차계약 시 개업공인중개사로부터 설명·고지 받았음을 확인한다.

〈보증금이 1천만 원 이하인 경우〉

○ 임차인은 임대차계약 체결 이후~잔금 시까지 <u>임대인의 동의를 받아</u> 국세·지방세 미납 사실을 확인할 수 있음을 임대차계약 시 개업공인중개사로부터 설명·고지받았음을 확인한다.

☞ 계약체결 전 다가구주택 등의 "선순위 임차인 현황" 확인 방법

㉮ 임대인에게 전입세대열람 및 임대차 정보제공(확정일자 부여현황) 요청.

㉯ 임대차계약 체결 전 임대인의 동의를 받아 임대차 계약을 체결하려는 자가 임대차 정보제공 요청.

(* 별첨 14번 양식: 임대차 정보제공 요청서 제출)

※ 전입세대열람(확인)은 임대차계약 후 임대인 동의 없이 임차인 단독으로 신청.

㉰ 임대인에게 위임(대리)받아 개업공인중개사가 전입세대 열람신청 및 임대차정보제공(확정일자 부여현황) 요청.

※ 다가구주택 등 임대차계약서 작성 시 "선순위 임차인 현황" 확인과 관련한 유의 사항

구분	주요 내용	비고
임대인이 자료제출을 한 경우	○ 계약 체결전 임대인에게 선순위 임차인들의 보증금 내역, 임대차기간(시기와 종기)등에 관한 설명을 구하고, 설명에 관한 확정일자 부여현황서, 전입세대확인서(*외국인체류확인서), 임대차계약서 등 자료를 요청하여 임차인에게 자료 제시 및 확인·설명하고 중개대상물 확인설명서에 기재 → 임대인의 설명과 확정일자 부여현황서와 전입세대확인서(*외국인체류확인서), 임대차계약서 등을 대조,비교하여 차이가 나거나 의심스러운 부분(*특히 확정일자 부여현황서에 나타나지 않는 임차인들의 임대차계약 내용 확인 등)을 임차인에게 설명하고 이를 중개대상물 확인설명서(*실제 권리관계 또는 공시되지 않은 기타 물건의 권리사항)에 기재	
임대인이 자료제출을 거부한 경우	〈임대인이 임차인에게 자료 열람 동의도 거부한 경우〉 → 이 경우는 임대차계약 자체를 기피함이 바람직함	
	〈임대인이 일부 자료 제출 거부 또는 임차인에게 일부 자료 등에 대한 열람 동의를 거부한 경우〉 ○ 임대인이 자료{확정일자 부여현황서, 전입세대확인서(*외국인체류확인서), 임대차계약서 등}요구에 일부 거부,불응한 경우 또는 임차인에게 일부 자료 등에 대한 열람 동의를 거부한 경우 그 내용을 중개대상물 확인설명서에 반드시 기재 → "<u>일부 자료</u>(*자료名 기재, 예: 전입세대확인서 등) 제출 거부 및 불응했음. 또는 <u>일부 자료</u>(*자료名 기재, 예: 전입세대확인서 등)를 임차인에게 열람 동의 거부했음."의 사실 기재만으로 공인중개사의 책임이 면제되는 것은 아니므로 "해당건물에 경매가 진행될 경우 임차인은 임대차보증금을 반환받기 어려운 위험성이 있다"는 사실을 구체적으로 설명하고, 임차인은 그 설명을 듣고 임대차계약을 체결한다는 취지의 문구를 기재	

	〈임대인이 임차인에게 자료 열람 동의한 경우〉 → 임대인이 자료 제출에 거부하는 경우, 임대인의 동의를 받아 임차인 스스로도 주택임대차보호법 제3조의6 및 동법 시행령 제6조 제2항에 따라 확정일자 부여현황 등 정보 제공 요청, 주민등록법상의 전입세대확인서(외국인체류확인서) 열람신청과 같은 방법을 통해 선순위 임차인 현황을 확인하도록 개업공인중개사로부터 설명들었음과 동시에 임차인이 사전 열람한 자료를 근거로 보증금 회수 확보 여부(권리분석)를 충분히 설명듣고 계약함을 기재 → 각 호실별로 장래 우선순위 소액임차인의 발생 가능성까지 충분히 설명(*특히 공실인 경우에도 설명하여야 함에 주의)

* 참조 판례: 대구지방법원 2013.6.14. 선고 2013가단 5241판결

- 다가구주택 선순위 임대차내역에 공실에 대한 소액 임차인 보증금 합산해 설명하고, '실제 권리관계 또는 공시되지 않은 물건의 권리사항'란에 이를 기재할 것.

→ "공실의 개수만큼 소액임차인이 발생할 여지가 있음"이라고 추가 기재할 것.

☞ **주택임대차계약 시 임대차보증금 권리분석에 외국인의 보증금 현황도 반영하여 임차인에게 확인설명할 필요가 있는지 여부(* 한국공인중개사협회 '2025 부동산 법률상담 사례 및 판례' 제작에 기고한 글)**

질의) 임대차계약 시 임대인의 정보제시 의무에 따라 확정일자 부여현황(서), 전입세대확인서, 국세/지방세 완납증명 등만 요구하여 이를 임차인에게 확인설명하면 되는지?

- 주택임대차계약 시 임대인에게 확정일자 부여현황, 전입세대확인서, 국세/지방세 완납증명만 제출받아 임대차계약함은 중개 실무상 오류가 크므로 보완 및 주의 요청됨.

특히 다가구주택임대차계약 시 다가구주택에 살고 있는 외국인 및 외국국적동포 등에 대한 보증금 등의 임대차계약 내용이 확정일자 부여현황 및 전입세대확인서에 나타나지 않으므로 최종 임차인의 보증금 권리분석 시 임대인에게 해당 주택에 대한 외국인체류확인서의 자료도 제출 요구하여 해당 주택에 대한 외국인의 임대차 현황도 확인·설명 후 임대차계약을 진행하여야 할 필요성이 있음.

외국인 및 외국국적동포도 거소(이전)신고, 체류지(변경)신고 후 확정일자를 득할 경우 대항력과 우선변제권을 행사할 수 있으며, 경매 시 보증금보호 대상이 되므로 선임대차 보증금 내역에 외국인에 대한 보증금 현황도 반드시 포함하여 권리분석 하여야 함에도 불구하고 금번 2024.7.10. 개정, 시행된 주거용 건축물 확인설명서에 외국인에 대한 보증금 현황 자료 제출 항목이 누락되어 중개사고 발생 우려됨.

2023.6.14.부터 시행된 외국인체류확인서를 통해 임대차계약 물건지에 외국인 임차인

의 전입여부를 확인할 수 있으며, 경매(입찰) 참여시 주민센터 또는 출입국관리사무소를 통해 외국인체류확인서도 발급할 필요성이 있음과 아울러 임대차계약 시 임대인에게 반드시 제출 요구하여 중개사고 발생에 대비하여야 할 것으로 판단됨.

※ 주택(주거용 오피스텔 포함) 임대차계약 시 임대인에게 제출 요청하여야 할 서류: 확정일자 부여현황(서), 전입세대확인서, 외국인체류확인서, 국세/지방세 납세증명서
→ 외국인체류확인서 열람 또는 교부신청서(출입국관리법 시행규칙 별지 제139호의3 서식: 별첨 양식 29번 참조)

※ 출입국관리법 제88조의2 제②항: 이 법에 따른 외국인등록과 체류지 변경신고는 주민등록과 전입신고를 갈음한다.

※ 재외동포의 출입국과 법적 지위에 관한 법률(약칭: 재외동포법) 제10조 제4항: 대한민국 안의 거소를 신고하거나 그 이전신고를 한 외국국적동포에 대하여는 「출입국관리법」 제31조에 따른 외국인등록과 같은 법 제36조에 따른 체류지변경신고를 한 것으로 본다.

◆ 최우선변제금
 - 최우선변제금은 「주택임대차보호법 시행령」 제10조(보증금 등 일정액의 범위 등) 및 제11조(우선변제를 받을 임차인의 범위)를 확인하여 각각 적되, 근저당권 등 선순위 담보물권이 설정되어 있는 경우 선순위 담보물권 설정당시의 소액임차인 범위 및 최우선변제금액을 기준으로 적어야 함.

※ 복수의 저당권이 있는 경우 먼저 설정된 저당권을 기준으로 기재

연혁별 소액임차인 및 우선변제금의 범위

※ 소액임차인의 범위와 우선변제를 받을 금액의 범위는 해당 담보물권 설정 당시의 기준에 따라 정해지니, 해당 중개 대상물에 담보물권이 설정되어 있는 경우 아래 표를 참고하여 설정 당시의 금액을 중개대상물 확인·설명서에 기재

시행일		지역구분	우선변제를 받을 임차인의 범위(제11조)	보증금 중 우선변제를 받을 일정액의 범위*(제10조)
'90.2.19 ~'95.10.18	1호	서울특별시, 직할시	2,000만 원 이하	700만 원 이하
	2호	기타 지역	1,500만 원 이하	500만 원 이하
'95.10.19 ~'01.9.14	1호	특별시 및 광역시(군 제외)	3,000만 원 이하	1,200만 원 이하
	2호	기타 지역	2,000만 원 이하	800만 원 이하
'01.9.15 ~'08.8.20	1호	서울특별시, 과밀억제권역	4,000만 원 이하	1,600만 원 이하
	2호	광역시(인천시, 군 제외)	3,500만 원 이하	1,400만 원 이하
	3호	그 밖의 지역	3,000만 원 이하	1,200만 원 이하
'08.8.21 ~'10.7.25	1호	서울특별시, 과밀억제권역	6,000만 원 이하	2,000만 원 이하
	2호	광역시(인천시, 군 제외)	5,000만 원 이하	1,700만 원 이하
	3호	그 밖의 지역	4,000만 원 이하	1,400만 원 이하
'10.7.26 ~'13.12.31	1호	서울특별시	7,500만 원 이하	2,500만 원 이하
	2호	과밀억제권역	6,500만 원 이하	2,200만 원 이하
	3호	광역시, 안산·용인·김포·광주	5,500만 원 이하	1,900만 원 이하
	4호	그 밖의 지역	4,000만 원 이하	1,400만 원 이하
'14.1.1 ~'16.3.30	1호	서울특별시	9,500만 원 이하	3,200만 원 이하
	2호	과밀억제권역	8,000만 원 이하	2,700만 원 이하
	3호	광역시, 안산·용인·김포·광주	6,000만 원 이하	2,000만 원 이하
	4호	그 밖의 지역	4,500만 원 이하	1,500만 원 이하
'16.3.31 ~'18.9.17	1호	서울특별시	1억 원 이하	3,400만 원 이하
	2호	과밀억제권역	8,000만 원 이하	2,700만 원 이하
	3호	광역시, 세종·안산·용인·김포·광주	6,000만 원 이하	2,000만 원 이하
	4호	그 밖의 지역	5000만 원 이하	1,700만 원 이하
'18.9.18 ~'21.5.10	1호	서울특별시	1억 1,000만 원 이하	3,700만 원 이하
	2호	과밀억제권역, 세종·용인·화성	1억 원 이하	3,400만 원 이하
	3호	광역시, 안산·광주·파주·김포	6,000만 원 이하	2,000만 원 이하
	4호	그 밖의 지역	5,000만 원 이하	1,700만 원 이하
'21.5.11 ~'23.2.20	1호	서울특별시	1억 5,000만 원 이하	5,000만 원 이하
	2호	과밀억제권역, 세종·용인·화성·김포	1억 3,000만 원 이하	4,300만 원 이하
	3호	광역시, 안산·광주·파주·이천·평택	7,000만 원 이하	2,300만 원 이하
	4호	그 밖의 지역	6,000만 원 이하	2,000만 원 이하
'23.2.21 ~	1호	서울특별시	1억 6,500만 원 이하	5,500만 원 이하
	2호	과밀억제권역, 세종·용인·화성·김포	1억 4,500만 원 이하	4,800만 원 이하
	3호	광역시, 안산·광주·파주·이천·평택	8,500만 원 이하	2,800만 원 이하
	4호	그 밖의 지역	7,500만 원 이하	2,500만 원 이하

* 주택가액(대지의 가액 포함)의 1/2에 해당하는 금액까지만 우선변제 받음.(주택임대차보호법 제8조)

◆ 민간임대 등록 여부 → 임대차계약 시 임대인에게 **주택임대사업자** **등록증** 제시 요청 및 확인 후 기재.

  - '민간임대주택에 관한 특별법'에 따라 등록된 민간임대주택인지 여부를 같은 법 제60조에 따른 임대주택정보체계에 접속하여 확인하거나 임대인에게 확인하여 [ ]안에 √로 표시하고, 민간임대주택인 경우 같은 법에 따른 권리·의무 사항을 임대인 및 임차인에게 설명해야 함.
  - 임대의무기간: 주택임대사업자 등록증에 나타나는 임대의무기간 기재.
  - 임대개시일: 주택임대사업자 등록증에 나타나는 임대개시일 기재.
  (*주택임대사업자 등록 이후 임대가 개시되는 주택은 임대차계약서 상의 실제 임대개시일 기재.)

※ 임대차계약 시 기재하여야 할 항목임. (매매계약 시 기재 생략)
  → 국토교통부 유권해석(2024.9.6. 한국공인중개사협회 공지사항 참조)

◆ 임대보증금 보증설명
  - 임대차계약인 경우 체크(* 매매계약의 경우 기재 생략.)
  - 주택임대사업자는 임대사업자 등록이 말소되는 날(임대사업자 등록이 말소되는 날에 임대 중인 경우에는 임대차계약이 종료되는 날.)까지 임대보증금에 대한 보증에 가입하여야 함. (* 민간임대주택에 관한 특별법 제49조 참조.)
  - 주택임대사업자인 경우 표준임대차계약서 작성·교부 시 **보증보험** (의무)가입, 일부 가입, 미가입 등 여부 체크.
  → '임대보증금 일부보증 또는 미가입에 대한 임차인 동의서'(* 별첨 양식 6, 7번 참조) 작성.

☞ 표준임대차 계약서

주택 소재지					
주택 유형	아파트[ ] 연립주택[ ] 다세대주택[ ] 다가구주택[ ] 그 밖의 주택[ ]				
민간임대주택 면적 (㎡)	주거전용면적	공용면적			합계
		주거공용면적	그 밖의 공용면적 (지하주차장 면적을 포함한다)		
민간임대주택의 종류	공공지원[ ] (□10년, □8년) 장기일반[ ] (□10년, □8년) 그 밖의 유형 [ ]	건설[ ] 매입[ ]	임대의무 기간 개시일	년 월 일	
100세대 이상 민간임대 주택단지 해당 여부	예 [ ] 아니오 [ ] * 임대료 증액 시「민간임대주택에 관한 특별법 시행령」제34조의2제1호에 따른 기준 적용				
민간임대주택에 딸린 부대시설 · 복리시설의 종류					
선순위 담보권 등 권 리관계 설정 여부	없음[ ]	있음[ ] -선순위 담보권 등 권리관계의 종류: -설정금액: -설정일자:			
국세 · 지방세 체납사실	없음[ ]	있음[ ]			

임대보증금
보증 가입 여부
	가입 [ ] 일부가입 [ ]
	
	- 보증대상 금액:
		미가입[ ]
		- 사유 : □ 가입대상 금액이 0원 이하
		         (법 제49조제3항)
		       □ 임대보증금이 우선변제금 이하
		         (법 제49조제7항제1호)
		       □ 공공주택사업자와 임대차계약 체결
		         (법 제49조제7항제2호)
		       □ 임차인이 전세보증금반환보증에 가입
		         (법 제49조제7항제3호)
		       □ 보증회사의 가입 거절			

* 주택 면적 산정방법은 「주택법 시행규칙」 제2조, 「주택공급에 관한 규칙」 제21조제5항에 따른다.
* 민간임대주택의 종류 중 그 밖의 유형에는 단기민간임대주택(3·4·5년), 준공공임대주택(8·10년), 기업형
  임대주택 중 하나를 적는다.
* 선순위 담보권 등 권리관계는 제한물권, 압류·가압류·가처분 등에 관한 사항을 말한다.
* 임대보증금 보증가입대상 금액은 「민간임대주택에 관한 특별법」 제49조에 따른다.
* 보증가입대상의 미가입 사유에는 선순위 담보권 설정금액과 임대보증금을 합한 금액이 주택가격의 100분
  의 60보다 적은 경우(「민간임대주택에 관한 특별법」 제49조제3항), 가입 면제 대상(「민간임대주택에 관한
  특별법」 제49조제7항) 및 가입 거절 등의 사유를 적는다.

※ 주거용 중개대상물 확인설명서 작성방법 〈세부항목〉

→ 양식 뒷면에 기재된 작성방법 참조

※ 민간임대주택은 「민간임대주택에 관한 특별법」 제5조에 따른 임대사업자가 등록한 주택으로서, 임대인과 임차인

간 임대차계약(재계약 포함) 시에는 다음의 사항이 적용됩니다.

- 「민간임대주택에 관한 특별법」 제44조에 따라 임대의무기간 중 임대료 증액청구는 5퍼센트의 범위에서 주거비 물가지수, 인근 지역의 임대료 변동률 등을 고려하여 같은 법 시행령으로 정하는 증액비율을 초과하여 청구할 수 없으며, 임대차계약 또는 임대료 증액이 있은 후 1년 이내에는 그 임대료를 증액할 수 없습니다.
- 「민간임대주택에 관한 특별법」 제45조에 따라 임대사업자는 임차인이 의무를 위반하거나 임대차를 계속하기 어려운 경우 등에 해당하지 않으면 임대의무기간 동안 임차인과의 계약을 해제·해지하거나 재계약을 거절할 수 없습니다.

◈ 계약갱신요구권 행사 여부(*매매계약 시 기재)

  A. 주거용

    - 주택에 주택임대차보호법 적용받는 임차인이 있는 경우 매도인으로 부터 계약갱신요구권 행사 여부 확인서(* 별첨 양식 4번 참조) + 임대차계약서 사본 제출 받을 것.

  B. 비주거용

    - 대상 부동산에 주택임대차보호법 및 상가건물임대차보호법의 적용을 받는 임차인이 있는 경우에는 계약갱신요구권 행사 여부 확인서 + 임대차계약서 사본 제출받을 것.

    → A, B.의 경우 모두 매도인으로부터 "계약갱신요구권 행사 여부 확인서"를 받은 경우 [ ] 확인에 체크하고, 받지 못한 경우 [ ] 미확인에 체크.

    이 경우 개업공인중개사는 '주택임대차보호법'에 따른 임대인과 임차인의 권리·의무 사항을 매수인에게 설명해야 함.

  C. 주의사항

  - 계약갱신요구권 행사 여부 확인서는 법정 서식이 아닌 협회(임의) 서식임.
  - 임차인이 다수인 다가구주택 또는 상가주택은 매도인이 각 호실별·임차인별로 조사·확인하여 임차인 수만큼 제출하여야 함이 타당.
  - 임대차계약인 경우, 매도인이 현재 거주하고 있는 경우, 임차인이 없는 경우(공실), 계약갱신요구권 행사 기간이 도래하지 않은 경우에는 모두 "[ ] 해당없음"에 체크.

◈ 개업공인중개사가 "④ 임대차 확인사항"을 임대인 및 임차인에게 설명하였음을 확인함.
  - 임대차의 경우만 서명 또는 날인. (* 매매의 경우 생략.)
    → 매매의 경우 공란으로 두어도 무방.

	도로와의 관계	(m × m)도로에 접함 [ ] 포장 [ ] 비포장		접근성	[ ] 용이함 [ ] 불편함	
⑤ 입지조건	대중교통	버스	( ) 정류장, 소요시간: ([ ] 도보 [ ] 차량) 약			분
		지하철	( ) 역, 소요시간: ([ ] 도보 [ ] 차량) 약			분
	주차장	[ ] 없음 [ ] 전용주차시설 [ ] 공동주차시설 [ ] 그 밖의 주차시설 ( )				
	교육시설	초등학교	( ) 학교, 소요시간:([ ] 도보 [ ] 차량) 약			분
		중학교	( ) 학교, 소요시간:([ ] 도보 [ ] 차량) 약			분
		고등학교	( ) 학교, 소요시간:([ ] 도보 [ ] 차량) 약			분

◆ ⑤ 입지조건

◆ 도로와의 관계

- 도로는 ○○m × ○○m 도로를 이용하는지 기재하고, 포장도로인지 비포장도로인지 체크함. 여기서 도로는 중개대상물과 접한 도로의 폭을 지칭함.
- 도로가 1개인 경우 ○○m 하나면 적어주면 되고 2개의 도로가 접해 있는 경우 ○○m × ○○m 로 기재하면 됨.

◆ 접근성

- 중개대상물에 접근하는데 용이한지 불편한지 조사하여 체크.

◆ 대중교통

○ 버스: ○○정류장 소요시간 도보, 차량 ○○분을 기재함.
○ 지하철: ○○지하철역 소요시간 도보, 차량 ○○분을 기재함.

◆ 주차장

- 주차장이 없는지, 있다면 전용주차시설인지 공동주차시설인지 아니면 그 밖의 주차시설인지 기재.
- 그 밖의 주차시설: 시·구립 공용주차장, 인근 주민 우선주차제 이용, 유료주차장 등으로 표시.

◈ 교육시설

- 초·중·고등학교: 통학거리가 가장 가까운 학교명을 기재하고, 도보인지, 차량 이용 인지
  여부를 체크한 후 소요시간 ○○분을 기재.
- "학구도안내서비스" 사이트(교육부 운영) 활용

⑥ 관리에 관한 사항	경비실	[ ] 있음 [ ] 없음	관리주체	[ ] 위탁관리 [ ] 자체관리] 그 밖의 유형
	관리비	관리비 금액: 총 원		
		관리비 포함 비목: [ ] 전기료 [ ] 수도료 [ ] 가스사용료 [ ] 난방비 [ ] 인터넷 사용 [ ] TV 수신료 [ ] 그 밖의 비목( )		
		관리비 부과방식: [ ] 임대인이 직접 부과 [ ] 관리규약에 따라 부과 [ ] 그 밖의 부과 방식( )		

◆ ⑥ 관리에 관한 사항

◈ 경비실

- 중개대상물을 관리하는 경비실이 있는지 없는지 조사하여 체크함.

◈ 관리주체

- 중개대상물을 관리하는 관리주체가 위탁관리, 자체관리, 그 밖의 관리주체가 있는지 조사
  하여 체크함.
- 위탁관리: 전문업자(체)에 맡겨 관리하는 방식.

◈ 관리비(* 한국공인중개사협회 2024.7.12. 공지사항 인용)

- 관리비는 직전 1년간 월평균 관리비 등을 기초로 산출한 총 금액을 적되, 관리비에 포함되
  는 비목들에 대해서는 해당하는 곳에 √로 표시하며, 그 밖의 비목에 대해서는 √로 표시
  한 후 비목 내역을 적음.
- 관리비 부과방식은 해당하는 곳에 √로 표시하고, 그 밖의 부과방식을 선택한 경우에는 그
  부과방식에 대해서 작성해야 함. 이 경우 세대별 사용량을 계량하여 부과하는 전기료, 수도
  료 등 비목은 실제 사용량에 따라 금액이 달라질 수 있고, 이에 따라 총 관리비가 변동될 수
  있음을 설명해야 함.

○ 임대인이 관리비 영수증 등 증빙자료를 제출하는 경우 이를 통해 확인한 월평균 관리비를 산출하여 기재.

- 개업공인중개사는 지난 1년간의 자료를 요청할 필요가 있으며, 임대인이 자료를 제출하지 않거나 신축 등 1년간의 기간 산출이 어려운 경우, 제출한 증빙자료에 한하여 월평균 관리비를 산출하여 기재.

- 완전 신축아파트로 관리비 금액의 확인이 불가능한 경우, 금액은 총 0원으로 표시하되, 비목은 관리사무소를 통해 확인하여 체크하고, 부과방식은 관리규약에 의한 부과임을 체크.

○ 임대인이 증빙자료를 제출하지 않는 경우

- K-apt 공동주택관리정보시스템에서 확인되는 경우: K-apt가 제공하는 단지 월평균 관리비를 기재.

- K-apt 공동주택관리정보시스템에서 확인이 안 되는 경우: 임대인의 정보 제공에 따른 월평균 관리비 기재.

- 임대인이 직접 부과하는 방식인 경우: 임대인의 정보제공에 따른 월평균 관리비를 기재.

※ 매매의 경우 관리비는 확인설명서에 기재하지 않아도 됨.

---

⑦ 비선호시설(1km이내)	[ ] 없음 [ ] 있음 (종류 및 위치:)

◆ ⑦ 비선호시설(1km 이내)

- 비선호시설: 현재 비선호시설에 대한 객관적인 기준은 마련되어 있지 않으나 사회통념상 혐오 또는 기피하는 시설을 의미함. (* 대법원 2002두 3263판결, 의정부지법 고양지원 2003가합 2277판결)

  - 비선호시설이 중개대상물의 반경 1km 이내에 있는지 없는지 조사하여 체크하고, 비선호시설이 있는 경우 종류 및 위치를 구체적으로 기재함.

  - 판례상 "장례식장"은 혐오 또는 기피시설로 보지 않고(대전고법 2013.7.4. 선고 2013누 466판결), 특고압송전탑은 비선호시설로 인정함. (의정부지법 고양지원 2003가합 2277판결)

- 비선호시설 해당 여부는 해당 지자체에서 인근 시설물 현황을 고려하여 사회통념적으로 판단할 사안임. (국토교통부 2018.5.4. 1AA-1805-039552)

→ 비선호시설 해당 여부가 애매할 경우 해당 지자체로 문의하여 비선호시설 해당 여부 판단을 거쳐야 할 것임.

※ 중개실무상 문제점 및 대책

- 비선호시설 해당 여부에 대한 객관적인 기준이 없는 관계로 그 범위를 특정하기 어렵고 경우에 따라 고객의 자의적 판단에 의하여 민원발생 및 중개사고 우려가 있으므로 사회 통념상 혐오, 기피시설(* 아래 비선호시설의 종류 예시문 참조) 해당된다고 판단이 되면 중개대상물 반경 1km 이내의 비선호시설의 위치와 종류를 중개대상물 확인설명서에 기재하면서 중개의뢰인에게 반드시 고지, 설명하여야 할 것임.

※ 중개 시 참조하면 좋을 사회통념상 비선호시설의 종류(예시)

- 화장장, 납골당, 공동묘지, 쓰레기처리장, 쓰레기소각장, 분뇨처리장, 하수종말처리장, 음식자원화시설, 격리(정신)병원, 사창가, 재활용집하시설, 고물상, 군부대(군훈련시설, 군사시설), 교도소, 구치소, 가스저장소, 주유소, 아동복지시설, 장애인시설, 노숙자시설, 치매요양병원, 고압변전소, 원자력발전소, 핵폐기물처리장, 화력발전소, 유류저장소, 면허시험장, 버스차고지, 철도차량기지, 고속국도, 양계장, 축사, 도축장, (무인)모텔 등 → 일부 다툼이 있을 수 있음.

☞ 개업공인중개사가 주거용 건축물인 중개대상물을 중개하는 경우 중개의뢰인에게 확인·설명해야 하는 사항에 '비선호시설' 포함되는지?

- 개업공인중개사가 주거용 건축물을 중개할 때 확인·설명해야 하는 사항에는 공인중개사법 시행규칙 별지 제 20호 서식(주거용 중개대상물 확인설명서)에 규정된 '비선호시설'이 포함된다고 해석하는 것이 타당함. (법제처-20-0141, 2020. 5. 11.)

⑧ 거래예정금액 등	거래예정금액			
	개별공시지가 (㎡당)		건물(주택) 공시가격	

◆ ⑧ 거래예정금액 등

　◆ 거래예정금액

- 중개가 완성되기 전 거래예정금액을 기재.

  * 임대차의 경우라도 거래예정금액은 반드시 기재.

◈ 개별공시지가(* 임대차의 경우 기재 생략할 수 있음.)
  - 중개가 완성되기 전 공시된 m²당 개별공시지가를 '부동산 공시가격 알리미' 등에서 조회하
    여 기재.

◈ 건물(주택) 공시가격(* 임대차의 경우 기재 생략할 수 있음.)
  - 주택 가격이 공시되지 않은 신축주택에 대해서는 공시가격을 기재할 수 없기 때문에 해당
    란에는 "공시가격 없음"으로 기재.
  - 건물·주택의 시가표준액 등을 확인하여 기재.

    * 공동주택·단독주택: "부동산공시가격 알리미"에서 공동주택가격 또는 개별단독주택가격
      등을 참고하여 기재.

    * 기타 건물: "위택스"(* 서울: 이택스)에서 조회하여 기재.

⑨ 취득 시 부담할 조세의 종류 및 세율	취득세	%	농어촌특별세	%	지방교육세	%
	※ 재산세와 종합부동산세는 6월 1일 기준으로 대상물건 소유자가 납세의무를 부담 합니다.					

◆ ⑨ 취득 시 부담할 조세의 종류 및 세율(* 임대차의 경우 기재 생략)
  - 중개가 완성되기 전 '지방세법' 내용과 매수인의 상황(보유 주택 수 등)을 확인하여 표준세율,
    중과세율, 비과세 등 적용대상 세율을 확인 후 기재.
    (* 취득세율 조견표 활용 또는 지방세과, 법무사 확인)
  - 상가주택의 경우에는 상가의 취득세율과 주택의 취득세율을 함께 기재. (* 시가표준액으로 안
    분 계산)
    ※ 상가주택 매매 시 상가 부분 부가가치세 발생 여부, 부담 주체 등은 별도 설명 및 협의하여
      특약에 기재.
  - 보유조세(재산세·농지세 등)와 양도소득세 등은 설명 의무사항이 아님.

◆ ⑩ 실제 권리관계 또는 공시되지 않은 물건의 권리사항

- 매도(임대)인에게 자료를 요구하여 고지한 내용 기준 기재.

  특히 향후 분쟁발생을 대비하여 고지내용을 서면으로 작성 · 징구받아 개업공인중개사 보관
  용 확인설명서에 첨부.

  예) "대상물건의 상태에 관한 자료요구서"(* 별첨 양식 11, 12, 13번 참조: 주거용, 비주거용,
     토지용 3가지 양식), 점유자 및 임차인 현황조사서, 임대차계약서 원본, 상가건물임대차
     현황서 등.

- 토지 또는 건물에 정착된 물건으로서 당해 물건의 매매 등으로 후일에 소유권 문제가 발생할
  우려가 있는 것에 대하여 소유관계를 명백히 기재함.

  예) 토지: 조각물 및 정원수 등.

     건물: 분양 당시와 다른 옵션 품목.(* 매도인이 추가 설치한 품목의 확인 및 매매 가격에
     포함 여부 등.)

- 공시되지 아니한 권리를 확인하여 기재.

  예) 법정지상권, 유치권, 선순위 임차인현황 등.

- '건축법 시행령' 별표 1 제2호에 따른 공동주택(기숙사는 제외) 중 분양을 목적으로 건축되었
  으나 분양되지 아니하여 보존등기만 마쳐진 상태인 공동주택에 대하여 임대차계약을 알선
  하는 경우 이를 임차인에게 설명하여야 함.

- 다가구주택 임대차의 경우 임대인에게 선순위 임차인현황(선순위 임대차계약서, 확정일자
  부여현황서, 전입세대확인서, 외국인체류확인서 등)자료 요청하여 각 호실별 임대차보증금,
  차임, 계약기간, 공실 여부(후순위 임차인의 최우선변제금 우선 반영) 등을 확인하여 임차인
  에게 설명하고 기재.

- 근저당권 등이 설정된 경우 채권최고액을 확인하여 기재.

- 공동담보가 설정된 경우 임대인에게 공동담보로 제공한 각 부동산의 시세, 권리관계 및 임차

인이 계약하려는 부동산에 반영된 담보가치(근저당권 설정금액)를 확인하여 임차인에게 설명하고 기재.

- 신탁등기된 부동산의 경우 계약과 관련된 신탁원부의 내용 제시·설명과 신탁의 종류, 처분권한, 계약 주체, 임대차보증금의 입금 및 반환 주체 등을 설명하고 기재.
- 매도(임대)인의 등기권리증 소지(제시) 또는 분실여부 기재.
- 매도(임대)인이 작성한 "대상물건의 상태에 관한 자료요구서"상 기재된 항목(국세·지방세 체납 여부, 경계 침범 여부, 경·공매 등의 특이사항, 동일업종 제한 여부, 행정처분 승계 및 진행여부 등) 등을 확인하여 설명하고 기재.

※ 전/월세 끼고 매매 시 장기수선 충당금의 정산, 임차인의 보증금(반환)채권에 대한 가압류/가처분 존재 여부 및 승계 처리, 전(월)세 보증금 반환 시 전세(은행) 대출금의 상환처리(승계) 등의 내용 반드시 기재.

⑪ 내부·외부 시설물의 상태 (건축물)	수도	파손 여부	[ ] 없음 [ ] 있음 (위치:)		
		용수량	[ ] 정상 [ ] 부족함 (위치:)		
	전기	공급상태	[ ] 정상 [ ] 교체 필요 (교체할 부분:)		
	가스(취사용)	공급방식	[ ] 도시가스 [ ] 그 밖의 방식 ( )		
	소방	단독경보형 감지기	[ ] 없음 [ ] 있음 (수량: 개)	※「소방시설 설치 및 관리에 관한 법률」 제10조 및 같은 법 시행령 제10조에 따른 주택용 소방시설로서 아파트(주택으로 사용하는 층수가 5개 층 이상인 주택을 말한다)를 제외한 주택의 경우만 적습니다.	
	난방방식 및 연료공급	공급방식	[ ] 중앙공급 [ ] 개별공급 [ ] 지역난방	시설작동	[ ] 정상 [ ] 수선 필요 ( ) ※ 개별 공급인 경우 사용연한 ( ) [ ] 확인불가
		종류	[ ] 도시가스 [ ] 기름 [ ] 프로판가스 [ ] 연탄 [ ] 그 밖의 종류 ( )		
	승강기		[ ] 있음 ([ ] 양호 [ ] 불량) [ ] 없음		
	배수		[ ] 정상 [ ] 수선 필요 ( )		
	그 밖의 시설물				

◆ ⑪ 내부 · 외부 시설물의 상태(건축물)

◈ 수도

○ 파손 여부: 파손이 있을 경우 위치가 어디인지 조사하여 표시.

○ 용수량: 용수량이 정상적인지 부족한지, 부족한 부분은 어디인지 표시.

◆ 전기
- 전기시설이 정상인지 체크함.
- 교체할 부분이 있으면 체크하고 교체할 부분을 표시함. (예: 안방 스위치)

◆ 가스(취사용)
- 공급방식: 도시가스인지 그 밖의 방식인지 여부 등을 기재.
* 그 밖의 방식: 프로판가스, 부탄가스, 전기인덕션 등 기재.

◆ 소방
- 단독경보형 감지기의 있음, 없음을 조사하여 기재하고 수량을 기재.
  (* 주택으로 사용하는 층수가 5개층 이상인 아파트를 제외한 주택의 경우만 기재.)

☞ **단독경보형 감지기 확인·설명의무 有: 단독경보형 감지기 설치 여부 및 개수를 매도 (임대)인에게 자료를 요구하여 확인한 뒤 주택 중개대상물 확인설명서에 적고, 계약 전 에 매수(임차)인에게 반드시 설명.**
  → 미설명하거나 근거 자료를 제시하지 않은 경우 500만 원이하 과태료(* 2017.7.31. 시행)

☞ **도시형생활주택 및 주거용 오피스텔도 단독경보형 감지기 설치 여부를 확인하여 체크 하고 수량 기재를 하여야 하는가?**
  (민원 신청번호: 1AA-2408-0016363, 질의자: 정삼교, 질의일: 2024.8.1, 답변자: 국토교통부 부 동산개발산업과, 답변일: 2024.8.22)
  → 중개대상물 확인·설명서(주거용 건축물) 서식을 통해 중개대상물에 대한 확인·설명을 진 행하는 경우, '⑪ 내부·외부 시설물의 상태' 중 소방에 관련된 사항은 작성하여야 함.

◆ 난방방식 및 연료공급
○ 공급방식: 중앙공급식, 개별공급식, 지역난방인지 조사하여 체크.

○ 시설작동: 정상, 수선 필요 여부를 확인하여 체크.

  * **개별공급인 경우 사용연한** → 사용연한이 기재된 보일러의 경우 사용연한을 기재하고, 사
    용연한이 기재되지 아니한 경우에는 제조년도를 기재. 2가지 모두 확인이 불가능할 시에
    는 '확인 불가'에 체크.

○ 종류: 연료공급 종류가 도시가스, 기름, 프로판가스, 연탄, 전기, 태양광 등 체크.

◆ 승강기

- 승강기가 있는지, 없는지 체크하고 있으면 상태가 양호한지 불량한지 표시함.

◆ 배수

- 배수시설이 정상인지, 수선을 요하는지 조사하여 체크.

◆ 그 밖의 시설물

- 가정자동화시설(Home Automation 등 IT시설) 등의 설치여부를 기재.

- 수선을 요하는 시설이 있으면 기재.

  예) 창문, 방문, 변기, 세면대 등.

⑫ 벽면·바닥면 및 도배 상태	벽면	균열	[ ] 없음 [ ] 있음 (위치:)
		누수	[ ] 없음 [ ] 있음 (위치:)
	바닥면		[ ] 깨끗함 [ ] 보통임 [ ] 수리 필요 (위치:)
	도배		[ ] 깨끗함 [ ] 보통임 [ ] 도배 필요

◆ ⑫ 벽면·바닥면 및 도배 상태

  ◆ 벽면

  ○ 균열: 균열 부분을 조사하여 있음과 없음을 체크하고 균열부분이 있으면 위치를 기재.

  ○ 누수: 누수 부분을 조사하여 있음과 없음을 체크하고 누수부분이 있으면 위치를 기재.

  ◆ 바닥면

- 매도(임대)인 및 거주 임차인에게 확인 및 외관상 상태를 고려하여 깨끗함, 보통임, 수리 필요 등에 체크하고 수리가 필요한 부분이 있으면 그 위치를 기재.

◈ 도배 상태

- 도배 상태를 조사하여 깨끗한지, 보통인지, 도배를 필요로 하는지 체크.

⑬ 환경조건	일조량	[ ] 풍부함　　　 [ ] 보통임　　　 [ ] 불충분(이유:　　　　　　　　　)		
	소음	[ ] 아주 작음　　 [ ] 보통임 [ ] 심한 편임	진동	[ ] 아주 작음 [ ] 보통임 [ ] 심한 편임

◆ ⑬ 환경조건

　◈ 일조량

　　- 일조량이 풍부함, 보통임, 불충분함을 표시하고 불충분한 이유를 기재.

　◈ 소음

　　- 소음이 아주 작음, 보통임, 심한 편임을 조사하여 체크.

　◈ 진동

　　- 진동이 아주 작음, 보통임, 심한 편임을 조사하여 체크.

⑭ 현장안내	현장안내자	[ ] 개업공인중개사　 [ ] 소속공인중개사 [ ] 중개보조원(신분고지 여부: [ ] 예　 [ ] 아니오) [ ] 해당 없음

※ "중개보조원"이란 공인중개사가 아닌 사람으로서 개업공인중개사에 소속되어 중개대상물에 대한 현장안내 및 일반서무 등 개업공인중개사의 중개업무와 관련된 단순한 업무를 보조하는 사람을 말합니다.
※ 중개보조원은 「공인중개사법」 제18조의4에 따라 현장안내 등 중개업무를 보조하는 경우 중개의뢰인에게 본인이 중개보조원이라는 사실을 미리 알려야 합니다.

◆ ⑭ 현장 안내

　- 중개대상물 현장안내를 개업공인중개사, 소속공인중개사, 중개보조원이 하였는지 구분하여 체크하고, 중개보조원이 현장안내를 한 경우에만 신분고지 여부를 체크. (* 매매, 임대차의 경

우 모두 기재)

※ 공동중개의 경우 복수 체크 가능

- 서로 다른 시간에 임차인은 중개보조원으로부터 현장안내를 받고, 개업공인중개사는 임대인
으로부터 현장안내를 받았다면, 임차인의 확인설명서에는 중개보조원 작성란에만 체크 표시.

☞ **공인중개사법 일부 개정(신설)내용: 2023. 10. 19. 시행**

* 제18조의4(중개보조원의 고지의무)

- 중개보조원은 현장안내 등 중개업무를 보조하는 경우 중개의뢰인에게 중개보조원임을 미리
알려야 함.

→ 위반 시 500만 원 이하의 과태료(개업공인중개사와 중개보조원 각각 부과: 공인중개사법
제51조 제2항 제1호의4 참조)

※ 단, 개업공인중개사는 위반행위를 방지하기 위하여 상당한 주의와 감독을 게을리 하지 아니
한 경우 과태료 처분에서 제외

※ 중개보조원 고지 방법 예시

- 중개보조원 본인이 중개보조원이라는 사실을 직접 구두로 알리는 방법

- 중개보조원 신분이 기재된 명함, 중개보조원 명찰 등으로 중개의뢰인에게 중개보조원임을 고
지하여야 함.

다만, 중개보조원이 명찰만 패용하였을 뿐 자신을 직급(실장, 이사 등)으로 소개하며 중개의
뢰인에게 중개보조원임을 충분히 인지시켰다고 볼 수 없는 경우 신분고지 위반이 될 수 있음.

☞ 중개보조원의 업무 범위

- 개업공인중개사의 지시·관리하에 대상 물건의 주소, 거래 형태, 가격 등 단순 물건의 정보를
설명하거나 현장안내 및 일반 서무업무(서류 정리 등 단순 보조 성격의 업무)로만 국한하여
수행 가능하며, 중개대상물의 표시·광고, 중개대상물의 확인·설명, 거래 가격 등 거래 조건
에 관한 규율 및 계약서 작성 등 중개행위에 해당하는 일체의 행위는 수행할 수 없다.(국토교
통부 유권해석 2023. 11. 6.)

Ⅲ. 중개보수 등에 관한 사항

⑮ 중개보수 및 실비의 금액과 산출내역	중개보수		〈산출내역〉 중개보수: 실 비: ※ 중개보수는 시·도 조례로 정한 요율한도에 서 중개의뢰인과 개업공인중개사가 서로 협 의하여 결정하며 부가가치세는 별도로 부과 될 수 있습니다.
	실비		
	계		
	지급시기		

◆ ⑮ 중개보수 및 실비의 금액과 산출내역

→ 공인중개사법 제32조, 공인중개사법 제20조 참조

◆ 중개보수

- 주택의 중개보수와 실비 한도 등에 관하여 필요한 사항은 국토교통부령으로 정하는 범위 안에서 특별시·광역시·도 또는 특별자치도(이하 '시·도'라 한다)의 조례로 정하고, 주택 외의 중개대상물에 대한 중개보수는 국토교통부령으로 정함.
- 주택의 중개에 대한 보수는 중개의뢰인 쌍방으로부터 각각 받되, 그 일방으로부터 받을 수 있는 한도(시행규칙 별표1)에 따라 시·도의 조례로 정하는 요율한도 이내에서 중개의뢰인과 개업공인중개사가 서로 협의하여 결정.(* 공인중개사법 시행규칙 제20조 제1항 참조)
- 주택 외의 중개대상물에 대한 중개보수도 1) 오피스텔(준주택): 매매-1천분의 5, 임대차-1천분의 4(* 공인중개사법 시행규칙 제20조 제4항, 별표2 참조), 2) 토지, 상가 등: 1천분의 9 이내에서 중개의뢰인과 협의하여 결정.

  → '중개보수'란에 적는 금액은 중개의뢰인과 합의된 금액을 기재함이 원칙임. 그러나 중개보수 법정한도를 기재하여도 무방할 것임.

- 개업공인중개사는 주택 외의 중개대상물에 대하여 중개보수 요율의 범위 안에서 실제 자기가 받고자 하는 중개보수의 상한요율을 중개보수·실비의 요율 및 한도액표에 명시하여야 하며, 이를 초과해서 중개보수를 수령하면 안 됨.
- 중개대상물인 건축물 중 주택의 면적이 1/2 이상인 경우 주택 중개보수규정을 적용하고, 주택의 면적이 1/2 미만인 경우에는 주택외 중개보수 규정을 적용.

- 중개보수 및 실비의 한도와 관련하여 중개대상물의 소재지와 중개사무소의 소재지가 다른 경우에는 개업공인중개사는 중개사무소의 소재지를 관할하는 시·도의 조례에서 정한 기준에 따라 중개보수 및 실비를 받아야 함.

※ 중개보수 산정 시 건축물의 용도는 건축물대장상 용도이며, 건축물대장상의 용도와 실제 용도가 다른 경우에 건축물대장상 용도 적용. (국토교통부 1AA-1803-155401, 2018. 3. 16. 국토교통부 민원마당 2023. 6. 15)

◆ 실비
- 개업공인중개사는 중개의뢰인으로부터 제25조제1항에 따른 중개대상물의 권리관계 등의 확인 또는 제31조에 따른 계약금 등의 반환채무이행 보장에 소요되는 실비를 받을 수 있음. (* 공인중개사법 제32조 제2항 참조)
- 법 제32조 제4항에 따른 실비의 한도는 중개대상물의 권리관계 등의 확인 또는 계약금 등의 반환채무이행 보장에 드는 비용으로 하되, 개업공인중개사가 영수증 등을 첨부하여 매도·임대 그 밖의 권리를 이전하고자 하는 중개의뢰인(계약금 등의 반환채무이행 보장에 소요되는 실비의 경우에는 매수·임차 그 밖의 권리를 취득하고자 하는 중개의뢰인을 말한다.)에게 청구할 수 있음.

☞ 경기도 주택 중개보수 등에 관한 조례[별표 2]

※ 실비의 청구범위와 기준

구분	청구의 범위	기준
중개물건의 권리관계 등의 확인에 소요되는 실비	- 제증명 신청 및 공부 열람대행	1건당 1,000원
	- 제증명 발급 및 열람수수료	발급 또는 열람기관이 징수한 금액
	- 여비 등 □ 교통비 □ 숙박료	실비 실비
계약금 등의 반환 채무이행 보장에 소요되는 실비	- 계약금 등의 예치에 따른 비용	취급수수료
	- 계약금 등의 반환 또는 지급 보증에 소요되는 비용	반환수수료 또는 보증기관 수수료
	- 교통비	실비

* 지역별 조례의 내용이 다를 수 있으므로 지역별 조례 내용의 별도 확인을 요함.

◆ 지급시기

- 중개보수의 지급시기는 개업공인중개사와 중개의뢰인간의 약정에 따르되, 약정이 없을 때에는 중개대상물의 거래대금이 완료된 날로 함.

(* 공인중개사법 시행령 제27조의2 참조)

「공인중개사법」 제25조 제3항 및 제30조 제5항에 따라 거래당사자는 개업공인중개사로부터 위 중개대상물에 관한 확인·설명 및 손해배상책임의 보장에 관한 설명을 듣고, 같은 법 시행령 제21조 제3항에 따른 본 확인·설명서와 같은 법 시행령 제24조 제2항에 따른 손해배상책임 보장 증명서류(사본 또는 전자문서)를 수령합니다.

년　　월　　일

매도인 (임대인)	주소		성명	(서명 또는 날인)
	생년월일		전화번호	
매수인 (임차인)	주소		성명	(서명 또는 날인)
	생년월일		전화번호	
개업 공인중개사	등록번호		성명(대표자)	(서명 및 날인)
	사무소 명칭		소속공인중개사	(서명 및 날인)
	사무소 소재지		전화번호	
개업 공인중개사	등록번호		성명(대표자)	(서명 및 날인)
	사무소 명칭		소속공인중개사	(서명 및 날인)
	사무소 소재지		전화번호	

◆ **매도(임대)인·매수(임차)인 서명 또는 날인 및 개업(소속)공인중개사 서명 및 날인**

- 중개대상물 확인설명서 작성 시 매도(임대)인 또는 매수(임차)인이 공동명의자일 경우 명의자 각각 인적사항을 기재하고, 공동명의자 모두에게 확인설명서를 각각 교부하여야 함.

→ 예) ○○○ 외 3인으로 기재하면 안 됨.

- 개업공인중개사에 등록번호, 성명, 사무소 명칭, 사무소 소재지 주소를 기재하여 서명 및 날인하고 소속공인중개사가 업무를 한 경우 개업공인중개사와 소속공인중개사가 함께 서명·날인해야 함.
- 공동중개 시 참여한 개업공인중개사(소속공인중개사를 포함)는 모두 서명·날인해야 하며, 2명을 넘는 경우에는 별지로 작성하여 첨부

2) 비주거용 건축물 중개대상물 확인설명서 작성법
* 확인·설명자료
○ 확인·설명 근거자료 등: * 주거용 작성법 참조
○ 대상물건의 상태에 관한 자료요구 사항: * 주거용 작성법 참조

※ 유의 사항: "개업공인중개사는 중개대상물에 관한 권리를 취득하려는 중개의뢰인에게 성실·정확하게 설명하고 토지대장 등본·등기사항증명서 등 설명의 근거자료를 제시하여야 합니다.
→ 개업공인중개사의 확인·설명의무(* 주거용 건축물, 비주거용 건축물, 토지 모두에 해당)

Ⅰ. 개업공인중개사 기본 확인사항

[※(비주거용 건축물 중개대상물 확인설명서(* 별첨 양식 16번 참조) 작성법은 주거용 건축물 중개대상물 확인설명서 작성법과 거의 동일함. → 비주거용 건축물 중개대상물 확인설명서에만 적용 되는 기준은 "(* 비주거용)"으로 별도 표시함.]

① 대상물건의 표시
* 토지
- 소재지
○ 토지대장에 기재된 행정구역과 지번을 기재.
○ 여러 필지인 경우 필지별 지번 기재.
- 면적
○ 여러 필지인 경우 필지별 면적 기재

○ 환지 예정지인 경우 환지 면적이 거래의 기준.

○ 토지대장 등의 면적과 등기사항증명서 면적이 상이한 경우 토지 대장 등의 면적이 우선하며, 실측 또는 상이한 사실을 기재.

- 지목

○ 토지대장, 임야대장에 기재된 지목과 실제 이용 상태 기재.

○ 환지 예정지의 지목은 종전의 지목이 아닌 환지 예정지의 지목을 기준으로 작성.

* 건축물

- 전용면적과 대지 지분

○ 전용면적은 건축물대장에 각 층마다 기재.

○ 임대차가 해당 층의 일부인 경우 임대인과 확인한 면적을 기재.

- 준공년도(증개축년도)

○ 건축물대장의 사용승인일 기재, 증·개축된 건물은 증개축년도를 함께 기재.

○ 건축물대장의 사용승인일이 증축일로 기재된 경우도 있으므로 '변동내용 및 원인' 항목을 면밀히 분석하여 '폐쇄 건축물대장'을 확인하여 기재하여야 함.

○ 실제 준공년도와 차이가 명백한 경우는 실제 준공년도를 기재.

- 용도

○ 건축물대장상 주용도·용도 란의 내용을 기재하고, 건축물의 일부분이 대상물건인 경우에는 당해 부분의 용도를 기재.

○ 근린생활시설. 사무실. 업무시설. 오피스텔 등 건축법상 건축물 용도를 말함.

○ 공부상 용도와 실제 용도가 다른 경우 이를 기재.

- 구조: 건축물대장에 의한 구조 부분을 기재.

- 방향

○ 건축물의 방향은 주택의 경우 거실이나 안방 등 주실(主室)의 방향을, 일반 건축물은 주된 출입구의 방향을 기준으로 남향, 북향 등 방향을 표시하고 방향의 기준이 불명확한 경우 기준을 표시하여 적음.

(예시) 남동향 - 거실 앞 발코니 기준

남향 - 출입문 기준

- 내진설계 적용 여부 및 내진능력

○ 일반건축물대장(갑), 집합건축물대장(표제부, 갑) 각 2쪽을 확인하여 기재하고, 대장상 내진설계 여부가 "공란"일 경우에는 "해당 없음"으로 표시.

○ 건축물의 구조기준 등에 관한 규칙 [별표 13]에 따라 12등급(Ⅰ~Ⅻ)으로 나누어지며 숫자로 높을수록 내진능력이 높음.

- 건축물대장상 위반건축물 여부: [ ]위반 [ ]적법

- 위반내용

○ 건축물대장에서 위반건축물 여부를 확인하여 기재.

○ 건축물현황도 중 평면도 및 단위세대별 평면도를 발급받아 기재.

② 권리관계에 관한 사항

* 등기부 기재사항

- 소유권에 관한 사항

○ 등기사항증명서(토지·건물) 갑구에 표시된 등기소유자를 확인하여 소유자의 성명, 생년월일, 주소를 기재함.

○ 소유권 제한사항(가압류, 압류, 가처분, 가등기, 경매개시결정등기 등) 도 기재.

○ 주민등록번호는 같고 성명이 주민등록증과 다른 경우 개명원인을 증명하는 서면을 징구하여 기재함.

○ 주소가 다른 경우 주민등록 초본(주소 변경된 것)에 의한 확인.

○ 등기사항증명서는 공신력이 없으므로 현장 확인 등이 필요함.

- 소유권 외의 권리사항

○ 거래일 현재 등기사항증명서상 공시된 소유권이외의 모든 권리를 기재.

○ 거래일 현재 등기사항증명서상 공시된 각종 제한물권이 있으면 그 기간, 채권최고액, 채권자·채무자 등을 기재하고 전세권, 임차권, 지역권, 지상권 등이 있으면 그 내용도 함께 기재하고 근저당 등이 많을 경우 별지 작성.

③ 토지이용계획, 공법상 이용제한 및 거래규제에 관한 사항(토지)

※ 임대차계약의 경우 생략 가능.

* 지역·지구: 용도지역, 용도지구, 용도구역

- 토지이용계획확인서를 발급받아 해당란을 확인하여 기재.

- 건폐율 및 용적율 상한
  ○ 도시·군계획 조례에서 정하고 있는 상한을 기재.

* 도시·군계획시설
  - 토지이용계획서 '국토의 계획 및 이용에 관한 법률'에 따른 지역·지구 등 란 중 도시·군계획 시설에 해당하는 사항을 기재함.
    (예시): 대로1류 저촉, 중로1류 접함 등
  - 허가·신고구역 여부: 국토교통부 부동산정보통합포탈사이트(온나라 → SEE:REAL), 토지이 음(토지이용계획확인서) 등에서 확인하여 기재함. [ ]토지거래허가구역
  - 투기지역 여부: [ ]토지투기지역 [ ]주택투기지역 [ ]투기과열지구

* 지구단위계획구역, 그 밖의 도시·군관리계획
  - 토지이용계획확인서에 의한 도시개발사업부문 및 국토이용관리 개발계획 등의 수립여부 란 을 확인하여 기재함.
    (예시): 도시개발사업, 정비사업 또는 일단의 공업용지 조성
  - 지구단위계획은 토지이용확인계획서에 '건축행위 등 지구단위계획상 추가 제한사항 도시계 획과 확인 요함' 등으로 표시되므로 시·군·구 도시계획과에서 열람하여 확인함.
  - 그 밖의 이용제한 및 거래ㅠ제 사항
    ○ 그 밖의 이용제한 사항이 있으면 기재.
      (예시): 건축법에 의한 건축선, 일조권, 가로구역의 높이 제한 등, 개별 개발계획에 의한 용 적률, 건폐율, 용도, 층수, 높이, 공동건축, 방실 제한 등.

☞ **도시 및 주거환경정비법에서 규정하고 있는 개업공인중개사의 확인 설명 범위:**
  제19조(행위제한 등), 제39조(조합원의 자격), 제70조 제5항(계약기간), 제77조(권리산정 기준 일) 참조.

※ 도시 및 주거환경정비법 제122조(토지 소유자의 설명 의무)
  1. 토지 등 소유자는 자신이 소유하는 정비구역 내 토지 또는 건축물에 대하여 매매·전세·임 대차 또는 지상권 설정 등 부동산 거래를 위한 계약을 제결하는 경우 다음 각 호의 사항을 거

래 상대방에게 설명·고지하고 거래계약서에 기재 후 서명·날인하여야 한다.

① 해당 정비사업의 추진단계

② 퇴거 예정시기(건축물의 경우 철거 예정시기 포함)

③ 정비예정구역에서 건축물의 건축·토지의 분할 제한여부, 조합원의 자격, 관리처분 인가 후 민법·주임법·상임법의 존속기간 배제, 분양권 권리산정 기준일

2. 제1항 각 호의 사항은 '공인중개사법' 제25조 제1항 제2호의 "법령의 규정에 의한 거래 또는 이용제한 사항"으로 본다.

○ 그 밖의 거래규제 사항

- 소유권의 처분 권능을 규제하는 사항을 기재함.

- 거래규제 중요 사항

▷ 농지취득자격증명(제): 시·구·읍·면장.

▷ 전통사찰의 부동산: 문화체육부장관 허가.

▷ 향교재단의 부동산: 시·도지사 허가.

▷ 사립학교(유·초·중등·대학교): 시·도 교육감 및 교육부장관 허가.

▷ 자유무역지역의 토지 또는 공장: 산업통상자원부 장관 및 관리기관의 허가.

▷ 산업단지(국가·일반·도시첨단·농공단지) 내 산업시설구역의 산업용지 및 공장: 관리기관과 입주계약.

▷ 사회복지법인·의료법인의 기본 재산: 시·도지사의 허가.

▷ 외국인의 토지 취득 등: 시·군·구청장 신고 및 허가.

④ 입지조건

* 도로와의 관계

- (m×   m)도로에 접함. [ ]포장 [ ]비포장

- 중개대상물과 접한 도로의 폭을 지칭함.

- 도로가 1개인 경우 하나만 적어주면 됨.

* 접근성: [ ] 용이함   [ ] 불편함

* 대중교통: 버스 정류장, 지하철역 기준 도보/차량 기준 소요시간.

* 주차장: 有 · 無 여부, 전용 및 공동주차시설 여부 기재.

⑤ 관리에 관한 사항
* 경비실: 중개대상물을 관리하는 경비실 존재 有 · 無
* 관리주체: [　]위탁관리 [　]자체관리 [　]그 밖의 유형

⑥ 거래예정금액 등
* 거래예정금액: 중개가 완성되기 전 거래예정금액을 기재함. → ※임대차계약의 경우에도 반드시 기재 要.
* 개별공시지가(m^2당)
  - 임대차계약의 경우 생략 가능.
  - 금액과 기준일을 병기. (예시) 680,000원 (2022. 1. 1.)
* 건물(주택) 공시가격(* 비주거용)
  - 건물의 공시가격은 기준시가를 확인하여 기재함.
  - '국세청 홈택스' → 조회/발급 → 기타 조회 → 기준시가 조회 → 오피스텔/상업용 건물을 참고하여 작성함.
  - 공시된 가격이 없을 경우 "공시가격 없음"으로 기재.

⑦ 취득 시 부담할 조세의 종류 및 세율
  - 임대차계약의 경우 생략 가능.
  - 6월 1일 기준 소유자가 재산세와 종부세를 부담함을 설명.

Ⅱ. 개업공인중개사 세부 확인사항

⑧ 실제 권리관계 또는 공시되지 않은 물건의 권리 사항
* 주거용 작성법 참조
  - 매도/임대의뢰인에게 자료 요구하여(자료요구서 요청) 설명하고 첨부.

- 임대차계약이 있는 경우 임대보증금, 월 단위의 차임액, 계약기간, 지상에 점유권 행사 여부, 구축물, 적치물, 진입로, 경작물, 등재 안 된 부속건물 등을 기재.
- 임대차계약이 있는 경우 임대차보증금 반환채권에 가압류, 임차권 양도의 통지 등 "있음 또는 없음"이라고 표시하고 가압류 등의 금액을 표시.

⑨ 내부·외부 시설물의 상태(건축물): * 주거용 작성법 참조
  그 밖의 시설물(비주거용)
  - 상업용은 오수·정화시설 용량, 공업용은 전기 용량, 오수·정화시설 용량, 용수시설 내용을 기재함.
  - 상업용의 경우에도 업종에 따라 전기용량(승압 등)이 문제될 수 있으므로 분쟁방지를 위하여 설명함이 바람직함. (특히 임대차계약 시 승압 비용에 대한 부담 주체를 계약서 특약에 명시함이 바람직함.)

⑩ 벽면 및 바닥면
  * 벽면·바닥면: * 주거용 작성법 참조
  * '도배' 사항은 비주거용에는 항목 없음. (기술 X)

Ⅲ. 중개보수 등에 관한 사항
* 주거용 작성법 참조

3) 토지 중개대상물 확인설명서 작성법
* 주거용 건축물, 비주거용 건축물 중개대상물 확인설명서 작성법 참조
※ 별첨 양식 17번: 토지 중개대상물 확인설명서 참조

Ⅰ. 개업공인중개사 기본 확인 사항

Ⅱ. 개업공인중개사 세부 확인 사항

⑧ 실제 권리관계 또는 공시되지 않은 물건의 권리 사항

- 토지 또는 건물에 정착된 물건으로서 당해 물건의 매매 등으로 후일에 소유권 문제가 발생할 우려가 있는 것에 대하여 소유 관계를 명확하게 기재함.

라. 중개대상물 확인설명서 작성 관련 유의사항(판례 등)

구분	주요 내용	비고
작성 주체	- 개업·소속공인중개사	
서명 날인	- 개업·소속공인중개사 모두 → 서명 **및** 날인 - 매도인/매수인 → 서명 **또는** 날인 * 공동명의 시: 공동명의자 각각의 인적 사항 기재 및 각각 교부	
양식 변경	- 법정 서식임(변경불가)	* 변경 시: 1개월 업무정지 가능
양식 선택	- 분양권도 작성 필요 - 공장건물 → 비주거용 - 주거용 면적 1/2 이상 → 주거용 　(주거용 면적 = 비주거용 면적 → 주거용) - 오피스텔: 건축물대장 기준 → 비주거용 - 불법 건축물도 건축물대장 기준 - 건축물대장이 없는 경우 실제 사용 용도에 따라 서식 선택 → 건축물대장을 확인하여 적는 사항은 건축물대장이 존재하지 않음을 표시	
주택, 건물 공시가격	- 신축 주택: "공시가격 없음"으로 기재 - m²당 가격 기재가 원칙 → 산정 곤란 시 전체가격 기재가능	
다가구 주택 확인설명서 작성	- 임대인에게 임대차 보증금·시기와 종기 등 자료요구(개인정보 부분 제외) 　→ 실제 권리관계 또는 공시되지 아니한 권리사항란에 그 내용을 그대로 기재 　※ 요구 불응사실을 확인설명서에 기재할 의무 있음(대법원 2012.1. 2011다 63857판결)	
기타(판례)	- 부동산의 정확한 경계 확인 및 미설명(부산지법 2013.4.18. 선고 2011가합 24138판결) - 건물의 용도·면적에 대한 확인 및 미설명(울산지법 2013.9.4. 선고 2013가단 2206판결) - 중개보조원이 취득 시 제세 감면정보를 잘못 설명한 경우(서울동부지법 2013.10. 23. 선고 2013나 2988판결) - 위반 건축물에 대한 확인 및 미설명(대구지법 2014.3.7. 선고 2013구합 3124판결) - 임대인의 체납처분 확인 및 미설명(부산고법 2014.3.25. 선고 2013나 3750 판결) - 근저당 있는 다가구주택의 임대차계약 내역(자료) 미제시 및 미설명(대구지법 2014.6.20. 선고 2013가단 56362판결)	

	- 상가 임차인에 대한 갱신요구권 확인 및 미설명(대구지법 2015.6.4. 선고 2014가합 202855판결)	
	- 아파트 전용면적 잘못 설명(서울중앙지법 2015.6.5. 선고 2014가합 528398 판결)	
	- 아파트 방향을 잘못 설명한 경우(서울중앙지법 2016.4.1. 선고 2015가단 5288886판결)	
	- 신탁 건물 임대차 확인 및 미설명(인천지법 2016.5.10. 선고 2015가단 206774판결)	
	- 중개업자의 중개물건의 확인·설명 의무를 게을리한 과실로 인하여 매매계약이 성립되었다가 그 후 해제된 경우 중개업자는 이미 수령한 중개수수료도 반환하고, 재산상의 손해도 배상책임 인정.(대구지방법원 1987.10.30. 선고 86가합 1663판결)	
기타(국토교통부 질의)	- 식당 임대차 중개 시 식당 인·허가 관련 사항은 확인·설명할 의무는 없음 (2016.12.16.)	* 손해배상 책임은 별도 발생

※ 기타(판례)는 중개대상물 확인 미설명에 따른 개업공인중개사의 손해배상책임을 인정한 판례임.

☞ 참조 판례: 서울서부지방법원 2016가단 243842판결

- 개업공인중개사는 매도인의 양도소득세에 관한 확인·설명의무 없어~

*판결 요지

개업공인중개사는 부동산의 매수인에게 취득세, 농어촌특별세, 지방교육세를 설명·확인해줄 의무가 있고, 매도인에게 양도소득세의 액수까지 고지·설명할 의무는 없으며, 이는 매도인이 세무사나 변호사 등의 도움을 얻어 스스로 확인하여야 하는 영역으로 판단되므로 개업공인중개사가 이를 고지하여 주지 않았다 해서 이에 대한 책임을 물을 수 있는 것도 아님.

→ 보유 조세(재산세·종합 부동산세 등)와 양도소득세 등은 설명 의무(취득 시 부담하여야 할 조세의 종류 및 세율) 사항이 아님.

But, 개업공인중개사의 손해배상 책임은 별도로 발생 가능.

☞ 참조 판례: 대법원 2008.9.25. 선고 2008다 42836판결

- 개업공인중개사가 의뢰인에게 계약체결 여부를 결정하는데 중요한 자료가 되는 사항(양도소득세의 과세 대상여부 및 양도소득세 과세금액의 다소)에 관하여 그릇된 정보를 제공한 경우, 의뢰인에 대하여 손해배상 책임을 부담한다고 판시하였음.

☞ 중개대상물 확인설명서에 기재한 중개보수보다 수령금액이 적은 경우?

- 중개대상물 확인설명서에 50만 원을 기재하고 실제 30만 원을 받은 경우, 실제로 받은 중개보수 영수증을 발행하면 실제 수령한 보수 금액의 입증이 가능할 것임.
또한 중개사무소에 보관하고 있는 중개대상물 확인설명서 중개보수 산출 내역에 실제 수령금액을 기재하여 의뢰 당사자의 서명, 날인을 받아 놓으면 됨.

☞ **무상의 중개행위에도 확인·설명의무가 있는지?**
- 부동산 중개계약에 따른 중개업자의 확인·설명의무와 이에 위반한 경우의 손해배상의무는 중개의뢰인이 중개업자에게 소정의 수수료를 지급하지 아니하였다고 해서 당연히 소멸되는 것이 아니다. (대법원 2002. 2. 5. 선고 2001다 71484판결)

☞ **중개대상물 확인설명서는 한 장으로 압축하여 사용 가능 여부?**
- 법정 서식이므로 임의적으로 변경하여 사용 불가 → 1개월 업무정지처분 가능 → 2장을 1장으로 압축복사 불가. (국토교통부 2008. 10. 6. 수정일자 2016. 12. 16.)

☞ **중개대상물 확인설명서를 앞, 뒤 양면으로 작성할 수 있는지?**
- 공인중개사법상 양면 또는 단면 사용 여부에 대한 규정이 없으므로 앞, 뒷면으로 인쇄하여 사용 가능(국토교통부 2017. 11. 6.)

☞ **장기수선충당금에 대한 확인·설명의무 有(국토교통부 2017. 2. 16.)**

☞ **거래당사자 합의로 중개대상물 확인설명서 교부를 면제하거나 시기를 변경하는 것이 가능한지?**
- 거래계약서 작성 시 교부 → 강행규정임. (서울행심 2016-1311 2016. 12. 12.)

☞ **중개대상물 확인설명서 작성 시 해당사항이 없는 경우 "해당없음" 등으로 사실 그대로 기입하기 바람.**
→ 공란으로 두어도 가능하나, 공란으로 두는 경우 해당 항목을 설명하지 않은 것으로 오인할 수 있음. (국토교통부 1AA-1708-017308 2017. 8. 2.)

☞ 건축물대장이 존재하지 않는 건물의 경우, 실제 사용 용도에 대한 중개대상물 확인설명서 서식을 작성하면 됨.(국토교통부 2017.2.14.)

☞ 전 임차인의 사망(자살) 사실을 고지하지 않은 것이 금지행위를 위반한 것인지?
  - 전 임차인의 자살은 개인적인 사정에 해당하고 중개대상물 그 자체와 무관하므로 공인중개사가 중개대상물에 관하여 확인·설명할 거래상의 정보에 해당한다고 보기 어렵다.(서울행심 2017-30, 2017.3.13. 국토교통부 유권해석 2009.9.7.)

☞ 살인사건이 발생한 후 1달이 지나 그러한 사실을 알지 못하고 오피스텔을 임차한 임차인에게 신의칙상 계약 해지권이 인정된다.(부산지법 2010.11.23.선고 2010가소 219998 판결)

☞ 살인, 자살 사건이 있었던 부동산 물건(주택 등) 중개 시 주의!
  - 살인, 자살 사건이 있었던 부동산 물건(주택 등)의 중개는 하자 담보책임과 설명, 고지의무 위반에 따른 계약 취소 및 손해배상의 문제 발생 소지가 클 뿐만 아니라 '부작위에 의한 기망행위'에 해당되어 사기죄가 성립될 수 있으므로 중개 시 주의를 요함.
    → 일단 반드시 설명·고지하고, 가급적 중개에 신중할 것.
      (* 경우에 따라서 중개 기피함이 나을 듯…)
  - 단, 사고가 난 지 오래된 경우나 집 주인이 바뀐 적이 있는 경우 및 리모델링 등의 상황 변화가 있었다면 다툼의 여지도 많음.

☞ 부동산 매매계약서 작성 시 공동 매수인(부부 또는 타인)인 경우 매매계약서 및 중개대상물 확인설명서를 매수인 한 사람에게만 교부하면 되는지?
  - 개업공인중개사는 거래 당사자가 공동명의인 경우에는 각 당사자에게 거래계약서와 중개대상물 확인설명서를 각각 교부하여야 하지만, 개업공인중개사와 거래 당사자 간의 별도의 협의가 있다면 이에 따라 교부하면 된다고 사료됨.(국토교통부 2015.8.18.)

☞ 중개대상물 확인·설명서 교부 시 등기사항 증명서 등을 반드시 교부해야 하는지?
  - 제시·설명하면 되고 중개의뢰인에게 교부할 의무는 없음.

☞ **중개대상물 확인설명서에 간인을 해야 하는지요?**

- 간인은 필수 사항이 아니나, 거래당사자의 법률관계를 명확히 하기 위하여 간인을 하는 것이 필요하고 또한 개업공인중개사들이 보존한 문서와 동일하다는 것을 입증하기 위하여 간인하는 것이 필요시됨.

☞ **상가의 동종업종 영업금지에 관한 설명의무~**

㉮ 상가 분양계약서의 동종업종 제한 약정의 효력

- 상가 분양계약서 동종업종 영업제한 약정은 상가 수분양자 또는 그 지위를 양수한 자, 임차인 등도 이를 준수할 의무가 있음. (대법원 2004.9.24. 선고 20004다 20081판결)
- 상가의 관리규약으로 정한 동종업종 영업제한 규정은 특별승계인(사용자 또는 임차인)에게도 효력이 있음. (집합건물의 소유 및 관리에 관한 법 제42조 참조)
- 동종업종 제한 위반으로 영업상 이익을 침해당할 처지에 있는 자는 침해배제를 위한 동종업종 영업금지 청구권이 있음.

㉯ 동종업종 영업금지 청구권의 효력

- 통상적으로 동일 상권을 이루는 같은 건물 내 모든 상가 점포들에 대하여 주장 가능. (대법원 2006.7.4. 2006마 164결정)
- 분양계약이나 관리단 규약에 달리 정한 것 또는 특별한 사정이 없어야 함.

㉰ 상가 임차권 양도인의 상가규약 동종업종 금지규정 설명의무

- 상가 임차권 양도인은 상가규약의 동종업지 금지 규정에 대하여 양수인에게 고지할 의무가 있음. (* 미고지시 양도인은 임차권 양도계약의 해제로 인한 원상회복 의무 및 불법행위에 의한 손해배상 의무를 부담: 수원지방법원 2010.11.9. 선고 2010가합 4915판결)

㉱ 상가거래 계약 시 동종업종 영업금지관련 개업공인중개사 유의사항

- 매도(임대)의뢰인에게 '자료요구 사항' 서식에 의하여 동종업종 영업금지에 관한 분양계약 또는 상가관리규약에 약정이 있는지 여부를 조사·확인.
- 매도인 불응 시 불응 사실을 기재하고, 개업공인중개사가 분양계약서, 관리규약 등을 조사·확인.
- 기존 임대차계약의 특약에 동종업종 영업금지 존재 여부도 확인.
- 조사, 확인된 사항을 매수(임차)의뢰인에게 설명 및 ⑨ 실제 권리관계 또는 공시되지 않은 물건의 권리사항 란에 기재.

☞ 임차보증금 가압류(대법원 2013.1.17. 선고 2011다 49523 전원합의체 판결과 관련하여~)에 대한 확인·설명

㉮ 배경

- 임차보증금 반환 채권의 담보 제공에 따른 임차보증금 반환 채권의 가압류나 압류 문제로 임대인과 임차인의 채권자간 분쟁 발생에 따른 개업공인중개사의 손해배상 책임 문제 발생 우려됨.

㉯ 현황

- 채권자 A가 보증금 반환채권 가압류
- 가압류 결정문은 당시 소유자인 丙(병)에게 송달, 그러나 주택소유권은 丁(정) → 戊(무)에게 이전, 戊(무)가 임차보증금을 임차인에게 반환.
- 임차인 채권자 A가 戊(무)를 상대로 임차보증금 반환 청구소송.

㉰ 결론

戊(무)는 임차인의 채권자 A에게 보증금을 반환하고, 임차인 상대로 반환청구할 것 → "종전 임대인의 지위를 승계" 한다고 봄.

※ 계약서 임차인 명의변경 요구 시 주의 요망: 채무 면탈 우려~

"전/월세 임대차계약 끼고" 주택 매매 시 임차보증금 채권에 대한 가압류 및 압류 사실 확인 철저!

☞ "깡통전세" 계약 체결의 위험성 고지 → 중개대상물 확인설명서 작성 시 명시할 내용!

- 전세 품귀 현상 등에 따라 단독(다세대)주택이나 오피스텔 등을 중심으로 매매가격보다 높은 가격으로 전세 계약이 체결되는 소위 "깡통 전세" 중개 거래에 의해서 임차인이 보증금을 회수하기 어려운 사유(경매 등)가 발생되는 경우 개업공인중개사에게 중개 책임 발생.

  → 가급적 "깡통 전세"는 중개하지 않는 것이 바람직함.

- 현재 다양한 판례가 축적되어 있지 않은 관계로 중개 시 절대적인 대비책이 될 순 없으나, 만약 "깡통 전세"를 중개하게 된다면 중개대상물 확인설명서 ⑩ 실제 권리관계 또는 공시되지 않은 물건의 권리사항 란에

  → "전세보증금액이 매매 시세보다 높거나 매매 시세에 근접하므로 향후 부동산 경기 하락에 따라 임차보증금 회수에 위험이 있을 수 있음을 설명하였고, 이 경우 보증금 회수 가능성

여부에 대한 책임은 임대인과 임차인에게 있음은 물론 보증금을 반환받지 못하는 손해가 발생하더라도 개업공인중개사에게는 책임이 없다는 사실을 숙지하고 계약한다."는 사실을 기재하고 확인설명서를 교부하는 방법으로 최소한 대응하여야 할 것임.

부동산 물건 접수 시/계약서 작성 시 주요 징구 서류(서식)

물건 접수 시	계약서 작성 시	비고
표시광고 의뢰확인서	계약갱신요구권 행사 여부 확인서	* 전/월세 끼고 매매 시
전속/일반 중개 계약서	개인정보 수집·이용 동의서	
대상물건의 상태에 관한 자료 요구사항(서)	대상물건의 상태에 관한 자료 요구사항(서)	* 물건 접수 시 또는 계약 시 징구 가능
-	(다가구주택)선임대차보증금내역서(선순위 임차인 정보), 전입세대확인서, 임대차정보제공 요청서(확정일자 부여현황), 외국인체류확인서	-
주택임대사업자 등록증(사본)	주택임대사업자 등록증(사본)	* 물건 접수 시 또는 계약 시 징구 가능
-	후견인 부존재 증명서	* 필요시
-	국세·지방세 완납증명서	
-	임대차계약 유지 동의서	* 전/월세 끼고 매매 시
-	현재의 시설상태 목록확인표	
-	주택(토지)취득자금 조달 계획서	* 매수인 제출 가능
-	관리비 고지서/영수증	* 임대차계약 시
	위임장 + 인감증명서(본인발급용)	* 대리 계약 시

※ 계약서 작성 시(기본): 등기필증, 신분증, 인감도장 준비

24

부동산 중개사무소 정기지도/단속
(중점 점검사항)

가. 지도/단속 종류

1) 시기에 따라~

- 정기점검: 시·군·구청 위주
- 수시점검(특별 점검): 투기거래 조짐, 보통 합동단속반 위주

2) 단속 주체에 따라~

단속명	단속 성격	비고
자체 단속	강도가 낮음(계몽, 지도차원 성격)	감독관할 지자체(지적과) 직원 + 간혹 협회 간부
합동 단속	인근 지역의 급격한 부동산 가격 상승 시(투기 조짐 시) 또는 언론보도를 통한 사회적 이슈가 제기된 경우(강도가 높음 → 단속을 피해 문 닫고 도망간다.)	지자체(지적과)직원+검찰, 경찰 + 시청 직원 * 무등록, 불법중개행위 관련 합동 단속 시 협회 지원(공인중개사법37조 제3항)
교차 단속	심할 경우 합동단속보다 강도가 높음 → 실적 위주 단속	지자체 직원 간 지역 교차
민원제기에 따른 단속	민원(진정, 고발) 제기 시 또는 수사 진행 시	컴퓨터 본체, 중개업 관련 장부 압수

* 단속은 보통 1주일에서 2개월 이내 실시.

나. 중점 점검사항

- 중개사무소 등록증, 공인중개사 자격증 양도/대여
- 무등록 중개행위
- 부동산 중개수수료(중개보수) 초과 징수행위
- 거래 계약서 및 중개대상물 확인설명서 작성여부(본인 서명 및 날인 누락 여부)
- 자격증, 등록증, 부동산 중개보수 요율표, 공제증서의 게시 상태 등
  * 사업자등록증 게시 의무화: 공인중개사법 시행규칙 개정(제10조 제5호 신설) → 2021. 12. 31. 시행
- 중개대상물 표시광고 위반 등 관계 법령 준수 여부
- 소속공인중개사/중개보조원 신고 및 지연 여부
- 부동산 거래신고 이행 여부
- 중개의뢰인과의 직접 거래 행위(개업공인중개사 등의 직접 거래) 등

다. 행정(벌)조치 유형

- 자격취소, 등록취소, 업무정지, 과태료 부과

라. 正道를 걷는다면 지도/단속을 무서워할 필요없다

→ 제발 중개사무소 문 닫고 도망가지 말자.

마. 부동산 중개업소 지도/단속권을 협회로 이양 추진 중!

- 등록 관청보다 강도 높은 정화 및 자율 활동이 요구·기대됨.

☞ **공인중개사 자격증 소지자가 자본주와 동업계약을 하여 공인중개사가 자본주로부터 월 일정액을 보조받으면서 사무실을 공동 운영하는 계약을 체결한 경우 공인중개사법 위반 여부?**

(명함에 ○○공인중개사무소 대표 또는 소장~)

→ 개업공인중개사가 아닌 자가 사무실 임차비용을 부담하고 동업 형태로 사무실을 운영하면서 사실상의 영업행위(중개행위)를 하고 있는 경우라면 이는 자격증 및 등록증 대여 행위에 해당하는 것으로 볼 수 있음. (국토교통부 유권해석 수정일자 2017. 3. 16.)

25

행정처분 (불복)절차
및 행정심판 청구

가. 영업정지와 업무정지의 용어(개념)와 효과 차이(일반적인 차이~)

1) 영업정지

- 장소(영업점)에 대한 제재(대물적 처분)
- 전기, 수도 차단 및 영업장 입구 봉인 등 출입행위 불가 + 일체의 영업행위 불가(경우에 따라서 일부에 대해서도 영업정지 가능)
  예시) 식품위생법(유통기한 지난 음식보관 등), 청소년보호법(청소년에 주류 제공 등) 위반 시
- 특히 상가 중개 시 중개물건에 대한 영업정지 행정처분 존재 여부를 잘 확인하고 중개하여 함을 주의.

2) 업무정지

- 사람(전문자격사)에 대한 제재(대인적 처분)
- 출입행위 가능 + 통상적으로 진행 중인 기존 업무(예: 기계약된 계약의 중도금, 잔금 등의 처리업무 등)는 영위 가능하나, 새로운 업무(신규 계약, 신규 중개의뢰 물건접수 등)는 불가한 것으로 해석.
- 공인중개사법상은 영업정지가 아니고 업무정지 행정처분임.
- 업무정지는 대인적 처분이므로 업무정지 받은 중개업소에 제3자가 신규로 중개사무소 개설 등록 가능하고, 업무정지 처분받은 개업공인중개사가 타 장소로 이전 시 업무정지 처분은 승계됨.(국토교통부 유권해석)
- 업무정지 기간 중 중개 업무를 하면 공인중개사법 제38조 제1항에 의거 절대적 등록 취소 사유가 됨.

※ 공인중개사법 제38조(등록의 취소) 제1항(절대적 등록 취소사유)
  7. 업무정지 기간 중에 중개 업무를 하거나, 자격정지 처분을 받은 소속공인중개사로 하여금 자격정지 기간 중에 중개 업무를 하게 한 경우.
  8. 최근 1년 이내에 이 법에 의하여 2회 이상 업무정지 처분을 받고 다시 업무정지 처분에 해당하는 행위를 한 경우.

나. 업무(영업)정지 행정처분 (불복)절차

1) 등록관청의 위반행위에 대한 확인서(자인서) 징구(현장 지도, 단속 적발 시)

* 담당공무원이 자인서를 강제할 수 있는 법적 권한은 없으며 공인중개사법에도 이에 대한 관련 조항 없음.

(향후 입증을 편리하게 하기 위한 목적이 강하므로 자인서 서명 시 신중을 기할 필요가 있으며, 특히 자인서 작성이 행정심판이나 행정소송 진행시 불리하게 작용될 소지 있음.)

2) 등록관청의 행정처분 사전 통지서 발송(행정절차법 제21조 참조)
   - 사전통지서에 의견서 제출기한 명시되어 있음.

3) 의견 제출
   * 행정절차법상 명문으로 규정되어 있는 하나의 형식적 절차에 불과(절차상 하자 없도록 하기 위해 반드시 의견 제출받음.)하고 이 의견 제출로 행정처분이 취소되거나 감면될 확률은 거의 희박한 것으로 판단됨.

4) 행정처분 결정통지(행정처분 명령)
   - 업무(영업)정지 처분기간 명시됨.

5) 행정심판 청구(및 행정처분 집행정지) 신청(* 행정심판법 제27조 참조)
   - 행정처분 결정통지서 수령일로부터 90일 이내 청구.
   - 행정심판위원회(17개 시, 도에 구성)는 행정심판서 제출일로부터 60일 내 재결 원칙, 부득이한 사유가 있는 경우 30일 연장 가능. (행정심판법 제45조 참조)
   - 통상적으로 행정심판위원회는 청구인에게 원처분보다 불리한 재결을 못하게 되어 있음.
   ※ 행정심판 시 법규 위반의 고의성, 동종 위반 전력 여부, 영업주(청구인)가 처한 경제적, 현실적 어려움, 재발 방지 노력 등을 강조하여 감경받을 수 있도록 하여야 함.
   ※ 행정심판위원회가 행정처분 정지신청 인용 시 행정심판 재결 시까지 개업공인중개사는 정상적인 업무 진행 가능. (* 현재 큰 계약 건을 추진하여 곧 계약성사가 임박하였다면 반드시 업무정지 행정처분 집행정지 신청을 하는 것이 바람직함.)

6) 행정소송 제기(* 행정소송법 제20조 참조)
   - 처분이 있음을 안 날로부터 90일 이내(행정심판 재결서를 송달받은 날로부터 90일 이내), 처

분이 있은 날로부터 1년 이내.

- 행정소송 제기는 현실적으로 잘 판단해서~~

(정식 소송으로 행정심판보다 시간과 비용이 많이 들어감.)

다. 결론

1) 결국 위의 불복절차에 따라서 대응하고 행정심판을 통하여 행정처분 감경을 다투어야 할 것으로 사료됨.(행정심판은 소송에 비해 기간도 엄청 짧고 비용부담도 크지 않으니 경제적인 불복 수단임.)

※ **"온라인 행정심판"**이라는 사이트가 있어 인터넷상으로 본인이 직접 간편하게 행정심판 청구가 가능하고 비용도 무료임.(더러 행정사들에게 대행 주기도 하고, 행정사를 겸업하는 공인중개사도 있음.)

2) 소 잃고 외양간 고치려면 경제적, 정신적으로 손실이 따르니 미리 업무에 만전을 기하는 것이 최선임.

3) 공인중개사는 국가자격사로서 높은 자기 책임성을 요구받고 있으며, 행정처분은 업무상 개업공인중개사의 의무사안 위반에 기인한 경우가 많아 법 적용이 다소 엄격하다고 볼 수 있음.

부동산 실거래 신고
(2006. 1. 1. 시행) 제도

가. 신고대상

1) 부동산 : 토지 또는 건축물

2) 부동산을 취득할 수 있는 권리: 아파트 분양권, 재건축/재개발 조합원의 입주권

* 신고대상을 간단히 요약하면(2017년 1월20일부터 부동산 거래신고 등에 관한 법률 시행)

(기존) 부동산매매, 주택분양권/입주권 전매 →

(변경) 부동산매매, 주택분양권/입주권 전매 + **7개 법률에 따른 주택, 상가, 토지 등 최초 공급(분양)계약 및 분양권 전매**

※ **7개 법률** → 2017.1.20. 이후 체결한 공급(분양)계약 또는 분양권 전매 계약부터 신고 대상.(단, 2017.1.20. 전에 최초 공급(분양) 계약한 후, 1.20. 이후 그 분양권을 전매하는 경우 "분양권 전매"는 신고대상임.)

○ 주택법: 단독주택(30호 이상), 공동주택(30세대 이상), 단지형 연립/다세대(50세대) 이상 등

○ 건축물의 분양에 관한 법률: 오피스텔(30실 이상), 건축물 바닥면적 3,000m² 이상

○ 택지개발촉진법: 택지의 공급(분양)계약 및 분양권 전매

○ 공공주택 특별법, 도시개발법, 도시 및 주거환경정비법, 산업입지 및 개발에 관한 법률: 주택, 토지, 기타 건축물 등의 공급(분양)계약 및 분양권 전매.

나. 신고대상 제외

- 공매(단, 자산관리공사에 위탁하여 온비드를 통해 공개매각하는 경우는 신고대상임), 판결, 교환, 증여, 신탁/해지.

다. 신고기한

- 매매 계약 체결일(또는 가계약금 입금일)로부터 30일 이내(2020.2.21. 시행)

※ '부동산 거래신고 등에 관한 법률 시행규칙' 일부 개정(2023.8.28. 개정·시행)

→ 부동산 거래계약 신고서(별첨 양식 18번 참조) "유의 사항 6호"에 문구 추가

6. "거래계약의 체결일"이란 거래당사자가 구체적으로 특정되고, 거래 목적물 및 거래대금 등 거래계약의 중요 부분에 대하여 거래당사자가 합의한 날을 말합니다. 이 경우 합의와 더불어 계약금의 전부 또는 일부를 지급한 경우에는 그 지급일을 거래계약의 체결일로 보

되, 합의한 날이 계약금의 전부 또는 일부를 지급한 날보다 앞서는 것이 서면 등을 통해 인정되는 경우에는 합의한 날 거래계약의 체결일로 봅니다.

라. 신고기한 산정

1) 계약일 다음날을 1일로 하여 30일이 되는 날의 업무 마감시간까지

(민법 제157조에 의거 초일 불산입)

2) 단, 30일째 되는 날이 공휴일이거나 휴무일인 경우 다음 업무일 마감시한까지

마. 계약의 무효, 취소, 해제 등의 확정일로부터 30일 내 반드시 계약 해제신고 要

1) 실거래 신고 전 계약의 무효, 취소, 해제 시는 해제 신고 의무 X.

2) 개업공인중개사의 중개계약도 계약해제 신고의무는 원칙적으로 계약 당사자에게 있음.

3) 위반 시 과태료 500만 원 이하 부과.

* 신고기간 위반 과태료(부동산 거래신고 등에 관한 법률 시행령 제20조 참조)

- 기존: 10만 원~500만 원 → 변경:10만 원~300만 원 하향 조정

실거래신고 위반 시 과태료: 부동산 거래신고 등에 관한 법률 제28조 참조

과태료	내용	비고
3,000만 원 이하	자전거래 신고 거래대금자료 미제출하거나 거짓 제출	
500만 원 이하	① 거래신고를 하지 않게 한 경우 ② 거짓신고를 요구한 경우 ③ 거짓신고를 조장, 방조한 경우 ④ 거래대금자료외 미제출	
취득가액 10/100 이하	거짓신고를 한 경우	

바. 부동산 실거래신고 신고처리

1) 신고 접수: 매매계약 대상 부동산 소재지 관할 시·군·구청(사무소 소재지 X)

2) 처리 기한: **즉시**(통상 접수한 시점부터 3~4시간을 의미)

3) 신고서 보완: 인터넷 시스템 및 유선으로 보완 조치

4) 신고내역 조사(즉, 해당 공무원의 신고 검증절차 有)
   - 거래신고 시에 거짓 신고로 의심되는 경우.
   - 검증 결과 거짓 신고로 의심되는 경우.
   - 민원·언론 등에서 거짓신고 의심 사례로 제기되어 당사자 등에게 자료 제출 요구를 할 필요
     가 있다고 판단되는 경우.
   - 국토해양부 장관이 시·군·구청장에게 거짓신고가 의심되어 신고 내역을 조사하도록 요구한
     경우.
     → 거래계약서 사본, 거래대금 입금표 또는 통장사본 등 소명자료 제출.
       ※ 2020. 2. 21.부터 국토교통부 및 한국부동산원이 신고 내용을 직접 또는 신고 관청과 공동
         으로 조사 가능.

사. 부동산 실거래신고 DATA의 활용

1) 지역별 매매 동향 파악: 건수(지역별/단지별/평형별), 시세 등
2) 부동산 중개업(소)의 매출 및 소득자료
   → 부동산 실거래신고 내용은 부동산 중개업소의 매출(부가가치세 신고), 종합 소득신고(현금
     영수증 발급)와 정확히 일치되어야 함.

아. 전/월세 임대차계약 실거래신고 시행(경과)

1) 2010년 1월부터 전/월세 임대차계약 실거래 신고 의무화 추진 → 시행 보류
2) 단, 2011년 1월부터 읍, 면, 동 주민센터에서 확정일자를 부여받은 전/월세 임대차계약을 대상
으로 실거래가 공개 중임.
   ※ 전/월세 임대차계약 실거래 신고제 시행: 2021. 6. 1.부터~

☞ 인터넷으로 실거래 신고를 한 건입니다. 한쪽 중개업자는 기간 내 서명하였으나 한 쪽
   의 신고, 서명 지연으로 과태료 대상이 되었습니다. 이때 과태료를 각각 부과해야 하는
   지? 아니면 해태한 쪽만 부과해도 되는지 궁금합니다.
   → 둘 다 부과하는 것이 원칙임. 다만 기한 내 전자서명을 한 중개업자는 감면 적용을 하는 것이
     타당할 것으로 사료됩니다. (국토해양부 인터넷민원 2010. 5. 4.)

☞ 2020.2.21.시행 '부동산 거래신고 등에 관한 법률' 일부 개정 주요 내용

구분	현행	개정	비고
실거래 신고기간	60일	**30일**	제3조1항
부동산 거래계약 무효, 취소, 해제	신고의무 없음 (임의적 사항)	**30일 내 신고의무 부여 (자료의 정확성 도모)**	제3조의2(신설)
공동중개 시 개업공인중개사 일방이 신고를 거부한 경우	-	**단독신고 가능(신설)**	

☞ 2020.2.21. 이후 강화되는 조치(주택취득자금 조달 및 입주계획서 중심으로~)

㉮ 주택취득자금 조달 및 입주계획서 작성대상 전국으로 확대(2020.3.13.부터 거래계약분~)

  - 서울 25개구 + 투기과열지구 → 전국(투기과열지구, 조정대상지역: 3억 원 이상, 비규제지역: 6억 원 이상 대상)

㉯ 투기과열지구 내 9억 원 초과 주택거래 시 주택취득자금 조달 및 입주계획서 작성 항목별로 예금 잔액 증명서, 납세 증명서, 부채 증명서 등 증빙자료 제출이 의무화됨.

㉰ 매수인의 주택취득자금 조달 및 입주계획서를 포함한 실거래신고 기한이 30일로 단축.

☞ 2020.6.17. 발표 부동산대책("주택시장 안정을 위한 관리방안")

㉮ 주택취득자금 조달 및 입주계획서 제출대상: 투기과열지구, 조정대상 지역은 거래 가격과 무관(기존: 3억 원 이상)

  ※ 비규제지역 6억 원 이상, 매수자가 법인 경우도 제출 의무대상임.

㉯ 증빙자료 제출대상: 투기과열지구 거래가격과 무관(기존: 9억 원 초과)

㉰ 시행시기: 2020.10.27. 시행(10.27.부터 거래계약분~)

자. 주택취득자금 조달 및 입주계획서 제출 안내(* 개업공인중개사를 통한 중개계약 시)

1) 작성 주체

  - 부동산거래계약(실거래) 신고서: 개업공인중개사 작성

  - 주택취득자금 조달 및 입주계획서(별첨 양식 20번 참조): 매수인이 작성하여 25일 이내에 개업공인중개사에게 제공(제출)

2) 제출 방법(방문 또는 인터넷 제출)

　(※ 부동산 거래계약 신고서 접수 전에는 주택취득자금 조달 및 입주계획서 먼저 제출 불가)

　- 중개계약의 경우, (개업)공인중개사가 실거래 신고서를 제출해야 하며, 이때 주택취득자금 조달 및 입주계획서 및 증빙자료도 (개업)공인중개사가 실거래 신고서와 함께 일괄하여 제출.

　*단, 개인정보 노출 등 사유로 매수인이 주택취득자금 조달 및 입주계획서 및 증빙 자료를 별도 제출 하려는 경우, 별도 제출도 가능.

　→ 이 경우 매수인이 해당 자료를 신고관청에 직접 제출하거나, 인터넷 부동산거래관리시스템(RTMS)에 접속하여 화면 양식에 따라 작성 후 전자서명.(스캔 또는 이미지 파일 형태로 제출 가능)

3) 신고필증 교부

　- 실거래 신고서와 주택취득자금 조달 및 입주계획서가 모두 제출되어야 발급되므로, 가급적 동시에 제출할 것을 권장.

4) 기타: 법인이 매도/매수하는 주택은 '법인 주택 거래계약 신고서'(별첨 양식 19번 참조)를 첨부 제출(*법인이 매수 시는 주택자금조달계획서도 제출)

5) **실무상 주의**

　- 건축물대장상 일반 건축물인 경우 주용도 기준, 집합 건축물인 경우 전유부 용도 기준

　→ 단독/다가구/연립/아파트 중 1개라도 표기되어 있는 경우 "주택"으로 간주.

차. 토지취득자금 조달 및 토지이용계획서 제출 안내(* 2022.2.28. 시행: 부동산 거래신고 등에 관한 법률 시행령 및 시행규칙 개정)

1) 제출 대상

대상 지역	제출 대상		비고
	토지 전체 거래	**토지 지분 거래**	
수도권 · 광역시 · 세종시	- 거래되는 필지수와 관계 없이 총 거래되는 금액이 1억 원 이상 - 계약일로부터 1년 이내에 서로 맞닿은 토지를 거래한 경우 합산금액이 1억 원 이상(매수인별 기준)	- 모든 토지 지분 거래 (금액 무관)	* 2022.2.28. 이후 체결한 토지 거래계약
그 밖의 지역	- 거래되는 필지수와 관계없이 총 거래되는 금액이(매수인별) 6억 원 이상 - 계약일로부터 1년 이내에 서로 맞닿은 토지. 해당 토지를 거래한 경우 합산 금액이 6억 원 이상(매수인별 기준)	- 토지 거래가액 6억 원 이상 - 서로 맞닿은 토지, 해당 토지 금액 합산	

* "서로 맞닿은 토지": 신고대상 토지에 접해 있는 토지를 말함.
* "해당 토지": 거래계약을 체결한 토지와 지번이 동일한 경우(지분 거래)를 말함.

2) 제외 대상

- 매수인이 '부동산 거래신고 등에 관한 법률(약칭: 부동산거래신고법)' 제3조 제1항 단서에 따른 국가, 지자체, 공공기관 등인 경우

  * 공공기관: '공공기관의 운영에 관한 법률'에 따른 공공기관, '지방공기업법'에 따른 지방직영 기업, 지방공사 또는 지방공단

- '부동산거래신고법' 제11조 제1항에 따라 토지거래계약허가를 받아야 하는 경우(허가받은 경우 포함) → * **토지취득자금 조달계획서** 제출

- '건축법' 제22조 제2항에 따라 사용승인을 받은 건축물이 소재하는 필지

※ 신고 유의사항

- 토지를 거래하는지 또는 토지 + 건축물을 거래하는지 확인

- 토지거래 지역 및 거래금액 확인

  ○ (수도권, 광역시, 세종시) 거래금액 1억 원 이상(지분거래 전부)

  ○ (그 밖의 지역) 거래금액 6억 원 이상

- 서로 맞닿은 토지를 거래하였는지 여부 및 합산금액 확인

  → 계약 1년 이내의 추가 거래여부는 부동산거래관리시스템을 통해 확인(인터넷: rtms. molit.

go.kr을 통해 신고하는 경우 시스템에서 1년 이내 토지거래계약정보를 제공), 서로 맞닿은 토지 여부는 정부24 또는 토지 이음을 통해 확인.

→ 또한 시·군·구청 방문을 통해 신고하는 경우 업무담당자를 통해 토지취득자금 조달 및 토지이용계획서 제출대상 여부 확인 가능함.

3) 제출 의무자

- 매수인이 제출 의무자이며, 중개거래의 경우 개업공인중개사가 실거래 신고서와 함께 제출 가능.
- 공인중개사가 토지취득자금 조달 및 토지이용계획서를 제출하려는 경우 매수인은 25일 이내에 토지취득자금 조달 및 토지이용계획서를 공인중개사에게 제공

4) 신고필증 교부

- 실거래 신고서와 토지취득자금 조달 및 토지이용계획서(별첨 양식 21번 참조)가 모두 제출되어야 발급되므로 기급적 동시에 제출할 것을 권장.
- *토지취득자금 조달 및 토지이용계획서는 거래계약 체결일로부터 30일 이내 신고서와 같이 제출.

☞ 실거래가 공개 시 등기정보 (시범)공개(* 2023.7.25. 시행)

㉮ 실시 배경: 부동산 거래신고 후 소유권 이전 없이 계약을 해제하는 이른바 '집값 띄우기' 의심 거래 방지

㉯ 공개 방법: 2023.7.25.부터 '실거래가 공개시스템' 활용

실거래가 공개시스템상 등기일 공개화

전용면적 (m²)	계약일	해제 여부	해제사유 발생일	등기일자	거래금액 (만 원)	층	거래유형	중개사 소재지	전산공부
77.75	23			21.01.31	149,500	4	중개거래		〈보기〉

㉰ 공개 범위: 2023.1월 이후 거래 신고된 전국 소재 공동주택(아파트)에 대해 소유권 변경을 위한 '등기일' 공개.

※ 2024년 상반기부터 연립, 다세대 등 공개 범위 확대 추진.

㉒ 등기일이 표시되지 않은 주요 사유

ⓐ 등기일이 도래하지 않음. (잔금지급 이후 60일 미도래)

  - 잔금예정일이 변경되었을 경우 반드시 신고해야 신고 정보의 신뢰도가 확보됨.

ⓑ 거래계약이 해제되었으나 신고하지 않은 경우.

  - 해제일로부터 30일 이내 신고해야 하며, 미신고시 "부동산 거래신고법" 제28조 제1의2 규정에 따라 500만 원 이하의 과태료 부과 대상.

ⓒ 등기신청 해태(잔금지급 이후 60일 경과)

  - "부동산등기특별조치법" 제11조1항에 따라 과태료 부과 대상

ⓓ 부동산등기시스템과의 전산 매칭 오류 가능성

  - 주소지 정보 또는 거래계약신고필증 관리번호가 일치하지 않을 경우

  - QR코드 도입(2023.4월)이전 거래의 경우 수기 입력 등으로 인한 등기 여부 공개사항 오류 가능성

27

토지거래계약허가

가. 토지거래계약허가 관련 주요 업무처리 안내[* 주의 사항~]

※ 토지거래계약허가를 득한 후 매매계약서 작성

 - 허가를 받지 아니하고 토지거래계약을 체결하거나 부정한 방법으로 토지거래계약 허가를 받은 자: 2년 이하의 징역 또는 계약 체결 당시의 개별 공시지가에 따른 해당 토지가격의 100분의 30에 해당하는 금액 이하의 벌금.(*부동산 거래신고 등에 관한 법률 제11조, 제26조 참조)
 * 토지거래계약허가 신청 → 허가 → 계약 체결 → 잔금 완납 → 소유권 이전 順으로 업무처리 할 것.(* 매매 약정서: 별첨 양식 22번 참조)

1) 임대차계약 기간이 남아 있는 주택의 취득
 - 주거용 토지의 경우 2년간 '자기 거주용'으로 이용해야 하므로 해당 주택에 임대차계약 기간이 남아 있는 경우에는 원칙적으로 토지거래계약허가를 받을 수 없음.
 단, 토지 취득시점(소유권 이전)이 도래하기 이전까지 임대차 계약기간이 종료되는 경우라면 예외적으로 허가 신청이 가능.(* 임차인의 확인 등 객관적 증빙자료 첨부 필요)

※ 토지이용 의무기간(* 부동산거래신고법 제12조, 시행령 제14조 참조)

구분	주거용	농업용	임업용	개발용(사업용)	기타(현상보존)
의무기간	2년	2년	3년	4년	5년

* 토지거래계약허가를 받아 취득한 토지를 허가받은 목적대로 이용히지 아니히면 3월의 이행기간을 부어하고, 취득가액(신고된 실거래가)의 10% 범위 내에서 매년 이용 의무기간 종료 시까지 이행강제금 부과.(*부동산 거래신고 등에 관한 법률 제18조 참조)

 - 이용목적 위반 5%, 불법 임대 7%, 미이용 방치 10%(* 부동산 거래신고 등에 관한 법률 시행령 제16조 참조)
 - 이행명령이 있은 날을 기준으로 이행될 때까지 매년 1회 부과

2) 주택 취득 후 일부 임대
 - "건축법 시행령"에 따른 단독주택과 공동주택의 경우에도 해당 건축물의 일부 임대가 가능하도록 '자기 거주'의 예외를 인정(* 부동산거래신고법 시행령 제14조, 시행규칙 제18조 참조)

3) 기존 주택 보유자의 신규주택 취득

- 주택을 기(既) 보유한 경우에도 신규주택 취득 목적으로 토지거래계약허가를 신청할 수 있으나 당해 지역에 거주해야 할 사유 또는 자기 거주용 토지 또는 주택을 추가적으로 취득해야 하는 사유를 구체적. 객관적으로 소명해야 함. + 기존 주택의 처리계획서(매매·임대 등)를 제출하여야 함.

4) 분양 주택의 전세계약 가능 여부

- "주택법" 제54조에 따라 주택 사업 주체가 주택을 공급하는 경우 등은 허가 대상에서 제외됨.
  (* 부동산 거래신고법 시행령 제11조 참조)
- → 2년간 실거주 의무를 부과받지 않으므로 전세계약 체결 가능. 단, 2021. 2. 19. 이후 입주자모집승인 신청하는 수도권 분양가 상한제 적용 (민영)주택 등은 실거주 의무(최대 5년~최소 2년) 있으므로 주의할 것!

※ 2023.1.3. 국토교통부 발표: '2023년 주요업무 추진계획' → 2023년 주택법 개정 후 실거주 의무 폐지 예정(* 소급 적용) → 적용: 3년 유예 (2024.3.19. 주택법 개정, *주택법 제57조의2 제①항 참조)

5) 상가 취득후 일부 임대

- "건축법 시행령"에 따른 제1·2종 근린생활시설의 경우, 취득 후 직접 이용보다는 임대수익의 확보가 주된 목적임을 감안하여 해당 목적물의 일부를 임대할 수 있도록 '자기 경영' 원칙의 예외를 인정.
- → 허가 신청 시 토지이용계획서에 구체적인 임대계획 작성·제출

6) 부부·가족 등이 지분으로 부동산 취득 시 허가 여부

- 2인 이상이 지분을 공유하고 있는 공유지 거래의 경우, 지분별로 허가 대상면적 여부를 판단하는 것이 원칙임.
  단, 부부·가족 등 세대구성원이 공유 지분을 각각 취득하는 경우에는 동일인의 취득으로 간주, 공유지분 면적 전체를 합산하여 허가대상 면적 여부를 판단함.
  예시) 주거지역내 대지면적이 10m²인 아파트를 부부가 공동명의로 소유(배우자별 지분 각 5m²)한 경우, 이를 다른 부부에게 배우자별로 5m²씩 매도 → 지분면적 합산 시 10m²를 초과

하므로 허가 대상임.

7) 오피스텔 거래 시 허가 여부

- 오피스텔도 대지지분 면적이 허가 기준 면적을 초과하는 경우라면 토지거래계약허가를 받아야 함.

→ 허가 신청 시 오피스텔의 이용 목적(주거용, 경영용 등)을 토지이용계획서에 명시하여야 하며, 허가받은 후 2년간 자기 거주 또는 자기 경영의무를 이행해야 함.

나. 토지거래계약허가를 받지 않아도 되는 도시지역 내 세부 용도별 토지 면적 기준 하향 조정(* 부동산 거래신고 등에 관한 법률 시행령 제9조 참조: 2023.10.4.개정)

〈도시 지역〉

- 주거지역: $180m^2 \rightarrow 60m^2$

- 녹지지역: $100m^2 \rightarrow 200m^2$

- 상업지역: $200m^2 \rightarrow 150m^2$

- 기타지역: $90m^2 \rightarrow 60m^2$

- 공업지역: $660m^2 \rightarrow 150m^2$

〈도시 지역 외의 지역〉

- 농지(농지법 제2조1호에 따른 농지): $500m^2$

- 임야: $1,000m^2$

- 기타: $250m^2$

※ 국토교통부장관 또는 시·도지사는 기준 면적의 10% 이상~300% 이하 범위에서 허가대상 면적을 따로 정하여 공고할 수 있음.

※ 서울 강남구(청담동, 삼성동, 대치동), 서울 송파구(잠실동) 토지거래허가대상 아파트로 한정(변경): 2023.11.16.부터 효력발생

→ 상업용·업무용, 주거용 중 단독주택·다가구주택·연립주택·다세대주택 등 아파트외 용도의 토지를 허가대상에서 제외함.

부동산 대출 중개
및 유의 사항

가. KB부동산(KB국민은행 부동산 플랫폼) 아파트 시세 기준

1) 일반 평균가 기준 × 대출한도(율)

2) 하위 평균가는 1, 2층 기준

- KB부동산 → 아파트 단지 선택 → "시세" 항목 선택(매매 및 전/월세 시세 확인 가능) → "예산" 항목 선택(KB부동산 시세 기준 대출금액 확인 가능)

나. 소유권 이전등기와 근저당권 설정 등기를 각각 진행

- 대출 실행 시 법무사 지정의 문제

→ 은행의 법무사가 소유권 이전 등기와 대출금액의 근저당권 설정등기를 은행 지정 법무사가 병행 처리하는 경향이 있으나, 소유권 이전등기와 근저당권 설정등기를 각각 다른 법무사가 별도로 처리하여도 무방함

다. 대출 중개

1) KB부동산 시세를 기준으로 은행별/아파트 단지별 대출 한도표를 여러 은행(보험회사 포함)에서 부동산 중개업소에 방문하여 제공하기도 함.

2) 대출 중개 후 은행의 대출 알선(소개)료는 종합소득신고 시 반영

→ 대출 중개 시 해당 은행에서 알선(소개)료를 지급한다는 업무 협약서를 중개사무소와 체결함. (은행마다 다르나 보통 대출금액의 0.2%~0.25%의 대출 알선료 지급)

* 대출상담사란? → "대출모집인"을 말함.

- 금융회사와 업무 위탁계약을 맺고 대출상품을 소개, 상담, 관련 서류 전달 등을 수행하는 개인 대출상담사와 대출모집 법인을 말함.

→ "대출모집인 통합조회 시스템" → 명함 상의 등록번호, 휴대폰번호로 조회

→ 성명, 사진, 계약 금융회사, 등록일 등 조회됨.

3) 대출 가능 여부를 확인하고 중개하라(※ 先 대출여부 확인 後 계약서 작성)

- 계약 후 대출이 안 되면 민원 발생소지(* 일종의 중개사고에 해당)

- 계약 전 대출상담사와 바로 연결해 주어 상담 유도

라. 대출상환 후 근저당권 말소(감액)등기 반드시 요구(특약 기재) 및 사후 확인 의무

- 임대차 계약 시 반드시 감액등기 특약 기재

  (특약 미행시 임대인은 손해배상 또는 부동산 사기험의 피소 가능성 有. → 개업공인중개사는 반드시 사후 확인 의무 있음.)

마. 대출 유의사항

- 토지 · 상가건물의 대출한도는 별도 감정

  (토지는 통상 매매가의 50% 선 대출 가능 → 일반주거지역 기준)

- 토지 · 상가건물은 외부 감정 실행(일정 유의)

☞ DSR(Debt Service Ratio): 총부채 원리금 상환비율

- DTI(총부채 상환비율) = (주택대출 원리금 + 기타 대출**이자** 상환액) / 연간 소득
- DSR(총부채 **원리금** 상환비율) = (주택대출 원리금 + 기타 대출 **원리금** 상환액) / 연간 소득
- * 기타 대출 원리금 상환액 = 신용대출, 마이너스 통장, 자동차 할부, 학자금 대출, 카드론 등 모든 대출의 원금과 이자를 모두 더한 원리금 상환액임.

  → 2022.1월부터 총 대출액(기존 + 신규대출 포함)이 2억 원(* 2022년 7월부터 1억 원) 초과 시 개인(차주)별 DSR 40%(* 1금융권 기준) 적용

- * DSR규제 적용 제외 대출: 전세대출, 집단(중도금) 대출, 정부지원 서민대출 상품(햇살론, 사잇돌 대출 등), 보험계약 대출 등~~

☞ 전입세대확인서 & 상가건물 임대차 현황서 비교

구분	주택	상가	비고
	전입세대확인서	상가건물 임대차 현황서	
활용	매매/임대차계약 시, 공경매 권리분석 시, 주택담보 대출 시	매매/임대차계약 시, 수익성 분석 또는 상가담보 대출시	
발급신청	- 인터넷 발급 X - 주민센터, 구청 방문(주민등록 전입 세대 열람신청서 제출)	- 인터넷 발급 O(홈택스) - 세무서 방문(임대차 정보제공 요청서, 도면 제공요청서 제출)	

발급 신청 권자	소유자(세대원, 위임자 가능),임차인(세대원, 위임자 가능),매매/임대차계약자, 기타 이해관계인(경매 입찰자, 금융기관 등) ※개업공인중개사도 소유자/임차인 위임받아 발급 可 * 주민등록법 제29조의2 참조	소유자, 임대/임차인, 법원의 판결을 받은 자, 상임법 제5조7항에 따른 우선변제권을 승계한 금융기관, 기타 이해관계인(전세권자, 질권자, 저당권자 등) * 상임법 시행령 제3조의2 참조	
첨부서류	임대차정보제공요청서, 매매/임대차계약서, 본인 신분증, 본인 신분증 사본(대리 시)	임대차정보제공요청서, 매매/임대차계약서, 이해관계인임을 증명하는 서류, 신분증 * 임대차계약할 자는 임대인 동의서 및 임대인 신분증 사본 필요	
열람 범위	세대주와 동거인의 성명, 전입일자	사업자등록 신청일, 확정일자 부여일, 보증금, 차임, 임대차기간	
발급수수료	300원	무료	

* 주택임대차 정보제공 요청서(확정일자 부여현황서)의 열람 범위
  - 임대인, 임차인 인적사항, 확정일자 부여일, 보증금, 차임, 임대차기간
* 상가건물 임대차 현황서 발급 시 (상가)임대차 정보제공 요청서(별첨 양식 23번 참조)를 작성하여 제출하여야 함. →
  ① 임대차 정보제공은 「상가건물 임대차보호법」 제4조에 따라 요청자가 이해관계인이거나 임대차계약을 체결하려는 자로서 임대인의 동의를 받은 경우에만 허용됨. ② 임대차 정보제공 요청은 「상가건물 임대차보호법」 제2조 제1항 단서에 따른 (환산)보증금액을 초과하지 않는 임대차의 경우에 가능함을 주의!

29

소속공인중개사 & 중개보조원 고용/관리

가. 정의(공인중개사법 제2조)

- 소속공인중개사: 개업공인중개사에 소속된 공인중개사(개업공인중개사인 법인의 사원 또는 임원으로서 공인중개사인 자를 포함)로서 중개업무를 수행하거나 개업공인중개사의 중개업무를 보조하는 자.

- 중개보조원: 공인중개사가 아닌 자로서 개업공인중개사에 소속되어 중개대상물에 대한 현장 안내 및 일반 서무 등 개업공인중개사의 중개업무와 관련된 단순한 업무를 보조하는 자.

  * 차이는 공인중개사 자격의 有, 無이다.

☞ "중개업무 수행"의 의미

→ 거래계약서 작성, 중개대상물 확인·설명 및 확인설명서 작성 등 개업공인중개사가 수행할 수 있는 중요한 중개업무를 직접 수행하는 것.

(국토교통부 유권해석 수정일자 2015.11.20.)

나. 현장 실무상 중개보조원 업무범위 구분 혼선

- 중개보조원이 현장 안내 시 고객이 중개대상물에 대한 전문지식을 질문할 경우 답변을 해야 하는가? 안 해야 하는가? → 중개대상물 확인·설명의 범위 및 구분이 애매모호함.

☞ 중개대상물에 대한 확인·설명에 있어 중개보조원이 참여할 수 있는 범위?

- 중개대상물 확인·설명, 확인설명서 및 거래계약서 작성 등 중요한 중개행위는 개업공인중개사가 직접 주도적으로 수행하여야 하고 중개보조원은 개업공인중개사의 중개행위를 단순 보조하기 위하여 고용된 자로서 이러한 행위를 수행할 수 없으며, 제3자나 중개보조원이 이러한 실질적이고 중요한 중개업무를 수행하였다면 무등록 중개행위로 3년 이하의 징역 또는 3,000만 원 이하의 벌금에 해당하는 처벌을 받게 됨.

(국토교통부 유권해석 수정일자 2017.10.31.)

다. 고용/고용관계 종료 신고

1) 고용 신고: 업무 개시 전까지(직무 교육 이수필증 첨부)
2) 고용관계 종료 신고: 고용이 종료된 날로부터 10일 이내
3) 신고 방법: 방문, 우편, 인터넷

* 온나라 부동산정보(SEE:REAL로 명칭 변경: 2018. 8.) → "정부 24"에서 인터넷으로 고용 및 고용관계 종료신고(2020. 2. 1. 부터) 가능

라. 고용 후 관리

1) 공인중개사 자격증이 있으면 채용을 안 하는 경향이 대부분임.

(아파트 전문 여성 개업공인중개사와 업무영역이 중복되어 영업 보안 차원에서 소속 공인중개사 채용을 기피함과 동시에 얼마 근무하지 않고 업무만 배워서 바로 개업할 것이라는 우려 때문에~)

2) 스카웃 금지(간혹 퇴사 후 지역 제한 有)

3) 특히 퇴사 시 상호간 마찰 없도록 마무리 잘할 것.

4) 4대 보험 가입 문제

- 상시 1인 이상의 근로자를 사용하는 모든 사업장은 가입 의무화.

→ 수당제로 지급하는 직원을 프리랜서 사업자(원천징수대상 사업자)로 3.3% 원천징수 후 다음달 10일 관할 세무서에 원천징수 이행상황 신고 및 납부

→ 개업 공인중개사는 전체 수수료에 대한 수입금액을 계상하며, 중개보조원에게 지급한 비용은 장부 기장 시 필요경비(지급수수료)로 처리

- 원천징수: 국세청 홈택스 서비스 신고, 납부 → 원천세 클릭

5) 특히 남자 공인중개사는 갈 자리가 잘 없다. → "무조건 개업해서 6개월 정도 맨땅에 헤딩하면 다 알게 된다."는 속설 과신 금지.

마. 교육

1) 부동산 중개사무소에서 실무 수습교육을 집중적으로 해 주지 않음.

2) 협회 차원에서 실무, 수습 교육을 현실적으로 좀 더 강화해야 함.

(향후 개업 전 부동산 중개사무소에서 일정 기간 의무 수습제도를 두는 입법 보완 필요)

→ 공인중개사 법정 교육과목 개선 및 신규 개업, 장기간 중개업에 미종사한 공인중개사를 대상으로 중개사무소 개설 전 교육을 강화하여 실무 역량 강화 추진[2022 하반기 추진 예정: 국토교통부 중개서비스 개선방안 발표 내용(2021. 8. 20.)]

※ 2025 상반기부터 개설등록 실무 교육 시간을 28시간에서 64시간 이상으로 확대(예정) 등 공인중개사 개설등록 실무교육/연수교육 및 중개보조원 직무교육 강화될 예정임.

바. 보수(수당)의 지급

1) 비율제

2) 고정급 + 실적급 수당

   → 중개사무소마다 보수 지급 방식이 다름

사. 위탁계약서의 작성(검토)

※ 비율제인 경우 → '고용계약서'가 아닌 '위탁계약서'로~~ 작성

1) 업무 내용: "갑"과 "을"의 담당 업무 내용 명시

2) 보수 지급: 기본급 없고, "을"의 노력의 결과로 인한 수당제(원천징수)

3) 수익(당)의 배분: "갑"과 "을"의 비율 명시(지급방법, 계좌번호 기재)

4) 기타 주요 내용(예시)

   - 손해발생시 "갑"은 "을"에게 구상권 행사.

   - 운전자보험 등 가입 및 본인 비용 부담.

   - "을"은 자기 책임하에 독자적으로 사업 활동 수행

   - "을"은 익년도에 종합소득(세) 신고, 납부

   - 퇴사 후 반경 ~km 사무소 개설금지 등

☞ **참조 판례: 대법원 2012.2.23. 선고, 2011다 77870판결**

   - 부동산 중개업자가 고용한 중개보조원이 고의 또는 과실로 거래당사자에게 재산상 손해를 입힌 경우에, 구 부동산중개업법은 이 경우에 중개보조원의 업무상 행위는 그를 고용한 중개업자의 행위로 본다고 정함으로써 중개업자 역시 거래당사자에게 손해배상할 책임을 지도록 하는 규정이다.

   위 조항을 중개업자만이 손해배상 책임을 지도록 하고 중개보조원에게는 손해배상 책임을 지우지 않는다는 취지를 규정한 것으로 볼 수는 없다.

   중개보조원은 당연히 거래당사자가 입은 손해를 배상할 책임을 지는 것이다.

☞ **공인중개사 자격 취득자는 중개보조원으로 등록 불가.(법제처-20-0053, 2020.4.27)**

☞ **중개보조원이 부동산 중개사무소에 근무 중 공인중개사 자격 취득 시 소속공인중개사**

로 전환하여 고용신고 필요.(국토교통부 2016.12.09. 회신)

☞ 중개보조원이 개업공인중개사 몰래 중개사무소가 아닌 외부에서 매매계약 중개(보조
원의 성명 기재하고 본인의 인장 날인) 시 중개보조원은 무등록 중개행위에 해당(3년
이하 징역 또는 3천만 원 이하 벌금), 중개보조원을 고용한 개업공인중개사도 처벌이
불가피하다고 판단됨. (국토교통부 유권해석 수정일자 2016.8.12.)

☞ 공인중개사가 아닌 중개보조원의 명함에 대표 명칭을 기재하여 교부하는 행위가 유사
명칭의 사용에 해당되는지?(2011.9. 국토교통부가 법무부에 법령해석 의뢰한 件)
- 공인중개사 아닌 자가 "공인중개사무소의 대표, 사장" 등의 명칭을 사용한 명함을 이용하여 부
동산 중개행위를 할 경우, 거래상대방으로 하여금 자격 있는 공인중개사와 오인하거나 혼동
을 줄 우려가 매우 높은 것으로 보이므로, 이는 유사 명칭 사용에 해당함. (법무부 법무심의관
실 유권해석 2011.10., 대법원 2007.3.29. 2006도9334판결)
→ 공인중개사법 제8조(유사 명칭의 사용 금지)위반: 1년 이하 징역, 1천만 원 이하 벌금

30

한국공인중개사협회에서 진행 중인
교육 과정 이해 및 검토

가. 한국공인중개사협회에서 진행 중인 교육 과정 이해

교육과정명	교육 내용	교육 시간	비고
개설 등록 실무 교육	창업 및 경영(3), 직업윤리(1), 부동산 권리분석(2), 부동산컨설팅(2), 부동산 중개관련 법령(2), 부동산 거래정보망 및 전자계약 시스템(2.5), 인터넷 중개 활용(2), 부동산 세제(2), 부동산 등기(2), 부동산 거래사고 예방(2), 부동산 공법(2.5), 모의 현장 실습(5) ※ 28H 집합교육 기준	4일(28H) 집합 교육 또는 7H 사이버 교육 + 3일 집합 교육 ※ 2025 상반기부터 64H 이상 실시(시행령 개정 예정)	* 개업(소속) 공인중개사 13만 원 (교육비)
매수신청 대리실무	부동산 경매실무	4일, 32H	15만 원
직무 교육	직업윤리(1), 부동산거래사고 예방(3)	집합&사이버교육(4H) ※ 2025 상반기부터 8H 이상 실시(시행령 개정 예정)	* 중개보조원, 4만 원
연수 교육	* 필수: 부동산 조세(2), 부동산 거래사고 예방(2) * 선택: 부동산 개정법률(2), 부동산 중개실무(특약 작성), 부동산 거래정보망, 개인정보보호, 빅데이터 분석 등	집합 2일(12H) or 사이버(6H) + 집합1일(6H) ※ 2025 상반기부터 16H 이상 실시(시행령 개정 예정)	* 개업(소속) 공인중개사, 4만 원
전문 교육	성공 공인중개사 필수 중개실무 정복과정(14), 부동산 중개사무소 운영 실전과정(18~21), 분양권 전매 실전과정(7), 상가/오피스텔 분양권 전매 실전과정(7), 상가(겸용)주택 중개 실전과정(7) 등	시간(4시간~36시간 등) 다양, 집합 교육	* 개업(소속)공인 중개사 * 지부별 교육 일정 참조
민간자격 (증) 취득	부동산 권리분석사, 부동산 분양 상담사, 부동산 임대관리사, 부동산 정보분석사, 풍수 상담사 등	51시간, 집합 교육	* 개업(소속)공인 중개사 42만 원
무료 동영상 교육	중개대상물 표시·광고, 중개업 개인정보 보호, 세법 등	-	-

※ 교육 내용 ( )은 교육 시간임.

나. 검토

1) 외국어 교육 → 글로벌 부동산중개사무소 등록(지자체별~)

2) 전산 교육(엑셀, 파워 포인트 등)

3) 모바일 교육

4) 마케팅/심리학 교육

5) 부동산 중개업소 경영기법 교육 등

　　→ 평생 배우고 공부하자! (본인의 비전에 따라~)

31

공동중개 추진 요령

가. 현황

1) 최근 부동산 중개사무소 간 공동중개의 양상이 두드러지고 있음.

2) 특히 아파트 위주의 공동중개는 왕성하나 상가/토지의 공동중개 건수는 아파트보다 저조한 편으로 추정됨. (물건 노출 우려.)

3) 기존 거래가 있었던 중개사무소, 친분 관계가 있는 중개사무소 등 간의 공동중개가 반복되는 경향이 많음. (서로 믿기 때문.)

4) 간혹 중개사무소 간 중개물건의 정보 미공유 · 보수 분배 등의 문제로 분쟁이 발생하기도 함. (실질 일은 매수 중개사무소에서 다 했는데~)

5) 개인별 부동산 자산관리를 전담하는 중개사무소가 늘어남에 따라 해당 물건 소재 지역의 중개사무소가 아닌 타 지역에 소재하는 중개사무소에서 공동중개를 제의하는 경우가 더러 있음.

나. 요령

1) 전속중개 물건은 공동중개 타이밍이 중요. → 혼자서 양타 치려다 공동중개마저 놓치는 경우 많음. (* 묵히다가 ○ 민든다.)

2) 다수의 중개사무소에 공동중개를 제의 하는 게 무조건 긍정적 효과를 갖고 오는 건 아니므로 중개사무소를 선별해서 공동중개를 제의하는 것이 효율적임. → 같은 물건을 여러 중개사무소에 동시다발로 의뢰하면 신경을 덜 쓰는 경향이 있음.

3) 첫 공동중개 물건은 신뢰성이 떨어지는 경우가 많으므로 가급적 전화로 공동중개를 의뢰하는 것보다 직접 방문해서 서로 만나 공동중개를 의뢰하는 것이 신뢰를 주어 더욱 신경 쓰게 됨. (물건의 진정성 등~)

4) 경우에 따라 고객이 직접 여러 중개사무소에 매도 또는 임대를 의뢰하면서 가격이나 조건을 상이하게 주어서 혼선을 야기하는 경우가 더러 있으므로 주의가 요망됨. → 그 중개사무소에 대한

불신 이미지를 야기하므로 경우에 따라 가격 등 검증 절차 필요함.

5) 공동중개 사무소 간 고객과 더불어 현장 임장활동 시 양쪽 중개사무소가 같이 현장에서 만나서 업무를 진행함이 타당. (물건 설명도 해 주면 좋고~)

6) 계약서는 매도/임대 중개사무소에서 작성함이 원칙(부동산 실거래신고입력 포함) → 매수 중개사무소에서 소유권이전 법무사 섭외. (대출 포함)
(* 특별한 경우 상호 협의에 따라 매수 중개사무소에서 계약서를 작성하고 실거래 신고 하기도 함.)
* 공제증서는 계약 당사자 모두에게 각각 따로 (2부) 교부해야 함.
 (법제처 2013.6.4. 13-28)

7) 공동중개 제의 시 물건 노출의 우려가 있는 상가/토지 등은 매도 중개사무소에서 그 물건에 대한 모든 정보를 처음부터 상세하게 주지 않는 경우가 많음.
→ 업무 추진 중간 중간에 상대 중개사무소에 확인하고, 그 정보에 대한분석 및 추가 분석 업무 등을 전적으로 매수 중개사무소에서 하기도 함.

8) 공동중개 의뢰한 물건을 매수/임차 중개사무소에서 매도/임대 중개사무소를 배제하고 매도/임대인을 직접 접촉함은 양자 간 큰 싸움이 될 수 있음을 명심할 것.

9) 시장질서 문란행위(물건 빼돌리기 등) 지양 → "正道 경영"을 추구하자

※ **正道 경영**이란?
 - 고객에겐 정직해야 하고, 협력업체에 대해서는 공정한 거래를 하여 상호 발전을 추구하며, 경쟁사와는 정정당당하게 경쟁하고 주주와 사회에 책임과 의무를 다하는 것을 말함.

※ 시장질서 문란행위 사례들: 고객(부부)으로 가장해서 중개사무소 방문 후 중개 물건 빼가기, 가계약금 입금된 계약 해제유도, 타 중개사무소에서 거래한 부동산 물건에 대한 가격 등 부정적/비판적 정보제공 행위 등

다. 분쟁 해결

1) 양보/타협(파트너십 발휘)

2) 중개업 분쟁조정위원회 성격과 유사한 **중개사무소 간 분쟁조정위원회**의 발족이 필요함.(시·도
회 또는 지회 단위)
(* 중개업 분쟁조정위원회: 중개 업무에 관한 분쟁을 조정, 처리하기 위하여 등록관청 소속하에 설
치된 위원회로 중개업자와 중개의뢰인, 중개업자와 제3자간의 분쟁을 심사, 조정 → 중개업법 개
정으로 삭제)

3) 현재, 공동중개를 비롯한 중개사무소 간 뚜렷한 분쟁해결 방법이 없다는 것이 문제임.

※ 공동중개의 의무와 책임(국토교통부 유권해석)

〈질의〉: 공동 개업공인중개사의 행정처분 가능 여부(2011. 2. 16. 11:18:09)

〈경과 내용〉
  - 계약서 작성 시 누락 부분에 대한 정정 내용을 4부 계약서에 미반영하여 내용이 모두 상이.
  - 공동중개 시 한쪽의 중개인의 서명, 날인 누락.

〈답변〉: 공동 책임이 있다 하여 무조건 같은 기준의 행정처분을 하여야 할 것은 아니고, 구체적
사실관계의 조사 후 책임의 경중을 판단해야 할 것임.
  → 공동중개 시 매수인 측에 손해발생, 실거래신고 시 한쪽 서명(실거래신고기간 경과 시 등도
    공동 책임이므로 주의를 요함.)

☞ 공동중개에 따른 손해배상 책임의 당사자

  - 중개업자는 자신의 중개의뢰인뿐만 아니라 다른 중개업자의 중개의뢰인인 거래 당사자에
    대하여도 일반적 주의 의무 위반 시 손해배상 책임을 부담한다고 할 것이다. (서울고등법원
    2007. 5. 31. 선고 2006나 50187판결)

☞ 개업공인중개사가 공제증서 사본을 교부하여야 하는 대상의 범위?

- 중개업자는 자신의 중개의뢰인뿐만 아니라 다른 중개업자의 중개의뢰인인 거래당사자에 대하여도 업무상 일반적 주의의무를 부담하므로 그 위반 시 의뢰인이 아닌 거래당사자에게도 손해배상 책임을 부담한다고 할 것인 바,(서울고등법원 2007. 5. 31. 선고 2006나 50187판결) 거래당사자에게도 공제증서의 사본을 교부해야 함. (법제처 13-0208 2013. 6. 24.)

☞ 공인중개사법 개정(신설)내용(제33조: 금지행위, 제49조: 벌칙) 2020. 2. 21. 시행

* 제 33조(금지행위)

- 제1항 제8호: 부당한 이익을 얻거나 제3자에게 부당한 이익을 얻게 할 목적으로 거짓으로 거래가 완료된 것처럼 꾸미는 등 중개대상물의 시세에 부당한 영향을 주거나 줄 우려가 있는 행위.

  (예: 위장계약, 자전거래 등 시세에 부당한 영향을 주는 행위)

- 제1항 제9호: 단체를 구성하여 특정 중개대상물에 대하여 중개를 제한하거나 단체 구성원 이외의 자와 공동중개를 제한하는 행위.

  (예: 회원제 지역모임이 사설정보망 등을 이용하여 비회원 공동중개를 제한하는 행위)

- 제2항 제1호: 안내문, 온라인 커뮤니티 등을 이용하여 특정 개업공인중개사 등에 중개의뢰를 제한하거나 제한을 유도하는 행위.

  (예: 입주자모임 등이 특정 개업공인중개사를 배제하는 행위)

- 제2항 제2호: 안내문, 온라인 커뮤니티 등을 이용하여 중개대상물에 대하여 시세보다 현저히 높게 표시·광고 또는 중개하는 특정 개업공인중개사 등에게만 중개의뢰를 하도록 유도함으로써 다른 개업공인중개사 등을 부당하게 차별하는 행위

  (예: 특정 개업공인중개사에 대해 특혜성으로 몰아주는 담합 행위)

- 제2항 제3호: 안내문, 온라인 커뮤니티 등을 이용하여 특정가격 이하로 중개를 의뢰하지 아니하도록 유도하는 행위.

  (예: 입주자회의 등의 가격 담합행위)

- 제2항 제4호: 정당한 사유 없이 개업공인중개사 등의 중개대상물에 대한 정당한 표시, 광고 행위를 방해하는 행위.

  (예: 정당한 가격의 광고를 허위 매물로 신고하거나 영업을 방해하는 행위)

- 제2항 제5호: 개업공인중개사 등에게 중개대상물을 시세보다 현저하게 높게 표시·광고하도록 강요하거나 대가를 약속하고 시세보다 현저하게 높게 표시·광고하도록 유도하는 행위.

(예: 대가를 지급하며 고가의 광고를 하도록 유도하는 행위)

제49조(벌칙)

위반 행위		행정 처분	시행일	비고
집값 담합	개업공인중개사	- 3년 이하의 징역 또는 3천만 원 이하의 벌금 - 6개월 이하의 자격정지 - 등록취소	2020.2.21.	
	입주자모임, 인터넷카페 등	- 3년 이하의 징역 또는 3천만 원 이하의 벌금		
부동산 허위 매물 표시·광고 개업공인중개사		- 500만 원 이하의 과태료		

32

개업공인중개사 등의
"직접거래" 금지

가. 개업공인중개사 등의 "직접거래" 금지

1) 정의(개념)

    (1) 공인중개사법 제33조 제6호: "개업공인중개사 등은 중개의뢰인과 직접거래를 하거나 거래 당사자 쌍방을 대리하는 행위를 하여서는 아니된다."

    (2) "중개의뢰인과 직접거래"의 유권해석(국토교통부 2016.11.28.)

      - 개업공인중개사 등이 본인 소유의 중개대상물을 중개의뢰인에게 직접 매도·임대(교환 또는 기타 권리의 이전 포함)하거나, 중개의뢰인이 의뢰한 중개대상물을 본인 명의로 매수·임차하는 것을 의미함.

        ※ 주의: "개업공인중개사 등"의 의미는 개업공인중개사외 소속공인중개사, 중개보조원 까지 포함하는 개념으로 해석.

        ※ 참조 판례: 대법원 2005.10.14. 선고 2005도 4494판결

      - "직접거래"란 중개인이 중개의뢰인으로부터 의뢰받은 매매·교환·임대차 등과 같은 권리의 득실·변경에 관한 행위의 직접 상대방이 되는 경우를 의미함.

        ※ "직접거래"에 해당하려면 개업공인중개사가 중개의뢰인으로부터 중개의뢰를 받았다는 점이 전제가 되어야 함.

2) 개업공인중개사(소속공인중개사·중개보조원 포함)의 적법한 부동산 거래방법

    → 다른 개업공인중개사의 중개를 통한 거래[2012.8.27. 서울행정법원(서행심) 2012-331 참조]는 직접거래에 해당되지 않음.

    계약서에 개업공인중개사 본인의 중개사무소 명의 사용 않고, 가급적 중개보수는 지급할 것. 즉 공동중개의 형태가 아님.

※ 국토교통부 민원 회신 내용(민원번호 2AA-1608-307254)

    - 사례: 개업공인중개사가 배우자 명의로 된 거주중인 주택이나 전세로 임대중인 주택을 직접 중개하고 중개보수를 받아도 법적으로 문제가 없나?

      → 직접거래란 개업공인중개사가 자기의 중개의뢰인과 직접 거래를 하는 경우를 말하므로, 배우자 명의로 된 부동산을 중개하는 것은 금지행위에 해당되지 않지만 **본인명의(공동명의 포함)**의 임대주택을 중개하는 것은 직접거래에 해당될 수 있음.

      단, 배우자/가족 명의로 된 부동산을 중개하는 것은 금지행위에 해당되지 않지만, 이에 대

한 구체적인 판단은 사실관계를 기초로 이루어져야 할 것임. (국토교통부 2016. 8. 19.)

→ 즉, 직접거래를 회피할 목적으로 배우자 · 부모 · 형제 · 자매 등의 명의만 빌려 계약을 체결한 경우 직접거래로 볼 가능성 있음.(개업공인중개사와 가족 간의 소요자금 실질 부담 주체 및 흐름 등을 확인함.)

☞ X공인중개사사무소 중개보조원 C의 아파트를 Y공인중개사사무소 매수의뢰인인 D, E가 매수하는 매매계약을 X, Y공인중개사사무소가 공동중개한 경우, 매수인인 D, E는 Y공인중개사사무소(중개사)에게 매수 중개의뢰를 하였을 뿐 X공인중개사사무소(중개사)나 C에게 매수 중개의뢰를 한 사실이 없으므로 직접거래에 해당하지 않음.(→ 중개의뢰인과 직접 거래 금지의무 위반 사유로 업무정지 3월의 처분을 취소함.)

- 또한 공인중개사법 제15조 2항은 '소속공인중개사 또는 중개보조원의 업무상 행위는 그를 고용한 개업공인중개사의 행위로 본다.'라고 규정하고 있으나, C의 이 사건 아파트 매매가 중개보조원의 업무상 행위에 해당한다고 할 수 없는 이상, 위 규정에 의하더라도 이 사건 아파트의 매매 당사자로서 위 매수인들과 직접 거래하였다고 볼 수 없음. (참조 판례: 서울행정법원 2021. 3. 16. 선고 2020구합 54982판결)

☞ 중개의뢰인이 A개업공인중개사에게 매도의뢰 후 공동중개로 B개업공인중개사의 중개보조원이 매수 시 직접거래 해당여부?

- 중개의뢰인과의 직접거래에 해당됨. 중개보조원의 업무상 행위는 개업공인중개사의 행위로 봄.
- 단, 거래계약 자체는 무효가 되지 않는다고 봄.

(국토교통부 유권해석 수정일자 2014. 12. 30.)

※ 직접거래 시 벌칙
  - 중개업 등록 취소 가능. (공인중개사법 제38조 제2항 참조)
  - 3년 이하의 징역 또는 3천만 원 이하의 벌금. (공인중개사법 제48조 제3호 참조)

※ 참조 판례: 대법원 2017. 2. 3. 선고 2016다 259677판결
  - 개업공인중개사의 직접거래 계약금지는 강행규정이 아니고 단속규정으로 보아 부동산 거래계약은 유효하다고 판결함. → 거래안전 도모.

나. "직접거래" 관련 사례 모음

(＊ 부동산 법률상담 사례 및 판례: 한국공인중개사협회, 2021.5.11. 개정판 발행 중에서~)

1) 개업공인중개사가 세무서에 부동산 매매업 등록하고 경매를 통하여 부동산을 직접 낙찰받아 매매한 경우 금지행위 해당 여부?

→ 개업공인중개사는 부동산 매매업 영위할 수 없으며, 중개의뢰인과 직접거래행위가 금지되어 있음. (국토교통부 2017. 11. 1.)

2) 개업공인중개사 명의로 전세 등기된 점포에 대해 형식상 점포 소유자의명의를 임대인으로 하여 임대차계약을 체결하고 개업공인공인중개사란에 서명ㆍ날인 시 직접거래 해당 여부?

→ 개업공인중개사가 사실상 임대인으로서 임대차계약을 체결하였다면 직접거래에 해당. (국토교통부 2017. 11. 27.)

3) 개업공인중개사 소유의 부동산을 본인 사무실에서 소개하고 매매를 하였을 경우 직접거래 해당 여부?

→ 직접거래에 해당. (국토교통부 2017. 8. 23.)

4) 현재의 중개사무소와 500미터 거리에 있는 장소로 이전하기 위해 개업공인중개사가 자기 스스로 알게 된 건물 주인과 직접 임대차계약을 한 경우 직접거래 해당 여부?

→ 개업공인중개사와 중개의뢰인이 아닌 일반 당사자 사이에서 이루어지는 거래행위는 포함되지 않음. (국토교통부 2017. 8. 16.)

5) 개업공인중개사가 고객이 자기 사무소에 의뢰한 중개물건이 아닌 다른 사정으로 매물이 확인되어 매도인과 쌍방 합의로 매수하는 경우 직접거래 해당 여부?

→ 중개의뢰 없이 ① 건물 임대광고를 보고 찾아온 경우 ② 의뢰인이 아닌 친구 부동산과의 교환ㆍ매매 ③ 다른 개업공인중개사에게 의뢰하여 중개대상물을 매도ㆍ매수하는 경우 등은 직접거래로 볼 수 없을 것임.

☞ 참조 판례: 대법원 2021.9.3. 선고 2021도 6910판결

- 서울 강동구에서 부동산 중개업을 영위하던 공인중개사 A씨는 전세 보증금 3억 9000만 원에 나온 아파트 전세 매물을 남편 명의로 전세계약을 체결하여 벌금 250만 원 선고 받음.
- 집주인에게 자신이 중개하는 임차인이 본인의 남편이라는 사실을 고지하지 않았고, 집주인의 급한 사정으로 시세보다 저렴한 가격에 나온 전세 매물임을 알았으며, 명의자는 피고인의 남편이지만 이들은 부부로서 경제적 공동체이므로 공인중개사법의 직접거래 금지 규정을 정면으로 위배하였다고 판시함.

→ 주거를 같이 하는 가족 명의를 빌려 중개의뢰인과 거래를 함은 직접거래에 해당된다는 대법원 판례이므로 주의 要.

33

중개사고 예방 대책
[10대 중대(빈번)사고 사례 중심]

"중개사고는 기본을 지킴으로써 예방할 수 있습니다."

가. 등기부 등본 미확인으로 인한 사고

1) 계약 시, 중도금/잔금 지급 시마다 등기부 등본 별도 확인.

2) 근저당권의 포괄 근저당 여부 확인.

3) 가압류·가처분·예고등기가 되어 있는 경우 실제 권리관계 파악.

　* 세무서나 구청의 세금관련 가압류는 원인, 미납금액 등을 확인하고 해결 가능성 여부 판단 후 진행 가능. → 중개대상물 확인 설명서에 그 내용을 별도 기재.

나. 중개대상물 확인설명서 미작성 또는 소홀 작성으로 인한 사고

1) 사실적 확인 내용만 기술·추정(상)적인 설명은 금물.

2) 항목에 없는 내용은 별도 기재.

3) 중개사고 시 증빙자료 역할을 하므로 상세하고 정확하게 기재해야 함.

　특히, 다가구 주택의 先임차보증금과 계약내용(기간) 등을 중개대상물 확인설명서의 "실제 권리관계 또는 공시되지 아니한 물건의 권리사항"란에 기재.

다. 대리권 미확인으로 인한 사고

1) 위임장, 인감증명서(본인 발급분 O, 대리발급분 X)

2) 특히 부부간의 대리계약은 주의를 요함.

※ 〈공유물의 관리·처분·보존행위〉

　○ 공유물의 처분·변경: 공유자 전원의 동의 필요. (예: 매매 계약)

　○ 공유물의 관리행위: 지분의 과반수로 결정. (예: 임대차 계약)

　○ 공유물의 보존행위: 단독으로 보존행위 가능.

　　(예: 공유 부동산에 관하여 제3자 명의로 원인무효인 소유권 이전등기가 경료되어 있는 경우 부동산의 공유자 1인은 공유물에 대한 보존행위로 제3자에 대하여 그 등기 전부의 말소를 청구할 수 있다.)

　　→ 부부 각각 1/2 공유 지분을 가진 경우, 임대차 대리계약 시 반드시 부부 일방의 위임장(본인 발급분 인감증명서 첨부)이 구비되어야 함.

※ "과반수"의 의미: 20명 기준 11명 이상이 과반수에 해당.

※ 부부 일상 가사대리권: 부부 공동생활에 필요한 의식주(교육비, 의료비, 식료품비, 자녀양육
   비 등 일상적인 가사 관련) 비용 등에 대하여 부부 상호간에 인정되는 대리권 → 통상적으로
   부동산 처분, 임대 행위는 부부 일상 가사대리권에 해당 X.

☞ **공유지분이 있는 부동산의 매매계약서 작성 시 공유자중 1인이 다른 공유자의 도장 및
위임장 없이 매매계약서를 작성한 경우, 공인중개사법 위반이 되는지 여부?**
- 공인중개사법 제25조 제1항의 규정에 의하면 개업공인중개사가 중개의뢰를 받은 경우에 당
  해 중개대상물의 상태, 입지, 권리관계 등을 확인하여 중개대상물에 관한 권리를 취득하고자
  하는 중개의뢰인에게 서면으로 제시하고 성실, 정확하게 설명하도록 되어 있으며, 이를 위반
  한 경우 같은 법 제51조에 따라 과태료 행정처분 할 수 있도록 되어 있음.
  (국토교통부 유권해석 수정일자 2014.12.30.)
  → 부부 공동명의 임대차계약 체결 시, 공유자의 부동산 매매계약 체결 시 다른 공유자의 도
     장 및 위임장 징구 없이 계약 진행시 과태료 처분을 받을 수 있음에 유의할 것.

※ 인감증명서 유효기간
  ○ 원칙: 유효기간 없음. (* 단, 위임장의 인감증명서는 최근에 발급받은 것인지 확인.)
  ○ 예외: 부동산 등기용 인감증명서는 **3개월** 이내 발급분이 필요함. (부동산 등기규칙 제62조
     참조.)

※ 인감증명법 시행령 제13조: 대리인이 위임으로 본인(위임자)의 인감증명서를 발급할 때 본
   인(위임자)의 위임장은 **6개월** 이내의 것이어야 한다. → 위임장의 유효기간임.

※ 인감증명서 진위 확인방법
  - 인감증명서 복사 시 복사본에 "사본"이라는 문구가 인쇄되어 복사됨.
    → 복사본에 "사본"이라는 문구가 나타나지 않으면 위조(변조)된 것임.
  - 정부 24 → 인감증명서 발급사실 확인.

☞ 대리계약 시 안전한 업무처리 방법: 매매·임대차계약 여부 불문하고 등기필증 소지 확인, 위임장 + 인감증명서 징구 및 확인 절차를 철저하게 이행할 것!!

→ 대리계약 시 위임장에 첨부된 인감증명서가 본인이 발급받은 것인지? + 최근에 발급한 것인지? + 발급(위조)사실 별도확인 + 위임장과 인감증명서상의 인감도장 일치여부 확인 + 대리권의 권한 표시 및 제한 내용 확인 + 반드시 대리권 수여여부 전화 녹취 + 대금의 입금 처리 관계도 본인에게 별도 확인·설명/녹취 및 계약서 특약에 기재

라. 계약 내용에 대한 책임 특약으로 인한 사고

1) 계약 내용에 대한 개업공인중개사의 책임, 연대보증의 내용을 기재하는 것은 절대 금물임.
   → "개업공인중개사가 모든 것을 책임지겠다." 는 문구 사용 지양.
2) 특히 소속 공인중개사 및 중개보조원이 중개대상물 설명 및 안내 시에도 자기가 책임진다는 말을 함부로 쓰지 않도록 주의 조치. (사전 교육 필요)

마. 거래 대금의 타인 계좌 입금으로 인한 사고

1) 무조건 매도인 또는 임대인 계좌에 입금함이 원칙.(대리 계약 시에도 동일)
2) 부부공유의 경우, 매매(임대차)계약 위임장을 소지한 경우엔 부부 일방의 계좌에 입금해도 무방하나, 가급적 1/2씩 각자의 계좌로 입금 처리함이 무난함. → 본인과 통화 시 매매대금 및 임대차 보증금의 수령 권한까지 대리인에게 부여한 사실의 여부를 확인하여 입금 처리함이 원칙이나, 대리계약 시 위임인(본인) 계좌로 입금 처리함이 바람직함.(* 계약서에 특약 기재 要)

바. 소속공인중개사, 중개보조원 관리 미비로 인한 사고

1) 중개보조원의 고의, 과실은 대표 즉, 사용인의 책임임.
   (중개 업무와 관련된 책임. → 중개 업무의 범위 해석의 문제 有.)
2) 계약서 작성은 대표자가 직접 작성.
   (대표자 입회하에 소속 공인중개사가 작성 가능. → 계약서 양식에 대표자 도장 미리 날인된 것 사용 X.)

☞ 개업공인중개사가 옆에 있었지만, 중개보조원이 계약서, 중개대상물 확인설명서를 직접 작성하고 개업공인중개사란에 도장까지 날인하고 서명하는 경우 중개보조원과 개

업공인중개사의 처벌은?

- 중개보조원은 공인중개사법 제48조 제1호의 규정에 의한 "중개사무소의 개설등록을 하지 아니하고 중개업을 한 자"(무등록중개)에 해당되어 3년 이하의 징역 또는 3천만 원 이하의 벌금에 처하게 됨.

  또한 중개보조원 등이 개업공인중개사의 명의로 중개행위를 하였다면 등록증 대여 및 자격증 대여에 해당될 수 있어 개업공인중개사는 공인중개사법 제35조에 의해 공인중개사 자격증이 취소되고, 제38조에 의해 사무소 등록도 취소되며, 제49조에 의해 1년 이하의 징역 또는 1천만 원 이하의 벌금에 처해 짐. (국토교통부 2017. 3. 16.)

  (《부동산 법률상담 사례 및 판례》 2021, 한국공인중개사협회 P24 참조)

- 무등록중개, 등록증 및 자격증 대여인 자와 공동중개를 한 개업공인중개사도 사실관계를 종합적으로 판단해야 하겠지만 동일하게 처벌받을 수 있음. (국토교통부 부동산개발산업과 2AA-2403-082713)

사. 주민등록증(신분증) 위조 사기로 인한 사고

1) 주민등록증 진위 여부 확인

→ 국번 없이 "1382": 주민번호와 발급일자 입력 → "일치합니다."

→ 정부 24(민원서비스): 사실/진위 확인 → 주민등록증 진위 확인.

2) 계약 시 신분증외 등기권리증(등기필증) 반드시 확인.

→ 대법원 판례의 확고한 입장임.

사례) 사기범 A씨는 서울 강남역 인근 오피스텔 17평을 월세로 계약한 후 위조된 주민등록증으로 주인 행세를 하여 전세 1억 원 전후로 재임대함. (주변 시세: 전세 1억 5,000만 원 선, 전세입자 피해자 30명 이상)

아. 임대차계약으로 인한 사고

1) 특히 상가 임대차계약 시 중개물건에 입점 가능 여부를 시·군·구청에 문의한 후 중개 (* 하수도 원인자 부담금, 행정처분, 불법 증/개축물의 존재 여부 등)

2) 월세에 부가세 포함/별도 여부 반드시 설명, 명시

3) 전대차계약 시 주의

○ 임대차계약서 원본 확인 + 임차인(전대인) 확인 철저

○ 임대인의 동의를 받고, 특약사항란에 기재(인감증명서 첨부)

  * 임대인 동의 여부 및 본인 확인 철저(신분증, 등기필증 확인)

※ "전(월)세 끼고 매매"하는 경우 주의

→ (상가)임대차기간 중에 임대인이 변경되면 임차인은 계약을 해지할 수 있다는 판례 有. (대법원 1998. 9. 2. 98마 100결정)

→ (주택)임차인이 임대인의 지위승계를 원치 않는 경우에는 임차인이 임차주택의 양도사실을 안 때로부터 상당한 기간 내에 이의를 제기함으로써 승계되는 임대차 관계의 구속으로부터 벗어날 수 있다고 봄이 상당하고, 그와 같은 경우에 양도인의 임차인에 대한 임차보증금 반환채무는 소멸하지 않는다고 판시함. (대법원 2002. 9. 4. 선고 2001다 64615판결)

→ 대책: 매매계약 시 임차인 입회 또는 임대인 변경에 대한 서면동의 확보 후 매매계약 진행. (가장 안전한 방법)

《임차인 동의 없이 매매계약 체결 진행한 경우》

→ "잔금일에 매도인은 매수인에게 임대인 변경에 대한 임차인 동의서를 제출한다. 만약 미징구 시 계약 해제한다."는 특약을 계약서에 기재 → 최소한 매매계약 체결 전 임차인과 계약 유지 여부(또는 임대차계약 승계 거부 여부) 전화 통화 녹취 후 계약 진행 요망.

〈임차인 동의서 작성 예시〉

  년 월 일 본 건 임대차 목적물이 매매를 원인으로 소유권이 변경됨에 따라 본 임대차계약서상 임대인 ○○○(주민번호)으로 변경하고 모든 권리·의무를 승계하는 데 동의한다.

※ 임차인 동의서는 기존 임대차계약서 여백 또는 별도 용지에 각서 및 확인서 형태로 작성 가능.

  → 임대인/임차인 서명, 날인.

☞ "전(월)세 끼고 매매" 시 확인(검토) 사항

㉠ 임차인(세입자) 임대차계약 유지 동의서 징구

㉡ 전(월)세 임대차계약서 원본 확인: 보증금 및 계약기간, 특약사항~

ⓒ 세입자의 계약갱신청구권 행사(존재)여부 확인

ⓔ 장기수선 충당금의 정산(* 공동주택의 경우)

ⓜ 임차인의 보증금(반환)채권에 대한 가압류/가처분 존재 여부 및 승계 처리관계 확인

ⓗ 전(월)세 보증금 반환 시 전세(은행) 대출금의 상환처리 (승계)

ⓢ 매매 시 특약(검토~): **"임차인이 계약갱신요구권을 소유권이전 등기 전에 전 소유자(임대인)에게 행사시 매매계약을 해제하며, 계약금은 즉시 반환하기로 한다."**

☞ **2020.9.10. 연합뉴스 기사 발췌**

* 세입자가 금융기관 전세대출로 전세보증금에 담보(질권 설정)가 설정됐다는 사실을 집주인에게 알려주지 않은 채 보증금을 돌려받았다면 사기죄 성립(서울고법 형사5부 판결 - 징역 1년 6개월 선고)

→ 보험사 대출 4억 원(총 전세보증금 5억 원)에 대해 임대인이 질권 설정 사실을 잊어버리고 질권자인 보험사의 동의를 받지 않고 대출금 포함한 전체보증금을 임차인에게 반환하였으나, 임차인이 대출금을 상환치 아니하자 보험사가 임대인 소유의 아파트를 가압류하고 민사소송까지 제기해 임대인에게 보험사에 대출금 4억 원과 이자를 상환하라는 승소 판결을 받아 냄.

자. 중개사무소 관리 미비로 인한 사고

1) 중개사무소를 타인이 이용하여 계약 후 사고 발생. → 중개사무소 대여 금지.

2) 인장 관리 철저.

※ 참조 판례: 대법원 2000. 12. 22. 선고 2000다 48098판결

* 판결 요지

- 중개업자인 갑이 자신의 사무소를 을의 중개행위 장소로 제공하여 을이 그 사무소에서 임대차계약을 중개하면서 거래당사자로부터 종전 임차인에게 임대차보증금의 반환금을 전달하여 달라는 부탁을 받고 금원을 수령한 후 이를 횡령한 경우, 갑은 거래당사자가 입은 손해를 배상할 책임이 있다고 한 사례임.

차. 신탁 부동산 물건에 대한 확인 설명 미흡으로 인한 사고

1) 신탁물건은 신탁원부로 확인(등기부 등본 "갑"구 란에 "신탁"으로 기재)

   → 신탁원부는 등기소 및 인터넷 발급 가능(* 인터넷 신탁원부 전자민원서비스)

2) 신탁 부동산의 임대차 계약 시 수탁자(신탁회사)와 임대차계약을 체결함이 원칙, 단 수탁자(신탁회사)의 동의서를 받은 경우 위탁자(건물주)와 임대차계약 체결 가능.

   ※ 신탁원부란? → 부동산 신탁등기를 신청할 때 위탁자, 수탁자, 수익자와 신탁인의 성명/주소, 신탁의 목적, 신탁 재산의 관리방법, 신탁 종료의 사유, 그 밖의 신탁의 조항, 신청인의 기명날인을 포함한 신청서를 말한다.
   신탁원부는 등기부의 일부로 보고 그 기재는 등기로 본다.

☞ **신탁등기된 부동산 임대차계약 시 유의사항**(* 별첨: '신탁등기된 부동산임대차계약 시 확인설명서 별지' › 별첨 양식 27번 참조)

   ㉮ 등기사항증명서를 통해 신탁번호 확인 후 등기소 방문 또는 인터넷으로 신탁원부 발급받고, 임대차계약 시 신탁원부상 신규 임차인보다 우선 순위에 있는 선순위 채권금액을 확인해야 함.

   ㉯ 신탁원부에 임대차 관련 조항을 확인 후 수탁자(신탁회사) 및 우선수익자의 사전 동의가 필요하다고 기재된 경우 계약시 작성 전에 동의서를 받아야 함.

   → 임대차계약은 수탁자(신탁회사)와 체결함이 원칙이며, 수탁자 동의 시 위탁자와 계약 체결할 수 있음.

   → 임차보증금은 반드시 수탁자 명의로 입금하여야 하나, 임대차 동의서에 "위탁자가 임차보증금, 차임을 지급받는다."는 내용이 있을 시 위탁자 명의로 입금하되, 임대인은 수탁자(신탁회사)로 특정하여야 함.

   ㉰ 신탁회사에 방문 또는 전화로 매매/임대차계약 체결에 대한 신탁원부 기재 내용을 확인/녹취 후 계약 진행.

   ㉱ 신탁등기가 있는 물건은 등기사항증명서와 신탁원부를 필히 발급 받아 중개의뢰인에게 신탁계약 내용과 법적 효과(신탁사가 실질 소유자인 사실 등)를 확인 설명하고 이를 임대차계약서 및 중개대상물 확인설명서에 기재.

→ 계약서 특약사항에 "임차인에게 신탁등기 및 신탁원부를 확인·설명 후 임대차계약하고, 신탁원부를 교부함." 및 채권금액을 기재하고, 수탁자(신탁회사)의 임대차동의서 사본과 임대차계약과 관련된 신탁원부 내용(신탁원부 사본)을 임대차계약서에 첨부하여 임차인에게 제공.

→ 수탁자(신탁회사)의 동의 없이 체결된 임대차계약은 우선변제권. 대항력. 최우선변제권 행사가 불가함을 임차인에게 반드시 설명하여야 하고, "임차보증금을 지급받지 못했음을 이유로 대항할 수 없다."라는 내용을 설명과 함께 임대차계약의 특약란과 중개대상물 확인설명서의 '실제권리관계 또는 공시되지 않은 물건의 권리사항'에도 기재.

※ **주의**: 수탁자(신탁회사)가 동의한 임대차계약임에도 소액임차인으로서 임차인의 최우선변제권 행사가 불가하다는 사실과 수탁자(신탁회사)가 임대차 보증금 반환 책임이 없을 경우 이를 임차인에게 계약 시 설명하여야 함. (* 계약서에 특약 기재 또는 중개대상물 확인설명서에 기재.)

ⓜ 등기사항증명서에 신탁등기 말소 여부를 추후 별도 확인 要.

☞ **참조 판례: 대법원 2023.8.31. 선고 2023다 224327판결**

[신탁된 부동산의 임대차계약을 중개하는 공인중개사의 주의의무가 문제된 사건]

㉮ **판시사항**

- 공인중개사가 신탁관계가 설정된 부동산에 관하여 임대차계약을 중개하는 경우, 신탁관계에 관한 조사·확인을 거쳐 중개의뢰인에게 신탁원부를 제시하고, 신탁관계 설정사실 및 그 법적인 의미와 효과 등을 성실하고 정확하게 설명하여야 할 의무가 있는지 여부(적극)

- 갑이 공인중개사인 을의 중개로 병 주식회사와 부동산 임대차계약을 체결하는 과정에서 을이 위 부동산이 정 주식회사에 신탁된 부동산임을 설명하였고, 이에 특약사항으로 임대인이 임차인의 잔금 지급과 동시에 신탁사항 및 소유권 이외의 권리사항을 말소하기로 정하였는데, 잔금 지급 후에도 병 회사가 신탁등기 말소의무를 이행하지 아니하자 갑이 임대차계약을 해지하였으나 병 회사는 임대차보증금 일부만 반환하였고, 이에 갑이 을 등을 상대로 공인중개사법 제30조 제1항 등에 따른 손해배상을 구한 사안에서, 을에게는 선관주의의무나 공인중개사로서의 주의의무를 다하지 않은 과실이 있고, 그로 인하여 거래당사자에게 재산상의 손해

를 발생하게 한 때에 해당한다고 볼 여지가 있는데도, 이와 달리 본 원심판단에 법리오해 등의 잘못이 있다고 한 사례

㉯ 판결요지

- 부동산중개업자와 중개의뢰인의 법률관계는 민법상의 위임관계와 유사하므로 중개의뢰를 받은 중개업자는 선량한 관리자의 주의로 중개대상물의 권리관계 등을 조사·확인하여 중개의뢰인에게 설명할 의무가 있다. 또한 공인중개사법 제25조 제1항 제1호, 같은 법 시행령 제21조 제1항 제2호에 의하면, 공인중개사는 중개를 의뢰받은 경우 중개가 완성되기 전에 해당 중개대상물의 상태·입지 및 권리관계 등을 확인하여 이를 해당 중개대상물에 관한 권리를 취득하고자 하는 중개의뢰인에게 성실·정확하게 설명하고, 설명의 근거자료를 제시하여야 한다. 공인중개사법 제29조 제1항에서는 공인중개사가 전문직업인으로서 신의와 성실로써 공정하게 중개 관련 업무를 수행할 의무를 규정하면서, 제30조 제1항에서 고의 또는 과실로 인하여 거래당사자에게 재산상의 손해를 발생하게 한 때에는 그 손해를 배상할 책임이 있음을 규정하고 있다.

이와 같은 각 법령의 규정 내용, 특히 부동산중개 전문가로서의 공인중개사의 역할, 부동산중개업을 건전하게 육성하여 국민경제에 이바지함을 목적으로 하는 공인중개사법의 입법 목적 등에 비추어, 신탁관계가 설정된 부동산에 관하여 임대차계약을 중개하는 공인중개사로서는 선량한 관리자의 주의와 신의성실로써 신탁관계에 관한 조사·확인을 거쳐, 중개의뢰인에게 신탁원부를 제시하고, 신탁관계 설정사실 및 그 법적인 의미와 효과, 즉 대상 부동산의 소유자가 수탁자이고, 임대인 소유 아닌 부동산에 관하여 임대차계약이 체결되는 것이며, 수탁자의 사전승낙이나 사후승인이 없다면 수탁자에게 임대차계약으로 대항할 수 없다는 점 등을 성실하고 정확하게 설명하여야 할 의무가 있다.

- 갑이 공인중개사인 을의 중개로 병 주식회사와 부동산 임대차계약을 체결하는 과정에서 을이 위 부동산이 정 주식회사에 신탁된 부동산임을 설명하였고, 이에 특약사항으로 임대인이 임차인의 잔금 지급과 동시에 신탁사항 및 소유권 이외의 권리사항을 말소하기로 정하였는데, 잔금 지급 후에도 병 회사가 신탁등기 말소의무를 이행하지 아니하자 갑이 임대차계약을 해지하였으나 병 회사는 임대차보증금 일부만 반환하였고, 이에 갑이 을 등을 상대로 공인중개사법 제30조 제1항 등에 따른 손해배상을 구한 사안에서, 을이 신탁관계에 관한 조사·확인을 거쳐 갑에게 신탁원부를 제시하거나 부동산 소유자가 병 회사가 아닌 정 회사로서 그의 사전

승낙이나 사후승인이 없다면 임차권으로 대항할 수 없다는 설명 등을 함으로써 그 법적인 의미와 효과를 성실하고 정확하게 설명하였다고 볼 자료가 없고, 특히 임차인에게는 임대차관계 종료 시에 임대차보증금을 반환받는 것이 매우 큰 관심사이자 그 반환을 받지 못할 위험 유무가 계약 체결 여부를 결정하는 중요한 요소이므로, 을이 부동산의 권리관계에 관하여 성실하고 정확하게 설명하였다면 갑이 병 회사와 임대차계약을 체결하지 않았거나 신탁등기를 말소받기도 전에 미리 임대차보증금을 지급하지 않았을 가능성이 크므로, 을에게는 선관주의의무나 공인중개사로서의 주의의무를 다하지 않은 과실이 있고, 그로 인하여 거래당사자에게 재산상의 손해를 발생하게 한 때에 해당한다고 볼 여지가 있으며, 갑이 신탁등기 말소 없이 임대차보증금을 먼저 지급하였더라도 그로 인하여 을의 과실과 임대차보증금을 반환받지 못한 갑의 손해 사이에 상당인과관계가 단절된다고 할 수 없는데도, 이와 달리 본 원심판단에 법리오해 등의 잘못이 있다고 한 사례.

34

부동산 중개사고 업무보증 제도
설명 및 이해

가. 의의

- 부동산 중개사무소의 고의 또는 과실로 고객이 재산상의 손해를 입은 경우 **고객이 직접** 공인 중개사협회에 공제금 지급 청구.

 ※ 목적: 국민의 재산권 보호, 개업공인중개사의 공신력 제고, 개업공인중개사의 사회적 신용 및 지위 향상.

나. 업무 보증방법

- 보증보험, 공탁기관에 공탁, 공제(협회에 대부분 가입)

 ※ 보증보험 가입 후 신용등급 및 신용평점 하락 사례 발생.

다. 공제금 지급 신청 시 제출서류

1) 공제금 지급 청구서

 - 청구자의 인적사항 기재, 인감도장 날인 및 인감증명서 첨부.

2) 부동산 거래 계약서 등

 - 매매/임대차계약서, 중개대상물 확인설명서, 부동산 등기사항증명서(* 분양권의 경우 공급계약서), 배당표(경매사건인 경우) 등을 첨부.

3) 공제증서

 - 매매/임대차계약서 작성 시 중개사무소에서 받은 공제증서 사본 첨부.

4) 사고 경위서

 - 육하원칙에 의거 작성. → 소장으로 대체 가능.

5) 판결문, 화해조서, 공증받은 합의서 등

 - 고객 자신이 입은 재산상 손해의 입증 자료.

6) 고소장

 - 고객이 입은 피해가 사기, 횡령 등인 경우 제출 가능.

7) 개업공인중개사의 주민등록초본, 최종 주민등록지의 등기사항증명서 등

라. 업무보증(공제 가입)과 관련해서 주의 및 숙지하여야 할 내용

1) 보상하지 아니하는 손해(* 공제약관 제7조 참조)
- 전쟁, 혁명, 내란, 사변, 테러, 폭동, 천재지변 등 기타 이와 유사한 사태로 생긴 손해에 대한 배상책임.
- 법 제14조 제1항 제1호의 규정에 의한 상업용 건축물 및 주택의 임대관리 등 부동산의 관리대행 업무로 인한 손해.
- 법 제3조에서 정하고 있는 중개대상물이 아닌 물건이나 권리 등을 거래함으로써 발생한 손해.(동, 호수가 특정되지 않은 분양권 등)
- 법 제25조의 규정에서 정하는 개업공인중개사의 중개대상물확인·설명 의무사항 이외의 업무범위를 벗어난 설명 및 개업공인중개사의 책임 특약에 의한 손해.
- 법 제33조의 규정에 의거 개업공인중개사의 금지행위로 정하고 있는 중개행위 등으로 발생한 손해.

2) 소멸시효(* 공제약관 제21조 참조)
- 공제금 지급 청구권은 공제사고 발생일로부터 3년, 공제료의 환급청구권은 환급사유 발생일로부터 3년, 복지상환금은 지급사유 발생일로부터 3년 내 행사하지 않으면 소멸시효 완성.
    → 중개사무소를 폐업해도 공제사고 발생할 수 있다는 사실을 명심해서 평소 중개 업무에 만전.
    ※ 공제사고 발생일: 경매가 진행되고 배당을 받기로 확정된 날.

3) 공인중개사 협회의 공제금은 보험(금)이 아니다
    → 협회에서 지급한 공제금은 개업공인중개사에게 구상(권)을 행사함.
    ※ 공제 약관 제22조(구상 및 대위) 참조.

4) 공제한도 2억 원(개인)은 공제 사고당 최대 2억 원이 아니고 손해를 입은 중개의뢰인의 수 또는 손해액에 관계없이 중개의뢰인이 협회로부터 받을 수 있는 손해액의 총 합계액이다. 즉 당해 연도 발생 중개사고에 대해 최대로 지급할 수 있는 공제금 한도이다.
    → 중개사고 발생 시 공제금 지급으로 모자라면 개업공인중개사의 사비(私費)로 손해배상해야

한다.

5) 업무보증 설정 시점: 중개사무소 개설등록증 교부하기 직전까지.

　* 공제가입 만료일이 공휴일, 토/일요일인 경우 익일까지를 만료일로 하여 재가입하면 안 됨.

　　→ 만료일전 재가입에 해당 X. → 업무정지 1개월.

마. 업무보증 위반의 제재

1) 업무보증을 설정하지 않고 업무를 개시한 경우: 상대적 등록 취소 사유.

2) 게시의무 위반: 100만 원 이하 과태료.

3) 중개가 완성된 때 보증보험, 공제, 공탁 등 손해배상책임에 관한 사항을 설명하지 않거나 관계 증서 교부의무 위반: 100만 원 이하 과태료.

바. 공제금 지급 실효성 검토

1) 2008.9.10. 공인중개사법 시행령 개정으로 공제 한도 5천만 원 → 1억으로 상향 조정한 후 14년째 동일 수준.

　→ 현재의 부동산 거래 가격을 비교하면 현실성이 없으므로 공제금 한도를 대폭 상향할 필요 있음.

　　(* 공제료 인상 효과 수반)

　→ 2023.1.1.부터 공제 가입금액 한도 상향.

2) 피해자 배상을 제대로 하지 못하거나, 협회 구상금의 전부 또는 일부를 변제하지 못한 악의의 개업 공인중개사는 퇴출을 고려하여 중개사고 발생 건수를 줄이고 건전한 공제사업 또는 협회 회원 복지증대의 기반을 마련해야 할 것임.

☞ **공제증서 교부 시 사본의 앞, 뒷면(* 약관)을 포함해서 교부할 것.**

　(국토교통부 유권해석 2013.10.21.)

☞ **공인중개사법 시행령 개정: 공제 가입금액 한도 상향(* 2023.1.1. 시행)**

　㉠ 법인인 개업공인중개사: 4억 원 이상. 다만 분사무소를 두는 경우에는 분사무소마다 2억 원 이상을 추가로 설정.

④ 법인이 아닌 개업공인중개사: 2억 원 이상.

☞ **2023년도 사고유형별 공제금 지급 현황**

㉮ 사고 유형별 보상현황

공제사고 유형별 분류	2022년도 지급건수	2023년도 지급건수	2023년도 지급금액	지급 점유율
다가구주택 거래사고	189	130	4,562,942,962	41.0
확인설명 미흡사고	40	49	2,357,211,627	21.2
진정성 미확인사고	8	14	1,091,395,276	9.8
신탁부동산 사고	31	41	1,865,838,368	16.7
고의 사고(중개보조원)	11	7	216,085,736	1.9
고의 사고(개업공인중개사)	10	23	1,044,507,274	9.4
합계	289	264	11,137,981,243	100

* 한국공인중개사협회 자료 인용(2023.12.31. 기준, 단위: 건, 원, %)
* 확인 설명 미흡 사고에는 등기사항증명서 미확인, 사용 목적에 부합하지 않은 중개, 하자(누수)있는 물건 중개, 불법건축물 확인 설명 미흡, 공부와 현황의 불일치, 토지와 건물의 소유자가 상이한 물건 중개 등 다수의 사건들이 포함되어 있음.
* 진정성 미확인 사고에는 소유자 미확인, 대리권 미확인 사건 등이 포함되어 있음.

㉯ **2023년도 사업경력별 사고현황(2023.12.31. 기준)**

업력	공제 가입자 수	비율	비고
5년 미만	178	60.1	
5년 이상~10년 미만	60	20.3	
10년 이상~15년 미만	35	11.8	
15년 이상~20년 미만	14	4.7	
20년 이상~25년 미만	7	2.4	
25년 이상~30년 미만	2	0.7	
30년 이상	-	-	
합계	296	100	

* 단위: 명, %
* 2023년도 공제금 지급 건수 264건 중 공동중개에 따른 실제 공제가입자(개업공인중개사)수는 총 296명임.

35

중개보수(중개수수료) 계산/수령 (알쏭달쏭~)

가. 부동산 중개사무소 매출(소득) 노출

1) 계약서 + 실거래 신고(필증) + 현금영수증 → "3종 일체"로 관리

2) 3종 일체 외 별도 관리(검토)

  - 전세권 등기 시 부동산 중개사무소 작성 전세계약서 → (등기소보관)

  - 전·월세 확정일자 부여 전·월세 계약서 → (주민센터 보관)

  - 은행 대출시 매매/전·월세 계약서 → (은행에 보관)

나. 중개보수 수령 방법

1) 계좌 이체 → 중개보수 입금 전용계좌로~

2) 현금 수령

다. 중개보수 계산 방법

1) 거래금액의 계산: 보증금 + (월차임 × 100) → 5,000만 원 미만일 경우 = 보증금 + (월차임 × 70)

2) 동일한 중개대상물, 동일한 당사자 간 매매를 포함한 둘 이상의 거래가 동일한 기회에 이루어지는 경우: 매매 거래금액만 적용.
(단, 매수와 동시에 제3자에게 전세를 놓는 경우엔 매매·전세 중개보수 둘 다 청구 가능.)

3) 중개대상물의 소재지와 중개사무소의 소재지가 다른 경우에는 중개사무소의 소재지를 관할하는 시·도의 조례에서 정한 기준에 따라 중개보수 및 실비를 받아야 함.
(공인중개사법 시행규칙 제20조 제③항 참조)

  ※ 상가주택의 중개보수 계산 기준
    - 주택 면적 ≥ 상가 면적: 주택 중개보수 요율 적용.
    - 주택 면적 < 상가 면적: 상가 중개보수 요율 적용.

  ※ 중개보수 산정 시 건축물의 용도는 건축물대장상 용도이며, 건축물대장상의 용도와 실제 용도가 다른 경우에 건축물대장상 용도 적용.
    (국토교통부 1AA-1803-155401, 2018. 3. 16.)

라. 중개보수 지급 시기 및 요율

1) 지급시기: 개업공인중개사와 중개의뢰인 간의 약정에 따르되, 약정이 없을 때에는 중개대상물의 거래대금 지급이 완료된 날로 함.

(공인중개사법 시행령 제27조의2)

　　→ 부가가치세법 제16조: 제16조에서 정한 용역의 공급 시기는 역무의 제공이 완료되는 때로 하고, 세금계산서는 용역의 공급 시기에 의한다.

　　　용역의 공급 시기는 곧 중개의 완성시점-계약서 작성시점을 의미함.

　* 공인중개사법과 부가가치세법상의 보수 지급 시기가 다름.

　　→ 그러면 중개보수 현금영수증은 언제 발행해야 하는가? → 문제소지 있음.

2) 특히 상가, 토지의 경우 9/1,000 내에서 중개의뢰인과 개업 공인중개사가 합의. → 개업공인중개사는 높게~ 중개의뢰인은 낮게~ → 0.9%로 단일화함이 타당.

마. 부가가치세 지급관련

1) 간이과세: 법정 중개보수의 4% 별도 청구 및 수령 가능 → 중개보수 한도 초과 X
2) 일반과세: 법정 중개보수의 10% 징수 가능

바. 부동산 중개 및 관련법 상담료, 컨설팅료 현실화의 문제

　　→ 어떻게 보면 부동산 중개사무소의 핵심 노하우가 녹아 있는 분야이나 우린 이에 대한 보수를 청구 할 수 없음. (현실)

사. "운영상의 묘수"

1) 다음 기회에 많이 준다는 말에 현혹되지 마라.
2) 밀고 당겨라.
3) 정당한 중개보수 청구를 위해서 열성을 다해 업무를 완성하라.

　　→ "고객이 감동하면 중개보수로 태클 걸지 않는다."

☞ 중개보수 청구권 행사요건

㉮ 부동산 중개(의뢰)계약(중개물건의 접수)이 존재

㉯ 개업공인중개사의 중개완성(계약이 성립)

㉰ 개업공인중개사의 중개계약과 중개완성 사이에 인과관계 有.

☞ 〈중개보수 관련 알쏭달쏭??〉

㉮ 거래금액 계산 시 환산보증금 [보증금 + (월세 × 100)]의 방식은 주택의 경우에만 적용하나요? 상가의 경우는요?

　- 상가의 경우도 거래금액 계산 방식은 동일함.

　단, [보증금 + (월세 × 100)]으로 하여 거래금액이 5,000만 원 미만일 경우 [보증금 + (월세 × 70)]으로 재산정한 금액을 거래금액으로 함.

㉯ 거래금액 계산 시 환산보증금은 부가가치세를 포함하여 계산해도 되나요? 관리비를 포함? 분양권 중개보수 계산 시 이자(후불제)부분도 포함? 옵션, 확장비 포함? 준공 후 분양권 중개보수에 (미납)잔금도 포함?

　- 중개보수 산출을 위한 거래금액 계산 시 월세에 '부가가치세 별도'인 경우 부가가치세를 제외한 순수 월세 기준으로 중개보수가 계산되어야 함. (국토교통부 2019.5.24.)

　- 공인중개사법 제32조 제4항 및 시행규칙 제20조 제4항, 제5항에서 임대차 보증금 외에 차임이 있는 경우에는 보증금 + "월 단위의 차임액 × 100 또는 70"을 거래금액으로 한다고 규정하고 있으므로 관리비는 중개보수 계산시 포함할 수 없음.

　- 분양권 중개보수 계산 기준은 분양권 거래 당시 수수하게 되는 총 대금. 즉, [(계약금, 중도금(대출금), 옵션비, 확장비 포함) + 프리미엄] × 중개보수 요율임.

　- 건물이 준공되었음에도 불구하고 중도금, 잔금을 납부하지 않아 분양권 상태의 권리를 거래하는 경우에도 거래당사자가 거래당시 수수하게 되는 총 대금을 거래가액으로 중개보수 산정하므로 미납 잔금은 포함할 수 없음.

㉰ 주택임대차보호법, 상가건물 임대차보호법 적용대상 (환산)보증금과 중개보수 계산 시 적용하는 기준은 동일?

　- 주택임대차보호법을 적용받는 주택의 (환산)보증금 규모는 제한이 없음(규정도 없음). 그러나 상가임대차보호법 적용을 받을 수 있는 환산보증금 규모는 존재함. (예: 서울특별시의 경우 상가건물 임대차보호법을 적용받는 환산보증금은 2024.10.30. 기준 9억 원임.) 또한

상가건물 임대차보호법 적용받는 환산보증금 계산 방식은 "보증금 + (월세 × 100)"의 방식만 있고, "보증금 + (월세 × 70)"의 방식은 없음.

※ "주택임대차보호법 적용을 받는 환산보증금 규모는 얼마입니까?"라고 질문하면 곰곰 생각하시는 중개사님이 많음. 역시 알쏭달쏭~

㉑ 중개보수 초과하는 요구나 약속의 경우도 중개보수 초과에 해당?

※ 법제처 07-0200, 2007.7.6 유권해석

* 질의 내용

- '공인중개사의 업무 및 부동산 거래신고에 관한 법률' 제33조 제3호에 의하면, 중개업자 등은 사례, 증여 그 밖의 어떠한 명목으로도 제32조 제3항의 규정에 의한 수수료 또는 실비를 초과하여 금품을 받는 행위를 금지하고 있는데, 중개업자가 법정수수료 등을 초과하여 컨설팅 용역비 명목으로 금품을 요구하였고, 나아가 민사소송을 제기한 사실만으로도 이를 위반한 것으로 볼 수 있는지?

* 회신 내용

- 통상적으로 "금품을 받는 행위"란 중개업자 등이 현실로 금품을 취득하는 것을 말하는 것이고, "금품을 받는 행위"는 위에서 살펴본 바와 같이 공인중개사 자격취소 등의 행정처분외에 행정형벌까지 부과하므로 그 해석은 엄격하여야 하고, 명문 규정의 의미를 당사자에게 불리한 방향으로 지나치게 확장해석하거나 유추해석하는 것은 죄형법정주의 원칙에 어긋나는 것으로 허용되지 않으며(대법원 2005.11.24선고 2005도 4758판결 등 참조) "금품을 받는 행위" 외에 금품을 요구, 약속하는 것까지 행정형벌 등의 규율대상으로 하기 위해서는 공인회계사법 제22조 제3항 등 다른 법률에서와 같이 명문의 규정으로 이를 분명히 하여야 할 것임.

- 따라서 중개업자가 법정수수료 등을 초과하여 금품을 약속, 요구하거나 나아가 민사소송까지 제기하였다고 하더라도 실제로 이를 받은 사실이 없다면 공인중개사의 업무 및 부동산 거래신고에 관한 법률 제33조 제3호를 위반한 것이라 할 수 없음.

☞ 컨설팅료로 전환하여 한도초과를 피할 수 있는지?

※ 참조 판례

  ○ 대법원 2011.11.10. 선고 2009다 4572판결

    - 어떠한 행위가 중개행위에 해당하는지는 행위자의 주관적인 의사에 의하여 좌우되는 것이 아니라 그 행위를 객관적으로 보아 사회통념상 거래의 알선·중개를 위한 행위라고 인정되는지 여부에 따라 결정되어야 하며, 부동산에 관하여 위와 같은 중개행위를 업으로 하는 자가 그에 더하여 이른바 부동산컨설팅 등의 용역을 제공한다고 하여 공인중개사법의 규율대상인 부동산 중개행위가 아니라고 볼 수 없다고 판시하고 있음.

  ○ **대법원 2016.6.23.선고 2016다 206505판결**

    - 공인중개사법상 중개수수료 제한을 회피하기 위하여 중개업체와는 별도로 컨설팅업체를 설립한 후 중개수수료와는 별도로 컨설팅 용역대금 등 명목으로 대가를 수수하기로 약정하였더라도 중개행위를 넘는 다른 용역제공이 없는 이상 컨설팅 용역계약은 공인중개사법에 위반되이 무효리고 히였음.

  ○ **대법원 2007.1.11. 선고 2006도 7594판결, 대전지법 2006.10.13.선고 2006노 740판결**

    - 부동산 중개행위가 부동산 컨설팅 행위에 부수하여 이루어졌다고 하여 이를 소정의 중개업에 해당히지 않는다고 볼 것은 아니라 하였음.

      → 따라서 실제로 중개행위를 넘는 컨설팅 행위를 하여야 할 것임.

        즉, 부동산 컨설팅 등 명칭 여하에 불구하고 사실상 중개행위에 해당되는 것은 공인중개사법이 적용되어야 할 것임.

☞ **부동산 컨설팅이란?**

- 광의의 개념으로 부동산 개발기획, 법무, 회계, 세무, 금융. 설계, 시공, 엔지니어링, 인테리어, 취득, 매매, 관리 등 부동산과 관련된 다양한 문제에 관하여 관련 전문가로서 의뢰인에게 자문 및 해결방안을 제공하는 활동을 하기 위하여 세무서에 사업자등록을 하여 "업"을 하고 있는 사업의 한 분야임.

☞ **참조 판례: 울산지방법원 2013.11.27. 선고 2013나 2146판결**

→ 개업공인중개사가 임장활동 후 계약을 앞두고 중개의뢰인이 개업공인중개사를 배제하고 직접 당사자가 계약을 하였을 시 개업공인중개사는 의뢰인에게 중개보수를 청구할 수 있을까?

* 사실 개요

- 단독주택을 매수하겠다는 의뢰인이 방문하여 며칠 동안 여기저기 의뢰인과 주택을 현장답사하던 중 평수와 금액이 맞는 물건이 있어 수차례 물건지의 현장을 방문하게 되었고 은행(대출)문제도 거의 알아보아 계약을 할 것으로 예상하였으나 매수인이 갑자기 지방에 좋은 물건이 있어 이쪽은 포기하겠다고 함.

한 달 후 다른 의뢰인이 있어 매도인에게 전화를 하였는데, 전화를 안 받길래 혹시나 하고 등기부등본을 열람하여 보니 소유권이 10일 전쯤 매수인의 명의로 이전되어 있었음.

* 판결 요지

- 원칙적으로 부동산 중개업은 중개대상물에 대한 계약서의 작성업무를 위하여 당사자 사이의 거래를 알선하여 계약체결까지 완료한 경우에 한하여 중개의뢰인에게 중개보수를 청구할 수 있고, 중개의 노력을 중개인이 하였다 하더라도 중개알선으로 계약이 성립되지 아니하였다면, 중개보수를 노력의 비중에 따라 청구할 수 없다.

다만, **계약 성립에 결정적인 역할을 중개업자가 하여서 거의 계약 성사되기에 이르렀음에도** 중개업자의 책임 없는 사유로 중단되어 계약서 작성 등에 최종적으로 관여하지 못하였다는 등의 특별한 사정이 있는 경우에는 상법 제61조(상인의 보수청구권), 민법 제686조 제3항(수임인의 보수 청구권)규정의 신의성실 원칙이나 취지 등에 비추어 중개의뢰인에 대하여 그 중개업자는 이미 이루어진 중개행위에 상응하는 정도의 중개수수료를 청구할 권한이 있다 할 것이다.

- 다만 판례에서도 언급하였듯이 "결정적인 역할"이라고 하였으므로 단순히 안내정도의 임장활동 정도로는 부동산 중개보수를 청구하기엔 무리가 있다고 보여짐.

☞ **참조 판례: 대법원 2024.1.4. 선고 2023다 252162판결**

㉮ 판시사항(쟁점)

- 중개업자가 일방 당사자의 의뢰로 중개대상물의 매매 등을 알선하는 경우가 공인중개사법

제2조 제1호에서 정한 '중개'에 포함되는지 여부 및 공인중개사가 중개업무를 의뢰하지 않은 거래당사자로부터 중개보수를 지급받을 수 있는지 여부?

- 공인중개사의 중개대상물에 관한 확인·설명의무의 대상(=중개의뢰인) 및 중개의뢰인이 아닌 거래당사자가 '중개대상물 확인·설명서'에 기명·날인을 한 경우, '중개보수 등에 관한 사항'란에 기재된 바와 같이 중개수수료를 지급하기로 하는 약정에 관한 의사표시라고 단정할 수 있는지 여부?

㉯ 판결요지

- 공인중개사법 제2조 제1호는 '중개'에 관하여 "제3조의 규정에 의한 중개대상물에 대하여 거래당사자 간의 매매·교환·임대차 기타 권리의 득실변경에 관한 행위를 알선하는 것"이라고 정하였다. 이러한 '중개'에는 중개업자가 거래의 쌍방 당사자로부터 중개의뢰를 받은 경우 뿐만 아니라 일방 당사자의 의뢰로 중개대상물의 매매 등을 알선하는 경우도 포함된다.

- 공인중개사법 제32조 제1항 본문은 "개업공인중개사는 중개업무에 관하여 중개의뢰인으로부디 소정의 보수를 받는다."라고 정하였으므로, 공인중개사가 중개대상물에 대하여 거래당사자 간의 매매·교환·임대차 기타 권리의 득실변경을 알선하는 행위를 하였더라도, 해당 중개업무를 의뢰하지 않은 거래당사자로부터는 별도의 지급약정 등 특별한 사정이 없는 한 원칙적으로 중개보수를 지급받을 수 없다.

- 공인중기시법 제25조 제1항에서 정한 공인중개사의 중개대상물에 관한 확인·설명의무는 해당 중개대상물에 관한 권리를 취득하고자 하는 중개의뢰인에 대하여 인정되는 것이므로, 공인중개사가 공인중개사법 제25조 및 공인중개사법 시행령 제21조에 따라 작성한 '중개대상물 확인·설명서'의 직접적인 대상자 역시 해당 중개대상물에 관한 권리를 취득하고자 하는 중개의뢰인에 한정된다. 따라서 공인중개사법 시행령 제21조 제1항 제3호에서 공인중개사가 공인중개사법 제25조 제1항에 따라 확인·설명할 사항 중 '중개보수 및 산출내역'을 명시한 것도 중개의뢰인과의 관계에서만 의미를 가지고, 비록 공인중개사법 시행령 제21조 제3항이 공인중개사로 하여금 중개의뢰인이 아닌 거래당사자에게도 위 서면을 교부할 의무를 부과하였지만, 이는 행정적 목적을 위해 공인중개사에게 부과한 의무일 뿐 공인중개사의 중개대상물에 관한 확인·설명의무의 대상을 중개의뢰인이 아닌 거래당사자에 대해서까지 확대하는 취지라고 볼 수는 없다.

그러므로 중개의뢰인이 아닌 거래당사자가 '중개대상물 확인·설명서'에 기명·날인을 하였더라도, 이는 공인중개사로부터 '중개대상물 확인·설명서'를 수령한 사실을 확인하는 의미에 불과할 뿐 '중개보수 등에 관한 사항'란에 기재된 바와 같이 중개수수료를 지급하기로 하는 약정에 관한 의사표시라고 단정할 수 없다.

☞ **직접 광고한 생활 정보지의 내용을 보고 '창고' 임대차계약 체결 시 임대인에게 수수료 청구여부?**
  → 거래당사자가 별도의 중개의뢰를 하지 않았다면 중개보수 청구 불가함. (국토교통부 2016. 12. 16.)

☞ **쌍방의 중개보수를 중개의뢰인 1인이 모두 부담하기로 한 약정의 효력?**
  - 중개의뢰인 일방이 지급한 금원이 법정수수료 한도를 초과한다고 하더라도, 거래 당사자들 중 일방이 쌍방의 중개수수료를 모두 지급하는 것으로 합의하고, 그 합의금액이 당사자 각각 법정수수료 한도를 충족한다면 중개업자는 공인중개사법 제33조 3항을 위반 것으로 볼 수 없다. (서울행심 2015-1149, 2015. 3. 2.)

☞ **계약이 중도 해지된 경우 중개보수 지급하여야 하는지?**
  - 개업공인중개사의 고의, 과실로 중도 해지된 경우: 중개보수 지급 X (국토교통부 2016. 12. 16)
  - 개업공인중개사의 고의, 과실없이 중도 해지된 경우: 중개보수 지급 O (국토교통부 2017. 7. 28.)

☞ **동일 물건을 A중개사무소에서 의뢰인에게 보여 주고, 동일 물건을 B중개사무소에서도 보여 준 상태에서 금액조정 등이 이루어져 거래계약서를 작성한 경우 A중개사무소의 중개보수 청구권이 발생하는지?**
  - A개업공인중개사가 물건을 소개하였다는 이유만으로 보수를 청구할 수는 없는 것으로 판단됨. (국토교통부 유권해석 수정일자 2008. 3. 31.)

☞ **건축물대장이 존재하지 않는 경우 건축물의 중개보수 계산**
  - 무허가건물이 주거용인 경우 주택에 해당하는 요율 적용.
  → 토지 중개보수 요율 적용 X. (국토교통부 2017. 4. 20.)

☞ 프리미엄이 마이너스인 경우 분양권 중개보수 계산은?

- 프리미엄(웃돈)이 없으므로 현재까지 납입금액 기준 계산.
  - → 납입금액 - 프리미엄 하지 말고, 납입된 계약금 + 중도금 기준으로 계산(국토교통부 1AA-0607-058608, 2008. 7. 29.)
  - → 분양권 중개보수 계산 기준: 계약당시 납입된 {계약금 + 중도금(대출금) + 확장/옵션비 + 프리미엄} × 중개보수 요율(국토교통부 2020. 9. 24.)

☞ 임대차계약 시 1년 사용료(년세)를 납부할 경우 중개보수 적용 기준은?

- "월단위 차임액 × 100"을 한 금액이 거래금액임.
  - → "년세 × 중개보수 요율"한 금액은 거래금액 아님.
  - (국토교통부 2016. 12. 22.)

☞ 중개보수 청구 시 주소 불명자에 대한 주민등록초본 발급 방법

- 부동산 중개업자가 중개수수료를 받지 못하였을 때, 미납자의 초본 발급에 대하여는 주민등록법 시행규칙 별지 제11호 서식(채권, 채무관계자의 주민등록표 초본의 열람 또는 교부 신청서)의 '이해관계 사실확인서'를 변호사, 법무사, 행정사 또는 세무사에게 확인받아 초본을 교부 신청할 수 있음. (행정자치부 2014. 8. 25.)
- 다만, 기한의 이익이 상실되었거나 변제기가 도래한 경우로 한정히며, 개인의 채권,채무·관계에서 채무금액 50만 원 이하인 경우는 제외함.
  (주민등록법 제29조, 같은 법 시행령 제47조 제4항, 별표2 제4호)
- 신청 시 구비서류: 채권· 채무자의 인적사항과 이해관계 내용 등을 명시한 변호사, 법무사, 행정사 또는 세무사의 이해관계 사실확인서와 반송된 내용증명(주민등록법 시행규칙 제13조 제1항 전단, 별표 제8호 라목)

36

부동산 중개업과 관련된
홈페이지 안내

홈페이지 명	주요 활용 DATA	비 고
○○시·군(구)청	고시 공고/공지(소식) 등	
교육환경정보시스템	교육환경보호(정화)구역(도)	
학구도안내서비스	통학 가능 초·중·고 학교안내	
정부 24	토지대장, 건축물대장, 주민등/초본 발급 등 * 소속공인중개사, 중개보조원 고용신고	
토지이음(토지이용규제정보서비스)	용도지역, 건축행위 제한 등	
국세청 홈택스	부가세/종합소득세 신고, 양도세계산, 각 종 조회	
위택스, 이택스(서울)	지방세 납부(조회),건물시가표준액 조회	
대법원 인터넷 등기소	등기부등본 열람·발급	
도로명 주소안내 시스템	구주소 → 신주소 조회	
KB부동산	아파트 시세, 대출 등	
법원 경매정보	경매물건 조회	
네이버(다음)지도	부동산 위성 사진	
네이버 부동산 등	부동산 물건조회	
국토교통부 실거래가 공개시스템	실거래가 조회	
국가법령 정보센터	법령/판례 검색	
(중소기업청)상권정보시스템	상권 분석	
○○새울전자민원 창구	상가 행정처분 조회	
대출 모집인 통합조회	대출상담사 자격조회	
부동산 공시가격 알리미	단독/공동주택 개별공시가격, 토지 공시지가 조회	
건축행정시스템 세움터	건축 인, 허가 현황조회 등 * 건축물현황도 발급	
렌트홈	주택임대사업자 조회 등	
브이월드	공동중개시 개업/소속공인중개사 등록 여부 조회 등	
한국부동산원 청약홈	청약·당첨조회 및 분양권 실무 관련 등	
인터넷 신탁원부 전자민원서비스	신탁원부 인터넷 발급 신청	
전세임대포털	LH전세임대 관련	
주택도시보증공사,주택금융공사	대출 보증 관련 등	
하이코리아	외국인등록증 등 진위 여부	

* 부동산 중개업 성공의 기본요소(3P 이론)

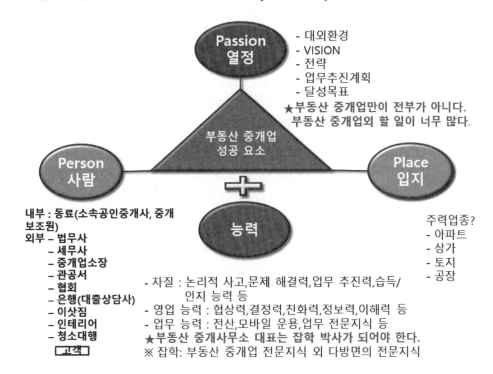

- 대외환경
- VISION
- 전략
- 업무추진계획
- 달성목표

★부동산 중개업만이 전부가 아니다.
부동산 중개업외 할 일이 너무 많다.

내부 : 동료(소속공인중개사, 중개보조원)
외부 – 법무사
　　　– 세무사
　　　– 중개업소장
　　　– 관공서
　　　– 협회
　　　– 은행(대출상담사)
　　　– 이삿짐
　　　– 인테리어
　　　– 청소대행
　　　고객

주력업종?
- 아파트
- 상가
- 토지
- 공장

- 자질 : 논리적 사고,문제 해결력,업무 추진력,습득/
　　　　인지 능력 등
- 영업 능력 : 협상력,결정력,친화력,정보력,이해력 등
- 업무 능력 : 전산,모바일 운용,업무 전문지식 등
★부동산 중개사무소 대표는 잡학 박사가 되어야 한다.
※ 잡학: 부동산 중개업 전문지식 외 다방면의 전문지식

37

부록

■ 공인중개사법 시행규칙 [별지 제15호서식] 〈개정 2021.8.27.〉

전 속 중 개 계 약 서
([ ] 매도 [ ] 매수 [ ] 임대 [ ] 임차 [ ] 그 밖의 계약(   ))

※ 해당하는 곳의 [ ]란에 v표를 하시기 바랍니다.   (앞쪽)

중개의뢰인(갑)은 이 계약서에 의하여 뒤쪽에 표시한 중개대상물의 중개를 개업공인중개사(을)에게 의뢰하고 을은 이를 승낙한다.

1. 을의 의무사항

① 을은 갑에게 계약체결 후 2주일에 1회 이상 중개업무 처리상황을 문서로 통지하여야 한다.

② 을은 이 전속중개계약 체결 후 7일 이내「공인중개사법」(이하 "법"이라 한다) 제24조에 따른 부동산거래정보망 또는 일간신문에 중개대상물에 관한 정보를 공개하여야 하며, 중개대상물을 공개한 때에는 지체 없이 갑에게 그 내용을 문서로 통지하여야 한다. 다만, 갑이 비공개를 요청한 경우에는 이를 공개하지 아니한다. (공개 또는 비공개 여부:)

③ 법 제25조 및 같은 법 시행령 제21조에 따라 중개대상물에 관한 확인·설명의무를 성실하게 이행하여야 한다.

2. 갑의 권리·의무 사항

① 다음 각호의 어느 하나에 해당하는 경우에는 갑은 그가 지급해야 할 중개보수에 해당하는 금액을 을에게 위약금으로 지급해야 한다. 다만, 제3호의 경우에는 중개보수의 50퍼센트에 해당하는 금액의 범위에서 을이 중개행위를 할 때 소요된 비용(사회통념에 비추어 상당하다고 인정되는 비용을 말한다)을 지급한다.

  1. 전속중개계약의 유효기간 내에 을 외의 다른 개업공인중개사에게 중개를 의뢰하여 거래한 경우

  2. 전속중개계약의 유효기간 내에 을의 소개에 의하여 알게 된 상대방과 을을 배제하고 거래당사자 간에 직접 거래한 경우

  3. 전속중개계약의 유효기간 내에 갑이 스스로 발견한 상대방과 거래한 경우

② 갑은 을이 법 제25조에 따른 중개대상물 확인·설명의무를 이행하는데 협조하여야 한다.

3. 유효기간

  이 계약의 유효기간은   년   월   일까지로 한다.

  ※ 유효기간은 3개월을 원칙으로 하되, 갑과 을이 합의하여 별도로 정한 경우에는 그 기간에 따른다.

4. 중개보수

중개대상물에 대한 거래계약이 성립한 경우 갑은 거래가액의 (   )%(또는   원)을 중개보수로 을에게 지급한다.

  ※ 뒤쪽 별표의 요율을 넘지 않아야 하며, 실비는 별도로 지급한다.

5. 을의 손해배상 책임

  을이 다음의 행위를 한 경우에는 갑에게 그 손해를 배상하여야 한다.

  1) 중개보수 또는 실비의 과다수령: 차액 환급

  2) 중개대상물의 확인·설명을 소홀히 하여 재산상의 피해를 발생하게 한 경우: 손해액 배상

6. 그 밖의 사항

  이 계약에 정하지 않은 사항에 대하여는 갑과 을이 합의하여 별도로 정할 수 있다.

  이 계약을 확인하기 위하여 계약서 2통을 작성하여 계약 당사자 간에 이의가 없음을 확인하고 각자 서명 또는 날인한 후 쌍방이 1통씩 보관한다.

                                                                    년   월   일

계약자

중개의뢰인 (갑)	주소(체류지)		성명		(서명 또는 인)
	생년월일		전화번호		
개업 공인중개사 (을)	주소(체류지)		성명 (대표자)		(서명 또는 인)
	상호(명칭)		등록번호		
	생년월일		전화번호		

210mm×297mm[일반용지 60g/m²(재활용품)]

※ 중개대상물의 거래내용이 권리를 이전(매도·임대 등)하려는 경우에는 「Ⅰ. 권리이전용(매도·임대 등)」에 적고, 권리를 취득 (매수·임차 등)하려는 경우에는 「Ⅱ. 권리취득용(매수·임차 등)」에 적습니다.

Ⅰ. 권리이전용(매도·임대 등)

구분	[ ] 매도 [ ] 임대 [ ] 그 밖의 사항( )				

소유자 및 등기명의인	성명			생년월일	
	주소				

중개대상물의 표시	건축물	소재지			건축연도
		면 적 ㎡	구 조		용 도
	토지	소재지			지 목
		면 적 ㎡	지역·지구 등		현재 용도
	은행융자·권리금·제세공과금 등(또는 월임대료·보증금·관리비 등)				

권리관계	
거래규제 및 공법상 제한사항	
중개의뢰 금액	원
그 밖의 사항	

Ⅱ. 권리취득용(매수·임차 등)

구분	[ ] 매수 [ ] 임차 [ ] 그 밖의 사항( )	
항목	내용	세부내용
희망물건의 종류		
취득 희망가격		
희망 지역		
그 밖의 희망조건		

첨부서류	중개보수 요율표(「공인중개사법」 제32조제4항 및 같은 법 시행규칙 제20조에 따른 요율표를 수록합니다) ※ 해당 내용을 요약하여 수록하거나, 별지로 첨부합니다.

유의사항

[개업공인중개사 위법행위 신고안내]
개업공인중개사가 중개보수 과다수령 등 위법행위 시 시·군·구 부동산중개업 담당 부서에 신고할 수 있으며, 시·군·구에서는 신고사실을 조사한 후 적정한 조치를 취하게 됩니다.

■ 공인중개사법 시행규칙 [별지 제14호서식] 〈개정 2014.7.29〉

(앞쪽)

일 반 중 개 계 약 서
([ ] 매도 [ ] 매수 [ ] 임대 [ ] 임차 [ ] 그 밖의 계약(   ))

※ 해당하는 곳의 [ ]란에 v표를 하시기 바랍니다.

중개의뢰인(갑)은 이 계약서에 의하여 뒤쪽에 표시한 중개대상물의 중개를 개업공인중개사(을)에게 의뢰하고 을은 이를 승낙한다.

1. 을의 의무사항

   을은 중개대상물의 거래가 조속히 이루어지도록 성실히 노력하여야 한다.

2. 갑의 권리 · 의무 사항

   1) 갑은 이 계약에도 불구하고 중개대상물의 거래에 관한 중개를 다른 개업공인중개사에게도 의뢰할 수 있다.

   2) 갑은 을이 「공인중개사법」(이하 "법"이라 한다) 제25조에 따른 중개대상물의 확인 · 설명의무를 이행하는데 협조하여야 한다.

3. 유효기간

   이 계약의 유효기간은   년   월   일까지로 한다.

   ※ 유효기간은 3개월을 원칙으로 하되, 갑과 을이 합의하여 별도로 정한 경우에는 그 기간에 따른다.

4. 중개보수

   중개대상물에 대한 거래계약이 성립한 경우 갑은 거래가액의 (   )%(또는   원)을 중개보수로 을에게 지급한다.

   ※ 뒤쪽 별표의 요율을 넘지 않아야 하며, 실비는 별도로 지급한다.

5. 을의 손해배상 책임

   을이 다음의 행위를 한 경우에는 갑에게 그 손해를 배상하여야 한다.

   1) 중개보수 또는 실비의 과다수령: 차액 환급

   2) 중개대상물의 확인 · 설명을 소홀히 하여 재산상의 피해를 발생하게 한 경우: 손해액 배상

6. 그 밖의 사항

   이 계약에 정하지 않은 사항에 대하여는 갑과 을이 합의하여 별도로 정할 수 있다.

   이 계약을 확인하기 위하여 계약서 2통을 작성하여 계약 당사자 간에 이의가 없음을 확인하고 각자 서명 또는 날인한 후 쌍방이 1통씩 보관한다.

년   월   일

계약자

중개의뢰인 (갑)	주소(체류지)		성명	(서명 또는 인)
	생년월일		전화번호	
개업 공인중개사 (을)	주소(체류지)		성명 (대표자)	(서명 또는 인)
	상호(명칭)		등록번호	
	생년월일		전화번호	

210mm×297mm[일반용지 60g/m²(재활용품)]

※ 중개대상물의 거래내용이 권리를 이전(매도ㆍ임대 등)하려는 경우에는 「Ⅰ. 권리이전용(매도ㆍ임대 등)」에 적고, 권리를 취득(매수ㆍ임차 등)하려는 경우에는 「Ⅱ. 권리취득용(매수ㆍ임차 등)」에 적습니다.

Ⅰ. 권리이전용(매도ㆍ임대 등)

구분	[ ] 매도　[ ] 임대　[ ] 그 밖의 사항(　　　　　　　　　　)			
소유자 및 등기명의인	성명		생년월일	
	주소			
중개대상물의 표시	건축물	소재지		건축연도
		면적　　　　　㎡	구조	용도
	토지	소재지		지목
		면적　　　　　㎡	지역ㆍ지구 등	현재 용도
	은행융자ㆍ권리금ㆍ제세공과금 등(또는 월임대료ㆍ보증금ㆍ관리비 등)			
권리관계				
거래규제 및 공법상 제한사항				
중개의뢰 금액				
그 밖의 사항				

Ⅱ. 권리취득용(매수ㆍ임차 등)

구분	[ ] 매수　[ ] 임차　[ ] 그 밖의 사항(　　　　　　　　)	
항목	내용	세부 내용
희망물건의 종류		
취득 희망가격		
희망 지역		
그 밖의 희망조건		
첨부서류	중개보수 요율표(「공인중개사법」 제32조제4항 및 같은 법 시행규칙 제20조에 따른 요율표를 수록합니다) ※ 해당 내용을 요약하여 수록하거나, 별지로 첨부합니다.	

유의사항

[개업공인중개사 위법행위 신고안내]
개업공인중개사가 중개보수 과다수령 등 위법행위 시 시ㆍ군ㆍ구 부동산중개업 담당 부서에 신고할 수 있으며, 시ㆍ군ㆍ구에서는 신고사실을 조사한 후 적정한 조치를 취하게 됩니다.

표시·광고 의뢰확인서

([　]매매　　[　]임대　　[　]그 밖의 계약 (　　　　))

※ 해당하는 곳의 [　] 란에 V 표를 하시기 바랍니다.

중개 대상물		소재지	
		의뢰조건	
		소유자와의 관계	
		상세주소 표시·광고 여부	□ 중개의뢰인이 원하지 않는 경우 (단독주택 : 읍,면,동,리 까지 표시) (단독주택 외 : 주택 지번과 동 및 층수를 　　　　　　　저/중/고 로 표시) □ 중개의뢰인이 원하는 경우 (단독주택 : 지번 포함 표시) (단독주택 외 : 주택지번과 동 및 층수를 포함 　　　　　　　표시)
		공동중개 가능여부(표시·광고)	□ 동의　　　　　　　　□ 비동의
	정액제 관리비	월 10만원 이상 정액제 관리비 부과 세부 내역(비목별 세부금액)고지 여부	□ 중개의뢰인이 세부 내역 고지함. □ 중개의뢰인이 세부 내역 고지하지 않음. - 관리비 :　　　　　원(정액관리비) ※ "중개의뢰인이 관리비 세부내역 미고지로 　　표시.광고시 비목별 금액 미표시함"으로 　　표시.광고시 안내.설명 - 관리비 포함 비목 : - 관리비 미포함 비목 :
		월 10만원 이상 부과 정액제 관리비 세부 내역 (＊ 중개의뢰인이 직전월 기준으로 관리비 세부 내역 고지한 경우)	- 일반관리비 :　　　　　원(정액관리비, 직전 월 　　　　　　　　　　　기준) - 사용료 :　　　　　원(수도료　　　　원, 인터넷 　사용료　　　　원, TV사용료　　　　원 등 　포함) - 기타관리비 :　　　　원 ※ 전기료,가스사용료 실비(사용량에 따라 별도 　　　　　　　　　　　　　　부과)
		월 10만원 미만 부과	- 관리비 :　　　　　원(정액관리비, 직전 월 기준) - 관리비 포함 비목 : - 관리비 미포함 비목 :

중개 대상물	정액제 관리비 가 아닌 경우	관리규약에 따라 부과 (* 아파트,오피스텔 등)	- 관리비 : 월평균 　　　　　원(관리규약에 따라 　부과, 최근 3개월 평균) - 관리비 포함 비목 : - 관리비 미포함 비목 :
		사용량 등에 따라 부과 (* 소규모 오피스텔 등)	- 관리비 : 월평균 　　　　　원(사용량 등에 　따라 부과, 최근 3개월 평균) - 관리비 포함 비목 : - 관리비 미포함 비목 : ※ 부과 방식 □ 공용관리비는 면적/세대별로 부과하고,기타 　사용료는 사용량에 따라 부과 □ 전체 사용량을 세대수로 나누어 부과 □ 세대별 사용량(별도 계량기)에 따라 부과
		중개의뢰인이 관리비 고지하지 않은 경우 (*월 10만원 미만 부과 & 정액제 관리비가 아닌 경우)	□ 중개의뢰인이 고지하지 않음. - 관리비 : 월평균 　　　　원 ※ "중개의뢰인이 관리비 세부내역 미고지로 전 　임차인 등을 통해 확인한 추정 관리비임"을 　표시.광고시 안내.설명 - 일반(공용)관리비, TV사용료, 기타관리비 등 　포함
		관리비를 표시하지 않아도 되는 경우	□ 관리비 확인 불가 - 관리비 : ①~③ 중 하나에 해당되어 관리비 　　　　　확인 불가 ① 건축법 시행령 별표1의 제1호 가목의 단독 　주택(전기,수도 사용료 외에 별도 관리비가 　없는 경우) ② 오피스텔 제외 상가 건물에 해당하는 경우 ③ 미등기 건물,신축 건물 등 관리비 내역 확인 　이 불가한 경우

※ 정액으로 부과되지만 관리비 금액이 월 10만원 미만이거나, 관리비가
　관리규약 등에 따라 정액으로 부과되지 않는 경우 → 공동주택관리법
　제23조에 따른 관리비의 월 평균액수를 표시하되, 고시에 따른 비목이
　포함이 된 경우 그 내용을 표시하여야 함.

※ 중개의뢰인은 본 공인중개사 이외의 자를 통해 계약체결 시 신속하게 계약체
결 완성에 대한 고지를 하여야 한다.

중개의뢰인이 위 조건으로 개업공인중개사에게 위 중개대상물에 대한 표시·광고를 의뢰하였음을 확인하기 위하여 표시·광고 의뢰확인서 2통을 작성하여 중개의뢰 당사자 간 이의가 없음을 확인하고 각자 서명 또는 날인한 후 쌍방이 1통씩 보관하기로 한다.

2024년   월   일

개업 공인중개사	주 소			
	전화번호		성 명	(서명 또는 인)

중개 의뢰인	주 소			
	전화번호		성 명	(서명 또는 인)

계약갱신요구권 행사여부 확인서

매도인 (임대인)	성명			주민등록번호	
	주소				

목적물	도로명 주소 또는 구 주소 기재 가능			
현 임차인의 임대차기간	2018. 9. 2. ~ 2020. 9. 1.			
계약갱신요구권 행사 여부	기행사	[　]	임대차 기간	2020.9.2. ~ 2022.9.1.
	행사	[　]	갱신 후 임대차 기간	2020.9.2. ~ 2022.9.1.
	불행사	[　]	계약갱신요구권을 행사하지 않기로 합의하였으며 임차인은 이 내용이 사실과 틀림없음을 확인합니다. 확인자 : 임차인　　　　　　　　　(서명 또는 인)	
	미결정	[　]	예) 응답이 없거나 결정을 보류하는 경우 등	
	해당사항 없음	[　]	예) 1. 임대인이 실거주하고 있는 경우 2. 계약갱신요구권 행사기간이 도래하지 않은 경우	

※ 계약갱신요구권 행사는 임대차기간이 끝나기 6개월 전부터 1개월 전까지의 기간에 가능 (단, '20.12.10. 이후 최초로 체결되거나 갱신된 계약에 대한 계약갱신요구권 행사는 임대차기간이 끝나기 6개월 전부터 2개월 전까지의 기간에 가능)

　※ 첨부 : 임대차계약서 사본　　　부. 끝.

　매도인(임대인)은 위 내용이 사실과 틀림없음을 확인합니다.

　　　　　　　　　　　　　　　　　　　　　년　　　월　　　일

　　　　확인자 : 매도인(임대인)　ㅇ ㅇ ㅇ　(서명 또는 인)

* 해당 서식은 법정 서식이 아니므로 일정 부분 개별 사항에 맞게 수정하여 사용이 가능합니다.
예) 서식 하단 확인자에 매도인(임대인) 대신에 현 임차인의 서명을 받거나 추가로 기입이 가능하고, 불행사 기재란에 임차인 확인은 상황에 맞게 삭제하셔도 됩니다.

■ 부동산 거래신고 등에 관한 법률 시행규칙 [별지 제5호의2서식]
〈개정 2023.12.29.〉

부동산거래관리시스템(rtms.molit.go.kr)에서도 신청할 수 있습니다.

주택 임대차 계약 신고서

※ 뒤쪽의 유의사항 · 작성방법을 읽고 작성하시기 바라며, [ ]에는 해당하는 곳에 √표를 합니다. (앞쪽)

접수번호	접수일시	처리기간 지체 없이

①임대인	성명(법인 · 단체명)		주민등록번호(법인 · 외국인등록 · 고유번호)
	주소(법인 · 단체 소재지)		
	전화번호		휴대전화번호

②임차인	성명(법인 · 단체명)		주민등록번호(법인 · 외국인등록 · 고유번호)
	주소(법인 · 단체 소재지)		
	전화번호		휴대전화번호

③임대 목적물 현황	종류	아파트[ ] 연립[ ] 다세대[ ] 단독[ ] 다가구[ ] 오피스텔[ ] 고시원[ ] 그 밖의 주거용[ ]			
	④소재지(주소)				
	건물명( )		동	층	호
	⑤임대 면적(m²)	m²	방의 수(칸)		칸

임대 계약내용	⑥신규 계약 [ ]	임대료	보증금	원
			월 차임	원
		계약 기간	년 월 일 ~ 년 월 일	
		체결일	년 월 일	
	⑦갱신 계약 [ ]	종전 임대료	보증금	원
			월 차임	원
		갱신 임대료	보증금	원
			월 차임	원
		계약 기간	년 월 일 ~ 년 월 일	
		체결일	년 월 일	
		⑧「주택임대차보호법」 제6조의3에 따른 계약갱신요구권 행사 여부	[ ] 행사 [ ] 미행사	

개업공인 중개사	사무소 명칭		사무소 명칭	
	사무소 소재지		사무소 소재지	
	대표자 성명		대표자 성명	
	등록번호		등록번호	
	전화번호		전화번호	
	소속공인중개사 성명		소속공인중개사 성명	

「부동산 거래신고 등에 관한 법률」 제6조의2 및 같은 법 시행규칙 제6조의2에 따라 위와 같이 주택 임대차 계약 내용을 신고합니다.

년 월 일

신고인
임대인: (서명 또는 인)
임차인: (서명 또는 인)
제출인: (서명 또는 인)
(제출 대행시)

시장 · 군수 · 구청장 (읍 · 면 · 동장 · 출장소장) 귀하

첨부서류	1. 주택 임대차 계약서(「부동산 거래신고 등에 관한 법률」 제6조의5제3항에 따른 확정일자를 부여받으려는 경우 및 「부동산 거래신고 등에 관한 법률 시행규칙」 제6조의2제3항·제5항·제9항에 따른 경우만 해당합니다)
	2. 입금표·통장사본 등 주택 임대차 계약 체결 사실을 입증할 수 있는 서류 등(주택 임대차 계약서를 작성하지 않은 경우만 해당합니다) 및 계약갱신요구권 행사 여부를 확인할 수 있는 서류 등
	3. 단독신고사유서(「부동산 거래신고 등에 관한 법률」 제6조의2제3항 및 같은 법 시행규칙 제6조의2제5항에 따라 단독으로 주택 임대차 신고서를 제출하는 경우만 해당합니다)

유의사항

1. 「부동산 거래신고 등에 관한 법률」 제6조의2제1항 및 같은 법 시행규칙 제6조의2제1항에 따라 주택 임대차 계약 당사자는 이 신고서에 공동으로 서명 또는 날인해 계약 당사자 중 일방이 신고서를 제출해야 하고, 계약 당사자 중 일방이 국가, 지방자치단체, 공공기관, 지방직영기업, 지방공사 또는 지방공단인 경우(국가등)에는 국가등이 신고해야 합니다.

2. 주택 임대차 계약의 당사자가 다수의 임대인 또는 임차인인 경우 계약서에 서명 또는 날인한 임대인 및 임차인 1명의 인적사항을 적어 제출할 수 있습니다.

3. 「부동산 거래신고 등에 관한 법률 시행규칙」 제6조의2제3항에 따라 주택 임대차 계약 당사자 일방이 이 신고서에 주택 임대차 계약서 또는 입금증, 주택 임대차 계약과 관련된 금전거래내역이 적힌 통장사본 등 주택 임대차 계약 체결 사실을 입증할 수 있는 서류 등(주택 임대차 계약서를 작성하지 않은 경우만 해당합니다), 「주택임대차보호법」제6조의3에 따른 계약갱신요구권 행사 여부를 확인할 수 있는 서류 등을 제출하는 경우에는 계약 당사자가 공동으로 신고한 것으로 봅니다.

4. 「부동산 거래신고 등에 관한 법률 시행규칙」 제6조의2제9항에 따라 신고인이 같은 조 제1항 각 호의 사항이 모두 적힌 주택 임대차 계약서를 신고관청에 제출하면 주택 임대차 계약 신고서를 제출하지 않아도 됩니다. 이 경우 신고관청에서 주택 임대차 계약서로 주택 임대차 신고서 작성 항목 모두를 확인할 수 없으면 주택 임대차 계약 신고서의 제출을 요구할 수 있습니다.

5. 「부동산 거래신고 등에 관한 법률 시행규칙」 제6조의5에 따라 주택 임대차 계약 당사자로부터 신고서의 작성 및 제출을 위임받은 자는 제출인란에 서명 또는 날인해 제출해야 합니다.

6. 주택 임대차 계약의 내용을 계약 체결일부터 30일 이내에 신고하지 않거나, 거짓으로 신고하는 경우 「부동산 거래신고 등에 관한 법률」 제28조제5항제3호에 따라 100만원 이하의 과태료가 부과됩니다.

7. 신고한 주택 임대차 계약의 보증금, 차임 등 임대차 가격이 변경되거나 임대차 계약이 해제된 경우에도 변경 또는 해제가 확정된 날부터 30일 이내에 「부동산 거래신고 등에 관한 법률」 제6조의3에 따라 신고해야 합니다.

작성방법

①·② 임대인 및 임차인의 성명·주민등록번호 등 인적사항을 적으며, 주택 임대차 계약의 당사자가 다수의 임대인 또는 임차인인 경우 계약서에 서명 또는 날인한 임대인 및 임차인 1명의 인적사항을 적어 제출할 수 있습니다.

③ 임대 목적물 현황의 종류란에는 임대차 대상인 주택의 종류에 √표시를 하고, 주택의 종류를 모를 경우 건축물대장(인터넷 건축행정시스템 세움터에서 무료 열람 가능)에 적힌 해당 주택의 용도를 참고합니다.

④ 소재지(주소)란에는 임대차 대상 주택의 소재지(주소)를 적고, 건물명이 있는 경우 건물명(예: ○○아파트, ○○빌라, 다가구건물명 등)을 적으며, 동·층·호가 있는 경우 이를 적고, 구분 등기가 되어 있지 않은 다가구주택 및 고시원 등의 일부를 임대한 경우에도 동·층·호를 적습니다.

⑤ 임대 면적란에는 해당 주택의 건축물 전체에 대해 임대차 계약을 체결한 경우 집합건축물은 전용면적을 적고, 그 밖의 건축물은 연면적을 적습니다. 건축물 전체가 아닌 일부를 임대한 경우에는 임대차 계약 대상 면적만 적고 해당 면적을 모르는 경우에는 방의 수(칸)를 적습니다.

⑥·⑦ 신고하는 주택 임대차 계약이 신규 계약 또는 갱신 계약 중 해당하는 하나에 √표시를 하고, 보증금 또는 월 차임(월세) 금액을 각각의 란에 적으며, 임대차 계약 기간과 계약 체결일도 각각의 란에 적습니다.

⑧ 갱신 계약란에 √표시를 한 경우 임차인이 「주택임대차보호법」제6조의3에 따른 계약갱신요구권을 행사했는지를 "행사" 또는 "미행사"에 √표시를 합니다.

※ 같은 임대인과 임차인이 소재지(주소)가 다른 다수의 주택에 대한 임대차 계약을 일괄하여 체결한 경우에도 임대 목적물별로 각각 주택 임대차 신고서를 작성해 제출해야 합니다.

처리절차

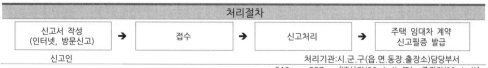

신고서 작성 (인터넷, 방문신고)	→	접수	→	신고처리	→	주택 임대차 계약 신고필증 발급
신고인			처리기관:시.군.구(읍.면.동장.출장소)담당부서			

210mm×297mm[백상지(80g/m²) 또는 중질지(80g/m²)]

■ 민간임대주택에 관한 특별법 시행규칙 [별지 제25호의2서식] 〈개정 2023.11.20.〉

임대보증금 보증 미가입에 대한 임차인 동의서
(보증금이 우선변제금 이하인 경우)

(앞쪽)

임대사업자	성명 (법인명)	임대사업자 등록번호	생년월일 (법인등록번호)	전화번호	
				(유선전화번호)	
				(휴대전화번호)	
임대주택 소재지					
임대차계약기간	년 월 일 ~ 년 월 일				
우선변제금	지역구분	적용시점(담보물권 설정 시점)		적용금액(원)	
동의자 (임차인)	보증금액(원)	성명	생년월일	연락처	

본인은 「민간임대주택에 관한 특별법」 제49조제7항제1호에 따라 위 임대주택의 임대사업자가 임대차계약기간 동안 임대보증금 보증에 가입하지 않는 것에 동의합니다.

년   월   일

동의인(임차인)   (서명 또는 인)

작성방법

1. "지역구분"란에는 등록임대주택이 소재한 지역명을 적고, "적용시점"란에는 등기사항증명서상 담보물권(근저당 등) 설정 신청 접수일을 적으며, 설정된 담보물권이 없는 경우에는 빈칸으로 둡니다(설정된 담보물권이 여러 건인 경우 가장 오래 전에 설정된 것을 기입하며 말소된 담보물권에 관한 내용은 적지 않습니다).
   * 주택임대차보호법 시행령 일부개정령(대통령령 제31673호, 2021.5.11. 공포·시행) 부칙 제2조에 따라 우선변제금 개정규정은 개정규정 시행 당시 존속 중인 임대차계약에 대해서도 적용하되, **개정규정 시행 전에 임차주택에 대하여 담보물권을 취득한 자에 대해서는 종전의 규정에 따름**
2. "적용금액"란에는 지역 및 적용시점에 따른 우선변제금액을 적용합니다.
   (우선변제금액은 추후 주택임대차보호법령 개정에 따라 변경될 수 있음)

적용기간	우선변제금
1984. 6. 14. ~ 1987. 11. 30.	- 특별시·직할시: 300만원, - 기타 지역: 200만원
1987. 12. 1. ~ 1990. 2. 18.	- 특별시·직할시: 500만원, - 기타 지역: 400만원
1990. 2. 19. ~ 1995. 10. 18.	- 특별시·직할시: 700만원, - 기타 지역: 500만원
1995. 10. 19. ~ 2001. 9. 14.	- 특별시·직할시: 1,200만원, - 기타 지역: 800만원
2001. 9. 15. ~ 2008. 8. 20.	- 수도권 과밀억제권역: 1,600만원 - 광역시(인천광역시 제외): 1,400만원 - 그 밖의 지역: 1,200만원
2008. 8. 21. ~ 2010. 7. 25.	- 수도권 과밀억제권역: 2,000만원 - 광역시(인천광역시 제외): 1,700만원 - 그 밖의 지역: 1,400만원
2010. 7. 26. ~ 2013. 12. 31.	- 서울특별시: 2,500만원, - 수도권 과밀억제권역: 2,200만원 - 광역시 및 안산시·용인시·김포시·광주시: 1,900만원, - 그 밖의 지역: 1,400만원
2014. 1. 1. ~ 2016. 3. 30.	- 서울특별시: 3,200만원, - 수도권 과밀억제권역: 2,700만원 - 광역시 및 안산시·용인시·김포시·광주시: 2,000만원, - 그 밖의 지역: 1,500만원
2016. 3. 31. ~ 2018. 9. 17.	- 서울특별시: 3,400만원, - 수도권 과밀억제권역: 2,700만원 - 광역시, 세종특별자치시 및 안산시·용인시·김포시·광주시: 2,000만원 - 그 밖의 지역: 1,700만원
2018. 9. 18. ~ 2021. 5. 10.	- 서울특별시: 3,700만원, - 수도권 과밀억제권역, 세종특별자치시 및 용인시·화성시: 3,400만원 - 광역시 및 안산시·김포시·광주시·파주시: 2,000만원, - 그 밖의 지역: 1,700만원
2021. 5. 11. ~ 2023. 2. 20.	- 서울특별시: 5,000만원, - 수도권 과밀억제권역, 세종특별자치시 및 용인시·화성시·김포시: 4,300만원 - 광역시 및 안산시·광주시·파주시·이천시·평택시: 2,300만원, - 그 밖의 지역: 2,000만원
2023. 2. 21. ~ 현재	- 서울특별시: 5,500만원, - 수도권 과밀억제권역, 세종특별자치시 및 용인시·화성시·김포시: 4,800만원 - 광역시 및 안산시 · 광주시 · 파주시 · 이천시 · 평택시: 2,800만원, - 그 밖의 지역: 2,500만원

* 수도권 과밀억제권역 : 「수도권정비계획법 시행령」 별표 1에 따른 과밀억제권역 참조

유의사항

1. 「주택임대차보호법」 제8조제3항에 따라 우선변제금액은 주택가액의 2분의1을 넘지 못하는 점을 유의하시기 바랍니다.

> **〈사 례〉**
> ㅇ (가정) A 다가구주택에 보증금이 각 1천만원인 10개 가구 존재[보증금 총액은 1억원(=1천만원 × 10가구)]
> ㅇ (보장금액) A 다가구주택이 경매에서 1억원에 낙찰되었을 경우 각 가구는 5백만원만 배당 받음(낙찰금액 1억원의 2분의 1까지만 우선변제금 충당 가능)

2. 임차인은 「주택임대차보호법」 제3조제1항에 따른 주택의 인도(引渡)와 주민등록을 마쳐야 우선변제를 받을 수 있습니다.
3. 법인인 임차인의 경우 「주택임대차보호법」 제3조 및 제8조와 같은 법 시행령 제2조에 따라 「한국토지주택공사법」에 따른 한국토지주택공사(LH), 「지방공기업법」 제49조에 따라 주택사업을 목적으로 설립된 지방공사 및 「중소기업기본법」 제2조에 따른 중소기업으로서 「주택임대차보호법」 제3조에 따른 조치 등을 한 경우에만 우선변제금을 받을 수 있습니다.

210mm×297mm[백상지(80g/m²) 또는 중질지(80g/m²)]

7. 임대보증금 일부보증에 대한 임차인 동의서

■ 민간임대주택에 관한 특별법 시행규칙 [별지 제25호서식] 〈신설 2022.1.14.〉

임대보증금 일부보증에 대한 임차인 동의서

임대 사업자	[ ] 개인사업자	성명		생년월일	
	[ ] 법인사업자	법인명(상호)		법인등록번호	
	주소(법인인 경우 대표 사무소 소재지)				
	전화번호			휴대전화번호	
민간 임대 주택	민간임대주택의 소재지				
	임대차 계약기간			임대보증금(원)	
보증대상 금액(원)	담보권 설정금액(a)		임대보증금(b)	주택가격의 60%(c)	보증대상금액(a+b-c)
동의자 (임차인)	성명		생년월일	연락처	

임대사업자 보증가입 의무

1. 주택임대사업자로 등록된 임대주택은 「민간임대주택에 관한 특별법」 제49조제1항에 따라 **임대보증금 전액을 보증대상으로 하는 보증에 의무적으로 가입**해야 합니다.

2. 다만, 같은 법 제 49조제3항에 따라 **다음 각 목에 모두 해당하는 경우**에는 임대주택의 담보권 설정금액과 임대보증금을 합한 금액에서 주택가격의 60%에 해당하는 금액을 뺀 금액을 보증대상으로 하여 **가입할 수 있으며, 보증대상 금액이 0원 이하**인 경우 보증에 가입하지 않을 수 있습니다.

   가. 근저당권이 세대별로 분리된 경우
   나. 임대사업자가 임대보증금보다 선순위인 제한물권, 압류 · 가압류 · 가처분 등을 해소한 경우
   다. 전세권이 설정된 경우 또는 임차인이「주택임대차보호법」제3조의2제2항에 따른 대항요건과 확정일자를 갖춘 경우
   라. **임차인이 일부보증에 동의한 경우**

3. 임대보증금 일부 보증에 가입한 경우, 추후 임대사업자가 임대보증금을 반환하지 않으면 **임차인은 일부 보증의 보증대상 금액으로만 보증금 청구가 가능**합니다.

임차인 확인·동의 사항

1. 위 임대사업자의 임대보증금 보증가입 의무 관련 내용을 확인했으며, 임대주택에 **전세권을 설정하였거나, 「주택임대차보호법」에 따른 대항 요건(주택의 인도와 전입신고) 및 확정일자를 갖추었습니까(예정 포함)**, 그러지 않을 경우 보증이 이행되지 않을 수 있음을 확인했습니까?	[ ] 예 [ ] 아니오
2. **임대보증금의 전액이 아닌 일부 금액*만 보증에 가입한다는 사실에 동의하십니까?** * 일부 가입 금액: (담보권 설정금액 + 임대보증금) - 주택가격의 60%	[ ] 예 [ ] 아니오 [ ] 미가입 동의(보증 대상 금액이 0원 이하)
3. 추후 임대사업자로부터 임대보증금을 돌려받지 못할 경우 **보증에 가입된 일부 금액만 보증회사에서 지급이 가능하다는 점에 동의하십니까?**	[ ] 예 [ ] 아니오 [ ] 미가입 동의(보증 대상 금액이 0원 이하)

년   월   일

동의인(임차인)   (서명 또는 인)

210mm×297mm[백상지(80g/m²) 또는 중질지(80g/m²)]

위 임 장

1. 위임인 인적사항

   성 명 :   **생년월일** :

   주 소 :   **연 락 처** :

2. 수임인 인적사항

   성 명 :   **생년월일** :

   주 소 :   **연 락 처** :

3. 부동산의 표시(소재지)

     토 지 :   *서울시 관악구 봉천동 930-42(100m²)*

     건 물 :   *서울시 관악구 봉천동 930-42 (전용면적, 연면적 등 구분 : 150m²)*

위임인은 위 토지 및 건물 매매(임대)에 관한 권한 일체를 수임인에게 위임한다.

20   년   월 일

위임인 :   (인)

첨부 : 위임인의 인감증명서 1부

■ 민간임대주택에 관한 특별법 시행규칙 [별지 제24호서식] 〈개정 2023.8.3.〉

표준임대차계약서

(6쪽 중 1쪽)

임대사업자와 임차인은 아래의 같이 임대차계약을 체결하고 이를 증명하기 위해 계약서 2통을 작성하여 임대사업자와 임차인이 각각 서명 또는 날인한 후 각각 1통씩 보관한다.

※ 개업공인중개사가 임대차계약서를 작성하는 경우에는 계약서 3통을 작성하여 임대사업자, 임차인, 개업공인중개사가 각각 서명 또는 날인한 후 각각 1통씩 보관한다.

계약일: 년   월   일

1. 계약 당사자

임대사업자	성명(법인명)			(서명 또는 인)
	주소 (대표 사무소 소재지)			
	주민등록번호 (사업자등록번호)		전화번호	
	임대사업자 등록번호			
임차인	성명(법인명)			(서명 또는 인)
	주소			
	주민등록번호		전화번호	

2. 공인중개사 (개업공인중개사가 계약서를 작성하는 경우 해당)

개업공인 중개사	사무소 명칭			
	대표자 성명			(서명 및 인)
	사무소 소재지			
	등록번호		전화번호	

◆ **해당 주택은** 「민간임대주택에 관한 특별법」에 따라 **임대사업자가 시장·군수·구청장에게 등록한 민간임대주택**으로서 **다음과 같은 사항이 적용**됩니다.

○ **임대의무기간 중 민간임대주택 양도 제한**(「민간임대주택에 관한 특별법」 제43조)
- **임대사업자는** 「민간임대주택에 관한 특별법 시행령」 제34조제1항에 따른 시점부터 「민간임대주택에 관한 특별법」 제2조제4호 또는 제5호**에 따른 기간 동안** 해당 **민간임대주택을 계속 임대해야 하며, 그 기간 동안에는 양도가 제한**됩니다.

○ **임대료 증액 제한**(「민간임대주택에 관한 특별법」 제44조)
- **임대사업자는** 해당 민간임대주택에 대한 임대료의 증액을 청구하는 경우 **임대료의 5퍼센트의 범위에서** 주거비 물가지수, 인근 지역의 임대료 변동률, 임대주택 세대수 등을 고려하여 「민간임대주택에 관한 특별법 시행령」 제34조의2에 따른 **증액비율을 초과하여 청구할 수 없습니다.** 또한, **임대차계약 또는 임대료 증액이 있은 후 1년 이내에는 그 임대료를 증액할 수 없습니다.**

○ **임대차계약의 해제·해지 등 제한**(「민간임대주택에 관한 특별법」 제45조)
- **임대사업자는** 임차인이 의무를 위반하거나 임대차를 계속하기 어려운 경우 등의 사유가 발생한 때를 제외하고는 임대사업자로 등록되어 있는 기간 동안 임대차계약을 해제 또는 해지하거나 재계약을 거절할 수 없습니다.
- **임차인은** 시장·군수·구청장이 임대주택에 거주하기 곤란한 정도의 중대한 하자가 있다고 인정하는 경우 등에 해당하면 **임대의무기간 동안에도 임대차계약을 해제·해지할 수 있습니다.**

210mm×297mm[백상지 80g/m²]

3. 민간임대주택의 표시

주택 소재지				
주택 유형	아파트[ ] 연립주택[ ] 다세대주택[ ] 다가구주택[ ] 그 밖의 주택[ ]			

민간임대주택 면적 (m²)	주거전용면적	공용면적		합계
		주거공용면적	그 밖의 공용면적 (지하주차장 면적을 포 함한다)	

민간임대주택의 종류	공공지원[ ] (□10년, □8년) 장기일반[ ] (□10년, □8년) 그 밖의 유형 [ ]	건설[ ] 매입[ ]	임대의무 기간 개시일	년 월 일

100세대 이상 민간임 대주택단지 해당 여부	예 [ ] 아니오 [ ]			
	* 임대료 증액 시「민간임대주택에 관한 특별법 시행령」제34조의2제1호에 따른 기준 적용			

민간임대주택에 딸린 부대시설· 복리시설의 종류				

선순위 담보권 등 권리관계 설정 여부	없음[ ]	있음[ ] -선순위 담보권 등 권리관계의 종류: -설정금액: -설정일자:		

국세·지방세 체납사실	없음[ ]	있음[ ]		

임대보증금
보증 가입 여부
	가입[ ] 일부가입[ ]
	
	- 보증대상 금액:
		미가입[ ]
		- 사유 : □ 가입대상 금액이 0원 이하
		          (법 제49조제3항)
		     □ 임대보증금이 우선변제금 이하
		          (법 제49조제7항제1호)
		     □ 공공주택사업자와 임대차계약 체결
		          (법 제49조제7항제2호)
		     □ 임차인이 전세보증금반환보증에 가입
		          (법 제49조제7항제3호)
		     □ 보증회사의 가입 거절		

* 주택 면적 산정방법은「주택법 시행규칙」제2조,「주택공급에 관한 규칙」제21조제5항에 따른다.
* 민간임대주택의 종류 중 그 밖의 유형에는 단기민간임대주택(3·4·5년), 준공공임대주택(8·10년), 기업형임대주택 중 하나를 적는다.
* 선순위 담보권 등 권리관계는 제한물권, 압류·가압류·가처분 등에 관한 사항을 말한다.
* 임대보증금 보증가입대상 금액은「민간임대주택에 관한 특별법」제49조에 따른다.
* 보증가입대상의 미가입 사유에는 선순위 담보권 설정액과 임대보증금을 합한 금액이 주택가격의 100분의 60보다 적은 경우(「민간임대주택에 관한 특별법」제49조제3항), 가입 면제 대상(「민간임대주택에 관한 특별법」제49조제7항) 및 가입 거절 등의 사유를 적는다.

4. 계약조건

제1조(임대보증금, 월임대료 및 임대차 계약기간) ① 임대사업자는 위 주택의 임대보증금, 월임대료(이하 "임대료"라 한다) 및 임대차 계약기간을 아래와 같이 정하여 임차인에게 임대한다.

구분	임대보증금		월임대료	
금액	금 원정(₩)		금 원정(₩)	
임대차 계약기간	년 월 일 ~ 년 월 일			

② 임차인은 제1항의 임대보증금에 대하여 아래와 같이 임대사업자에게 지급하기로 한다.

계약금	금 원정(₩)은 계약 시에 지급			
중도금	금 원정(₩)은	년	월	일에 지급
잔 금	금 원정(₩)은	년	월	일에 지급
계좌번호		은행	예금주	

③ 임차인은 제1항과 제2항에 따른 임대보증금을 이자 없이 임대사업자에게 예치한다.
④ 임차인은 제2항의 지급기한까지 임대보증금을 내지 않는 경우에는 연체이율(연   %)을 적용하여 계산한 연체료를 더하여 내야 한다. 이 경우 연체이율은 한국은행에서 발표하는 예금은행 주택담보대출의 가중평균금리에「은행법」에 따른 은행으로서 가계자금 대출시장의 점유율이 최상위인 금융기관의 연체가산율을 합산한 이율을 고려하여 결정한다.

210mm×297mm[백상지 80g/m²]

⑤ 임차인은 당월 분의 월임대료를 매달 말일까지 내야하며, 이를 내지 않을 경우에는 연체된 금액에 제4항에 따른 연체요율을 적용하여 계산한 연체료를 더하여 내야 한다.

제2조(민간임대주택의 입주일) 위 주택의 입주일은   년   월   일부터 년   월   일까지로 한다.

제3조(월임대료의 계산) ① 임대기간이 월의 첫날부터 시작되지 않거나 월의 말일에 끝나지 않는 경우에는 그 임대기간이 시작되거나 끝나는 월의 임대료는 일할로 산정한다.

② **입주 월의 월임대료는 입주일(제2조에 따른 입주일을 정한 경우 입주일)부터 계산**한다. 다만, 입주지정기간이 지나 입주하는 경우에는 입주지정기간이 끝난 날부터 계산한다.

제4조(관리비와 사용료) ① 임차인이 임대주택에 대한 **관리비와 사용료를 임대사업자 또는 임대사업자가 지정한 관리주체에게 납부해야 하는 경우에는 특약으로 정하는 기한까지 내야**하며, 이를 내지 않을 경우에는 임대사업자는 임차인으로 하여금 연체된 금액에 대해 제1조제4항에 따른 연체요율을 적용하여 계산한 연체료를 더하여 내게 할 수 있다.

② 임대사업자는 관리비와 사용료를 부과·징수할 때에는 관리비와 사용료의 부과 명세서를 첨부하여 임차인에게 이를 낼 것을 통지해야 한다. 이 경우 임대사업자는 일반관리비, 청소비, 경비비, 소독비, 승강기 유지비, 난방비, 급탕비, 수선유지비, 지능형 홈네트워크 설비 유지비 외의 어떠한 명목으로도 관리비를 부과·징수할 수 없다.

제5조(임대 조건 등의 변경) 임대사업자와 임차인은 다음 각 호의 어느 하나에 해당할 경우에는 임대보증금, 임대료, 관리비, 사용료 등 모든 납부금액을 조정할 수 있다. 다만, **임대료의 조정은 「민간임대주택에 관한 특별법」 및 「주택임대차보호법」을 위반해서는 안 되고**, 「민간임대주택에 관한 특별법」 제44조에 따라 **임대료 증액청구는 임대료의 5퍼센트의 범위에서** 주거비 물가지수, 인근 지역의 임대료 변동률, 임대주택 세대수 등을 고려하여 같은 법 시행령 제34조의2에 따라 정하는 **증액비율을 초과하여 청구할 수 없으며, 임대차계약 또는 임대료 증액이 있은 후 1년 이내에는 그 임대료를 증액하지 못한다.**

1. 물가, 그 밖의 경제적 여건의 변동이 있을 때
2. 임대사업자가 임대하는 주택 상호간 또는 인근 유사지역의 민간임대주택 간에 임대조건의 균형상 조정할 필요가 있을 때
3. 민간임대주택과 부대시설 및 부지의 가격에 현저한 변동이 있을 때

> **100세대 이상 민간임대주택단지는 임대료 증액** 시 직전 임대료의 5퍼센트의 범위에서 다음의 **기준**을 적용 받음
> (「민간임대주택에 관한 특별법 시행령」 제34조의2제1호)
> 1. 「통계법」에 따라 통계청장이 고시하는 지출목적별 소비자물가지수 항목 중 해당 <u>임대주택이 소재한 특별시, 광역시, 특별자치시, 도 또는 특별자치도의 주택임차료, 주거시설 유지·보수 및 기타 주거관련 서비스 지수를 가중 평균한 값의 변동률</u>. 다만, 임대료의 5퍼센트 범위에서 시·군·자치구의 조례로 해당 시·군·자치구에서 적용하는 비율을 정하고 있는 경우에는 그에 따름.
> 2. 구체적인 산정방법은 **임대등록시스템(렌트홈, www.renthome.go.kr)** "100세대 이상 민간임대주택단지 임대료 증액기준" 참조

제6조(임차인의 금지행위) 임차인은 다음 각 호의 어느 하나에 해당하는 행위를 해서는 안 된다.

1. 임대사업자의 동의 없이 **무단으로 임차권을 양도하거나 민간임대주택을 타인에게 전대**하는 행위
2. 민간임대주택 및 그 부대시설을 **개축·증축 또는 변경하거나 본래의 용도가 아닌 용도로 사용**하는 행위
3. 민간임대주택 및 그 부대시설을 **파손 또는 멸실**하는 행위
4. 민간임대주택 및 그 부대시설의 유지·관리를 위하여 **임대사업자와 임차인이 합의한 사항을 위반**하는 행위

제7조(임차인의 의무) 임차인은 위 주택을 선량한 관리자로서 유지·관리해야 한다.

제8조(민간임대주택 관리의 범위) 위 주택의 공용부분과 그 부대시설 및 복리시설은 임대사업자 또는 임대사업자가 지정한 주택관리업자가 관리하고, **주택과 그 내부시설은 임차인이 관리**한다.

제9조(민간임대주택의 수선·유지 및 보수의 한계) ① 위 주택의 보수와 수선은 임대사업자의 부담으로 하되, 위 주택의 전용부분과 그 내부시설물을 **임차인이 파손하거나 멸실한 부분 또는 소모성 자재(「공동주택관리법 시행규칙」 별표 1의 장기수선계획의 수립기준상 수선주기가 6년 이내인 자재를 말한다)의 보수주기에서의 보수 또는 수선은 임차인의 부담**으로 한다.

② 제1항에 따른 소모성 자재와 소모성 자재 외의 소모성 자재의 종류와 그 종류별 보수주기는 특약으로 따로 정할 수 있다. 다만, 벽지·장판·전등기구 및 콘센트의 보수주기는 다음 각 호에 따른다.

1. **벽지 및 장판**: 10년(변색·훼손·오염 등이 심한 경우에는 6년으로 하며, 적치물의 제거에 임차인이 협조한 경우만 해당한다)
2. **전등기구 및 콘센트**: 10년. 다만, 훼손 등을 이유로 안전상의 위험이 우려되는 경우에는 조기 교체해야 한다.

210mm×297mm[백상지 80g/m²]

제10조(임대차계약의 해제·해지 및 손해배상) ① 임차인이 다음 각 호의 어느 하나에 해당하는 행위를 한 경우를 제외하고는 **임대사업자는 이 계약을 해제 또는 해지하거나 임대차계약의 갱신을 거절할 수 없다.**

1. 거짓이나 그 밖의 부정한 방법으로 민간임대주택을 임대받은 경우

2. 임대사업자의 귀책사유 없이 「민간임대주택에 관한 특별법 시행령」 제34조제1항 각 호의 시점으로부터 3개월 이내에 입주하지 않은 경우.

3. 월임대료를 3개월 이상 연속하여 연체한 경우

4. 민간임대주택 및 그 부대시설을 임대사업자의 동의를 받지 않고 개축·증축 또는 변경하거나 본래의 용도가 아닌 용도로 사용한 경우

5. 민간임대주택 및 그 부대시설을 고의로 파손 또는 멸실한 경우

6. 공공지원민간임대주택의 임차인이 다음 각 목의 어느 하나에 해당하게 된 경우

　가. 임차인의 자산 또는 소득이 「민간임대주택에 관한 특별법 시행규칙」 제14조의3 및 제14조의7에 따른 요건을 초과하는 경우

　나. 임대차계약 기간 중 주택을 소유하게 된 경우. 다만, 다음의 어느 하나에 해당하는 경우는 제외한다.

　　1) 상속·판결 또는 혼인 등 그 밖의 부득이한 사유로 주택을 소유하게 된 경우로서 임대차계약이 해제·해지되거나 재계약이 거절될 수 있다는 내용을 통보받은 날부터 6개월 이내에 해당 주택을 처분하는 경우

　　2) 혼인 등의 사유로 주택을 소유하게 된 세대구성원이 소유권을 취득한 날부터 14일 이내에 전출신고를 하여 세대가 분리된 경우

　　3) 공공지원민간임대주택의 입주자를 선정하고 남은 공공지원민간임대주택에 대하여 선착순의 방법으로 입주자로 선정된 경우

7. 「민간임대주택에 관한 특별법」 제42조의2에 따라 임차인이 공공지원민간임대주택 또는 공공임대주택에 중복하여 입주한 것으로 확인된 경우

8. 그 밖에 이 표준임대차계약서상의 의무를 위반한 경우

② 임차인은 다음 각 호의 어느 하나에 해당하는 경우에 이 계약을 해제 또는 해지할 수 있다.

1. 특별자치도지사·특별자치시장·시장·군수·구청장이 민간임대주택에 거주하기 곤란할 정도의 중대한 하자가 있다고 인정하는 경우

2. 임대사업자가 임차인의 의사에 반하여 민간임대주택의 부대시설·복리시설을 파손시킨 경우

3. 임대사업자의 귀책사유로 입주지정기간이 끝난 날부터 3개월 이내에 입주할 수 없는 경우

4. 임대사업자가 이 표준임대차계약서상의 의무를 위반한 경우

5. 「민간임대주택에 관한 특별법」 제49조에 따라 임대보증금에 대한 보증에 가입해야 하는 임대사업자가 임대보증금에 대한 보증에 가입하지 않은 경우

③ 임대인 또는 임차인은 제1항 또는 제2항에 따라 임대차계약을 해제 또는 해지한 경우에는 그 상대방에게 「민법」 등 관계 법령에 따라 그 해제 또는 해지로 인해 입은 손해의 배상을 청구할 수 있다.

제11조(임대보증금의 반환) ① 임차인이 임대사업자에게 예치한 **임대보증금은** 이 계약이 끝나거나 해제 또는 해지되어 **임차인이 임대사업자에게 주택을 명도(明渡)함과 동시에** 반환한다.

② 제1항에 따라 반환할 경우 임대사업자는 주택 및 내부 일체에 대한 점검을 실시한 후 임차인이 임대사업자에게 내야 할 임대료, 관리비 등 모든 납부금액과 제9조제1항에 따른 임차인의 수선유지 불이행에 따른 보수비 및 특약으로 정한 위약금, 불법거주에 따른 배상금, 손해금 등 임차인의 채무를 임대보증금에서 우선 공제하고 그 잔액을 반환한다.

③ 임차인은 위 주택을 임대사업자에게 명도할 때까지 사용한 전기·수도·가스 등의 사용료(납부시효가 끝나지 않은 것을 말한다) 지급 영수증을 임대사업자에게 제시 또는 예치해야 한다.

제12조(임대보증금 보증) ① 임대사업자가 「민간임대주택에 관한 특별법」 제49조에 따라 **임대보증금 보증에 가입을** 한 경우, 같은 법 시행령 제40조에 따라 **보증수수료의 75퍼센트는 임대사업자가 부담**하고, **25퍼센트는 임차인이 부담**한다. **부담 금액의 징수 방법·절차·기한에 관한 사항은 특약**으로 정할 수 있다.

210mm×297mm[백상지 80g/m²]

제13조(민간임대주택의 양도) ① 임대사업자가 임대의무기간 경과 후 위 주택을 **임차인에게 양도할 경우** 위 주택의 양도 등에 관한 사항은 **특약으로 정한 바에** 따른다.

② 임대사업자가 「민간임대주택에 관한 특별법」 제43조제2항에 따라 위 주택을 다른 임대사업자에게 양도하는 경우에는 양수도계약서에서 양도받는 자는 양도하는 자의 임대사업자로서의 지위를 포괄적으로 승계한다는 뜻을 분명하게 밝혀야 한다.

제14조(임대사업자의 설명의무) ① **임대사업자는** 「민간임대주택에 관한 특별법」 제48조에 따라 **임대차계약을 체결하거나 월임대료를 임대보증금으로 전환하는 등 계약내용을 변경하는 경우에는** 다음 각 호의 사항을 **임차인이 이해할 수 있도록 설명**하고, 등기사항증명서 등 **설명의 근거자료를 제시**해야 한다.

1. 임대보증금 보증가입에 관한 사항(「민간임대주택에 관한 특별법」 제49조에 따른 임대보증금 보증가입 의무 대상 주택에 한정한다)

   가. 해당 민간임대주택의 임대보증금 보증대상액 및 보증기간에 관한 사항

   나. 임대보증금 보증 가입에 드는 보증수수료(이하 "보증수수료"라 한다) 산정방법 및 금액, 임대보증금과 임차인의 보증수수료 분담비율, 임차인이 부담해야 할 보증수수료의 납부방법에 관한 사항

   다. 보증기간 중 임대차계약이 해지·해제되거나 임대보증금의 증감이 있는 경우에 보증수수료의 환급 또는 추가 납부에 관한 사항

   라. 임대차 계약기간 중 보증기간이 만료되는 경우에 재가입에 관한 사항

   마. 보증약관의 내용 중 국토교통부장관이 정하여 고시하는 중요사항에 관한 내용(보증이행 조건 등)

2. 민간임대주택의 선순위 담보권 등 권리관계에 관한 사항

   가. 민간임대주택에 설정된 제한물권, 압류·가압류·가처분 등에 관한 사항

   나. 임대사업자의 국세·지방세 체납에 관한 사항

3. 임대의무기간 중 남아 있는 기간

4. 「민간임대주택에 관한 특별법」 제44조제2항에 따른 임대료 증액 제한에 관한 사항

5. 「민간임대주택에 관한 특별법」 제45조에 따른 임대차계약의 해제·해지 등에 관한 사항

6. 단독주택, 다중주택 및 다가구주택에 해당하는 민간임대주택에 둘 이상의 임대차계약이 존재하는 경우 「주택임대차보호법」 제3조의6제2항에 따라 작성된 확정일자부에 기재된 주택의 차임 및 보증금 등의 정보

② 임차인은 임대사업자로부터 제1항의 사항에 대한 설명을 듣고 이해했음을 아래와 같이 확인한다.

> 본인은 임대보증금 보증가입, 민간임대주택의 권리관계 등에 관한 주요 내용에 대한 설명을 듣고 이해했음.
>
> 임차인 성명:　　　　　　　　　(서명 또는 날인)

제15조(소송) 이 계약에 관한 소송의 관할 법원은 임대사업자와 임차인이 합의하여 결정하는 관할법원으로 하며, 임대사업자와 임차인 간에 합의가 이루어지지 않은 경우에는 위 주택 소재지를 관할하는 법원으로 한다.

제16조(중개대상물의 확인·설명) 개업공인중개사가 임대차계약서를 작성하는 경우에는 중개대상물확인·설명서를 작성하고, 업무보증 관계증서(공제증서 등) 사본을 첨부하여 임대차계약을 체결할 때 임대사업자와 임차인에게 교부한다.

제17조(특약) 임대사업자와 임차인은 제1조부터 제15조까지에서 규정한 사항 외에 필요한 사항에 대해서는 따로 특약으로 정할 수 있다. 다만, 특약의 내용은 「약관의 규제에 관한 법률」을 위반해서는 안 된다.

> ◆ 주택월세 소득공제 안내
> 근로소득이 있는 거주자(일용근로자는 제외한다)는 「소득세법」 및 「조세특례제한법」에 따라 주택월세에 대한 소득공제를 받을 수 있으며, 자세한 사항은 국세청 콜센터(국번 없이 126)로 문의하시기 바랍니다.

210mm×297mm[백상지 80g/m²]

5. 개인정보의 제3자 제공 동의서

임대사업자는 「개인정보 보호법」 제17조에 따라 등록임대주택에 관한 정보제공에 필요한 개인정보를 아래와 같이 임차인의 동의를 받아 제공합니다. 이 경우 개인정보를 제공받은 자가 해당 개인정보를 이용하여 임차인에게 연락할 수 있음을 알려드립니다.

- 제공받는 자: 국토교통부장관, 시장·군수·구청장
- 제공 목적: **등록임대주택에 관한 정보제공을 위한 우편물 발송, 문자 발송 등 지원 관련**
- 개인정보 항목: 성명, 주소, 전화번호
- 보유 및 이용 기간: **임대차계약 종료일까지**

> 본인의 개인정보를 제3자 제공에 동의합니다.
>
> 임차인 성명:　　　　　　　(서명 또는 날인)
>
> ※ 임차인은 개인정보 제공에 대한 동의를 거부할 수 있으며, 이 경우 임차인 권리, 등록임대주택에 관한 정보제공이 제한됩니다.

210mm×297mm[백상지 80g/㎡]

개인정보 수집 및 이용 동의서

[개인 정보 수집 동의]

1. 수집하는 개인정보의 항목

　　　　　　는(은) 고객관리, 계약서 작성 및 관리 등 각종 서비스의 제공을 위해 아래와 같은 최소한의 개인정보를 수집하고 있습니다.
 - 수집항목(필수) : 이름, 주소, 휴대폰번호, 전화번호, 생년월일, 성별
 - 수집항목(선택) : 이메일 (동의 / 미동의)

2. 개인정보 수집방법

　　　　　　는(은) 다음과 같은 방법으로 개인정보를 수집합니다.
 - 한국공인중개사협회 한방부동산거래정보망 시스템 사용이 허가 된 개업공인중개사의 직접 입력을 통한 시스템 등록

3. 개인정보의 수집 및 이용목적

개인정보의 수집은 아래와 같은 목적을 위하여 수집하며 이외의 목적으로는 사용되지 않습니다.
 - 부동산 거래를 위한 매물 관리
 - 부동산 거래를 위한 계약서 작성
 - 지속가능한 서비스 제공을 위한 고객관리
단, 주민등록번호는 공인중개사법 제26조(거래계약서의 작성 등) 및 부동산거래신고에 관한 법률 제3조(부동산거래의 신고)의 목적 이외에는 사용되지 않습니다.

4. 개인정보의 보유 및 이용기간

저장된 개인정보는 원칙적으로 개인정보의 수집 및 이용목적이 달성되면 지체 없이 파기합니다. 단, 다음의 정보에 대해서는 아래의 이유로 명시한 기간 동안 보존합니다.
 - 관련법령에 의한 정보보유 사유
상법, 전자금융거래법 등 관계법령의 규정에 의하여 보존할 필요가 있는 경우 관례법령에서 정한 일정한 기간 동안개인정보를 보관합니다. 이 경우 보관하는 정보를 그 보관의 목적으로만 이용하며 보존기간은 아래와 같습니다.
 - 부동산 계약서 거래 기록 보존 이유 : 공인중개사법 및 공인중개사법 시행령
 - 보존 기간 : **5년**

5. 개인정보의 처리위탁

　　　　　　는(은) 다음과 같이 개인정보처리를 위탁하고 있습니다.
 - 개인정보처리를 위탁받은자(수탁자) : 한국공인중개사협회
 - 위탁업무내용 : 한방부동산거래정보망 서비스 제공
 (매물등록, 고객등록, 계약서 작성 등에 필요한 개인정보 저장시스템의 관리업무)

위탁계약 시 개인정보보호의 안전을 기하기 위하여 개인정보보호 관련 법규의 준수, 개

인정보에 관한 제3자 제공 금지 및 사고시의 책임부담 등을 명확히 규정하고 당해 계약 내용을 서면으로 보관하고 있습니다.

※ 동의를 거부할 수 있으며, 동의 거부 시 제공되는 중개서비스가 제한될 수 있으나 그에 대한 불이익은 없습니다.

①개인정보 제공자 :   성   명   (서 명)   (동의 , 동의거부)
②개인정보 제공자 :   성   명   (서 명)   (동의 , 동의거부)

> ● 고객의 개인정보를 공인중개사협회이외의 타업체에게 제공하는 경우 제3자 제공동의
> 를 받으세요. 필요없는 경우 개인정보 제3자 제공동의 항목을 삭제하시면 됩니다. 제
> 3자 제공동의 사용시 안내박스 이미지를 삭제 후 출력하신 후 사용하시기 바랍니다.

[개인 정보 제3자 제공 동의]

　　　　　　　는(은) 서비스 향상을 위해서 아래와 같이 개인정보를 제공하고 있으며, 관계 법령에 따라 개인정보가 안전하게 관리될 수 있도록 필요 사항을 규정하고 있습니다.

- 제공받는자 :
- 제공받는자의 개인정보 이용 목적 :
- 제공하는 개인정보 항목(필수) :
- 제공하는 개인정보 항목(선택) :
- 개인정보의 보유 및 이용기간 :

※ 동의를 거부할 수 있으며, 동의 거부 시 해당 업체의 서비스를 제공받을 수 없습니다.

①개인정보 제공자 :   성   명   (서 명)   (동의 , 동의거부)
②개인정보 제공자 :   성   명   (서 명)   (동의 , 동의거부)

수집일시 :   년   월   일

개인정보 수집자 :   성명   (서 명)

※ 한방부동산거래정보망에 고객의 정보를 등록할 경우 개인정보 수집 및 이용동의를 받아야 합니다.

■ 공인중개사법 제25조 제2항에 따른 매도(임대)의뢰인 확인사항

대상물건의 상태에 관한 자료요구사항 (주거용 건축물)
([ ] 단독주택　[ ] 공동주택　[ ] 매매·교환　[ ] 임대)

※ [ ]에는 해당되는 곳에 √표를 합니다.

대상물건의 표시	소재지	

매도(임대) 의뢰인 확인사항

구분	아래 해당사항		없음 [ ]　　　있음 [ ]
①실제권리관계 또는 공시되지 않은 물건의 권리 사항		법정지상권	[ ] 없음 [ ] 있음(내용 :　　　　　　　）
		유 치 권	[ ] 없음 [ ] 있음(내용 :　　　　　　　）
		토지에 부착된 조각물 및 정원수	[ ] 없음 [ ] 있음(내용 :　　　　　　　）
		미분양주택 여부	[ ] 해당없음 [ ] 미분양주택　cf. 공동주택 중 분양목적 주택에 한함
		임차인 현황	임대보증금총액 :　　　만원(총　　건), 월차임총액 :　　　만원(총　　건) 계약기간 : 20 . . ~ 20 . . . cf. 임차인이 많을 경우 별지사용 장기수선충당금 처리(예 : 매도인정산, 매수인이 승계, 해당없음　）
		임대차보증금 가압류, 채권양도 등 통지사실	[ ] 없음 [ ] 있음(내용 : 예 : 신용보증기금 가압류 1,000만원　）
		근 저 당 등	[ ] 없음 [ ] 있음(채권최고액 : 총　　건,　　　　만원)
		국세·지방세 체납여부	[ ] 없음 [ ] 있음(체납액 : 총　　건,　　　　만원)
		경계 침범여부	[ ] 없음 [ ] 있음(내용 : 예 : 해당 부지 남서쪽 약10㎡ 인접건물 침범　）
		위반건축물	[ ] 적법 [ ] 위반(내용 : 예 : 주택을 제1종근생(슈퍼마켓)으로 개조　）
		경·공매 등 기타 특이사항	[ ] 없음 [ ] 있음(내용 : 예 : 경매·공매 진행 중, 실제권리자 유·무 등　）
②내부·외부 시설물의 상태 (건축물)	수 도	파손여부	[ ] 없음　　　[ ] 있음(위치 :　　　　）
		용 수 량	[ ] 정상　　　[ ] 부족함(위치 :　　　　）
	전 기	공급상태	[ ] 정상　　　[ ] 교체필요(교체할 부분:　　）
	가스(취사용)	공급방식	[ ] 도시가스　[ ] 기타(　　　　　）
	소 방	단독경보형 감지기	[ ] 없음 [ ] 있음(수량:　개)　※「화재예방, 소방시설 설치유지 및 안전관리에 관한 법률」제8조 및 같은 법 시행령 제13조에 따른 주택용 소방시설로서 아파트(주택으로 사용하는 층수가 5개층 이상인 주택을 말한다)를 제외한 주택의 경우만 작성합니다.
	난방방식 및 연료공급	공급방식	[ ] 중앙공급 [ ] 개별공급　시설작동 [ ] 정상 [ ] 수선요함(　）
		종 류	[ ] 도시가스 [ ] 기름 [ ] 프로판가스 [ ] 연탄 [ ] 기타(　）
	승강기		[ ] 있음([ ] 양호 [ ] 불량)　　[ ] 없음
	배 수		[ ] 정상 [ ] 수선필요(내용:　　　）
	그 밖의 시설물	가정자동화 시설	[ ] 있음([ ] 양호 [ ] 불량)　　[ ] 없음
		기 타	
③벽면 및 상·하부	균 열		[ ] 없음 [ ] 있음(위치 :　　　）
	누 수		[ ] 없음 [ ] 있음(위치 :　　　）
④환경조건	일 조 량		[ ] 풍부함 [ ] 보통임 [ ] 불충분 (이유 :　　　）
	소 음		[ ] 미미함 [ ] 보통임 [ ] 심한편임　진 동 [ ] 미미함 [ ] 보통임 [ ] 심한편임

「공인중개사법」제25조제2항의 규정에 의하여 개업공인중개사가 요청한 자료를 상기와 같이 조사하여 제출하며 상기 사항은 틀림없음을 확인합니다.

　　　　　　　　　　　　　　　　　　　　　　　　　　　　　　년　　　월　　　일

매도(임대) 의뢰인 (보내는사람)	주　　소		성　　명	서명 또는 날인
	생 년 월 일		전 화 번 호	
개업 공인중개사 (받는사람)	등 록 번 호		성　　명	서명 또는 날인
	사무소 명칭		소속공인중개사	서명 또는 날인
	사무소 소재지		전 화 번 호	

※ 본 내용은 저작권법에 따른 저작물이므로 무단사용 및 전재를 금합니다.　　　　　KAR 한국공인중개사협회

개업공인중개사의 확인·설명의무로 확정되지 않은 내용이 의뢰인 보호목적에서 포함되어 있습니다.

■ 공인중개사법 제25조 제2항에 따른 매도(임대)의뢰인 확인사항

대상물건의 상태에 관한 자료요구사항 (비주거용 건축물)

([ ] 업무용 [ ] 상업용 [ ] 공업용 [ ] 매매·교환 [ ] 임대 [ ] 그 밖의 경우)

※ [ ]에는 해당되는 곳에 √표를 합니다.

대상물건의 표시	소재지	

매도(임대) 의뢰인 확인사항

	아래 해당사항	없음 [ ]	있음 [ ]
①실제권리관계 또는 공시되지 않은 물건의 권리 사항	법정지상권	[ ] 없음	[ ] 있음(내용 :　　　　　　)
	유 치 권	[ ] 없음	[ ] 있음(내용 :　　　　　　)
	토지에 부착된 조각물 및 정원수	[ ] 없음	[ ] 있음(내용 :　　　　　　)
	임차인 현황	임대보증금총액 :　　　　만원(총　　건), 월차임총액 :　　　　만원(총　　　건) 계약기간 : 20 ． ． ．～ 20 ． ． ． cf. 임차인이 많을 경우 별지사용 장기수선충당금 처리(예 : 매도인정산, 매수인이 승계, 해당없음　　　　　)	
	임대차보증금 가압류, 채권양도 등 통지사실	[ ] 없음 [ ] 있음(내용 : 예 : 신용보증기금 가압류1,000만원　　　)	
	(동일)업종제한여부	[ ] 없음 [ ] 있음(제한업종 : 이·미용원, 중개사무소 등　　　)	
	행정처분 승계 및 진행여부	[ ] 없음 [ ] 있음(제한업종 : 예 : 식품위생법, 풍속영업의 규제에 관한 법률, 소방관련법 위반 등 개별법률 위반으로 인한 행정처분 승계 및 진행 중) cf. 미성년자 및 접대부 고용, 주류 판매, 성매매, 소방 등)	
	근 저 당 등	[ ] 없음 [ ] 있음(채권최고액 : 총　　건,　　　　　　　만원)	
	국세·지방세 체납여부	[ ] 없음 [ ] 있음(체납액 : 총　　건,　　　　　　　만원)	
	경계 침범여부	[ ] 없음 [ ] 있음(내용 : 예 : 해당 부지 남서쪽 약10㎡ 인접건물 침범　)	
	위반건축물	[ ] 적법 [ ] 위반(내용 : 예 : 부설주차장을 1층 식당주방으로 개조　)	
	경·공매 등 기타 특이사항	[ ] 없음 [ ] 있음(내용 : 예 : 관리비 정산, 업종제한, 간판설치 등으로 소송진행중)	

②내부·외부 시설물의 상태 (건축물)	수 도	파손여부	[ ] 없음 [ ] 있음(위치 :　　　　　)						
		용 수 량	[ ] 정상 [ ] 부족함(위치 :　　　　)						
	전 기	공급상태	[ ] 정상 [ ] 교체필요(교체할 부분:　　　)						
	가스(취사용)	공급방식	[ ] 도시가스 [ ] 기타(　　　　)						
	소 방	소 화 전	[ ] 없음 [ ] 있음(위치 :　　　　)						
		비 상 벨	[ ] 없음 [ ] 있음(위치 :　　　　)						
	난방방식 및 연료공급	공급방식	[ ] 중앙공급 [ ] 개별공급 시설작동 [ ] 정상 [ ] 수선요함(　　)						
		종 류	[ ] 도시가스 [ ] 기름 [ ] 프로판가스 [ ] 연탄 [ ] 기타(　　)						
	승강기		[ ] 있음([ ] 양호 [ ] 불량) [ ] 없음						
	배 수		[ ] 정상 [ ] 수선필요(　　　　　)						
	그 밖의 시설물	상업용	오수정화시설용량						
		상업·공업용	전 기 용 량						
		공업용	용 수 시 설						
			기 타						

③벽면 및 상·하부	균 열	[ ] 없음 [ ] 있음(위치 :　　　　)
	누 수	[ ] 없음 [ ] 있음(위치 :　　　　)

「공인중개사법」 제25조제2항의 규정에 의하여 개업공인중개사가 요청한 자료를 상기와 같이 조사하여 제출하며 상기 사항은 틀림없음을 확인합니다.

년　　월　　일

매도(임대)의뢰인 (보내는사람)	주　　　소		성　　　명	서명 또는 날인
	생 년 월 일		전 화 번 호	
개업 공인중개사 (받는사람)	등 록 번 호		성　　　명	서명 또는 날인
	사무소 명칭		소속공인중개사	서명 또는 날인
	사무소 소재지		전 화 번 호	

※ 본 내용은 저작권법에 따른 저작물이므로 무단사용 및 전재를 금합니다.
개업공인중개사의 확인·설명의무로 확정되지 않은 내용이 의뢰인 보호목적에서 포함되어 있습니다.

KAR 한국공인중개사협회

■ 공인중개사법 제25조 제2항에 따른 매도(임대)의뢰인 확인사항

대상물건의 상태에 관한 자료요구사항 (토지)
([ ] 매매 · 교환   [ ] 임대)

※ [ ]에는 해당되는 곳에 √표를 합니다.

대상물건의 표시	소재지	

매도(임대) 의뢰인 확인사항

	아래 해당사항	없음 [ ] 있음 [ ]
실제권리관계 또는 공시되지 않은 물건의 권리 사항	지상점유권	[ ] 없음 [ ] 있음(내용 : 예 : 분묘기지권 등)
	구 축 물	[ ] 없음 [ ] 있음(내용 :)
	적 치 물	[ ] 없음 [ ] 있음(내용 :)
	진 입 로	[ ] 없음 [ ] 있음(내용 :)
	경 작 물	[ ] 없음 [ ] 있음(내용 :)
	(특수)지 역 권	[ ] 없음 [ ] 있음(내용 :)
	법정지상권	[ ] 없음 [ ] 있음(내용 :)
	유 치 권	[ ] 없음 [ ] 있음(내용 :)
	임차인 현황	임대보증금총액 : 만원(총 건), 월차임총액 : 만원(총 건) 계약기간 : 20 . . ~ 20 . .
	임대차보증금 가압류, 채권양도 등 통지사실	[ ] 없음 [ ] 있음(내용 : 예 : 농협 가압류 1,000만원)
	국세·지방세 체납여부	[ ] 없음 [ ] 있음(체납액 : 총 건, 만원)
	경계 침범여부	[ ] 없음 [ ] 있음(내용 : 예 : 해당 부지 남서쪽 약10m² 인접건물 침범)
	불법 형질변경 여부	[ ] 없음 [ ] 있음(내용 : 예 : 농지, 임야를 주차장으로 사용 등)
	근 지 당 등	[ ] 없음 [ ] 있음(채권최고액 : 총 건, 만원)
	경·공매 등 기타 특이사항	[ ] 없음 [ ] 있음(내용 : 예 : 하천 또는 도로 (일부)편입, (일부)수용예정)

「공인중개사법」 제25조제2항의 규정에 의하여 개업공인중개사가 요청한 자료를 상기와 같이 조사하여 제출하며 상기
사항은 틀림없음을 확인합니다.   년   월   일

매도(임대) 의뢰인 (보내는사람)	주 소		성 명	서명 또는 날인
	생 년 월 일		전 화 번 호	
개업 공인중개사 (받는사람)	등 록 번 호		성 명	서명 또는 날인
	사무소 명칭		소속공인중개사	서명 또는 날인
	사무소 소재지		전 화 번 호	

※ 본 내용은 저작권법에 따른 저작물이므로 무단사용 및 전재를 금합니다.
개업공인중개사의 확인·설명의무로 확정되지 않은 내용이 의뢰인 보호목적에서 포함되어 있습니다.

KAR 한국공인중개사협회

■ 주택임대차계약증서상의 확정일자 부여 및 임대차 정보제공에 관한 규칙[별지 제3호서식] 〈개정 2020.9.29.〉

임대차 정보제공 요청서

(앞쪽)

접수번호		접수일자		발급일		처리기간	즉시

요청인	성명(법인명)		주민등록번호(법인등록번호)	
	주소(본점 소재지)		휴대전화번호: 주소지 전화번호:	

	[ ] 이해관계인(해당사유:)
	    1. 해당 주택의 임대인 · 임차인
	    2. 해당 주택의 소유자
	    3. 해당 주택 또는 그 대지의 등기기록에 기록된 권리자
	    4. 「주택임대차보호법」 제3조의2제7항에 따라 우선변제권을 승계한 금융기관
	    5. 「주택임대차보호법」 제6조의3제1항제8호의 사유로 계약의 갱신이 거절된 임대차계약
	       의 임차인이었던 자			

	[ ] 임대차계약을 체결하려는 자			

요청내용	주택소재지 · 임대차목적물(건물명, 동, 열, 층, 호수까지 구체적으로 기재합니다)	
	요청기간	____년 __월 __일 ~ ____년 __월 __일
	요청정보	

	[ ] 확정일자 부여현황(일반)
	
	[ ] 확정일자 부여현황(임차인 특정)
	    (임차인 성명: _____)
	
	[ ] 확정일자 부여현황(임대인 · 임차인용)
	    (임차인 성명: _____)
	
	[ ] 확정일자 부여현황(계약 갱신이 거절된 임대차계약의 임차인용)	

	구분 1. 열람 ( ) 2. 출력물 교부 ( )	

「주택임대차보호법」 제3조의6에 따라 위 주택의 임대차 정보제공을 요청합니다.

년   월   일

신청인 성명: 주민등록번호:

(서명 또는 인)

읍 · 면 · 동장 또는 시 · 군 · 구
출장소의 장 / 공증인 ㅇㅇㅇ   귀하

210mm×297mm[백상지 80g/m²]

신청인은 아래 위임받은 자에게 「주택임대차보호법」 제3조의6에 따른 임대차 정보제공 요청 및 출력물 수령에 관한 일체의 권리와 의무를 위임합니다.

년   월   일

위임자

(서명 또는 인)

위임 받은 자	성명	주민등록번호
	신청인과의 관계	전화번호

비고

1. "확정일자 부여현황"이란 임대차목적물, 임대인·임차인의 인적사항(요청인에 따라 요청할 수 있는 범위가 다릅니다), 확정일자 부여일, 차임·보증금 및 임대차기간을 말합니다.
2. "확정일자 부여현황(임차인 특정)"은 특정한 임차인의 확정일자 부여현황을 요청하는 것으로서, 반드시 임차인 성명을 적어야 합니다.
3. "확정일자 부여현황(임대인·임차인용)"은 임대인·임차인의 인적사항을 포함한 확정일자 부여현황을 요청하는 것으로서, 임대차계약서상의 계약당사자(임대인·임차인)만 요청할 수 있으며, 반드시 임차인 성명을 적어야 합니다.
4. "확정일자 부여현황(계약 갱신이 거절된 임대차계약의 임차인용)"은 「주택임대차보호법」 제6조의3제1항제8호의 사유로 계약의 갱신이 거절된 임대차계약의 임차인이었던 자가 그 갱신요구가 거절되지 않았더라면 갱신되었을 기간 중 해당 주택에 존속하는 임대차계약의 확정일자 부여현황을 요청하는 것으로서, 인적사항은 임대인·임차인의 성명, 법인명 또는 단체명만 요청할 수 있습니다.

첨부서류

신청인의 신분증 제출서류	1. 신청인의 신분을 확인할 수 있는 서류 1부(주민등록증 등 신분증의 제시로 갈음할 수 있습니다) 2. 요청인의 대리인이 요청하는 경우에는 대리인의 신분을 확인할 수 있는 서류 1부(주민등록증 등 신분증의 제시로 갈음할 수 있습니다) 3. 이해관계인임을 입증할 수 있는 서류	
이해관계인	1. 임대인 또는 임차인의 경우 임대차계약증서 등 해당 주택의 계약당사자임을 증명하는 서류 2. 주택 소유자의 경우 등기사항증명서 등 소유자임을 증명하는 서류 3. 해당 주택 또는 그 대지의 등기기록에 기재된 권리자의 경우 등기사항증명서 등 권리자임을 증명하는 서류 4. 우선변제권을 승계한 금융기관의 경우 채권양도증서 등 우선변제권을 승계하였음을 증명하는 서류 5.「주택임대차보호법」 제6조의3제1항제8호의 사유로 계약의 갱신이 거절된 임대차계약의 임차인이었던 자의 경우 임대차계약증서 등 해당 주택의 임차인이었던 자임을 증명하는 서류	수수료 600원
임대차계약을 체결하려는 자	1. 임대인의 동의서 2. 인감증명서, 본인서명사실 확인서 또는 신분증명서 사본	

유의사항

임대차 정보제공은 「주택임대차보호법」 제3조의6에 따라 신청자가 임대차계약을 체결하고자 하는 자로서 임대인의 동의를 받은 경우이거나 이해관계인인 경우에만 허용됩니다.

■ 공인중개사법 시행규칙 [별지 제20호서식] 〈개정 2024.7.2.〉 　　　　　　　　　　(6쪽 중 제1쪽)

중개대상물 확인·설명서[Ⅰ] (주거용 건축물)

(주택 유형: [ ]단독주택 　[ ]공동주택 　[ ]주거용 오피스텔 　　　)
(거래 형태: [ ]매매·교환 [ ]임대 　　　　　　　　　　　　　　)

확인·설명 자료	확인·설명 근거자료 등	[ ]등기권리증 [ ]등기사항증명서 [ ]토지대장 [ ]건축물대장 [ ]지적도 [ ]임야도 [ ]토지이용계획확인서 [ ]확정일자 부여현황 [ ]전입세대확인서 [ ]국세납세증명서 [ ]지방세납세증명서 [ ]그 밖의 자료(　　　　)
	대상물건의 상태에 관한 자료요구 사항	

유의사항		
개업공인중개사의 확인·설명 의무		개업공인중개사는 중개대상물에 관한 권리를 취득하려는 중개의뢰인에게 성실·정확하게 설명하고, 토지대장 등본, 등기사항증명서 등 설명의 근거자료를 제시해야 합니다.
실제 거래가격 신고		「부동산 거래신고 등에 관한 법률」 제3조 및 같은 법 시행령 별표 1 제1호마목에 따른 실제 거래가격은 매수인이 매수한 부동산을 양도하는 경우 「소득세법」 제97조제1항 및 제7항과 같은 법 시행령 제163조제11항제2호에 따라 취득 당시의 실제 거래가액으로 보아 양도차익이 계산될 수 있음을 유의하시기 바랍니다.

Ⅰ. 개업공인중개사 기본 확인사항

① 대상물건의 표시	토지	소재지					
		면적(m²)		지목	공부상 지목		
					실제 이용 상태		
	건축물	전용면적(m²)			대지지분(m²)		
		준공년도 (증개축년도)		용도	건축물대장상 용도		
					실제 용도		
		구조			방향	(기준: 　)	
		내진설계 적용여부			내진능력		
		건축물대장상 위반건축물 여부	[ ]위반 [ ]적법	위반내용			

② 권리관계	등기부 기재사항		소유권에 관한 사항	소유권 외의 권리사항
		토지		토지
		건축물		건축물

③ 토지이용 계획, 공법상 이용제한 및 거래규제에 관한 사항(토지)	지역지구	용도지역		건폐율 상한	용적률 상한
		용도지구		%	%
		용도구역			
	도시·군계획 시설	허가·신고 구역 여부	[ ]토지거래허가구역		
		투기지역 여부	[ ]토지투기지역 [ ]주택투기지역 [ ]투기과열지구		
	지구단위계획구역, 그 밖의 도시·군관리계획		그 밖의 이용제한 및 거래규제사항		

	확정일자 부여현황 정보	[ ] 임대인 자료 제출 [ ] 열람 동의	[ ] 임차인 권리 설명
	국세 및 지방세 체납정보	[ ] 임대인 자료 제출 [ ] 열람 동의	[ ] 임차인 권리 설명
	전입세대 확인서	[ ] 확인(확인서류 첨부) [ ] 미확인(열람·교부 신청방법 설명) [ ] 해당 없음	
④ 임대차 확인사항	최우선변제금	소액임차인범위: 만원 이하 최우선변제금액: 만원 이하	
	민간 임대 등록 여부	등록 [ ] 장기일반민간임대주택 [ ] 공공지원민간임대주택 [ ] 그 밖의 유형( )	[ ] 임대보증금 보증 설명
		임대의무기간 임대개시일	
		미등록 [ ]	
	계약갱신 요구권 행사 여부	[ ] 확인(확인서류 첨부) [ ] 미확인 [ ] 해당 없음	

개업공인중개사가 "④ 임대차 확인사항"을 임대인 및 임차인에게 설명하였음을 확인함	임대인	(서명 또는 날인)
	임차인	(서명 또는 날인)
	개업공인중개사	(서명 또는 날인)
	개업공인중개사	(서명 또는 날인)

※ 민간임대주택의 임대사업자는 「민간임대주택에 관한 특별법」 제49조에 따라 임대보증금에 대한 보증에 가입해야 합니다.
※ 임차인은 주택도시보증공사(HUG) 등이 운영하는 전세보증금반환보증에 가입할 것을 권고합니다.
※ 임대차 계약 후 「부동산 거래신고 등에 관한 법률」 제6조의2에 따라 30일 이내 신고해야 합니다(신고 시 확정일자 자동부여).
※ 최우선변제금은 근저당권 등 선순위 담보물권 설정 당시의 소액임차인범위 및 최우선변제금액을 기준으로 합니다.

⑤ 입지조건	도로와의 관계	(m × m)도로에 접함 [ ] 포장 [ ] 비포장	접근성	[ ] 용이함 [ ] 불편함
	대중교통	버스 ( ) 정류장, 소요시간: ([ ] 도보 [ ] 차량) 약 분		
		지하철 ( ) 역, 소요시간: ([ ] 도보 [ ] 차량) 약 분		
	주차장	[ ] 없음 [ ] 전용주차시설 [ ] 공동주차시설 [ ] 그 밖의 주차시설 ( )		
	교육시설	초등학교 ( ) 학교, 소요시간: ([ ] 도보 [ ] 차량) 약 분		
		중학교 ( ) 학교, 소요시간: ([ ] 도보 [ ] 차량) 약 분		
		고등학교 ( ) 학교, 소요시간: ([ ] 도보 [ ] 차량) 약 분		

⑥ 관리에 관한 사항	경비실	[ ] 있음 [ ] 없음	관리주체	[ ] 위탁관리 [ ] 자체관리 [ ] 그 밖의 유형
	관리비	관리비 금액: 총 원		
		관리비 포함 비목: [ ] 전기료 [ ] 수도료 [ ] 가스사용료 [ ] 난방비 [ ] 인터넷 사용료 [ ] TV 수신료 [ ] 그 밖의 비목( )		
		관리비 부과방식: [ ] 임대인이 직접 부과 [ ] 관리규약에 따라 부과 [ ] 그 밖의 부과 방식( )		

⑦ 비선호시설(1km이내)	[ ] 없음 [ ] 있음 (종류 및 위치:)

⑧ 거래예정금액 등	거래예정금액		
	개별공시지가 (m²당)		건물(주택) 공시가격

⑨ 취득 시 부담할 조세의 종류 및 세율	취득세	%	농어촌특별세	%	지방교육세	%
	※ 재산세와 종합부동산세는 6월 1일 기준으로 대상물건 소유자가 납세의무를 부담합니다.					

Ⅱ. 개업공인중개사 세부 확인사항

⑩ 실제 권리관계 또는 공시되지 않은 물건의 권리 사항

⑪ 내부·외부 시설물의 상태 (건축물)	수도	파손 여부	[ ] 없음 [ ] 있음 (위치:)		
		용수량	[ ] 정상 [ ] 부족함 (위치:)		
	전기	공급상태	[ ] 정상 [ ] 교체 필요 (교체할 부분:)		
	가스(취사용)	공급방식	[ ] 도시가스 [ ] 그 밖의 방식 ( )		
	소방	단독경보형 감지기	[ ] 없음 [ ] 있음(수량: 개)	※「소방시설 설치 및 관리에 관한 법률」제10조 및 같은 법 시행령 제10조에 따른 주택용 소방시설로서 아파트(주택으로 사용하는 층수가 5개층 이상인 주택을 말한다)를 제외한 주택의 경우만 적습니다.	
	난방방식 및 연료공급	공급방식	[ ] 중앙공급 [ ] 개별공급 [ ] 지역난방	시설작동	[ ] 정상 [ ] 수선 필요 ( ) ※ 개별 공급인 경우 사용연한 ( ) [ ] 확인불가
		종류	[ ] 도시가스 [ ] 기름 [ ] 프로판가스 [ ] 연탄 [ ] 그 밖의 종류 ( )		
	승강기		[ ] 있음 ([ ] 양호 [ ] 불량) [ ] 없음		
	배수		[ ] 정상 [ ] 수선 필요 ( )		
	그 밖의 시설물				
⑫ 벽면·바닥면 및 도배 상태	벽면	균열	[ ] 없음 [ ] 있음 (위치:)		
		누수	[ ] 없음 [ ] 있음 (위치:)		
	바닥면		[ ] 깨끗함 [ ] 보통임 [ ] 수리 필요 (위치:)		
	도배		[ ] 깨끗함 [ ] 보통임 [ ] 도배 필요		
⑬ 환경조건	일조량		[ ] 풍부함 [ ] 보통임 [ ] 불충분 (이유:)		
	소음		[ ] 아주 작음 [ ] 보통임 [ ] 심한 편임	진동	[ ] 아주 작음 [ ] 보통임 [ ] 심한 편임
⑭ 현장안내	현장안내자		[ ] 개업공인중개사 [ ] 소속공인중개사 [ ] 중개보조원(신분고지 여부: [ ] 예 [ ] 아니오) [ ] 해당 없음		

※ "중개보조원"이란 공인중개사가 아닌 사람으로서 개업공인중개사에 소속되어 중개대상물에 대한 현장안내 및 일반서무 등 개업공인중개사의 중개업무와 관련된 단순한 업무를 보조하는 사람을 말합니다.

※ 중개보조원은 「공인중개사법」 제18조의4에 따라 현장안내 등 중개업무를 보조하는 경우 중개의뢰인에게 본인이 중개보조원이라는 사실을 미리 알려야 합니다.

III. 중개보수 등에 관한 사항

⑮ 중개보수 및 실비의 금액과 산출내역	중개보수		〈산출내역〉 중개보수: 실 비: ※ 중개보수는 시·도 조례로 정한 요율한도에서 중개의뢰인과 개업공인중개사가 서로 협의하여 결정하며 부가가치세는 별도로 부과될 수 있습니다.
	실비		
	계		
	지급시기		

「공인중개사법」 제25조제3항 및 제30조제5항에 따라 거래당사자는 개업공인중개사로부터 위 중개대상물에 관한 확인·설명 및 손해배상책임의 보장에 관한 설명을 듣고, 같은 법 시행령 제21조제3항에 따른 본 확인·설명서와 같은 법 시행령 제24조제2항에 따른 손해배상책임 보장 증명서류(사본 또는 전자문서)를 수령합니다.

년   월   일

매도인 (임대인)	주소		성명	(서명 또는 날인)
	생년월일		전화번호	
매수인 (임차인)	주소		성명	(서명 또는 날인)
	생년월일		전화번호	
개업 공인중개사	등록번호		성명(대표자)	(서명 및 날인)
	사무소 명칭		소속공인중개사	(서명 및 날인)
	사무소 소재지		전화번호	
개업 공인중개사	등록번호		성명(대표자)	(서명 및 날인)
	사무소 명칭		소속공인중개사	(서명 및 날인)
	사무소 소재지		전화번호	

작성방법(주거용 건축물)

〈작성일반〉

1. "[ ]"있는 항목은 해당하는 "[ ]"안에 √로 표시합니다.

2. 세부항목 작성 시 해당 내용을 작성란에 모두 작성할 수 없는 경우에는 별지로 작성하여 첨부하고, 해당란에는 "별지 참고"라고 적습니다.

〈세부항목〉

1. 「확인·설명자료」 항목의 "확인·설명 근거자료 등"에는 개업공인중개사가 확인·설명 과정에서 제시한 자료를 적으며, "대상물건 의 상태에 관한 자료요구 사항"에는 매도(임대)의뢰인에게 요구한 사항 및 그 관련 자료의 제출 여부와 ⑩ 실제 권리관계 또는 공시되지 않은 물건의 권리사항부터 ⑬ 환경조건까지의 항목을 확인하기 위한 자료의 요구 및 그 불응 여부를 적습니다.

2. ① 대상물건의 표시부터 ⑨ 취득 시 부담할 조세의 종류 및 세율까지는 개업공인중개사가 확인한 사항을 적어야 합니다.

3. ① 대상물건의 표시는 토지대장 및 건축물대장 등을 확인하여 적고, 건축물의 방향은 주택의 경우 거실이나 안방 등 주실(主室) 의 방향을, 그 밖의 건축물은 주된 출입구의 방향을 기준으로 남향, 북향 등 방향을 적고 방향의 기준이 불분명한 경우 기준(예: 남동향 - 거실 앞 발코니 기준)을 표시하여 적습니다.

4. ② 권리관계의 "등기부 기재사항"은 등기사항증명서를 확인하여 적습니다.

   가. 대상물건에 신탁등기가 되어 있는 경우에는 수탁자 및 신탁물건(신탁원부 번호)임을 적고, 신탁원부 약정사항에 명시 된 대상물건에 대한 임대차계약의 요건(수탁자 및 수익자의 동의 또는 승낙, 임대차계약 체결의 당사자, 그 밖의 요 건 등)을 확인하여 그 요건에 따라 유효한 임대차계약을 체결할 수 있음을 설명(신탁원부 교부 또는 ⑩ 실제 권리관계 또는 공시되지 않은 물건의 권리사항에 주요 내용을 작성)해야 합니다.

   나. 대상물건에 공동담보가 설정되어 있는 경우에는 공동담보 목록 등을 확인하여 공동담보의 채권최고액 등 해당 중개물 건의 권리관계를 명확히 적고 설명해야 합니다.

   ※ 예를 들어, 다세대주택 건물 전체에 설정된 근저당권 현황을 확인·제시하지 않으면서, 계약대상 물건이 포함된 일부 호실의 공 동담보 채권최고액이 마치 건물 전체에 설정된 근저당권의 채권최고액인 것처럼 중개의뢰인을 속이는 경우에는 「공인중개 사법」 위반으로 형사처벌 대상이 될 수 있습니다.

5. ③ 토지이용계획, 공법상 이용제한 및 거래규제에 관한 사항(토지)의 "건폐율 상한 및 용적률 상한"은 시·군의 조례에 따라 적고, "도시·군계획시설", "지구단위계획구역, 그 밖의 도시·군관리계획"은 개업공인중개사가 확인하여 적으며, "그 밖의 이용제한 및 거래규제사항"은 토지이용계획확인서의 내용을 확인하고, 공부에서 확인할 수 없는 사항은 부동산종합공부시스템 등에서 확인하여 적습니다(임대차의 경우에는 생략할 수 있습니다).

6. ④ 임대차 확인사항은 다음 각 목의 구분에 따라 적습니다.

   가. 「주택임대차보호법」 제3조의7에 따라 임대인이 확정일자 부여일, 차임 및 보증금 등 정보(확정일자 부여 현황 정보) 및 국세 및 지방세 납세증명서(국세 및 지방세 체납 정보)의 제출 또는 열람 동의로 갈음했는지 구분하여 표시하고, 「공인중개사법」 제25조의3에 따른 임차인의 권리에 관한 설명 여부를 표시합니다.

   나. 임대인이 제출한 전입세대 확인서류가 있는 경우에는 확인에 √로 표시를 한 후 설명하고, 없는 경우에는 미확인에 √로 표시한 후 「주민등록법」 제29조의2에 따른 전입세대확인서의 열람·교부 방법에 대해 설명합니다(임대인이 거주하는 경우이 거나 확정일자 부여현황을 통해 선순위의 모든 세대가 확인되는 경우 등에는 '해당 없음'에 √로 표시합니다).

   다. 최우선변제금은 「주택임대차보호법 시행령」 제10조(보증금 중 일정액의 범위 등) 및 제11조(우선변제를 받을 임차인의 범위)를 확인하여 각각 적되, 근저당권 등 선순위 담보물권이 설정되어 있는 경우 선순위 담보물권 설정 당시의 소액임차 인범위 및 최우선변제금액을 기준으로 적어야 합니다.

   라. "민간임대 등록여부"는 대상물건이 「민간임대주택에 관한 특별법」에 따라 등록된 민간임대주택인지 여부를 같은 법 제60조에 따른 임대주택정보체계에 접속하여 확인하거나 임대인에게 확인하여 "[ ]"안에 √로 표시하고, 민간임대주택인 경우 같은 법에 따른 권리·의무사항을 임대인 및 임차인에게 설명해야 합니다.

※ 민간임대주택은 「민간임대주택에 관한 특별법」 제5조에 따른 임대사업자가 등록한 주택으로서, 임대인과 임차인 간 임대차계약(재계약 포함) 시에는 다음의 사항이 적용됩니다.
- 「민간임대주택에 관한 특별법」 제44조에 따라 임대의무기간 중 임대료 증액청구는 5퍼센트의 범위에서 주거비 물가지수, 인근 지역의 임대료 변동률 등을 고려하여 같은 법 시행령으로 정하는 증액비율을 초과하여 청구할 수 없으며, 임대차계약 또는 임대료 증액이 있은 후 1년 이내에는 그 임대료를 증액할 수 없습니다.
- 「민간임대주택에 관한 특별법」 제45조에 따라 임대사업자는 임차인이 의무를 위반하거나 임대차를 계속하기 어려운 경우 등에 해당하지 않으면 임대의무기간 동안 임차인과의 계약을 해제·해지하거나 재계약을 거절할 수 없습니다.

마. "계약갱신요구권 행사여부"는 대상물건이 「주택임대차보호법」의 적용을 받는 주택으로서 임차인이 있는 경우 매도인(임대인)으로부터 계약갱신요구권 행사 여부에 관한 사항을 확인할 수 있는 서류를 받으면 "확인"에 √로 표시하여 해당 서류를 첨부하고, 서류를 받지 못한 경우 "미확인"에 √로 표시하며, 임차인이 없는 경우에는 "해당 없음"에 √로 표시합니다. 이 경우 개업공인중개사는 「주택임대차보호법」에 따른 임대인과 임차인의 권리·의무사항을 매수인에게 설명해야 합니다.

7. ⑥ 관리비는 직전 1년간 월평균 관리비 등을 기초로 산출한 총 금액을 적되, 관리비에 포함되는 비목들에 대해서는 해당하는 곳에 √로 표시하며, 그 밖의 비목에 대해서는 √로 표시한 후 비목 내역을 적습니다. 관리비 부과방식은 해당하는 곳에 √로 표시하고, 그 밖의 부과방식을 선택한 경우에는 그 부과방식에 대해서 작성해야 합니다. 이 경우 세대별 사용량을 계량하여 부과하는 전기료, 수도료 등 비목은 실제 사용량에 따라 금액이 달라질 수 있고, 이에 따라 총 관리비가 변동될 수 있음을 설명해야 합니다.

8. ⑦ 비선호시설(1㎞이내)의 "종류 및 위치"는 대상물건으로부터 1㎞ 이내에 사회통념상 기피 시설인 화장장·봉안당·공동묘지·쓰레기처리장·쓰레기소각장·분뇨처리장·하수종말처리장 등의 시설이 있는 경우, 그 시설의 종류 및 위치를 적습니다.

9. ⑧ 거래예정금액 등의 "거래예정금액"은 중개가 완성되기 전 거래예정금액을, "개별공시지가(㎡당)" 및 "건물(주택)공시가격"은 중개가 완성되기 전 공시된 공시지가 또는 공시가격을 적습니다[임대차의 경우에는 "개별공시지가(㎡당)" 및 "건물(주택)공시가격"을 생략할 수 있습니다].

10. ⑨ 취득 시 부담할 조세의 종류 및 세율은 중개가 완성되기 전 「지방세법」의 내용을 확인하여 적습니다(임대차의 경우에는 제외합니다).

11. ⑩ 실제 권리관계 또는 공시되지 않은 물건의 권리 사항은 매도(임대)의뢰인이 고지한 사항(법정지상권, 유치권, 「주택임대차보호법」에 따른 임대차, 토지에 부착된 조각물 및 정원수, 계약 전 소유권 변동 여부, 도로의 점용허가 여부 및 권리·의무 승계 대상 여부 등)을 적습니다. 「건축법 시행령」 별표 1 제2호에 따른 공동주택(기숙사는 제외합니다) 중 분양을 목적으로 건축되었으나 분양되지 않아 보존등기만 마쳐진 상태인 공동주택에 대해 임대차계약을 알선하는 경우에는 이를 임차인에게 설명해야 합니다.

※ 임대차계약의 경우 현재 존속 중인 임대차의 임대보증금, 월 단위의 차임액, 계약기간 및 임대차 계약의 장기수선충당금의 처리 등을 확인하여 적습니다. 그 밖에 경매 및 공매 등의 특이사항이 있는 경우 이를 확인하여 적습니다.

12. ⑪ 내부·외부 시설물의 상태(건축물), ⑫ 벽면·바닥면 및 도배 상태와 ⑬ 환경조건은 중개대상물에 대해 개업공인중개사가 매도(임대)의뢰인에게 자료를 요구하여 확인한 사항을 적고, ⑪ 내부·외부 시설물의 상태(건축물)의 "그 밖의 시설물"은 가정자동화 시설(Home Automation 등 IT 관련 시설)의 설치 여부를 적습니다.

13. ⑮ 중개보수 및 실비는 개업공인중개사와 중개의뢰인이 협의하여 결정한 금액을 적되 "중개보수"는 거래예정금액을 기준으로 계산하고, "산출내역(중개보수)"은 "거래예정금액(임대차의 경우에는 임대보증금 + 월 단위의 차임액 × 100) × 중개보수 요율"과 같이 적습니다. 다만, 임대차로서 거래예정금액이 5천만원 미만인 경우에는 "임대보증금 + 월 단위의 차임액 × 70"을 거래예정금액으로 합니다.

14. 공동중개 시 참여한 개업공인중개사(소속공인중개사를 포함합니다)는 모두 서명·날인해야 하며, 2명을 넘는 경우에는 별지로 작성하여 첨부합니다.

■ 공인중개사법 시행규칙 [별지 제20호의2서식] 〈개정 2021.12.31.〉

(4쪽 중 제1쪽)

중개대상물 확인·설명서[Ⅱ] (비주거용 건축물)

([ ]업무용 [√]상업용 [ ]공업용[√]매매·교환 [ ]임대 [ ]그 밖의 경우)

확인·설명 자료	확인·설명 근거자료 등	[√]등기권리증 [√]등기사항증명서 [√]토지대장 [√]건축물대장 [√]지적도 [ ]임야도 [√]토지이용계획확인서 [ ]그 밖의 자료(자료요구서 등)
	대상물건의 상태에 관한 자료요구 사항	대상물건 상태에 관한 자료요구서(별첨), 등기필증 제시

유의사항	
개업공인중개사의 확인·설명 의무	개업공인중개사는 중개대상물에 관한 권리를 취득하려는 중개의뢰인에게 성실·정확하게 설명하고, 토지대장 등본, 등기사항 증명서 등 설명의 근거자료를 제시해야 합니다.
실제 거래가격 신고	「부동산 거래신고 등에 관한 법률」 제3조 및 같은 법 시행령 별표 1 제1호마목에 따른 실제 거래가격은 매수인이 매수한 부동산 을 양도하는 경우 「소득세법」 제97조제1항 및 제7항과 같은 법 시행령 제163조제11항제2호에 따라 취득 당시의 실제 거래가액 으로 보아 양도차익이 계산될 수 있음을 유의하시기 바랍니다.

Ⅰ. 개업공인중개사 기본 확인사항

① 대상물건의 표시	토지	소재지	서울 특별시 관악구 봉천동 1722 서울빌딩 101동 101호			
		면적(m²)	62240.4	지목	공부상 지목	대
					실제이용 상태	대
	건축물	전용면적(m²)	59.99		대지지분(m²)	62240.4분의 28.91
		준공년도 (증개축년도)	1992년 (2003년)	용도	건축물대장상 용도	제2종 근생(사무실)
					실제 용도	상 동
		구조	철근콘크리트벽식		방향	남향 (기준:거실앞 발코니)
		내진설계 적용여부	적용		내진능력	Ⅶ-0.150g
		건축물대장상 위반건축물 여부	[ ]위반 [√]적법	위반내용		

② 권리관계	등기부 기재사항			소유권에 관한 사항		소유권 외의 권리사항	
			토지	이 매 도(1960.1.1.) 서울특별시 관악구 남부순환로 300 (봉천동)	토지	근저당 설정 -접수:2010.10.5. -채권최고액:₩91,200,000원 -근저당권자:농협은행	
			건축물	상 동	건축물	상 동	
	민간 임대 등록 여부	등록	[ ] 장기일반민간임대주택 [ ] 공공지원민간임대주택 [ ] 그 밖의 유형( )				
			임대의무기간		임대개시일		
		미 등록	[√] 해당사항 없음				
	계약갱신 요구권 행사여부		[ ] 확인(확인서류 첨부) [ ] 미확인 [√] 해당 없음				

③ 토지이용 계획, 공법상 이용제한 및 거래규제에 관한 사항(토지)	지역 · 지구	용도지역	준주거지역		건폐율 상한	용적률 상한
		용도지구	경관지구,고도지구,방재지구		60%	400%
		용도구역	도시자연공원구역			
	도시·군계 획시설	대로3류(접합)	허가·신고 구역 여부	[ ]토지거래허가구역		
			투기지역 여부	[ ]토지투기지역 [ ]주택투기지역 [√]투기과열지구		
	지구단위계획구역, 그 밖의 도시·군관리계획		지구단위계획구역	그 밖의 이용제한 및 거래규제사항	해당사항 없음	

210mm×297mm[백상지(80g/m²) 또는 중질지(80g/m²)]

④ 입지조건	도로와의 관계	(m× m)도로에 접함 [ ] 포장 [ ] 비포장		접근성	[ ] 용이함 [ ] 불편함	
	대중교통	버스	( ) 정류장, 소요시간 ([ ] 도보 [ ] 차량) 약 분			
		지하철	( ) 역, 소요시간 ([ ] 도보 [ ] 차량) 약 분			
	주차장	[ ] 없음 [ ] 전용주차시설 [ ] 공동주차시설 [ ] 그 밖의 주차시설 ( )				
⑤ 관리에 관한사항	경비실	[√] 있음 [ ] 없음		관리주체	[√] 위탁관리 [ ] 자체관리 [ ] 그 밖의 유형	
⑥ 거래예정금액 등	거래예정금액	₩200,000,000원				
	개별공시지가(m²당)	₩680,000		건물(주택)공시가격	1₩08,000,000원	
⑦ 취득 시 부담할 조세의 종류 및 세율	취득세	4%	농어촌특별세	0.2%	지방교육세	0.4%
	※ 재산세와 종합부동산세는 6월 1일 기준 대상물건 소유자가 납세의무를 부담					

Ⅱ. 개업공인중개사 세부 확인사항

⑧ 실제 권리관계 또는 공시되지 않은 물건의 권리 사항

* 현재 공실 상태임.

* 전용 부분에 자체 화장실 없음.(공용 화장실 이용)

* 채권최고액 ₩91,200,000원

⑨ 내부·외부 시설물의 상태 (건축물)	수도	파손 여부	[√] 없음 [ ] 있음(위치:)		
		용수량	[√] 정상 [ ] 부족함(위치:)		
	전기	공급상태	[√] 정상 [ ] 교체 필요(교체할 부분:)		
	가스(취사용)	공급방식	[√] 도시가스 [ ] 그 밖의 방식( )		
	소방	소화전	[ ] 없음 [√] 있음(위치: 엘리베이터 정면)		
		비상벨	[ ] 없음 [√] 있음(위치: 출입구 왼쪽)		
	난방방식 및 연료공급	공급방식	[ ] 중앙공급 [√] 개별공급	시설작동	[ ] 정상 [ ] 수선 필요 ( ) ※개별공급인 경우 사용연한 ( ) [ ] 확인불가
		종류	[√] 도시가스 [ ] 기름 [ ] 프로판가스 [ ] 연탄 [ ] 그 밖의 종류( )		
	승강기	[√] 있음 ([√] 양호 [ ] 불량 [ ] 없음)			
	배수	[√] 정상 [ ] 수선 필요( )			
	그 밖의 시설물	오수정화시설 하수종말처리장 연결			
⑩ 벽면 및 바닥면	벽면	균열	[√] 없음 [ ] 있음(위치:)		
		누수	[ ] 없음 [ ] 있음(위치:)		
	바닥면	[ ] 깨끗함 [√] 보통임 [ ] 수리 필요 (위차)			

III. 중개보수 등에 관한 사항

⑪ 중개보수 및 실비의 금액과 산출내역	중개보수	₩1,710,000원	〈산출내역〉 중개보수:₩190,000,000원 X 0.9% 실 비: 없음
	실비		
	계	₩1,710,000(부가가치세 포함)	
	지급시기	잔금시	

「공인중개사법」 제25조제3항 및 제30조제5항에 따라 거래당사자는 개업공인중개사로부터 위 중개대상물에 관한 확인·설명 및 손해배상책임의 보장에 관한 설명을 듣고, 같은 법 시행령 제21조제3항에 따른 본 확인·설명서와 같은 법 시행령 제24조제2항에 따른 손해배상책임 보장 증명서류(사본 또는 전자문서)를 수령합니다.

2022년   2월   1일

매도인 (임대인)	주소	서울특별시 관악구 남부순환로 300(봉천동)	성명	이 매 도 (서명 또는 날인)
	생년월일	1960.1.1	전화번호	02-123-4567
매수인 (임차인)	주소	서울특별시 강남구 강남대로 681(대치동)	성명	박 매 수 (서명 또는 날인)
	생년월일	1965.1.1	전화번호	02-234-5678
개업 공인중개사	등록번호	11620-2018-00000	성명 (대표자)	정 공 인 (서명 및 날인)
	사무소 명칭	서울 공인중개사사무소	소속 공인중개사	김 소 속 (서명 및 날인)
	사무소 소재지	서울특별시 관악구 남부순환로 1722(봉천동)	전화번호	02-879-0000
개업 공인중개사	등록번호		성명 (대표자)	(서명 및 날인)
	사무소 명칭		소속 공인중개사	(서명 및 날인)
	사무소 소재지		전화번호	

작성방법(비주거용 건축물)

〈작성일반〉

1. "[ ]"있는 항목은 해당하는 "[ ]"안에 √로 표시합니다.
2. 세부항목 작성 시 해당 내용을 작성란에 모두 작성할 수 없는 경우에는 별지로 작성하여 첨부하고, 해당란에는 "별지 참고"라고 적습니다.

〈세부항목〉

1. 「확인 · 설명자료」 항목의 "확인 · 설명 근거자료 등"에는 개업공인중개사가 확인 · 설명 과정에서 제시한 자료를 적으며, "대상물건의 상태에 관한 자료요구 사항"에는 매도(임대)의뢰인에게 요구한 사항 및 그 관련 자료의 제출 여부와 ⑧ 실제 권리관계 또는 공시되지 않은 물건의 권리 사항부터 ⑩ 벽면까지의 항목을 확인하기 위한 자료의 요구 및 그 불응 여부를 적습니다.

2. ① 대상물건의 표시부터 ⑦ 취득 시 부담할 조세의 종류 및 세율까지는 개업공인중개사가 확인한 사항을 적어야 합니다.

3. ① 대상물건의 표시는 토지대장 및 건축물대장 등을 확인하여 적습니다.

4. ② 권리관계의 "등기부 기재사항"은 등기사항증명서를 확인하여 적습니다.

5. ② 권리관계의 "민간임대 등록여부"는 대상물건이 「민간임대주택에 관한 특별법」에 따라 등록된 민간임대주택인지 여부를 같은 법 제60조에 따른 임대주택정보체계에 접속하여 확인하거나 임대인에게 확인하여 "[ ]"안에 √로 표시하고, 민간임대주택인 경우 「민간임대주택에 관한 특별법」에 따른 권리 · 의무사항을 임차인에게 설명해야 합니다.

> * 민간임대주택은 「민간임대주택에 관한 특별법」 제5조에 따른 임대사업자가 등록한 주택으로서, 임대인과 임차인간 임대차계약(재계약 포함)시 다음과 같은 사항이 적용됩니다.
> ① 같은 법 제44조에 따라 임대의무기간 중 임대료 증액청구는 5퍼센트의 범위에서 주거비 물가지수, 인근 지역의 임대료 변동률 등을 고려하여 같은 법 시행령으로 정하는 증액비율을 초과하여 청구할 수 없으며, 임대차계약 또는 임대료 증액이 있은 후 1년 이내에는 그 임대료를 증액할 수 없습니다.
> ② 같은 법 제45조에 따라 임대사업자는 임차인이 의무를 위반하거나 임대차를 계속하기 어려운 경우 등에 해당하지 않으면 임대의무기간 동안 임차인과의 계약을 해제 · 해지하거나 재계약을 거절할 수 없습니다.

6. ② 권리관계의 "계약갱신요구권 행사여부"는 대상물건이 「주택임대차보호법」 및 「상가건물 임대차보호법」의 적용을 받는 임차인이 있는 경우 매도인(임대인)으로부터 계약갱신요구권 행사 여부에 관한 사항을 확인할 수 있는 서류를 받으면 "확인"에 √로 표시하여 해당 서류를 첨부하고, 서류를 받지 못한 경우 "미확인"에 √로 표시합니다. 이 경우 「주택임대차보호법」 및 「상가건물 임대차보호법」에 따른 임대인과 임차인의 권리 · 의무사항을 매수인에게 설명해야 합니다.

7. ③ 토지이용계획, 공법상 이용제한 및 거래규제에 관한 사항(토지)의 "건폐율 상한 및 용적률 상한"은 시 · 군의 조례에 따라 적고, "도시 · 군계획시설", "지구단위계획구역, 그 밖의 도시 · 군관리계획"은 개업공인중개사가 확인하여 적으며, "그 밖의 이용제한 및 거래규제사항"은 토지이용계획확인서의 내용을 확인하고, 공부에서 확인할 수 없는 사항은 부동산종합공부시스템 등에서 확인하여 적습니다(임대차의 경우에는 생략할 수 있습니다).

8. ⑥ 거래예정금액 등의 "거래예정금액"은 중개가 완성되기 전 거래예정금액을, "개별공시지가(m²당)" 및 "건물(주택)공시가격"은 중개가 완성되기 전 공시된 공시지가 또는 공시가격을 적습니다[임대차의 경우에는 "개별공시지가(m²당)" 및 "건물(주택)공시가격"을 생략할 수 있습니다].

9. ⑦ 취득 시 부담할 조세의 종류 및 세율은 중개가 완성되기 전 「지방세법」의 내용을 확인하여 적습니다(임대차의 경우에는 제외합니다).

10. ⑧ 실제 권리관계 또는 공시되지 않은 물건의 권리 사항은 매도(임대)의뢰인이 고지한 사항(법정지상권, 유치권, 「상가건물 임대차보호법」에 따른 임대차, 토지에 부착된 조각물 및 정원수, 계약 전 소유권 변동여부, 도로의 점용허가 여부 및 권리 · 의무 승계 대상여부 등)을 적습니다.
    ※ 임대차계약의 경우 임대보증금, 월 단위의 차임액, 계약기간, 장기수선충당금의 처리 등을 확인하고, 근저당 등이 설정된 경우 채권최고액을 확인하여 적습니다. 그 밖에 경매 및 공매 등의 특이사항이 있는 경우 이를 확인하여 적습니다.

11. ⑨ 내부 · 외부 시설물의 상태(건축물), ⑩ 벽면 및 바닥면은 중개대상물에 대해 개업공인중개사가 매도(임대)의뢰인에게 자료를 요구하여 확인한 사항을 적고, ⑨ 내부 · 외부 시설물의 상태(건축물)의 "그 밖의 시설물"에는 건축물이 상업용인 경우에는 오수정화시설용량, 공업용인 경우에는 전기용량, 오수정화시설용량 및 용수시설의 내용에 대하여 개업공인중개사가 매도(임대)의뢰인에게 자료를 요구하여 확인한 사항을 적습니다.

12. ⑪ 중개보수 및 실비의 금액과 산출내역은 "중개보수"는 거래예정금액을 기준으로 계산하고, "산출내역(중개보수)"은 "거래예정금액(임대차의 경우에는 임대보증금 + 월 단위의 차임액 × 100) × 중개보수 요율"과 같이 적습니다. 다만, 임대차로서 거래예정금액이 5천만원 미만인 경우에는 "임대보증금 + 월 단위의 차임액 × 70"을 거래예정금액으로 합니다.

13. 공동중개 시 참여한 개업공인중개사(소속공인중개사를 포함합니다)는 모두 서명 · 날인해야 하며, 2명을 넘는 경우에는 별지로 작성하여 첨부합니다.

■ 공인중개사법 시행규칙 [별지 제20호의3서식] 〈개정 2021.1.12.〉

(3쪽 중 제1쪽)

중개대상물 확인·설명서[Ⅲ] (토지)

([√] 매매·교환   [ ] 임대)

확인·설명 자료	확인·설명 근거자료 등	[√] 등기권리증 [√] 등기사항증명서 [√] 토지대장 [ ] 건축물대장 [√] 지적도 [ ] 임야도 [√] 토지이용계획확인서 [ ] 그 밖의 자료(자료요구서 등)
	대상물건의 상태에 관한 자료요구 사항	대상물건 상태의 자료 요구서(별첨), 등기필증 제시

유의사항		
개업공인중개사의 확인설명 의무		개업공인중개사는 중개대상물에 관한 권리를 취득하려는 중개의뢰인에게 성실·정확하게 설명하고, 토지대장등본, 등기사항증명서 등 설명의 근거자료를 제시해야 합니다.
실제 거래가격 신고		「부동산 거래신고 등에 관한 법률」 제3조 및 같은 법 시행령 별표 1 제1호마목에 따른 실제 거래가격은 매수인이 매수한 부동산을 양도하는 경우 「소득세법」 제97조제1항 및 제7항과 같은 법 시행령 제163조제11항제2호에 따라 취득 당시의 실제 거래가액으로 보아 양도차익이 계산될 수 있음을 유의하시기 바랍니다.

Ⅰ. 개업공인중개사 기본 확인사항

① 대상물건의 표시	토지	소재지	서울 특별시 관악구 봉천동 930-42			
		면적(m²)	62240.4	지목	공부상 지목	대
					실제이용 상태	주차장

② 권리관계	등기부 기재사항	소유권에 관한 사항		소유권 외의 권리사항	
		토지	이 매 도(1960.1.1.) 서울특별시 관악구 남부순환로 300	토지	근저당권 설정 -접수 2010.10.5. -채권최고액:금91,200,000원 -근저당권자:농협은행

③ 토지이용 계획, 공법상 이용 제한 및 거래 규제에 관한 사항 (토지)	지역·지구	용도지역	계획관리지역		건폐율 상한	용적률 상한
		용도지구	개발진흥지구, 취락지구		50%	250%
		용도구역	시가화조정구역, 개발제한구역			
	도시·군계획 시설	대로 3류(접합) 중로 1류(저촉)	허가·신고 구역 여부	[√] 토지거래허가구역		
			투기지역 여부	[-] 토지투기지역 [-] 주택투기지역 [-] 투기과열지구		
	지구단위계획구역, 그 밖의 도시·군관리계획		지구단위계획구역, 관광단지	그 밖의 이용제한 및 거래규제사항	공장설립제한지역 농지취득자격증명

④ 입지조건	도로와의 관계	(20m × 25m)도로에 접함 [√] 포장 [ ] 비포장		접근성	[√] 용이함 [ ] 불편함	
	대중교통	버스	(봉천역) 정류장, 소요시간 ([√] 도보, [ ] 차량) 약 10 분			
		지하철	(-) 역, 소요시간 ([ ] 도보, [ ] 차량) 약 분			

⑤ 비 선호시설(1km 이내)	[√] 없음	[ ] 있음(종류 및 위치:)	

⑥ 거래예정금액 등	거래예정금액	₩190,000,000원		
	개별공시지가(m²당)	₩680,000원	건물(주택)공시가격	해당없음

⑦ 취득 시 부담할 조세의 종류 및 세율	취득세	4%	농어촌특별세	0.2%	지방교육세	0.4%
	※ 재산세는 6월 1일 기준 대상물건 소유자가 납세의무를 부담					

210mm×297mm[백상지(80g/m²) 또는 중질지(80g/m²)]

II. 개업공인중개사 세부 확인사항

⑧ 실제 권리관계 또는 공시되지 않은 물건의 권리 사항	*채권최고액 ₩91,200,000원 *토지내 적치물(컨테이너 박스 1동) 있으나 매도인이 잔금시까지 이동

III. 중개보수 등에 관한 사항

⑨ 중개보수 및 실비의 금액과 산출내역	중개보수	₩1,710,000원	〈산출내역〉 중개보수: ₩190,000,000원 X 0.9%
	실비		
	계	₩1,710,000원(부가가치세 포함)	실 비:없음
	지급시기	잔금시	※ 중개보수는 거래금액의 1천분의 9 이내에서 중개의뢰인과 개업공인중개사가 서로 협의하여 결정하며, 부가가치세는 별도로 부과될 수 있습니다.

「공인중개사법」 제25조제3항 및 제30조제5항에 따라 거래당사자는 개업공인중개사로부터 위 중개대상물에 관한 확인·설명 및 손해배상책임의 보장에 관한 설명을 듣고, 같은 법 시행령 제21조제3항에 따른 본 확인·설명서와 같은 법 시행령 제24조제2항에 따른 손해배상책임 보장 증명서류(사본 또는 전자문서)를 수령합니다.

2022년   2월   1일

매도인 (임대인)	주소	서울특별시 관악구 남부순환로 300(봉천동)	성명	이 매 도 (서명 또는 날인)
	생년월일	1960.1.1	전화번호	02-123-4567
매수인 (임차인)	주소	서울특별시 강남구 강남대로 681(대치동)	성명	박 매 수 (서명 또는 날인)
	생년월일	1965.1.1	전화번호	02-234-5678
개업 공인중개사	등록번호	11620-2018-00000	성명(대표자)	정 공 인 (서명 및 날인)
	사무소 명칭	서울 공인중개사사무소	소속공인중개사	김 소 속 (서명 및 날인)
	사무소 소재지	서울특별시 관악구 남부순환로 1722(봉천동)	전화번호	02-879-0000
개업 공인중개사	등록번호		성명(대표자)	(서명 및 날인)
	사무소 명칭		소속공인중개사	(서명 및 날인)
	사무소 소재지		전화번호	

작성방법(토지)

〈작성일반〉

1. " [ ] "있는 항목은 해당하는 " [ ] "안에 √로 표시합니다.

2. 세부항목 작성 시 해당 내용을 작성란에 모두 작성할 수 없는 경우에는 별지로 작성하여 첨부하고, 해당란에는 "별지 참고"라고 적습니다.

〈세부항목〉

1. 「확인·설명 자료」 항목의 "확인·설명 근거자료 등"에는 개업공인중개사가 확인·설명 과정에서 제시한 자료를 적으며, "대상물 건의 상태에 관한 자료요구 사항"에는 매도(임대)의뢰인에게 요구한 사항 및 그 관련 자료의 제출 여부와 ⑧ 실제 권리관계 또는 공시되지 않은 물건의 권리 사항의 항목을 확인하기 위한 자료요구 및 그 불응 여부를 적습니다.

2. ① 대상물건의 표시부터 ⑦ 취득 시 부담할 조세의 종류 및 세율까지는 개업공인중개사가 확인한 사항을 적어야 합니다.

3. ① 대상물건의 표시는 토지대장 등을 확인하여 적습니다.

4. ② 권리관계의 "등기부 기재사항"은 등기사항증명서를 확인하여 적습니다.

5. ③ 토지이용계획, 공법상 이용제한 및 거래규제에 관한 사항(토지)의 "건폐율 상한" 및 "용적률 상한"은 시·군의 조례에 따라 적고, "도시·군계획시설", "지구단위계획구역, 그 밖의 도시·군관리계획"은 개업공인중개사가 확인하여 적으며, 그 밖의 사항은 토지이용 계획확인서의 내용을 확인하고, 공부에서 확인할 수 없는 사항은 부동산종합공부시스템 등에서 확인하여 적습니다(임대차의 경우에 는 생략할 수 있습니다).

6. ⑥ 거래예정금액 등의 "거래예정금액"은 중개가 완성되기 전 거래예정금액을, "개별공시지가"는 중개가 완성되기 전 공시가격을 적습니다(임대차의 경우에는 "개별공시지가"를 생략할 수 있습니다).

7. ⑦ 취득 시 부담할 조세의 종류 및 세율은 중개가 완성되기 전 「지방세법」의 내용을 확인하여 적습니다(임대차의 경 우에는 제외합니다).

8. ⑧ 실제 권리관계 또는 공시되지 않은 물건의 권리 사항은 매도(임대)의뢰인이 고지한 사항(임대차, 지상에 점유권 행사여부, 구축물, 적치물, 진입로, 경작물, 계약 전 소유권 변동여부 등)을 적습니다.

   ※ 임대차계약이 있는 경우 임대보증금, 월 단위의 차임액, 계약기간 등을 확인하고, 근저당 등이 설정된 경우 채권최고액을 확 인하여 적습니다. 그 밖에 경매 및 공매 등의 특이사항이 있는 경우 이를 확인하여 적습니다.

9. ⑨ 중개보수 및 실비의 금액과 산출내역의 "중개보수"는 거래예정금액을 기준으로 계산하고, "산출내역(중개보수)"은 "거래예정금액 (임대차의 경우에는 임대보증금 + 월 단위의 차임액 × 100) × 중개보수 요율"과 같이 적습니다. 다만, 임대차로서 거래예 정금액이 5천만원 미만인 경우에는 "임대보증금 + 월 단위의 차임액 × 70"을 거래예정금액으로 합니다.

10. 공동중개 시 참여한 개업공인중개사(소속공인중개사를 포함합니다)는 모두 서명·날인해야 하며, 2명을 넘는 경우에는 별지로 작 성하여 첨부합니다.

■ 부동산 거래신고 등에 관한 법률 시행규칙 [별지 제1호서식]
〈개정 2023.8.22.〉

부동산거래관리시스템(rtms.molit.go.kr)에
서도 신청할 수 있습니다.

부동산거래계약 신고서

※ 뒤쪽의 유의사항·작성방법을 읽고 작성하시기 바라며, [ ]에는 해당하는 곳에 √표를 합니다. (앞쪽)

접수번호		접수일시		처리기간	지체없이

① 매도인	성명(법인명)		주민등록번호(법인·외국인등록번호)	국적	
	주소(법인소재지)			거래지분 비율 (분의)	
	전화번호		휴대전화번호		

② 매수인	성명(법인명)		주민등록번호(법인·외국인등록번호)	국적	
	주소(법인소재지)			거래지분 비율 (분의)	
	전화번호		휴대전화번호		
	③ 법인신고서등	[ ]제출 [ ]별도 제출 [ ]해당 없음			
	외국인의 부동산등 매수용도	[ ]주거용(아파트) [ ]주거용(단독주택) [ ]주거용(그 밖의 주택) [ ]레저용 [ ]상업용 [ ]공업용 [ ]그 밖의 용도			
	위탁관리인 (국내에 주소 또는 거소가 없는 경우)	성명	주민등록번호		
		주소			
		전화번호	휴대전화번호		

개업 공인중개사	성명(법인명)	주민등록번호(법인·외국인등록번호)
	전화번호	휴대전화번호
	상호	등록번호
	사무소 소재지	

거래대상	송류	④ [ ]토지 [ ]건축물 ( ) [ ]토지 및 건축물 ( )		
		⑤ [ ]공급계약 [ ]전매 [ ]분양권 [ ]입주권	[ ]준공 전 [ ]준공 후 [ ]임대주택 분양전환	
	⑥ 소재지/지목/ 면적	소재지		
		지목	토지면적 m²	토지 거래지분 (분의)
		대지권비율 (분의)	건축물면적 m²	건축물 거래지분 (분의)
	⑦ 계약대상 면적	토지 m²	건축물 m²	
	⑧ 물건별 거래가격	공급계약 또는 전매 원	분양가격 원	발코니 확장 등 선택비용 원	추가 지급액 등 원

⑨ 총 실제 거래가격(전체)	합계 원	계약금	원	계약 체결일	
		중도금	원	중도금 지급일	
		잔금	원	잔금 지급일	

⑩ 종전 부동산	소재지/지목 /면적	소재지		
		지목	토지면적 m²	토지 거래지분 (분의)
		대지권비율 (분의)	건축물면적 m²	건축물 거래지분 (분의)
	계약대상 면적	토지 m²	건축물 m²	건축물 유형( )
	거래금액	합계 원	추가 지급액 등 원	권리가격 원
		계약금 원	중도금 원	잔금 원

⑪ 계약의 조건 및 참고사항

「부동산 거래신고 등에 관한 법률」 제3조제1항부터 제4항까지 및 같은 법 시행규칙 제2조제1항부터 제4항까지
의 규정에 따라 위와 같이 부동산거래계약 내용을 신고합니다.

년 월 일

신고인	매도인 :	(서명 또는 인)
	매수인 :	(서명 또는 인)
	개업공인중개사 :	(서명 또는 인)
	(개업공인중개사 중개 시)	

시장·군수·구청장 귀하

210mm×297mm[백상지(80g/m²) 또는 중질지(80g/m²)]

첨부서류	1. 부동산 거래계약서 사본(「부동산 거래신고 등에 관한 법률」 제3조제2항 또는 제4항에 따라 단독으로 부동산거래의 신고를 하는 경우에만 해당합니다) 2. 단독신고사유서(「부동산 거래신고 등에 관한 법률」 제3조제2항 또는 제4항에 따라 단독으로 부동산거래의 신고를 하는 경우에만 해당합니다)

유의사항

1. 「부동산 거래신고 등에 관한 법률」 제3조 및 같은 법 시행령 제3조의 실제 거래가격은 매수인이 매수한 부동산을 양도하는 경우 「소득세법」 제97조제1항·제7항 및 같은 법 시행령 제163조제11항제2호에 따라 취득 당시의 실제 거래가격으로 보아 양도차익이 계산될 수 있음을 유의하시기 바랍니다.

2. 거래당사자 간 직접거래의 경우에는 공동으로 신고서에 서명 또는 날인을 하여 거래당사자 중 일방이 신고서를 제출하고, 중개거래의 경우에는 개업공인중개사가 신고서를 제출해야 하며, 거래당사자 중 일방이 국가 및 지자체, 공공기관인 경우(국가등)에는 국가등이 신고해야 합니다.

3. 부동산거래계약 내용을 기간 내에 신고하지 않거나, 거짓으로 신고하는 경우 「부동산 거래신고 등에 관한 법률」 제28조제1항 부터 제3항까지의 규정에 따라 과태료가 부과되며, 신고한 계약이 해제, 무효 또는 취소가 된 경우 거래당사자는 해제 등이 확정된 날로부터 30일 이내에 같은 법 제3조의2에 따라 신고를 해야 합니다.

4. 담당 공무원은 「부동산 거래신고 등에 관한 법률」 제6조에 따라 거래당사자 또는 개업공인중개사에게 거래계약서, 거래대금지급 증명 자료 등 관련 자료의 제출을 요구할 수 있으며, 이 경우 자료를 제출하지 않거나, 거짓으로 자료를 제출하거나, 그 밖의 필요한 조치를 이행하지 않으면 같은 법 제28조제1항 또는 제2항에 따라 과태료가 부과됩니다.

5. 거래대상의 종류가 공급계약(분양) 또는 전매계약(분양권, 입주권)인 경우 ⑧ 물건별 거래가격 및 ⑨ 총 실제거래가격에 부가가치세를 포함한 금액을 적고, 그 외의 거래대상의 경우 부가가치세를 제외한 금액을 적습니다.

6. "거래계약의 체결일"이란 거래당사자가 구체적으로 특정되고, 거래목적물 및 거래대금 등 거래계약의 중요 부분에 대하여 거래당사자가 합의한 날을 말합니다. 이 경우 합의와 더불어 계약금의 전부 또는 일부를 지급한 경우에는 그 지급일을 거래계약의 체결일로 보되, 합의한 날이 계약금의 전부 또는 일부를 지급한 날보다 앞서는 것이 서면 등을 통해 인정되는 경우에는 합의한 날을 거래계약의 체결일로 봅니다.

작성방법

1. ①·② 거래당사자가 다수인 경우 매도인 또는 매수인의 주소란에 ⑥의 거래대상별 거래지분을 기준으로 각자의 거래 지분 비율(매도인과 매수인의 거래지분 비율은 일치해야 합니다)을 표시하고, 거래당사자가 외국인인 경우 거래당사자의 국적을 반드시 적어야 하며, 외국인이 부동산 등을 매수하는 경우 매수용도란의 주거용(아파트), 주거용(단독주택), 주거용(그 밖의 주택), 레저용, 상업용, 공장용, 그 밖의 용도 중 하나에 √표시를 합니다.

2. ③ "법인신고서등"란은 별지 제1호의2서식의 법인 주택 거래계약 신고서, 별지 제1호의3서식의 주택취득자금 조달 및 입주계획서, 제2조제7항 각 호의 구분에 따른 서류, 같은 항 후단에 따른 사유서 및 별지 제1호의4서식의 토지취득자금 조달 및 토지이용계획서를 이 신고서와 함께 제출하는지 또는 별도로 제출하는지를 √표시하고, 그 밖의 경우에는 해당 없음에 √표시를 합니다.

3. ④ 부동산 매매의 경우 "종류"란에는 토지, 건축물 또는 토지 및 건축물(복합부동산의 경우)에 √표시를 하고, 해당 부동산이 "건축물" 또는 "토지 및 건축물"인 경우에는 ( )에 건축물의 종류를 "아파트, 연립, 다세대, 단독, 다가구, 오피스텔, 근린생활시설, 사무소, 공장" 등 「건축법 시행령」 별표 1에 따른 용도별 건축물의 종류를 적습니다.

4. ⑤ 공급계약은 시행사 또는 건축주 등이 최초로 부동산을 공급(분양)하는 계약을 말하며, 준공 전과 준공 후 계약 여부에 따라 √표시하고, "임대주택 분양전환"은 임대주택사업자 (법인으로 한정)가 임대기한이 완료되어 분양전환하는 주택인 경우에 √표시합니다. 전매는 부동산을 취득할 수 있는 권리의 매매로서, "분양권" 또는 "입주권"에 √표시를 합니다.

5. ⑥ 소재지는 지번(아파트 등 집합건축물의 경우에는 동·호수)까지, 지목/면적은 토지대장상의 지목·면적, 건축물대장상의 건축물 면적(집합건축물의 경우 호수별 전용면적, 그 밖의 건축물의 경우 연면적), 등기사항증명서상의 대지권 비율, 각 거래대상의 토지와 건축물에 대한 거래 지분을 정확하게 적습니다.

6. ⑦ "계약대상 면적"란에는 실제 거래면적을 계산하여 적되, 건축물 면적은 집합건축물의 경우 전용면적을 적고, 그 밖의 건축물의 경우 연면적을 적습니다.

7. ⑧ "물건별 거래가격"란에는 각각의 부동산별 거래가격을 적습니다. 최초 공급계약(분양) 또는 전매계약(분양권, 입주권)의 경우 분양가격, 발코니 확장 등 선택비용 및 추가 지급액 등(프리미엄 등 분양가격을 초과 또는 미달하는 금액)을 각각 적습니다. 이 경우 각각의 비용에 부가가치세가 있는 경우 부가가치세를 포함한 금액으로 적습니다.

8. ⑨ "총 실제 거래가격"란에는 전체 거래가격(둘 이상의 부동산을 함께 거래하는 경우 각각의 부동산별 거래가격의 합계 금액)을 적고, 계약금/중도금/잔금 및 그 지급일을 적습니다.

9. ⑩ "종전 부동산"란은 입주권 매매의 경우에만 작성하고, 거래금액란에는 추가 지급액 등(프리미엄 등 분양가격을 초과 또는 미달하는 금액) 및 권리가격, 합계 금액, 계약금, 중도금, 잔금을 적습니다.

10. ⑪ "계약의 조건 및 참고사항"란은 부동산 거래계약 내용에 계약조건이나 기한을 붙인 경우, 거래와 관련한 참고내용이 있을 경우에 적습니다.

11. 다수의 부동산, 관련 필지, 매도·매수인, 개업공인중개사 등 기재사항이 복잡한 경우에는 다른 용지에 작성하여 간인 처리한 후 첨부합니다.

12. 소유권이전등기 신청은 「부동산등기 특별조치법」 제2조제1항 각 호의 구분에 따른 날부터 60일 이내에 신청해야 하며, 이를 이행하지 않는 경우에는 같은 법 제11조에 따라 과태료가 부과될 수 있으니 유의하시기 바랍니다.

처리절차

신고서 작성 (인터넷, 방문신고)	→	접수	→	신고처리	→	신고필증 발급
신고인			처리기관: 시·군·구(담당부서)			

■ 부동산 거래신고 등에 관한 법률 시행규칙 [별지 제1호의2서식] 〈신설 2020.10.27.〉　　　부동산거래관리시스템(rtms.molit.go.kr)에 서도 신청할 수 있습니다.

법인 주택 거래계약 신고서

※ 색상이 어두운 난은 신청인이 적지 않으며, [ ]에는 해당되는 곳에 √표시를 합니다.

접수번호		접수일시		처리기간	
구 분	[ ] 매도인　　[ ] 매수인				
제출인 (법인)	법인명(등기사항전부증명서상 상호)		법인등록번호		
			사업자등록번호		
	주소(법인소재지)		(휴대)전화번호		
① 법인 등기현황	자본금 원		② 등기임원(총 인원) 명		
	회사성립연월일		법인등기기록 개설 사유(최종)		
	③ 목적상 부동산 매매업(임대업) 포함 여부 [ ] 포함　　　[ ] 미포함		④ 사업의 종류 업태 (　　　　) 종목 (　　　　)		
⑤ 거래상대방 간 특수관계 여부	법인 임원과의 거래 여부 [ ] 해당　　　[ ] 미해당		관계(해당하는 경우만 기재)		
	매도·매수법인 임원 중 동일인 포함 여부 [ ] 해당　　　[ ] 미해당		관계(해당하는 경우만 기재)		
	친족관계 여부 [ ] 해당　　　[ ] 미해당		관계(해당하는 경우만 기재)		
⑥ 주택 취득목적					

「부동산 기래신고 등에 관한 법률 시행령」 별표 1 제2호가목 및 같은 법 시행규칙 제2조제5항에 따라 위와 같이 법인 주택 거래계약 신고서를 제출합니다.

년　　월　　일

제출인　　　　　　　　　　　　　　　　　　(서명 또는 인)

시장 · 군수 · 구청장 귀하

유의사항

이 서식은 부동산거래계약 신고서 접수 전에는 제출할 수 없으니 별도 제출하는 경우에는 미리 부동산거래계약 신고서의 제출여부를 신고서 제출자 또는 신고관청에 확인하시기 바랍니다.

작성방법

1. ① "법인 등기현황"에는 법인등기사항전부증명서(이하 "등기부"라 합니다)상 각 해당 항목을 작성해야 하며, 해당되는 거래당사자가 다수인 경우 각 법인별로 작성해야 합니다.
2. ② "등기임원"에는 등기부 "임원에 관한 사항"란에 등재되어 있는 대표이사 등 임원의 총 인원을 적습니다.
3. ③ "목적상 부동산 매매입(임대업) 포함 여부"에는 등기부 "목적" 란에 현재 부동산 매매업(임대업) 등재 여부를 확인하여 해당 난에 √표시를 합니다.
4. ④ "사업의 종류"에는 사업자등록증이 있는 경우 사업의 종류에 해당하는 내용을 적고, 사업자 미등록 또는 사업의 종류가 없는 비영리법인인 경우 인허가 목적 등을 적습니다.
5. ⑤ "거래상대방 간 특수관계 여부"에는 법인과 거래상대방 간의 관계가 다음 각 목의 어느 하나에 해당하는 지 여부를 확인하여 해당 난에 √표시를 하고, "해당"에 √표시를 한 경우 그 구체적 관계를 적습니다. 이 경우 특수관계가 여러 개인 경우 해당되는 관계를 모두 적습니다.
  가. 거래상대방이 개인인 경우: 그 개인이 해당 법인의 임원이거나 법인의 임원과 「국세기본법」제2조제20호가목의 친족관계가 있는 경우
  나. 거래상대방이 법인인 경우: 거래당사자인 매도법인과 매수법인의 임원 중 같은 사람이 있거나 거래당사자인 매도법인과 매수법인의 임원 간 「국세기본법」제2조제20호가목의 친족관계에 있는 경우
6. ⑥ "주택 취득 목적"은 주택을 취득하는 법인이 그 목적을 간략하게 적습니다.

210mm×297mm[백상지(80g/㎡) 또는 중질지(80g/㎡)]

■ 부동산 거래신고 등에 관한 법률 시행규칙 [별지 제1호의3서식] 〈개정 2022. 2. 28.〉 　부동산거래관리시스템(rtms.molit.go.kr)에서도 신청할 수 있습니다.

주택취득자금 조달 및 입주계획서

※ 색상이 어두운 난은 신청인이 적지 않으며, [ ]에는 해당되는 곳에 √표시를 합니다.　　　　　(앞쪽)

접수번호		접수일시		처리기간	
제출인 (매수인)	성명(법인명)		주민등록번호(법인·외국인등록번호)		
	주소(법인소재지)		(휴대)전화번호		

① 자금 조달계획	자기 자금	② 금융기관 예금액　　　　　　　원		③ 주식·채권 매각대금　　　　　　원	
		④ 증여·상속　　　　　　　　　원		⑤ 현금 등 그 밖의 자금　　　　　원	
		[ ] 부부 [ ] 직계존비속(관계: 　) [ ] 그 밖의 관계(　　　　　)		[ ] 보유 현금 [ ] 그 밖의 자산(종류: 　　　)	
		⑥ 부동산 처분대금 등　　　　원		⑦ 소계　　　　　　　　　　원	
	차입금 등	⑧ 금융기관 대출액 합계 　　　　　　　　　원	주택담보대출		원
			신용대출		원
			그 밖의 대출	(대출 종류: 　　　)	원
		기존 주택 보유 여부 (주택담보대출이 있는 경우만 기재) [ ] 미보유　　[ ] 보유 (　건)			
		⑨ 임대보증금　　　　　　　　원		⑩ 회사지원금·사채　　　　　　원	
		⑪ 그 밖의 차입금　　　　　원		⑫ 소계　　　　　　　　　원	
		[ ] 부부 [ ] 직계존비속(관계: 　) [ ] 그 밖의 관계(　　　　　)			
	⑬ 합계				원

⑭ 조달자금 지급방식	총 거래금액　　　　　　　　　　　　　　　　　　원
	⑮ 계좌이체 금액　　　　　　　　　　　　　　　　원
	⑯ 보증금·대출 승계 금액　　　　　　　　　　　　원
	⑰ 현금 및 그 밖의 지급방식 금액　　　　　　　　원
	지급 사유 (　　　　　　　　　　　　　　　　)

⑱ 입주 계획	[ ] 본인입주 [ ] 본인 외 가족입주 (입주 예정 시기:　년　월)	[ ] 임대 (전·월세)	[ ] 그 밖의 경우 (재건축 등)

「부동산 거래신고 등에 관한 법률 시행령」 별표 1 제2호나목, 같은 표 제3호가목 전단, 같은 호 나목 및 같은 법 시행규칙 제2조제6항·제7항·제9항·제10항에 따라 위와 같이 주택취득자금 조달 및 입주계획서를 제출합니다.

년　월　일

제출인　　　　　　　　　　　　　(서명 또는 인)

시장·군수·구청장 귀하

210mm×297mm[백상지(80g/㎡) 또는 중질지(80g/㎡)]

| 첨부서류 | 투기과열지구에 소재하는 주택의 거래계약을 체결한 경우에는 다음 각 호의 구분에 따른 서류를 첨부해야 합니다. 이 경우 주택취금자금 조달 및 입주계획서의 제출일을 기준으로 주택취득에 필요한 자금의 대출이 실행되지 않았거나 본인 소유 부동산의 매매계약이 체결되지 않은 경우 등 항목별 금액 증명이 어려운 경우에는 그 사유서를 첨부해야 합니다.
1. 금융기관 예금액 항목을 적은 경우: 예금잔액증명서 등 예금 금액을 증명할 수 있는 서류
2. 주식·채권 매각대금 항목을 적은 경우: 주식거래내역서 또는 예금잔액증명서 등 주식·채권 매각 금액을 증명할 수 있는 서류
3. 증여·상속 항목을 적은 경우: 증여세·상속세 신고서 또는 납세증명서 등 증여 또는 상속받은 금액을 증명할 수 있는 서류
4. 현금 등 그 밖의 자금 항목을 적은 경우: 소득금액증명원 또는 근로소득 원천징수영수증 등 소득을 증명할 수 있는 서류
5. 부동산 처분대금 등 항목을 적은 경우: 부동산 매매계약서 또는 부동산 임대차계약서 등 부동산 처분 등에 따른 금액을 증명할 수 있는 서류
6. 금융기관 대출액 합계 항목을 적은 경우: 금융거래확인서, 부채증명서 또는 금융기관 대출신청서 등 금융기관으로부터 대출받은 금액을 증명할 수 있는 서류
7. 임대보증금 항목을 적은 경우: 부동산 임대차계약서
8. 회사지원금·사채 또는 그 밖의 차입금 항목을 적은 경우: 금전을 빌린 사실과 그 금액을 확인할 수 있는 서류 |

작성방법

1. ① "자금조달계획"에는 해당 주택의 취득에 필요한 자금의 조달계획(부동산 거래신고를 하기 전에 부동산 거래대금이 모두 지급된 경우에는 조달방법)을 적고, 매수인이 다수인 경우 각 매수인별로 작성해야 하며, 각 매수인별 금액을 합산한 총 금액과 거래신고된 주택거래금액이 일치해야 합니다.

2. ② ~ ⑥에는 자기자금을 종류별로 구분하여 중복되지 않게 적습니다.

3. ② "금융기관 예금액"에는 금융기관에 예치되어 있는 본인명의의 예금(적금 등)을 통해 조달하려는 자금을 적습니다.

4. ③ "주식·채권 매각대금"에는 본인 명의 주식·채권 및 각종 유가증권 매각 등을 통해 조달하려는 자금을 적습니다.

5. ④ "증여·상속"에는 가족 등으로부터 증여 받거나 상속받아 조달하는 자금을 적고, 자금을 제공한 자와의 관계를 해당 난에 √표시를 하며, 부부 외의 경우 해당 관계를 적습니다.

6. ⑤ "현금 등 그 밖의 자금"에는 현금으로 보유하고 있는 자금 및 자기자금 중 다른 항목에 포함되지 않는 그 밖의 본인 자산을 통해 조달하려는 자금(금융기관 예금액 외의 각종 금융상품 및 간접투자상품을 통해 조달하려는 자금 포함)을 적고, 해당 자금이 보유하고 있는 현금일 경우 "보유 현금"에 √표시를 하고, 현금이 아닌 경우 "그 밖의 자산"에 √표시를 하고 자산의 종류를 적습니다.

7. ⑥ "부동산 처분대금 등"에는 본인 소유 부동산의 매도, 기존 임대보증금 회수 등을 통해 조달하려는 자금 또는 재건축, 재개발시 발생한 종전 부동산 권리가액 등을 적습니다.

8. ⑦ "소계"에는 ② ~ ⑥의 합계액을 적습니다.

9. ⑧ ~ ⑪에는 자기자금을 제외한 차입금 등을 종류별로 구분하여 중복되지 않게 적습니다.

10. ⑧ "금융기관 대출액 합계"에는 금융기관으로부터 대출을 통해 조달하려는 자금 또는 매도인의 대출금 승계 자금을 적고, 주택담보대출·신용대출인 경우 각 해당 난에 대출액을 적으며, 그 밖의 대출인 경우 대출액 및 대출 종류를 적습니다. 또한 주택담보 대출액이 있는 경우 "기존 주택 보유 여부"의 해당 난에 √표시를 합니다. 이 경우 기존 주택은 신고하려는 거래계약 대상인 주택은 제외하고, 주택을 취득할 수 있는 권리와 주택을 지분으로 보유하고 있는 경우는 포함하며,"기존 주택 보유 여부" 중 "보유"에 √표시를 한 경우에는 기존 주택 보유 수(지분으로 보유하고 있는 경우에는 각 건별로 계산합니다)를 적습니다.

11. ⑨ "임대보증금"에는 취득 주택의 신규 임대차 계약 또는 매도인으로부터 승계한 임대차 계약의 임대보증금 등 임대를 통해 조달하는 자금을 적습니다.

12. ⑩ "회사지원금·사채"에는 금융기관 외의 법인, 개인사업자로부터 차입을 통해 조달하려는 자금을 적습니다.

13. ⑪ "그 밖의 차입금"에는 ⑧ ~ ⑩에 포함되지 않는 차입금 등을 적고, 자금을 제공한 자와의 관계를 해당 난에 √표시를 하고 부부 외의 경우 해당 관계를 적습니다.

14. ⑫에는 ⑧ ~ ⑪의 합계액을, ⑬에는 ⑦과 ⑫의 합계액을 적습니다.

15. ⑭ "조달자금 지급방식"에는 조달한 자금을 매도인에게 지급하는 방식 등을 각 항목별로 적습니다.

16. ⑮ "계좌이체 금액"에는 금융기관 계좌이체로 지급했거나 지급 예정인 금액 등 금융기관을 통해서 자금지급 확인이 가능한 금액을 적습니다.

17. ⑯ "보증금·대출 승계 금액"에는 종전 임대차계약 보증금 또는 대출금 승계 등 매도인으로부터 승계했거나 승계 예정인 자금의 금액을 적습니다.

18. ⑰ "현금 및 그 밖의 지급방식 금액"에는 ⑮, ⑯ 외의 방식으로 지급했거나 지급 예정인 금액을 적고 계좌이체가 아닌 현금(수표) 등의 방식으로 지급하는 구체적인 사유를 적습니다.

19. ⑱ "입주 계획"에는 해당 주택의 거래계약을 체결한 이후 첫 번째 입주자 기준(다세대, 다가구 등 2세대 이상인 경우에는 해당 항목별 중복하여 적습니다)으로 적으며, "본인입주"란 매수자 및 주민등록상 동일 세대원이 함께 입주하는 경우를, "본인 외 가족입주"란 매수자와 주민등록상 세대가 분리된 가족이 입주하는 경우를 말하며, 이 경우에는 입주 예정 시기 연월을 적습니다. 또한 재건축 추진 또는 멸실 후 신축 등 해당 주택에 입주 또는 임대하지 않는 경우 등에는 "그 밖의 경우"에 √표시를 합니다.

■ 부동산 거래신고 등에 관한 법률 시행규칙 [별지 제1호의4서식]　　　부동산거래관리시스템(rtms.molit.go.kr)에서도 신고할 수 있습니다.
〈신설 2022.2.28.〉

토지취득자금 조달 및 토지이용계획서

※ 색상이 어두운 난은 신청인이 적지 않으며, [ ]에는 해당되는 곳에 √표시를 합니다.　　　　　　　　(앞쪽)

접수번호		접수일시		처리기간	
제출인 **(매수인)**	성명(법인명)			주민등록번호(법인·외국인등록번호)	
	주소(법인소재지)			(휴대)전화번호	

① 자금 조달계획	자기 자금	② 금융기관 예금액 <div align="right">원</div>		③ 주식·채권 매각대금 <div align="right">원</div>	
		④ 증여·상속 <div align="right">원</div>		⑤ 현금 등 그 밖의 자금 <div align="right">원</div>	
		[ ] 부부 [ ] 직계존비속(관계:) [ ] 그 밖의 관계( )		[ ] 보유 현금 [ ] 그 밖의 자산(종류:)	
		⑥ 부동산 처분대금 등 <div align="right">원</div>		⑦ 토지보상금 <div align="right">원</div>	
		⑧ 소계 <div align="right">원</div>			
	차입금 등	⑨ 금융기관 대출액 합계 <div align="right">원</div>	토지담보대출		원
			신용대출		원
			그 밖의 대출 (대출 종류:)		원)
		⑩ 그 밖의 차입금 <div align="right">원</div>	⑪ 소계		
		[ ] 부부 [ ] 직계존비속(관계:) [ ] 그 밖의 관계( )			원
	⑫ 합계				원

⑬ 토지이용계획	

「부동산 거래신고 등에 관한 법률 시행령」 별표 1 제4호·제5호 및 같은 법 시행규칙 제2조제8항부터 제10항까지의 규정에 따라 위와 같이 토지취득자금 조달 및 토지이용계획서를 제출합니다.

년　　월　　일

제출인

(서명 또는 인)

시장·군수·구청장 귀하

유의사항

1. 제출하신 토지취득자금 조달 및 토지이용계획서는 국세청 등 관계기관에 통보되어, 신고내역 조사 및 관련 세법에 따른 조사 시 참고자료로 활용됩니다.
2. 토지취득자금 조달 및 토지이용계획서를 계약체결일부터 30일 이내에 제출하지 않거나 거짓으로 작성하는 경우 「부동산 거래신고 등에 관한 법률」 제28조제2항 또는 제3항에 따라 과태료가 부과되니 유의하시기 바랍니다.
3. 이 서식은 부동산거래계약 신고서 접수 전에는 제출할 수 없으니 별도 제출하는 경우에는 미리 부동산거래계약 신고서의 제출여부를 신고서 제출자 또는 신고관청에 확인하시기 바랍니다.

210mm×297mm[백상지(80g/㎡) 또는 중질지(80g/㎡)]

작성방법

1. ① "자금조달계획"란에는 해당 토지의 취득에 필요한 자금의 조달계획(부동산 거래신고를 하기 전에 부동산 거래대금이 모두 지급된 경우에는 조달방법)을 적고, 매수인이 다수인 경우 각 매수인별로 작성해야 하며, 각 매수인별 금액을 합산한 총 금액과 거래신고된 토지거래금액이 일치해야 합니다.

2. ② ~ ⑦란에는 자기자금을 종류별로 구분하여 중복되지 않게 적습니다.

3. ② "금융기관 예금액"란에는 금융기관에 예치되어 있는 본인명의의 예금(적금 등)을 통해 조달하려는 자금을 적습니다.

4. ③ "주식·채권 매각대금"란에는 본인 명의의 주식·채권 및 각종 유가증권 매각 등을 통해 조달하려는 자금을 적습니다.

5. ④ "증여·상속"란에는 가족 등으로부터 증여 받거나 상속받아 조달하는 자금을 적고, 자금을 제공한 자와의 관계를 해당 난에 √표시를 하며, 부부 외의 경우 그 관계를 적습니다.

6. ⑤ "현금 등 그 밖의 자금"란에는 현금으로 보유하고 있는 자금 및 자기자금 중 다른 항목에 포함되지 않는 그 밖의 본인 자산을 통해 조달하려는 자금(금융기관 예금액 외의 각종 금융상품 및 간접투자상품을 통해 조달하려는 자금 포함)을 적고, 해당 자금이 보유하고 있는 현금일 경우 "보유 현금"에 √표시를 하며, 현금이 아닌 경우 "그 밖의 자산"에 √표시를 하고 자산의 종류를 적습니다.

7. ⑥ "부동산 처분대금 등"란에는 본인 소유 부동산의 처분을 통해 조달하려는 자금을 적습니다.

8. ⑦ "토지보상금"란에는 「공익사업을 위한 토지 등의 취득 및 보상에 관한 법률」 등에 따른 공익사업 등의 시행으로 토지를 양도하거나 토지가 수용되어 지급받는 보상금 중 조달하려는 자금을 적으며, 토지보상금을 지급받은 후 금융기관에 예탁하거나 현금으로 보유하고 있더라도 ⑦란에 기재합니다.

9. ⑧ "소계"란에는 ② ~ ⑦란의 합계액을 적습니다

10. ⑨ ~ ⑩란에는 자기자금을 제외한 차입금 등을 종류별로 구분하여 중복되지 않게 적습니다.

11. ⑨ "금융기관 대출액 합계"란에는 금융기관으로부터 대출을 통해 조달하려는 자금을 적고, 토지담보대출·신용대출인 경우 각 해당 난에 대출액을 적으며, 그 밖의 대출인 경우 대출액 및 대출 종류를 적습니다.

12. ⑩ "그 밖의 차입금"란에는 ⑨란에 포함되지 않는 차입금 등을 적고, 자금을 제공한 자와의 관계를 해당 난에 √표시를 하며, 부부 외의 경우 그 관계를 적습니다.

13. ⑪란에는 ⑨·⑩란의 합계액을, ⑫란에는 ⑧란과 ⑪란의 합계액을 적습니다.

14. ⑬란에는 해당 토지의 이용계획(예시: 농업경영, 산림경영, 건축물 건축, 도로 이용, 현상보존 등)을 간략하게 적습니다.

부동산 매매 약정서

「부동산 거래신고 등에 관한 법률」 제11조제1항에 의하여 토지거래허가구역 등에서 토지거래허가를 득하고 매매계약을 하기 위해 상호 합의하고 아래의 내용을 약정한다.

제1조 약정한 부동산의 표시

<table>
<tr><td rowspan="4">대
상
물
건</td><td rowspan="2">토 지</td><td>소재지</td><td></td><td rowspan="2">지 목</td><td>공부상지목 :</td></tr>
<tr><td>면적(m²)</td><td></td><td>실제이용 :</td></tr>
<tr><td rowspan="2">건축물</td><td>소재지</td><td colspan="3"></td></tr>
<tr><td>면적(m²)</td><td>구 조</td><td>용 도</td><td></td></tr>
</table>

제2조 약정내용
1. 위 부동산 소유자와 매수약정자가 쌍방 협의 하에 아래와 같이 매매약정을 체결한다.
2. 위 부동산의 매매약정금을 아래와 같이 정한다.

매매약정금	원정 (₩)

제3조 이행약정
1. 약정 당사자 쌍방이 협력하여 부동산거래허가신청을 한다. 또한, 위 부동산의 매매 계약은 부동산거래허가를 득한 후 본 약정 내용을 토대로 즉시 체결한다.
2. 쌍방 어느 한쪽이 협조하지 않아 부동산거래허가를 득하지 못할 경우, 협조하지 않은 측은 손해배상으로 금 _____원을 상대방에게 변상해야 한다. 또한, 약정한 내용을 위반한 때에는 위반한 측에서 금 _____원을 상환하기로 하며 매매약정을 취소한 경우에는 취소를 원하는 측에서 금 _____원을 상환해야 한다. 다만, 쌍방이 적극 협력했음에도 불구하고 부동산거래허가를 득하지 못한 경우에 본 약정은 무효로 하며 약정 관련 모든 서류는 즉시 파기한다.
3. 본 약정서에 기재되지 않은 사항은 관련 법률 규정에 의한다.
4. 중개보수는 토지거래허가를 득한 후 매매 계약 시에 약정당사자 쌍방이 각각 지불한다.

제4조 특약사항

_____

⊙ 위 매매약정을 확인하고 당사자 쌍방이 확인하고 날인한다.   20 년   월   일

<table>
<tr><td rowspan="2">부동산
소유자</td><td>주 소</td><td colspan="5"></td></tr>
<tr><td>주민등록번호</td><td></td><td>전 화</td><td></td><td>성 명</td><td>㊞</td></tr>
<tr><td rowspan="2">매 수
약정인</td><td>주 소</td><td colspan="5"></td></tr>
<tr><td>주민등록번호</td><td></td><td>전 화</td><td></td><td>성 명</td><td>㊞</td></tr>
<tr><td rowspan="3">개업
공인중개사</td><td>사업소재지</td><td colspan="5"></td></tr>
<tr><td>상 호</td><td colspan="2"></td><td>등록번호</td><td colspan="2"></td></tr>
<tr><td>대 표</td><td colspan="2">㊞</td><td>전 화</td><td colspan="2"></td></tr>
<tr><td rowspan="3">개업
공인중개사</td><td>사업소재지</td><td colspan="5"></td></tr>
<tr><td>상 호</td><td colspan="2"></td><td>등록번호</td><td colspan="2"></td></tr>
<tr><td>대 표</td><td colspan="2">㊞</td><td>전 화</td><td colspan="2"></td></tr>
</table>

KAR 한국공인중개사협회

■ 상가건물 임대차계약서상의 확정일자 부여 및 임대차 정보제공에 관한 규칙 [별지 제4호서식]

임대차 정보제공 요청서

※ 색상이 어두운 난은 신청인이 적지 않습니다.

(앞쪽)

접수번호		접수일자		발급일		처리기간	즉시

요청인	성명(법인명)		주민(법인)등록번호		사업자등록번호	
	주소 또는 본점(주사무소) 소재지			휴대전화번호: 주소지 전화번호: 사업장 전화번호		
	☐ 이해관계인*(해당 번호에 체크)* 　　1. 해당 상가건물의 임대인, 2. 해당 상가건물의 임차인, 3. 해당 상가건물의 소유자 　　4. 해당 상가건물 또는 그 대지의 등기부에 기록된 권리자 　　　*(환매권자, 지상권자, 전세권자, 질권자, 저당권자, 근저당권자, 임차권자, 신탁등기의 수탁자,* 　　　*가등기권리자, 압류채권자 및 경매개시결정의 채권자 중 기재)* 　　5. 「상가건물 임대차보호법」 제5조제7항에 따라 우선변제권을 승계한 금융기관 　　6. 임대차 정보의 제공에 관하여 법원의 판결을 받은 자					
	☐ 임대차계약을 체결하려는 자					

정보제공 대상	상가건물 소재지(임대차 목적물) *상가건물명, 동, 호수 등 임대차계약의 대상이 되는 상가의 범위를 구체적으로 기재합니다.*		
	상가건물 중 해당 임대차 대상 부분을 특정할 수 있는 표지 '출입문에서 오른쪽 ○m'' 등 임대차 대상을 특정할 수 있도록 구체적으로 기재합니다.		
	등기 기록상 소유자	주민(법인)등록번호	
		사업자등록번호	

제공방법	1. 열람 (　　　　) 　　　　2. 출력물 교부 (　　　　)

「상가건물 임대차보호법」 제4조에 따라 위 건물 임대차에 대한 정보제공을 요청합니다.

년　　　월　　　일

요청인 성명　　(서명 또는 인)

OOO 세무서의 장 귀하

210mm×297mm[백상지 80g/m²]

아래 난은 대리인에게 임대차 정보제공 요청을 위임하는 경우 적습니다.

요청인은 아래 위임받은 자에게 「상가건물 임대차보호법」 제4조에 따른 임대차 정보제공 요청 및 열람, 출력물 수령에 관한 일체의 권리와 의무를 위임합니다.

년   월   일

위임자

(서명 또는 인)

위임 받은 자	성명	주민등록번호
	신청인과의 관계	전화번호

아래 난은 '임대차 계약을 체결하려는 자가 임대차 정보제공을 요청할 경우 임대인이 동의를 해 주었음을 확인하는 난입니다(별도 서식으로도 가능합니다).

임대인은 아래 임대차계약을 체결하려는 자의 「상가건물 임대차보호법」 제4조에 따른 임대차 정보제공 요청 및 열람, 출력물 수령에 관하여 동의합니다.

년   월   일

임대인

(서명 또는 인)

임대인	성명	주민(법인)등록번호
		전화번호
임대차계약을 체결하려는 자	성명	주민(법인)등록번호
		전화번호

첨부서류

1. 주민등록증, 운전면허증, 여권 또는 외국인등록증 등 요청인(대리인 포함)의 신분을 확인할 수 있는 서류
2. 이해관계인임을 증명할 수 있는 서류
3. 임대차계약을 체결하려는 자의 경우 임대인의 동의서 및 임대인의 신분을 확인할 수 있는 신분증 사본 등

유의사항

1. 임대차 정보제공은 「상가건물 임대차보호법」 제4조에 따라 요청자가 이해관계인이거나 임대차계약을 체결하려는 자로서 임대인의 동의를 받은 경우에만 허용됩니다.
2. 관할 세무서 아닌 세무서에 임대차 정보제공 요청서를 제출하더라도 관할 세무서장으로부터 임대차정보를 제공받을 수 있습니다.
3. 정보제공 요청은 「상가건물 임대차보호법」 제2조제1항 단서에 따른 보증금액을 초과하지 않는 임대차의 경우에 가능합니다.

■ [별지 제95호서식] 〈개정 2023.3.20.〉

미납국세 등 열람신청서 [　]주택임차
[　]상가임차

(앞쪽)

접수번호	접수일		처리기간　즉시
임차인 (임차하여 사용하 려는 자 포함)	성명(상호)		주민등록번호(사업자등록번호)
	주소(사업장)		전화번호
임대인	성명(상호)		주민등록번호(사업자등록번호)
	주소(사업장)		전화번호

임차 건물 소재지(건물의 종류·명칭 및 동·열·층·호 등 구체적으로 기재)

[ ] 임대인의 동 의가　필요한 경우	「국세징수법」 제109조제1항에 따라 위 임차인(임차하여 사용하려는 자 포함)에게 본인의 미납국세 등에 대한 열람을 동의합니다. 년　　　월　　　일 임대인　　　　　　　　　　　　　　　　　(서명 또는 인)
[ ] 임대인의 동 의가　필요하지 않은 경우	※ 「국세징수법」 제109조제2항 전단 및 같은 법 시행령 제97조제2항에 따라 임대차계약에 따른 보 증금이 1천만원 초과인 경우를 말합니다.

「국세징수법」 제109조에 따라 위 임대인의 미납국세 등에 대한 열람을 신청합니다.

년　　　월　　　일

신청인　　　　　　　　　　　　　　　　　(서명 또는 인)

세 무 서 장 　귀하

첨부서류	1. 임대인 및 신청인의 신분을 증명하는 서류(주민등록증 또는 운전면허증 사본 등) 1부 2. 임대차계약 체결 사실을 증명하는 서류(임대차계약서 사본) 1부 (「국세징수법」 제109조제2항 전단에 따라 임대인의 동의 없이 신청하는 경우만 제출합니다)	수수료 없음

유의사항

1. 「국세징수법」 제109조에 따른 미납국세 등의 열람 신청은 임대차 기간이 시작하는 날까지 할 수 있습니다.
2. 각 세법에 따른 과세표준 및 세액의 신고기한까지 임대인이 신고한 국세 중 납부하지 않은 국세에 대해서는 신고기한부터 30일(종합소득세의 경우 60일)이 경과한 때부터 열람이 가능하며, 납부하지 않은 각 국세별 금액이 50만원 이하인 소액국세의 경우 열람 시점과 미납부 세액 검증 및 전산 입력 시점 간 시차로 인하여 조회 내역서에 일부 표시되지 않을 수도 있습니다.

210㎜×297㎜[백상지 80g/㎡ 또는 중질지 80g/㎡]

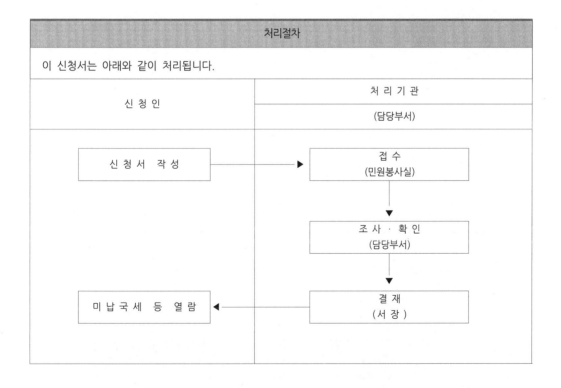

처리절차		
이 신청서는 아래와 같이 처리됩니다.		
신 청 인	처 리 기 관	
	(담당부서)	

■ 지방세징수법 시행규칙 [별지 제2호서식] 〈개정 2023.3.31.〉

미납지방세 등 열람신청서

[ ]주택임차
[ ]상가임차

※ 색상이 어두운 칸은 신청인이 작성하지 않으며, [ ]에는 해당되는 곳에 √표를 합니다.

접수번호		접수일	처리기간 즉시
임차인	성명(법인명)		주민(법인·외국인)등록번호
	주소(영업소)		
	전화번호 (휴대전화:)		전자우편주소
임대인	성명(법인명)		주민(법인·외국인)등록번호
	주소(영업소)		
	전화번호 (휴대전화:)		전자우편주소
임차할 건물 소재지 (건물의 종류·명칭 및 동·열·층·호 등을 구체적으로 기재합니다)			

「지방세징수법」 제6조 및 같은 법 시행령 제8조에 따라 위와 같이 미납지방세 등의 열람을 신청합니다.

년   월   일

신청인   (서명 또는 인)

지방자치단체의 장   귀하

첨부서류	1. 임대인의 동의를 증명할 수 있는 서류(아래의 임대인 동의서로 갈음할 수 있으며, 「지방세징수법」 제6조 제1항 전단에 따라 임대인의 동의를 받아 미납지방세 등 열람을 신청하는 경우에만 제출합니다) 2. 임대차계약 사실을 증명할 수 있는 서류 1부(「지방세징수법」 제6조제3항 전단에 따라 임대인의 동의 없이 미납지방세 등 열람을 신청하는 경우에만 제출합니다) 3. 임차인의 신분을 증명하는 서류 1부	수수료 없음

임대인 동의서

「지방세징수법」 제6조제1항에 따라 위 임차인이 본인의 미납지방세 등을 열람하는 것에 동의합니다.

년   월   일

임대인   (서명 또는 인)

※ 이 동의서는 「지방세징수법」 제6조제1항에 따라 임대인의 미납지방세 등의 열람을 신청하는 경우에만 작성합니다.

유의사항

1. 임차인이 임대인의 동의를 받아 임대인의 미납지방세 등의 열람을 신청할 수 있는 기한은 건물에 대한 임대차계약을 하기 전까지 또는 임대차계약을 체결하고 임대차기간이 시작되는 날까지입니다.
2. 임차인이 임대인의 동의 없이 임대인의 미납지방세 등의 열람을 신청할 수 있는 기한은 임대차계약을 체결하고 임대차기간이 시작되는 날까지입니다.

210mm×297mm[백상지 (80g/㎡) 또는 중질지(80g/㎡)]

○○정비사업구역 안 설명·고지 확인서

본 서면은 도시 및 주거환경정비법 제122조제1항에 따른 거래계약서의 일부이며, 같은 법 제122조제2항에 따른 공인중개사법 제25조제1항제2호 "법령의 규정에 의한 거래 또는 이용제한사항"입니다.

물건의 표시	
종전토지표시	

1. 정비사업추진단계 :

2. 퇴거예정시기 :　　　　년　　월　　일,　　철거예정시기 :　　　　　　년　　월　　일

3. 시장·군수의 (변경)허가사항(법 제19조 및 시행령 제15조)

　1) 건축물의 건축 등 : 「건축법」 제2조제1항제2호에 따른 건축물(가설건축물을 포함한다)의 건축, 용도 변경
　2) 공작물의 설치 : 인공을 가하여 제작한 시설물(「건축법」 제2조제1항제2호에 따른 건축물을 제외한다) 의 설치
　3) 토지의 형질변경 : 절토·성토·정지·포장 등의 방법으로 토지의 형상을 변경하는 행위, 토지의 굴착 또는 공유수면의 매립
　4) 토석의 채취 : 흙·모래·자갈·바위 등의 토석을 채취하는 행위. 다만, 토지의 형질변경을 목적으로 하는 것은 제3호에 따른다.
　5) 토지분할
　6) 물건을 쌓아놓는 행위 : 이동이 쉽지 아니한 물건을 1월 이상 쌓아놓는 행위
　7) 죽목의 벌채 및 식재

4. 조합원의 자격(법 제39조 및 시행령 제37조)

① 제25조에 따른 정비사업의 조합원(사업시행자가 신탁업자인 경우에는 위탁자를 말한다. 이하 이 조에 서 같다)은 토지등소유자(재건축사업의 경우에는 재건축사업에 동의한 자만 해당한다)로 하되, 다음 각 호의 어느 하나에 해당하는 때에는 그 여러 명을 대표하는 1명을 조합원으로 본다. 다만, 「국가균형발 전 특별법」 제18조에 따른 공공기관지방이전시책 등에 따라 이전하는 공공기관이 소유한 토지 또는 건 축물을 양수한 경우 양수한 자(공유의 경우 대표자 1명을 말한다)를 조합원으로 본다.
　1. 토지 또는 건축물의 소유권과 지상권이 여러 명의 공유에 속하는 때
　2. 여러 명의 토지등소유자가 1세대에 속하는 때. 이 경우 동일한 세대별 주민등록표 상에 등재되어 있 지 아니한 배우자 및 미혼인 19세 미만의 직계비속은 1세대로 보며, 1세대로 구성된 여러 명의 토 지등소유자가 조합설립인가 후 세대를 분리하여 동일한 세대에 속하지 아니하는 때에도 이혼 및 19 세 이상 자녀의 분가(세대별 주민등록을 달리하고, 실거주지를 분가한 경우로 한정한다)를 제외하고 는 1세대로 본다.
　3. 조합설립인가(조합설립인가 전에 제27조제1항제3호에 따라 신탁업자를 사업시행자로 지정한 경우 에는 사업시행자의 지정을 말한다. 이하 이 조에서 같다) 후 1명의 토지등소유자로부터 토지 또는 건축물의 소유권이나 지상권을 양수하여 여러 명이 소유하게 된 때

② 「주택법」 제63조제1항에 따른 투기과열지구(이하 "투기과열지구"라 한다)로 지정된 지역에서 재건축사업을 시행하는 경우에는 조합설립인가 후, 재개발사업을 시행하는 경우에는 제74조에 따른 관리처분계획의 인가 후 해당 정비사업의 건축물 또는 토지를 양수(매매·증여, 그 밖의 권리의 변동을 수반하는 일체의 행위를 포함하되, 상속·이혼으로 인한 양도·양수의 경우는 제외한다. 이하 이 조에서 같다)한 자는 제1항에도 불구하고 조합원이 될 수 없다. 다만, 양도인이 다음 각 호의 어느 하나에 해당하는 경우 그 양도인으로부터 그 건축물 또는 토지를 양수한 자는 그러하지 아니하다.

1. 세대원(세대주가 포함된 세대의 구성원을 말한다. 이하 이 조에서 같다)의 근무상 또는 생업상의 사정이나 질병치료(「의료법」 제3조에 따른 의료기관의 장이 1년 이상의 치료나 요양이 필요하다고 인정하는 경우로 한정한다)·취학·결혼으로 세대원이 모두 해당 사업구역에 위치하지 아니한 특별시·광역시·특별자치시·특별자치도·시 또는 군으로 이전하는 경우
2. 상속으로 취득한 주택으로 세대원 모두 이전하는 경우
3. 세대원 모두 해외로 이주하거나 세대원 모두 2년 이상 해외에 체류하려는 경우
4-1-1. 1세대(제1항제2호에 따라 1세대에 속하는 때를 말한다) 1주택자로서 양도하는 주택에 대한 소유기간 10년 및 거주기간(「주민등록법」 제7조에 따른 주민등록표를 기준으로 하며, 소유자가 거주하지 아니하고 소유자의 배우자나 직계존비속이 해당 주택에 거주한 경우에는 그 기간을 합산한다) 5년 이상인 경우
5-2-1. 조합설립인가일부터 3년 이상 사업시행인가 신청이 없는 재건축사업의 건축물을 3년 이상 계속하여 소유하고 있는 자(소유기간을 산정할 때 소유자가 피상속인으로부터 상속받아 소유권을 취득한 경우에는 피상속인의 소유기간을 합산한다. 이하 제4-2-2호 및 제4-2-3호에서 같다)가 사업시행인가 신청 전에 양도하는 경우 10년 및 거주기간(「주민등록법」 제7조에 따른 주민등록표를 기준으로 하며, 소유자가 거주하지 아니하고 소유자의 배우자나 직계존비속이 해당 주택에 거주한 경우에는 그 기간을 합산한다) 5년 이상인 경우
5-2-2. 사업시행계획인가일부터 3년 이내에 착공하지 못한 재건축사업의 토지 또는 건축물을 3년 이상 계속하여 소유하고 있는 자가 착공 전에 양도하는 경우
5-2-3. 착공일부터 3년 이상 준공되지 아니한 재건축사업의 토지를 3년 이상 계속하여 소유하고 있는 경우
5-2-4. 법률 제7056호 도시및주거환경정비법 일부개정법률 부칙 제2항에 따른 토지등소유자로부터 상속·이혼으로 인하여 토지 또는 건축물을 소유한 자
5-2-5. 국가·지방자치단체 및 금융기관(「주택법 시행령」 제71조제1호 각 목의 금융기관을 말한다)에 대한 채무를 이행하지 못하여 재건축사업의 토지 또는 건축물이 경매 또는 공매되는 경우
5-2-6. 「주택법」 제63조제1항에 따른 투기과열지구(이하 "투기과열지구"라 한다)로 지정되기 전에 건축물 또는 토지를 양도하기 위한 계약(계약금 지급 내역 등으로 계약일을 확인할 수 있는 경우로 한정한다)을 체결하고, 투기과열지구로 지정된 날부터 60일 이내에 「부동산 거래신고 등에 관한 법률」 제3조에 따라 부동산 거래의 신고를 한 경우
③ 사업시행자는 제2항 각호외의 부분 본문의 규정에 의하여 조합설립인가후 당해 정비사업의 건축물 또는 토지를 양수한 자로서 조합원의 자격을 취득할 수 없는 자에 대하여는 도시정비법 제47조의 규정을 준용하여 현금으로 청산하여야 한다.

5. 관리처분계획인가 후 배제되는 법규(법 제70조제5항)

제74조에 따라 관리처분계획의 인가를 받은 경우 지상권·전세권설정계약 또는 임대차계약의 계약기간은 「민법」 제280조·제281조 및 제312조제2항, 「주택임대차보호법」 제4조제1항, 「상가건물 임대차보호법」 제9조제1항을 적용하지 아니한다.

6. 주택등 건축물을 분양받을 권리의 산정 기준일(법 제77조)

① 정비사업을 통하여 분양받을 건축물이 다음 각 호의 어느 하나에 해당하는 경우에는 제16조제2항에 따른 고시가 있은 날 또는 시·도지사가 투기를 억제하기 위하여 기본계획 수립 후 정비구역 지정·고시 전에 따로 정하는 날(이하 이 조에서 "기준일"이라 한다)의 다음 날을 기준으로 건축물을 분양받을 권리를 산정한다.
  1. 1필지의 토지가 여러 개의 필지로 분할되는 경우
  2. 단독주택 또는 다가구주택이 다세대주택으로 전환되는 경우
  3. 하나의 대지 범위에 속하는 동일인 소유의 토지와 주택 등 건축물을 토지와 주택 등 건축물로 각각 분리하여 소유하는 경우
  4. 나대지에 건축물을 새로 건축하거나 기존 건축물을 철거하고 다세대주택, 그 밖의 공동주택을 건축하여 토지등소유자의 수가 증가하는 경우
② 시·도지사는 제1항에 따라 기준일을 따로 정하는 경우에는 기준일·지정사유·건축물을 분양받을 권리의 산정 기준 등을 해당 지방자치단체의 공보에 고시하여야 한다.

7-1 거래 상대방의 권리·의무에 중대한 영향을 미치는 사항(시행령 제92조)

① 법 제72조제1항제2호에 따른 분양대상자별 분담금의 추산액 : (원)
② 법 제74조제1항제6호에 따른 정비사업비의 추산액(재건축사업의 경우에는「재건축초과이익 환수에 관한 법률」에 따른 재건축부담금에 관한 사항을 포함한다): (원)
③ 제2항에 따른 조합원 분담규모: (원), 분담시기 : (년   월   일)

도시정비법 제122조에 따라 소유자 및 개업공인중개사로부터 위의 내용에 대하여 설명·고지를 듣고, 소유자 및 개업공인중개사가 작성·교부하는 본 설명·고지확인서를 수령합니다.

년   월   일

매도인 (임대인)	주 소		성 명	서명·날인
	생 년 월 일		전화번호	
매수인 (임차인)	주 소		성 명	서명·날인
	생 년 월 일		전화번호	
개업 공인중개사	등 록 번 호		성 명	서명 및 날인
	사무소명칭		소속공인	서명 및 날인
	사무소소재지		전화번호	
개업 공인중개사	등 록 번 호		성 명	서명 및 날인
	사무소명칭		소속공인	서명 및 날인
	사무소소재지		전화번호	

신탁 등기된 부동산 임대차계약 시 확인·설명서 "⑩ 실제 권리관계 또는 공시되지 않은 물건의 권리 사항" 별지 서식
(신탁원부 열람증명의 임대차 약정사항의 내용에 맞게 적절하게 작성하여야 함)

[신탁된 부동산 임대차계약 시 임차인의 필요 확인 사항]

1. 신탁원부 교부 여부 : [   ] 교부   [   ] 미교부
2. 신탁원부의 임대차 관련 약정 주요 내용

3. 수탁자의 임대차계약 승낙(동의) 서면 제출 여부 : [   ] 제출   [   ] 미제출

4. 수탁자가 특정한 계좌번호 :

5. 계약 시 임차인 주의사항의 개업공인중개사 설명사항
① "중개대상물 확인·설명서 '소유권에 관한 사항'에 수탁자가 소유자로 기재되어 있음을 확인한다.
② 본 부동산은 수탁자 앞으로 소유권이전등기를 마친 신탁부동산으로서 대·내외적으로 소유권이 수탁자에게 완전히 이전된 것이므로, 수탁자의 승낙(동의) 없이 소유자가 아닌 임대인(위탁자)과 체결되는 임대차계약은 권원이 없는 자와의 계약으로 무효임을 확인한다.
③ 본 계약의 계약금과 중도금, 잔금은 수탁자가 특정한 계좌로 입금하여야 함을 확인한다.
④ 신탁등기 말소를 조건으로 하는 임대차계약인 경우에는 신탁등기 말소신청과 동시에 잔금을 지급하여야 함을 확인한다.
⑤ 본 부동산에 대하여 공개매각 시 임차인은 최우선변제를 받을 수 없음을 확인한다.
⑥ 본 계약이 수탁자의 동의를 받고 계약을 체결했더라도 임대차보증금 반환은 임대차계약을 체결한 당사자인 임대인(위탁자)을 상대로 청구할 수 있을 뿐, 수탁자나 공개매각을 통해 이를 낙찰받은 매수인을 상대로는 청구할 수 없음을 확인한다.
⑦ 임차인은 전세보증금반환보증 가입 여부를 확인하고 계약한다.
⑧ 본 계약의 재계약 시에도 수탁자의 동의를 서면으로 다시 받아야 함을 확인한다.

임차인은 신탁원부를 확인하고, 신탁 등기된 부동산의 임대차계약 시 주의해야 할 사항을 개업공인중개사로부터 고지받고 이를 충분히 이해한 상태에서 본인의 의사 결정으로 본 계약을 체결한다.

20   년.   월.   일.

임 차 인 :   (인)

개업공인중개사 :   (인)

■ 주민등록법 시행규칙 [별지 제15호서식] 〈개정 2024.6.25.〉

전입세대확인서 열람 또는 교부 신청서

※ 뒤쪽의 유의사항을 읽고 작성하시기 바라며, 색상이 어두운 칸은 신청인이 작성하지 않습니다.　　　　　　　(앞쪽)

접수번호		접수일자		처리기간　즉시	
신청 내용	전입세대확인서 열람　　　　[　]			전입세대확인서 교부　　　　[　]	
개인 신청인	성명　　　　　　　　　　　　　　　　(서명 또는 인)			주민등록번호	
	주소 (시 · 도)　　　　　　(시 · 군 · 구)			연락처	
법인 · 단체 신청인	명칭			사업자등록번호	
	대표자　　　　　　　　　　　　　　　(서명 또는 인)			연락처	
	소재지				
	방문자 성명		주민등록번호	연락처	

열람 또는 교부 대상 건물 또는 시설의 소재지

말소 또는 거주불명 등록된 사람의 성명과 전입일자 표시 여부	표시됨 □ / 표시되지 않음 □

용도 및 목적

「주민등록법」 제29조의2제1항, 같은 법 시행령 제49조의2제1항 및 같은 법 시행규칙 제14조제2항에 따라 위와 같이 전입세대확인서의 열람 또는 교부를 신청합니다.

　　　　　　　　　　　　　　　　　　　　　　　　　　　　　　　년　　　월　　　일

　　　　　　　　신청인　　　　　　　　　　　　　　　　　　　　　　(서명 또는 인)

시장 · 군수 · 구청장 또는 읍 · 면 · 동장 및 출장소장 귀하

※ 위임장은 위임하여 신청하는 경우에만 작성합니다.

위임장

「주민등록법」 제29조의2제2항제2호에 따라 위 신청인에게 전입세대확인서의 열람 또는 교부 신청을 위임합니다.

　　　　　　　　　　　　　　　　　　　　　　　　　　　　　　　년　　　월　　　일

위임한 자 (개인)	성명　　　　　　　　　　　　　　　　(서명 또는 인)		주민등록번호	
	주소		연락처	
위임한 자 (법인 · 단체)	명칭		사업자등록번호	
	대표자　　　　　　　　　　　　　　　(서명 또는 인)		연락처	
	소재지			

제출 서류	신청인의 신분증명서 ※ 법인 · 단체의 경우에는 대표자의 신분증명서, 법인인감증명서 또는 사용인감 계를 제출합니다.	수수료
담당 공무원 확인 서류	※ 담당 공무원이 행정정보의 공동이용을 통해 확인하는 것에 동의하는 서류 앞의 [ ]에 √표를 합니다. [ ] 1. 신청인이 전입세대확인서의 열람 또는 교부 신청을 할 수 있는 자임을 입증 하는 「주민등록법 시행규칙」 별표 2에 따른 서류 [ ] 2. 신청인이 「주민등록법 시행규칙」 제18조제1항 각 호의 어느 하나에 해당 하는지 여부를 확인할 수 있는 자료	- 열람: 1건 1회 300원 - 교부: 1통 400원 ※「주민등록법」 제29조의2제2항제3 호에 해당하는 경우에는 500원

행정정보의 공동이용 동의서

본인은 이 건 업무 처리를 위해 담당 공무원이 「전자정부법」 제36조제1항에 따른 행정정보의 공동이용(「주택임대차보호법」 제3조의6제2항 후단
에 따른 전산처리정보조직의 이용을 포함합니다)을 통해 위의 담당 공무원 확인 서류를 확인하는 것에 동의합니다.

※ 신청인이 행정정보의 공동이용에 동의하지 않거나 행정정보의 공동이용을 통해 확인할 수 있는 서류가 아닌 경우에는 신청인이 직접
해당 서류를 제출해야 합니다.

신청인   (서명 또는 인)

유의사항

1. '서명 또는 인'란에는 서명을 하거나 도장을 찍어야 하며 지문은 사용할 수 없습니다. 이 경우 서명을 할 때에는 자필로 한글 성명을 써야
합니다.
2. 외국인등록을 한 외국인 또는 국내거소신고를 한 외국국적동포의 경우 「출입국관리법」제33조제1항에 따른 외국인등록증 또는 「재외동포
의 출입국과 법적 지위에 관한 법률」 제7조제1항에 따른 국내거소신고증을 제시해야 하며, 주민등록번호는 외국인등록번호 또는 국내거소
신고번호로 갈음할 수 있습니다.
3. 법인 · 단체 신청인의 경우에는 '대표자'란에 대표자가 서명하거나 법인 인감(사용 인감을 포함합니다)을 찍습니다.
4. 동일 신청자가 동일 증명자료에 따라 동일 목적으로 여러 건물 또는 시설의 소재지에 대해 전입세대확인서의 열람 또는 교부를 신청하는
경우에는 「주민등록법 시행규칙」 별지 제15호서식과 별지 제16호서식에 따라 일괄 신청할 수 있습니다. 이 경우 해당 별지 제15호서식과
별지 제16호서식 사이에는 신청인의 확인(간인)이 있어야 합니다.
5. 전입세대확인서의 열람 또는 교부 신청의 위임은 해당 건물 또는 시설의 소유자, 임차인, 임대차계약자 또는 매매계약자 본인만이 할 수
있습니다. 이 경우 위임받아 신청하는 자는 위임장과 본인 및 위임한 자의 신분증명서(법인 · 단체의 경우에는 대표자의 신분증명서, 법인
인감증명서 또는 사용인감계를 말합니다)를 함께 제출해야 합니다.
6. 다른 사람의 서명 또는 도장 등을 위조하거나 부정하게 사용하는 등의 방법으로 신청서 또는 위임장을 거짓으로 작성하는 경우에는 「형법」에
따라 처벌을 받게 됩니다.
7. 확인하려는 전입세대의 주소가 사실과 다르게 기재된 경우에는 전입세대확인서를 통해 해당 전입세대를 확인할 수 없습니다.
8. 외국인 및 외국국적동포는 세대주 또는 주민등록표 상의 동거인이 될 수 없으므로, 외국인 및 외국국적동포의 세대주 및 동거인 여부는
전입세대확인서를 통해 확인할 수 없습니다.
9. 「주민등록법 시행규칙」 제18조제1항에 따른 전입세대확인서 열람 또는 교부 신청 수수료 면제 대상은 다음과 같습니다.
가. 「주민등록법」 제29조의2제2항제3호마목에 따라 국가나 지방자치단체가 공무상 필요하여 신청하는 경우
나. 「국민기초생활 보장법」 제2조제2호에 따른 수급자가 신청하는 경우
다. 재해의 발생 등 행정안전부장관, 시 · 도지사 또는 시장 · 군수 · 구청장이 필요하다고 인정하는 경우
라. 관계 법령에서 주민등록자료 제공에 대한 수수료를 면제하도록 한 규정이 있는 경우
마. 「독립유공자예우에 관한 법률」 제6조에 따라 등록된 독립유공자와 그 유족(선순위자만 해당된다)이 신청하는 경우
바. 「국가유공자 등 예우 및 지원에 관한 법률」 제6조에 따라 등록된 국가유공자 등과 그 유족(선순위자만 해당하되, 선순위자가 부 또는
모인 경우에는 선순위자가 아닌 모 또는 부를 포함한다)이 신청하는 경우
사. 「고엽제후유의증 등 환자지원 및 단체설립에 관한 법률」 제4조에 따라 등록된 고엽제후유의증환자 등이 신청하는 경우
아. 「참전유공자 예우 및 단체설립에 관한 법률」 제5조에 따라 등록된 참전유공자 등이 신청하는 경우
자. 「5 · 18민주유공자 예우에 관한 법률」 제7조에 따라 등록 결정된 5 · 18민주유공자와 그 유족(선순위자만 해당하되, 선순위자가 부 또는
모인 경우에는 선순위자가 아닌 모 또는 부를 포함한다)이 신청하는 경우
차. 「특수임무유공자 예우 및 단체설립에 관한 법률」 제6조에 따라 등록된 특수임무유공자와 그 유족(선순위자만 해당하되, 선순위자가
부 또는 모인 경우에는 선순위자가 아닌 모 또는 부를 포함한다)이 신청하는 경우
카. 「한부모가족지원법」 제5조 또는 제5조의2에 따른 보호대상자가 신청하는 경우
타. 지방자치단체가 조례로 정하는 경우

■ 출입국관리법 시행규칙 [별지 제139호의3서식] 〈신설 2023.6.14.〉

외국인체류확인서 열람 또는 교부 신청서

※ 뒤쪽의 유의사항을 읽고 작성하시기 바라며, 색상이 어두운 란은 신청인이 작성하지 않습니다.　　　　(앞쪽)

접수번호		접수일자		처리기간 즉시

신청 내용	체류확인서 열람	[　]	체류확인서 교부	[　]

개인 신청인	성명 　　　　　　　　(서명 또는 인)	주민등록(외국인등록·국내거소신고)번호
	주소	연락처

법인·단체 신청인	명칭	사업자등록번호
	대표자 　　　　　　　　(서명 또는 인)	연락처
	소재지	
	방문자 성명	주민등록(외국인등록·국내거소신고)번호	연락처

열람 또는 교부 대상 건물 또는 시설의 소재지

용도 및 목적

「출입국관리법」 제88조의3제1항 및 같은 법 시행규칙 제75조의2제1항에 따라 외국인체류확인서 열람 또는 교부를 신청합니다.

년　　　월　　　일

○○ 출입국·외국인청(사무소·출장소)장 / ○○ 읍·면·동의 장 또는 출장소장 귀하

제출 서류	신청인의 신분증명서 ※ 법인·단체의 경우에는 대표자의 신분증명서, 법인인감증명서 또는 사용인감계를 제출합니다.	수수료 - 열람: 1건 1회 300원 - 교부: 1통 400원 ※ 「출입국관리법」 제88조의3 제2항제3호에 해당하는 경우에는 500원
담당 공무원 확인 서류	신청인이 외국인체류확인서의 열람 또는 교부 신청을 할 수 있는 자임을 입증하는 「출입국관리법 시행규칙」 별표 5의3에 따른 입증서류	

행정정보 공동이용 동의서

　본인은 이 건 업무 처리를 위해 담당 공무원이 「전자정부법」 제36조제1항에 따른 행정정보의 공동이용(「주택임대차보호법」 제3조의6제2항 후단에 따른 전산처리정보조직의 이용을 포함합니다)을 통해 위의 담당 공무원 확인 서류를 확인하는 것에 동의합니다.

※ 신청인(위임한 경우 위임한 자)이 행정정보의 공동이용에 동의하지 않거나 기관 상황에 따라 행정정보의 공동이용을 통해 확인할 수 있는 서류가 아닌 경우에는 신청인이 직접 해당 서류를 제출해야 합니다.

신청인　　　　　　　　
(서명 또는 인)

210㎜×297㎜[백상지(80g/m²) 또는 중질지(80g/m²)]

위임장

「출입국관리법」 제88조의3제2항제2호에 따라 위 신청인에게 외국인 체류확인서 열람 또는 교부 신청을 위임합니다.

년　　　월　　　일

위임한 자 (개인)	성명 　　　　　　　　(서명 또는 인)	주민등록(외국인등록·국내거소신고)번호
	주소	연락처

위임한 자 (법인·단체)	명칭	사업자등록번호
	대표자 　　　　　　　　(서명 또는 인)	연락처
	소재지	

유 의 사 항

1. '서명 또는 인'란에는 서명을 하거나 도장을 찍어야 하며 지문은 사용할 수 없습니다. 이 경우 서명을 할 때에는 자필로 신분증명서 상에 표기된 성명을 써야 합니다. 다만, 구술 민원으로 신청하는 경우에는 손도장을 찍을 수 있습니다.

2. 법인·단체 신청인의 경우에는 '대표자'란에 대표자가 서명하거나 법인 인감(사용 인감을 포함합니다)을 찍습니다.

3. 동일 신청자가 동일 입증서류에 따라 동일 목적으로 여러 건물 또는 시설의 소재지에 대해 외국인 체류확인서의 열람 또는 교부를 신청하는 경우에는 「출입국관리법 시행규칙」 별지 제139호의3서식 및 별지 제139호의4서식에 따라 일괄 신청할 수 있습니다. 이 경우 해당 별지 제139호의3서식과 별지 제139호의4서식 사이에는 신청인의 확인(간인)이 있어야 합니다.

4. 외국인 체류확인서의 열람 또는 교부 신청의 위임은 해당 건물 또는 시설의 소유자, 임차인, 임대차 계약자 또는 매매계약자 본인만이 할 수 있습니다. 이 경우 위임받아 신청하는 자는 위임장과 위임한 자 및 위임을 받은 자의 신분증명서[법인·단체의 경우에는 대표자의 신분증명서(사본을 제출하는 경우에는 법인인감 또는 사용인감 날인이 필요합니다), 법인인감증명서 또는 사용인감계를 말하며, 대표자의 신분증명서를 사본으로 제출하는 경우에는 법인인감 또는 사용인감을 날인해 제출해야 합니다]를 함께 제출해야 합니다.

210㎜×297㎜[백상지(80g/㎡) 또는 중질지(80g/㎡)]